养好男孩不简单

好妈妈必须搞定的100个教子难题

主编 郭 蓉

编委 朱永红 郑燕平 王琳

团结出版社

图书在版编目（CIP）数据

养好男孩不简单：好妈妈必须搞定的100个教子难题/郭蓉主编. — 北京：团结出版社，2016.12
ISBN 978-7-5126-4612-4

Ⅰ. ①养… Ⅱ. ①郭… Ⅲ. ①男性—家庭教育 Ⅳ. ①G78

中国版本图书馆CIP数据核字（2016）第269497号

养好男孩不简单——好妈妈必须搞定的100个教子难题

郭　蓉　主编

出　　版：团结出版社
　　　　　（北京市东城区东皇城根南街84号　邮箱：100006）
电　　话：010-65228880
发　　行：010-51393396
网　　址：http: //www.tjpress.com
E- mail：65244790@163.com
策　　划：北京曙光书阁图书有限公司
　　　　　（北京朝阳区石佛营西里丰苑大厦B座1207室　电话：010-85843626）
经　　销：全国新华书店
印　　刷：北京佳顺印务有限公司

开　　本：170 × 240　1/16
印　　张：27
字　　数：280千字
版　　次：2017年3月第1版
印　　次：2017年3月第1次印刷

书　　号：978-7-5126-4612-4
定　　价：48.00元

推荐序一

教育要从小抓起

——对外经济贸易大学博士生导师，原公共管理学院院长　郑俊田

今天是一个“大众创业，万众创新”的时代，孩子不仅要学好知识，也要从小逐渐融入社会，做一个全面发展的人。

创业需要了解社会和商业，如果仅掌握书本知识，仅关注自身、自家的一个小天地，就与社会现实脱节。创新则需要想象力和知识技能，如果只会按照标准答案做题，想象力和技能便无从谈起。关键的是，如果错过了最佳的教育阶段，等到孩子成长定型、思维固化、想象力枯竭、意识能力趋于平庸，再加上没有梦想，往后的创业创新也就无从谈起。

父母是孩子的第一任老师。很多家长和教育工作者越来越清楚地认识到，教育不仅仅是学校和相关教育机构的事，而是需要家庭与教育机构的深度配合，甚至某些方面家庭教育更重要，这对年龄小的孩子尤其是如此。

但是，很多家长还是不得要领。这大概与下面三点原因有关：一是需要投入，知易行难；二是教育的专业性和艺术性，需要学习和不断实践；三是社会环境浮躁。但是，孩子的成长只有一次，这些都不应该成为理由。

本书以妈妈的视角，从学习方法、综合素养、行为习惯、品行等方面，关注了男孩养育过程中常见的100个难题，比较难得的是对此进行了详细的分析，并提出有效的对策建议，让人知其然，还知其所以然，方便家长（尤其是妈妈）按图索骥，采取相应的有效措施。尤其是关注了孩子的创新意识、领导能力、意志品质等综合素质方面，让孩子全面发展。这可以说是这类书的一个很好的尝试。

希望各位读者朋友都有收获。

推荐序二

好的方法很重要

——首都师范大学博士生导师　姚云志

教育广泛存在于人类生活中，涉及我们每个家庭，每个人！教育的方式方法是实现教育目标的策略性途径，可以帮助我们解决教育中的难题。孩子的教育是我国大部分家庭中一个头疼的问题，其行为的规范、兴趣的养成、自信心的培养等方面都是每位家长所要面临的难题。

郭蓉老师及她的团队都是有心人，在教书育人的过程中，善于总结，发现了家庭教育中存在的各种难题，结合自己的专业背景和育儿体验，进行了详尽的分析，进而提出了很好的解决办法，建立了自己独特的家庭教育体系。

本书结合大量的实例，深入浅出地将家庭教育中所遇到的难题进行分析作答。比如，在分析孩子写作业慢、拖拖拉拉这个问题上，作者分别举出四种情境，并指出了原因：追求完美——橡皮综合征；学习基础差——没有兴趣，做作业不讲究策略；注意力不集中——无关动作多；协调性差——感统失调。然后，分别提出了相应的有效措施：少用橡皮，多鼓励，善用小闹钟；适当补习，注意做题的难易策略；分段完成作业，进行注意力训练；训练生活习惯，学会分类整理，多亲近自然，等等。这些办法，有的家长可能知道一些，但不全面。跟着郭老师们，我们会发现，原来育儿有这么多的“门道”。孩子身上的“顽症”原来可以很简单就解决！

但是，需要提醒的是，养育孩子就好比是一场马拉松比赛，路上会有不同的风景，会碰到各种新情况，希望读者朋友自己也学会总结。

最后祝大家都有一个幸福的育儿旅程。

作者序

养好男孩不简单

俞敏洪说：我们每一个人，都应该像树一样地成长。

每个男孩，都更应该长成一棵参天大树。每个男孩的妈妈，都有这样的幸运和希望。

可是，养育男孩不仅仅是陪伴，照顾吃喝，抱持着简单的愿望就可以，也不仅仅是丢给学校和其他教辅机构就可以。好妈妈，应该懂得适时除草、施肥、灌溉、修剪，用科学、亲力亲为的付出，去守候、参与男孩成长的每一步，才能享受这成长为参天大树的荣耀时刻。

你还记得第一次知道未出生的宝宝是个男孩的时刻吗？你的脑海中是否涌现出了他的模样？或许你还会想象他在奔跑玩耍，甚至看到他长成了少年。你又期待他成为什么样的人呢？其实，从这个时候起，你已经在规划着他的未来，为他的成长操心。

可当理想照进现实，真的成为妈妈时，你能否在经历千般劳累、万般折磨以后，还能保持耐心、好奇心，学习科学养育方法，与孩子共同成长？是否还能继续付出，无怨无悔地坚持那个梦想和希望？也许到这个时候，你才有深刻的体认：养好男孩不简单！

好妈妈的乐趣和成就感就体现在这里——就在这个百折不回，不断打磨，让孩子变得越来越好的历程里。本书的智慧和经验，就能让你成为这样的优雅、聪明、省心省力的好妈妈。

据研究，男孩的成长过程会经历三个不同的阶段：出生到6岁，是属于母亲的。6~13岁，男孩感受来自内心的召唤，开始尝试成为男人，应在培养善良品性的同时培养竞争意识。14岁到成年，完成从幼稚到成熟转变，需要成熟人士引导，父母不再占据主导地位，但须为他挑选好引导者。

本书着重于前两个阶段。重要内容简述于下。

如何让男孩变得快乐、自信而友善？如何令男孩顺利度过他们成长必经的“麻烦”阶段？如何让男孩“德、智、体、美、劳”综合发展？这是一个需要平衡的问题，应该运用智慧和爱悉心教育。

男孩们总是精力充沛。他们喜欢到处走动，尝试许多事情。同时，他们也非常坦率真诚。如果能够保持这些品质，我们的男孩便会成为很好的父亲、朋友，甚至是优秀的领导与合作伙伴。我们还需要知道，男孩和女孩的激素分泌以及发展轨迹也是不一样的。起初，男孩学习新事物的速度会比女孩慢得多，但很快会赶上来。对此，我们需要循循善诱，并且让学习变得有趣而积极，引发他们的兴趣。

无论你的男孩未来会如何，如果能让他保持温暖的内心和快乐的天性，形成强壮的脊梁与积极的态度，他的成长之路便会更加顺利。此外，在生活中取得成功需要情商，而不仅仅是具体的知识。与人为善是打开快乐之门的真正的钥匙。

……

总之，本书教你如何做一个好妈妈，有心者会按图索骥，科学应对，在自己的家庭中扮演更好的角色。如果你是一名教师，或是研究男孩心理学的专家，这本书也有很好的参考价值。

「目录」

推荐序

作者序

学习方法

综合素养

行为习惯

品 行

家庭沟通

生理与心理

财　商

学习方法

1 男孩写作业慢慢吞吞、拖拖拉拉怎么办?

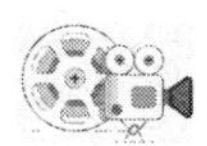

情景展示

情景一：力文是一个三年级的学生，他的作业很工整，就是写作业慢。写的字稍微有一点点不整齐或者不干净的地方，他就马上擦掉重写，有时候作业本都被擦得破洞了，所以花的时间就长了。据说现在每天写作业都写到夜里12点。

他妈妈说，一年级的时候，孩子开始用铅笔写字，妈妈想让孩子写一手漂亮的字，所以当他写错字，或字写得不工整时就让他擦了重新写。即使有一丁点儿不好的地方，都严格要求他改好写工整，这样不仅导致孩子写作业慢，而且开始对学习感到害怕。

情景二：琛琛平时非常不喜欢写作业，总是不能按时完成。上学期期末考试的时候，成绩出来了，我一看他语文考了20分，很惊讶，以为是老师合分合错了或者录成绩的时候不小心输错了，于是就去找语文老师看琛琛的试卷，结果瞠目结舌，生字题、作文题都没完成。对于他来说，不应该是不会。可他说："我没做完，时间不够用。"这个孩子就是对学习觉得没有乐趣，不想做，尤其再碰到有难度的题目，所以最后都没做完。

情景三：俊豪是一个活泼可爱的男孩，但是俊豪的父母却一直揪心着他的学习。因为俊豪写作业时总是东看西看，一会儿玩橡皮，一会儿吃铅笔，一会儿咬手指。注意力不集中，这样怎么能快起来？老师也反映俊豪上课注意力不集中，而且还经常调皮捣乱，一会儿拽别人的头发，一会儿拉别人的衣服，一会儿低着头看自己的手。妈妈为了他的学习辞掉了工作，在家专门照顾他。

情景四： 孩子的磨蹭原因还可能是生理方面的。下面是两个典型的因为感统方面的原因影响了作业速度的例子：

1. 思维和手不能同步。

阳阳上小学三年级，十分聪明，就是有一些内向，不爱说话。妈妈反映阳阳做作业时太慢了，每次写作业时，由于思维比较快，但是表达和书写太慢，所以经常写错、漏写、跳字甚至串行。

2. 手眼不协调。

晨晨是二年级的学生，写作业时总是慢慢吞吞，字也写得歪歪扭扭，而且经常写在横格线下面，还爱横跨两格。晨晨经常就是看着“惯”却写成“贯”，看着“朋友”写成“明友”。在学校问题更加严重了，写字速度慢，经常在考试时答不完题，而且做题时还经常出错，成绩差。

问题分析

情景一分析：追求完美——橡皮综合征

对于这种喜欢使用橡皮不停地擦来擦去的现象，心理学上称之为“橡皮综合症”。原因是孩子学习压力大，心情焦虑，怕出错。同时，对时间的概念性不强。

情景二分析：学习基础差——没有兴趣，做作业不讲策略

孩子遇到不会做的题目怎么办？有些孩子遇到自己不会做的题目就拿去问父母，问完之后接着写作业，刚坐下没多久又遇到不会做的题目，又拿去问。这样来来回回折腾，时间就耽误了！这样做一方面会打断做作业时的安静氛围和专心程度，造成走神，同时会打断孩子做题和写作业的思维。

情景三分析：注意力不集中——无关动作多

这是个典型的注意力不集中的案例。孩子年龄较小，注意力时间一般在15～20分钟左右，如果让孩子连续做作业超过20分钟，孩子就会走神，如果写一个字走神5分钟，作业当然就拖拖拉拉了。

情景四分析：协调性差——感统失调

现在大多家庭为独生子女家庭，家长都视孩子为掌上明珠，孩子的摸、爬、滚、打、蹦跳等行为，在发育的自然历程中被人为破坏。孩子该爬的时候没爬，日后可能出现协调性、平衡感差；该哭的时候不让哭，口腔肌肉缺乏锻炼，心肺功能弱，甚至语言表达差。一般出现感觉统合障碍的主要原因是：缺乏运动、缺乏游戏、缺乏大自然的熏陶。

阳阳这个案例表明有些孩子的思维和手不能同步，尽管思维比较快，但是表达和书写都比较慢。如果仔细观察会发现，这样的孩子普遍不太善于交流，有时还会出现说话吞吞吐吐，甚至轻度口吃的现象。

晨晨这种孩子就属于手眼不协调，经常会写字出线、出格，还会出错。由于不协调，所以写作业就会很费劲、很慢，这样总会挨老师和家长的批评，慢慢地就会很讨厌甚至恐惧写作业。

对策建议

对此，建议根据上文分析的不同原因，采取有针对性的措施。

情景一建议：

对患有橡皮综合症的孩子，妈妈不要过多指责，也不要用打骂来纠正其不良行为，而要用奖励手段进行强化训练来达到目的。

孩子做作业时尽量少用橡皮，如果作业本保持清洁、在一定时间内迅速准确地写好字，就进行一定的奖励。如果孩子离不开橡皮，妈妈最好把橡皮没收，经过一段时间，孩子依恋橡皮的坏习惯就会逐渐得到纠正。

同时，善用小闹钟，让孩子在设定的时间内完成作业。在平时生活中，妈妈也要注意培养其时间观念，不要磨蹭。

情景二建议：

建议教会孩子调换顺序做题。如果遇到不会做的题目，可以先做其他的题目，最后再做不会的题目，进而再请教，这样就可以节省时间，也不会打断孩子的思路。

对于孩子不懂的题目，要给孩子补习。要了解孩子的问题所在，对症下药。但要注意的是，不要全部一股脑儿讲给孩子听，而应是启发孩子，最后还是要靠孩子自己领悟。孩子知识储备够了，速度自然就快了。

还要想方设法让学习变得有趣起来。对于喜欢有趣的事，大家都乐意去做，而对于枯燥乏味的事，则是能拖则拖。所以，对于不喜欢写作业的孩子，妈妈要尽量调动孩子写作业的兴趣，例如，通过游戏、竞赛的方式来安排作业；用计时的方式完成某一项作业，规定时间完成了就表扬或记一个星，得够20个星，就满足孩子的一个愿望。

情景三建议：

1. 作业分段。先了解孩子当天的作业量，然后规定在一定时间内必须完成，如完成得好可以给予奖励。如果作业太多，可以把作业分割成两个或三个阶段。如第一次规定做15分钟，完后休息一会，然后再规定一个15分钟，再休息。当孩子的注意力提升之后，往后所定时间就可以慢慢延长，等养成高度集中学习的好习惯时就不用再分割时间了。

2. 要为孩子提供安静的学习环境。孩子学习的地方要简洁、整齐，尤其是书桌，准备好所有要用到的文具，但不要堆放玩具等会分散孩子注意力的东西。孩子学习的环境还要安静，不要在孩子学习时，中途为了关心孩子，给孩子送水果、倒水，这其实也是在干扰孩子。

3. 训练注意力本身。注意力不集中、易分心，是很多孩子的特点。年龄越小，控制注意力的时间越短。这是由于孩子的神经系统发育还不够完善。因此，对于注意力不易集中的孩子，可进行一定的训练，以提高注意力。下面是一些具体操作方法，供大家参考。

（1）买一些相关的书，每天坚持做练习。买一些锻炼观察力、注意力、记忆力的图书，如走迷宫、找异同（同中找）等。开始时时间不可过长，但往后可延长练习时间，一定要每天坚持练。做对给奖励。

（2）训练听力注意力。每天给孩子读一篇文章，读完后要他回答书中的问题，长期坚持就会提高孩子的听力注意力。或者给孩子念一组数字，或一组词语，让孩子正背或者倒背出来，逐渐增加数字和词语的长度。这个游戏不仅能训练注意力，还能训练孩子的记忆力。另外，可以每天回来追问一下当天上课的内容，让孩子复述给家长们听，这样也能无形中养成孩子上课认真听课的习惯。

情景四建议：

1. 停止催促，坚持表扬。孩子做事情磨蹭的时候，很多妈妈喜欢喊，不断催促，结果感觉是越催促，孩子动作越慢，妈妈就更生气，接着就是无休止的骂骂咧咧。在一片骂骂咧咧声中，先前的磨蹭行为没改善，反而出现了新问题——孩子和家长的关系恶化。有的孩子被骂后感觉已受罚而不再去改善自己拖拉的行为。有的孩子甚至用故意磨蹭来刺激家长，因为喋喋不休的责骂传递的是信息是“除了骂，我对你的行为已无能为力”。这是一种无助后借家长身份来掩饰自己挫败感的行为。也有些孩子在责骂中挫伤自信，再次面对这个问题时就茫然犹豫，迟迟不敢做，时间还是浪费了。所以停止催促，停止责骂！给孩子表扬和鼓励。

2. 训练生活习惯，学会分类整理。一位家长和我聊天时说过，她的孩子早上起床找袜子用了十分钟，穿袜子要十分钟，穿得妈妈直冒火。有些孩子上课时总在找东西，讲试卷时满书包找试卷，记笔记时满抽屉找笔记本，老师已讲一大半他还没找出来。前面老师讲的他一句也没有听到。怎一个“找”字了得？

其实这不怪孩子，怪家长。谁叫我们自己把孩子生活的一切都揽了呢？我们常说“你只要学习就够了，其余那是我们的事”：衣服洗好了，我们替他们收拾好放进衣柜；书桌乱了，我们帮他们整理；房间脏了，我们忙得不亦乐乎。我们以爱的名义剥夺了他们实践锻炼的时机。孩子们还要一脸无辜地听着我们教训他们总是磨蹭拖拉。经验是积累的，而且很多能力错过了最佳时机就再也不能培养了，不要幻想等他们长大后就都会了。感统能力的训练其实贯穿于上述生活细节中。

3. 多跟孩子交流，并鼓励孩子多与别人交流，有意识地锻炼孩子的表达能力和读写能力。

4. 对孩子适度“放养”。让孩子多亲近大自然，多运动，逐渐克服感统障碍。

2 男孩一听学英语脑袋就大了怎么办?

情景展示

三年级后新加了一门英语课，很多男孩都不适应。刚开始学，主要是靠听读，听发音、语调，跟着读、练。一般作业也都会布置听的内容，可是王辉这项作业从来没有完成过。有一次考试，英语老师说他考得很不理想，我便联系了家长。他妈妈说点读机从买回来到现在他连碰都不碰，都一个多月啦。让他跟着读，连嘴都张不开，怎么也不愿意读。这才知道，王辉的英语成绩为什么会这样。

问题分析

小学生学习英语困难的原因主要如下。

一、关于外因

（一）家长因素

家庭教育是学校教育的延续。家长过高或过低的期望，单一不当的家庭教育方式是学生学习困难的一个重要原因。小学英语作为新的课程，部分家长未引起足够的重视，没有理解英语对孩子未来的重要性，平时只是询问语文、数学成绩，对英语不闻不问。这样也使孩子对英语学习抱着无所谓的态度。

虽然有一些家长重视英语，但是因为自身英语水平很低，想帮助孩子，却无从下手，不能及时帮助孩子解决英语学习上碰到的困难，或者方法被动、盲目，出了问题才想起补救，教育子女过于粗暴，经常训斥和打骂，逼迫着孩子学习而不讲究方法。

（二）学校因素

英语学习困难的学生大多与教师缺乏感情交流，对英语学习缺乏兴趣，学习体验趋于消极，学习较被动。教师的一些教育思想、教育行为不仅影响学生认知的发展，而且影响学生情感、动机、学习兴趣等非认知因素。所以说，教师对于学生学习的好坏是重要的因素。

另外，现阶段小学英语只是一门“副课”，受到的重视程度不够。

二、关于内因

学生自身的因素，是学习困难的关键。这是通过对他们每天花在英语上面的时间、学习兴趣、态度、情感及课堂的注意力等情况分析得出的结论。

英语学习困难的学生具有一些明显的心理特点，主要表现为：不想学、不会学、不能学、不是有效地学。

（一）不想学

心理研究表明：学习动机与学业呈显著的正相关。例如，瑞基是一个很安静的学生，不管是上课还是下课都不说话，静静地在座位上看书，就是不想学习。后来与他妈妈沟通得知，他们是老来得子，爸爸对他非常宠爱，从来不要求他做什么事情，在学习上也没有要求。所以孩子没有压力，也变得比较懒，对于听不懂的英语更是不想学。

（二）不会学

有些学生花在学习上的时间很多，却往往事倍功半，效果不明显。这些学生并不是不想学，也不是不聪明，他们只是因为学习方法不当或受到不良的学习习惯的影响。

（三）不能学

儿童是用自己的“知觉、思维与记忆”能力来进行各种学习的。通过调查，我们发现有的学困生偏偏把“b”写成“d”，把“p”写成“q”，且屡教不改。碰到这种情况，就需要检查一下他们的视知觉能力。例如，“他能很清楚地辨认两个很相近的字母的区别吗？”（视觉分辨）；“他能很好地记住刚刚看到的单词吗？”（视觉记忆）；“他在书写的时候，手眼能够很好地协调吗？”（视觉－动作配合），等等。儿童缺乏这些能力是造成英语学习困难的重要内在原因。

（四）不是有效地学

有的学生有学好英语的愿望，也愿意在实际行动上加倍努力，但只要一学习，这样或那样的想法就充斥着他们的大脑，无法真正投入有效的学习中，从而导致成绩下滑。例如，寒假过后，我们班的俞成同学英语成绩明显下降，以前都是考满分的，不可能是听不懂呀。带着疑问我联系家长，原来是孩子在假期里玩电脑游戏。开学后家长也没有约束他，以至于孩子在学习的时候，满脑子里都是游戏里的画面，所以效率低。

对策建议

对此，妈妈要积极参与男孩的英语学习，调动男孩的兴致，具体建议如下。

一、积极支持，帮助孩子配合教师准备教具、制作学具

家长的态度直接影响孩子。例如，教师要求孩子收集动物玩具、水果、图片等时，家长都要热心支持。又如，在孩子学习有关“方位”等词或句子时，家长若和孩子一起制作学具，学习效果会更有效。特别值得注意的是，孩子在准备这些教具、学具的过程中，就是在积极、有效地学习和复习。

二、鼓励孩子联系生活实际进行学习

例如，在家庭物品上贴标签，到社区、公园、游乐场、商店等场所，学习、复习有关生活场景的字、词、句、对话等。家长还可以结合课内学习，在节日、生日时，鼓励孩子向亲友送贺卡、邀请信，特别是同孩子一起设计、制作贺卡和邀请信，不但能加强亲子和朋友之间的感情，更是一种创新意识和动手能力的培养。

三、向孩子学习

拜孩子为师，也会极大地提高孩子的学习兴趣和认真学习的程度。

爸爸妈妈跟着一道学英语，甚至爷爷奶奶也跟着学，都会使孩子高兴。实践证明：轻松愉快的学习，能充分调动和发挥学生的学习兴趣、积极性和潜能，从而使其增强记忆效果，掌握运用英语的能力；反之，呆板、枯燥、紧张的学习，只能抑制思维活动，降低学习效果。可以说要想让孩子学得好，首先要让孩子“爱学”、“乐学”。

四、培养孩子的良好学习习惯

孩子学习英语的过程中，养成良好的学习习惯，就能多学到一些知识。妈妈要帮助孩子养成以下学习习惯。

（一）认真听、耐心听

先用心静听录音，听准了、听会了，才跟着学说，不要刚刚开始听就急着跟着说，这样可能导致只会跟着说或离开老师的带读就不会说的问题，还会因听不准而说不准，不利于听力的提高，也不利于独立说的能力的培养。

（二）大声说，不害羞

勇于大声地朗读、对话、答问，有利于孩子清楚地表达自己，也有利于他人纠正自己的错误，还有利于培养其大胆、开朗、自信的良好个性。

（三）多举手、多练习

鼓励孩子在课堂上积极举手发言、回答问题，积极参与“情境表演”等，这样做，既能增加课堂上练习的机会，又能得到老师及时的、更多的指导和帮助。

（四）大胆地联系实际

上文提到，联系实际可以帮助理解语言、表达语言，也有助于记忆。例如，生活中“在做中学”、“在发现中学”、“在笑中学”，这样的学习对于发展想象力和创造性，都是很有益的。

3 男孩不爱学习数学怎么办？

俊杰同学这次期末考试成绩很明显地偏科，语文考了98分，英语考了100分，数学只考了60分。我打电话和他妈妈沟通，他妈妈反映说：孩子每天写作业，都是最后一项再写数学，天天愁得不想学数学，自己拿他也是没有办法呀。

问题分析

孩子学不好数学有很多种原因，大致可以分三种。

一、孩子自己对学习就不感兴趣

做其他事都可以，就是别说让学习。这主要是孩子内心没有对学习的渴望。所以，针对这类学生，首先是想办法激发他的学习兴趣。

对学习不感兴趣的孩子，一般不会有嫉妒和羡慕学习好的学生的心理倾向，他们觉得别人学习好坏与自己无关。虽然他们从大人的唠叨或生活中也知道学习很重要，可自己就是学不进去。

二、孩子眼高手低

这类学生脑子不笨，属于一点就透，但就是懒，不想动脑动手。懒的习惯不改，再聪明的脑子也不会出好的成绩的。

三、孩子对数学有恐惧心理

因为基础不好，越听越糊涂，作业不会做，再加上家长或老师言语刺激，使得孩子觉得自己很笨，看见数学题就害怕。由于心理作用，有的即使会也不敢确定，对自己没信心。对于这种孩子，家长应让孩子自己独立做题，不管对错都不责怪他。在检查作业的时候，可要求孩子告诉父母是怎样思考的，即使错了，也要让孩子讲出做题的思路，然后再告诉孩子，是哪里出现了偏差而导致的错误的。每对一次就给予鼓励，增加他的自信心，逐渐克服他对数学的恐惧心理。

四、家长没时间监督督促

由于家长工作比较忙碌，没有太多时间教孩子学习数学，导致孩子每天不会的问题日益增多，从而恶性循环，影响接下来的学习，这也是孩子数学不好的重要原因。

五、数学具有抽象性、逻辑性强等特点

数学具有理性美，但这种理性美并不是所有的孩子都能欣赏得了的，原因有两点：一是当孩子正处于形象思维为主的阶段时，对抽象的数学知识学起来有一定的困难；二是根据多元智能理论，人类的智能可以分成八种，而“逻辑——数学智能”只是其中的一种，不同的孩子对这种智能有不同的倾向。

可是数学是各个学科的基础，数学必须学好，那么怎么让孩子不讨厌学习数学呢？

对策建议

让孩子不讨厌学习数学，主要是树立信心，培养兴趣，具体可以尝试从以下几方面去努力。

一、首先思想上要正视

只有认识到出现这种情况是客观存在的，心里才会平和，而只有心情平静，才会有耐心去教育孩子，否则怨天尤人、脾气暴躁地去责怪孩子，只能导致欲速则不达，出现恶性循环的不良后果。

二、树立孩子学好数学的信心

当孩子对数学有惧怕感时，应以鼓励为主，少指责埋怨，可采取“小步子方法”，即让孩子先做简单的题目，当他做对了，就给予及时的奖励，然后在此基础上逐步提高要求，使他每前进一小步就增强一些信心，慢慢地就树立起学好数学的信心了。

三、培养孩子学习数学的兴趣

当你发现孩子不喜欢数学时，应该冷静地分析原因：是因为数学太抽象很难懂？还是因为基础没跟上，学起来很吃力，导致对数学学习失去兴趣？找到原因后再对症下药。如果是基础有漏洞，那就给他补补基础；如果是觉得数学比较难理解，可以给他多举一些生动的例子和打些形象的比方，或者多利用一些直观的学具让他搞明白。要记住，能懂是孩子产生兴趣的前提条件。

兴趣是最好的老师。要让孩子对学习数学产生兴趣，体会到学习数学的快乐。要让孩子明白，数学学习并不是整天面对枯燥无聊的数字、定理和公式，还有很多奇妙的事情。要想办法把学习数学融合在一个快乐的氛围中，让孩子在快乐中学到计算、画图、推理，学会严谨的思维方式。

四、利用其他兴趣来“嫁接”

当发现孩子对数学学习兴趣不浓，但对其他方面有浓厚的兴趣时，要巧妙地把兴趣“嫁接”过来。比如孩子喜欢画画，就利用他这个兴趣，画数学中的几何图形，在画几何图形的时候，让他潜移默化地学到几何中的有关知识；又如孩子喜欢玩电脑，就适当购买一些数学游戏题卡，让他在电脑上“寓学于玩”。

五、引导孩子多发现生活中的数学知识

实践出真知。数学学不好的原因，很大程度上是因为停留在纸上谈兵的程度上。数学的结论或者方法只有用到实际中才能发挥其重要作用，但是，应用题、模型题确实是学生失分最为严重的。应该重视数学思想在实际中的运用，让孩子在学习的过程中参与进来，让他们体会到用数学知识解决问题的成就感。自然而然，数学就不难学了。

例如，平常和孩子一起时，经常让他说说哪里有数学知识，哪里能用学到的数学知识来解决实际问题？只要做个有心人，生活中的数学问题还是很多的。孩子解决了一个问题就要给予肯定，这样会使孩子感到学数学很有用，就会慢慢喜欢上数学的。

六、不要过多地给孩子搞“题海战术”，而是进行有梯度的训练

学习数学当然离不开训练，但是无穷无尽的训练题只会让孩子更加烦躁。

应该进行有梯度的训练、递进式的学习。强调数学能力、数学思维、数学方法，开拓发散性思维，增强举一反三的能力。这样学习数学的能力会得到很大的提高。

“题海战术”是导致孩子不喜欢数学的重要原因之一，机械重复的作业会使孩子感到厌烦。不如跟孩子“约法三章”，同类题目做对一道可以奖励孩子少做多少道题，这样他会更认真。

4 男孩学习不自觉怎么办?

很多孩子上了小学之后,家长就开始为孩子的学习自觉性挠头起来。不监督,孩子就想不起学习这回事。怎样培养孩子的学习自觉性?很多家长感觉无从下手,很是苦恼。

孩子自觉的奥秘

以遵守纪律为例,可以分析孩子自觉的心理。

第一个阶段:害怕吃苦头

有的孩子上课喜欢乱动椅子,老师的方法是——留校,别的孩子都回去了,自己孤零零在那里。这种惩罚能让孩子认识到,不守纪律会带来不良后果。这对于自制力强的孩子会起一定作用,可对于自制力差一些的孩子,难免仍会违纪。更重要的是,这不是出于孩子的自觉,所以在严厉的老师面前,孩子可能会乖一些,在宽松的老师面前,孩子就会依然故我。

第二个阶段:想吃甜头

孩子喜欢上一个玩具,想让父母买。父母说,你要是好好学习守纪律,就给你买。为了自己朝思暮想的玩具,孩子可能会遵守纪律一些,但是,这同样不是来自于孩子的自觉。如果没有了奖品的刺激，孩子的自觉性就难以保证了。

第三个阶段：想当好学生

这个阶段的孩子，有了一定的荣誉感，喜欢取悦老师，以当好孩子为荣，特别需要夸奖。这时，他会体现出一定程度的自觉性。违纪后，孩子会有一定的自责。

第四个阶段：我得体谅老师，关心同学

这个阶段的孩子，会有较强的同理心。想到老师对我很好，如果我违纪的话就对不起老师了。同时，想到自己违纪会影响别的同学上课，会产生内疚感。这个阶段，孩子遵守纪律更为自觉，虽然仍会违纪，但很快就能自省，深刻反省自己。

上述第一和第二个阶段层次比较低，这个阶段的孩子还没有遵守纪律的自觉性。到了第三、第四个阶段，孩子开始有一定的自觉性。违反了纪律，往往会自省，真心后悔。

摸透了孩子的动机，那么，如果孩子违纪了，我们应该怎样跟孩子讲道理呢？

对策建议

家长都希望自己的孩子能够主动自觉地学习，尤其是上小学的孩子，还没有深刻认识学习的重要性，不可能从内心深处激发出自觉学习的激情。

一、要舍得投入精力

几乎没有家长会认为自己在孩子的培养上是不舍得投入的。例如，让孩子参加一个又一个的学习辅导班，节假日让孩子完成一本又一本的课外练习等，但更要注重情感和思想的交流，舍得投入大量的精力。要在孩子的身上花时间，在孩子的学习中耐心辅导，在学习氛围的营造上下功夫。孩子学习的时候，家长经常在他身边看书、写文章，或者是看看孩子的课本、练习册；对孩子不懂的问题，及时地和他一起探讨，一起寻找破解的途径；发现孩子功课中的错误，分析一下原因是什么，如果下次遇到应怎样克服，等等。自觉性其实就是孩子学习兴趣的反映，是一种情感互动的结果，如果不投入大量的情感，任何孩子都不可能“无师自通”地去自觉学习的。

二、要让孩子能够自己选择学习的方式

要自觉就必须自主，没有自主的自觉是不能长久的。因此，在孩子的学习方式上家长应给予其充分的自主权，让孩子在一种适应他自身喜好的、轻松愉快的环境中去学习。

在孩子的学习过程中，只提出总体的要求，具体的细节让孩子自己去把握，更能激发孩子的学习自觉性，增强学习的效果。比如平时只要求孩子写字时坐姿要端正、做题时一定要细心、读书时要留心精彩词句的应用以及用多长时间完成多少作业和练习等，而其他的方面都由孩子自己做主。让孩子自己选择学习的方式，学习就会成为一件快乐的事情。

三、要让孩子能够看到完成学习任务后尽情玩乐的希望

玩是孩子的天性。要注意两个方面：一是确保孩子在学习时能够看到完成任务后去玩的希望。这一点看似简单，可很多家长往往却都忽视了，周末和节假日给孩子安排了满满的辅导和练习，孩子一点都看不到什么时候是尽头，他的学习就只是应付大人，甚至是熬时间，何谈自觉学习。二是确保孩子玩得尽兴。既然去玩，就要让孩子抛开各种压力，甩掉各种包袱，痛痛快快地玩，开开心心地玩，别让孩子在玩的时候去惦记着还有好多作业要做、还有许多单词没背等负担。

四、要体谅和包容孩子的失误和过错，鼓励孩子克服困难

对孩子来讲，表扬是其进步发展的主要动力，尤其是上小学的孩子，任何简单的问题对他们来说都是陌生的、开创性的。因此，在孩子的学习上，家长切不可心浮气躁、急于求成。你认为一眼即知结果的数学题，也许孩子长时间都弄不明白。清楚了这样一个道理，我们就会理解包容在孩子的学习中出现过错是多么的顺理成章。

一是包容的目的要十分明确。原谅孩子的过错不是为了袒护孩子的缺点，而是为了保护孩子的学习兴趣。孩子只有认为他能够做到的时候，他才会有信心去做，孩子只有认为可以做好的时候，他才会有决心去努力。

二是鼓励必须是真实、有技巧和直观的。如果你的鼓励是孩子意料之中的或是离谱的，那么不仅会降低鼓励的效果，还可能会使孩子认为你是在撒谎骗他的。

三是包容和鼓励并不都是好言好语，更不是对孩子的溺爱和对其失误的漠不关心，而是理解和支持，是要求家长能热心地帮助孩子找准失误的原因，找到克服问题的方法和途径，是家长的胸怀和爱对孩子成长的推动。错就是错，错误本身是不会变成成绩而让家长和孩子去肯定和骄傲的，能够使失误发生转化的是孩子下一步应该做什么，怎么去做。

五、要给孩子一定的约束力

要让孩子清楚家长对他达到某一期望值的决心和达不到期望可能带来的后果。约束力不应片面地理解成强制力，应当是家长对孩子的影响力和规范力，强制是其中的一部分，更多的是引导。但是，只有当期望值是科学合理和孩子能够做到的时候，家长的约束力才会对其发生作用。

因此，你要想提高对孩子的影响力，就一定要为孩子确立一个合理可及的完成目标，循序渐进地培养孩子的学习兴趣和学习自觉性。

5 男孩记东西太吃力怎么办？

情景展示

我班的王灿同学记忆力较差，这边学完那边就忘，一个外语单词教他很多遍，过一会再问他怎么念就不知道，还老丢东西，一问他就是忘了。小组合作学习的时候，学习稍好一些的同学常常给我反映说教他好几遍，他也记不住。他在家里也这样，妈妈说让他做什么事，嘱咐他好几遍他也记不住。让他出去买个什么东西，出去之前说好几遍，回来后还是会买错。家长看着很着急，到底该怎么办呢？

问题分析

一、孩子记东西难，老记不住的原因分析

记得快，忘得也快，是因为孩子记东西的时候用的是外显记忆。外显记忆的通常方式是诵读、抄写、默记，用这些方式把一个事物记住，并且长时间不忘是很难的。原因就是没有内化成自己的东西。

良好的记忆力应具备以下四种品质：敏捷性，迅速地记住所学知识；正确性，记忆的内容准确无误；持久性，能长久地保持记忆材料；备用性，能迅速及时地把知识从头脑中提取出来。孩子的记忆力要达到这四个方面是不容易的。锻炼记忆力时，要兼顾以上四个方面。

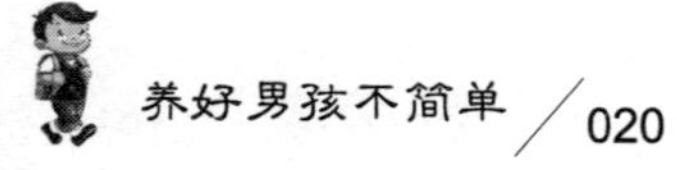

二、培养记忆力的关键

培养记忆力，不仅仅是让孩子记住一些东西，而是对知识进行融会贯通。我们知道，只有发挥更高层次的理解记忆和逻辑记忆的特长，才能记忆储存大量的信息。孩子记忆能力的高低固然与先天的禀赋有关，但后天的培养、训练也是至关重要的。恰当的训练有助于提高孩子的记忆能力。

（一）让孩子学会观察

观察好比是孩子摄取知识经验的大门，记忆则是储存知识经验的库房。多让孩子观察，在观察中记忆具体的形象事物。例如，带孩子外出时，事先提出要求，让孩子记住行走的路线、方向，注意观察周围环境等。

（二）死记硬背不可少

在发挥机械记忆的同时，培养并帮助儿童采用多种记忆方式。尽量让孩子多背诵一些歌谣、儿歌、短文等，同时可结合实物图像，解释有关的词语，以及词语间的相互关系，以强化理解，促进记忆。

（三）培养兴趣是提高记忆能力的关键

环境、情绪容易促进记忆，这一方法对成年人比较明显，对孩子的作用就显得更加突出。为了提高记忆效果，我们应想方设法地提高孩子对所记事物的兴趣，用兴趣吸引他，给他较强的情绪体验。可以把要记的事物寓于故事中，让孩子去体会。动手动脑相结合，孩子更容易记忆。

对策建议

培养孩子的记忆力，需根据科学，采取系统的方法。

一、丰富孩子的生活环境

有生活经历才有记忆，有的孩子年龄很小，却因为见多识广，能记住和讲述很多见闻。从小给孩子提供丰富多彩的生活环境，例如，给他玩各种颜色、有声的、能活动的玩具，听音乐，多与孩子讲话，给孩子念儿歌，讲故事，带孩子去公园、动物园、商店，和孩子一起做游戏等，这些都会在他的脑海中留下深刻印象，能在较长时间内保持记忆。这些印象在遇到新的事物时会引起联想，帮助孩子记住新的东西。

二、从培养孩子注意力入手

离开了对识记材料的注意，记忆自然也如过眼烟云消失殆尽。因此，要想提高孩子记忆力，训练孩子注意力应作为整个训练过程的第一步。针对注意力不集中的孩子，不可急躁，更不能强迫孩子按家长的意愿行事。应注意观察孩子，如果孩子对某一事物感兴趣，我们就以这个事物作为起点，让孩子尽可能对这个事物保持较长时间的注意力。只要孩子一次比一次能坚持的时间更长一点，父母就应该感到欣慰。

三、选择记忆的最佳时间

美国有位研究记忆的学者哈伯特·波兰德曾说过：“训练记忆所必须做的第一件事，是决定每天该在什么时间来记忆。”

科学实验告诉我们，人的记忆每天有四个高潮点：第一个高潮点是清晨六点至七点，此时大脑已在睡眠过程中做完了对一天输入信息的整理编码工作，加上没有前面识记材料的干扰，识记印象清晰，记忆效率高；第二个高潮点是上午八点至十点，经过几个小时轻微活动的恢复，这时精力上升到旺盛期，处理识记材料的效率较高，记忆量大；第三个高潮点是傍晚六点至八点，这是一天中的记忆最佳期；第四个高潮点是临睡前一两个小时以内，即晚间十点至十一点左右，在这个时间里，发生记忆后立即入睡，不再输入信息，因而不存在“倒摄抑制”影响，并且在睡眠中，大脑无意识地进行信息编码整理工作，使记忆材料条理化、系统化，这既有利于保持记忆，也有利于提取记忆。为此，要安排最佳的记忆时间，从而提高记忆的效率。

四、给孩子明确的识记任务

可以尝试让孩子有意识、有目的地去识记某些事物。比如在听故事、外出参观、饭后散步时，都应该给孩子提出识记任务——“孩子，妈妈记性不好，待会儿你得记住回家的路哦。”“孩子，我们昨天出来散步走到哪儿啦？妈妈还想去那儿。宝贝带妈妈去好不好？”

五、欣赏古典音乐

脑智能学的研究表明，多给孩子欣赏一些优美的古典音乐作品，不仅可以陶冶孩子性情，还可以增强孩子对语言的记忆力。这种训练最早可以从孩子听胎教音乐开始。不管孩子是在玩玩具、做游戏、读书还是吃饭，妈妈都可以放一些比较轻柔优美的音乐，让孩子有意无意地欣赏就可以了。

六、设计有趣的记忆游戏

游戏始终是孩子的最爱。根据孩子的这一特点，父母可以自己设计一些有趣的游戏来帮助孩子提高记忆力。示例如下。

游戏 1，依次说出名称：把 6 样东西按先后次序排列在桌上，让孩子看上几十秒钟，然后遮起来，要求孩子凭记忆依次说出这 6 样东西的名称。

游戏 2，辨颜色：让孩子闭上眼睛，说出你穿戴的衣帽鞋袜是什么颜色的；如果你也闭上眼睛说出他穿戴的衣帽鞋袜的颜色，将会引起孩子对这种游戏的更大兴趣。

游戏 3，找物品：当着孩子的面把 8 种不同的小物品分别藏好后，再让孩子将这些物品一一找出来。

游戏 4，看图说话：把 15 张不同内容的图片，放在桌上，叫孩子看一会儿，然后盖上；要求孩子把所看到的图片内容尽可能准确地叙述一遍。

游戏 5，飞机降落：将一张大纸作为地图贴在墙上，纸上画出一大块地方作为“飞机场”，再用纸做一架“飞机”，写上孩子的名字，上面按上一枚图钉；让孩子站在离地图几步或十几步远的地方，先叫他观察一下地形，然后，蒙上眼睛，让他走近地图，并将“飞机”恰好降落在“飞机场”上。

七、适当重复，加深印象

越熟悉的事物，孩子越容易记住，适当重复可以帮助孩子对需要记忆的对象加深印象，产生长久的记忆。比如，父母想要让孩子认识各种颜色，其实根本不需要拿出专门的时间来教孩子认识颜色，只要在日常生活中，见到什么物品告诉宝贝这是什么颜色，“这些红色的花好漂亮”，“宝贝要吃苹果，这个红红的苹果很好吃”，经过多次重复，孩子就能牢记各种颜色。

八、用各种有趣的形象辅助记忆

借助图片、采用夸张的动作与声音等，如边讲故事边做动作，或将故事画成连环画，和孩子一起，一边画一边讲故事，这些都有助于孩子更好地记忆所听到的故事。此外，可以采取下列具体方法。

1. 图像记忆法。让孩子看一张画有数种动物的图片，限定在一定时间内看完，开始时间可长些，逐渐减少看的时间，将图片拿走后，让孩子说出图片上都有哪些动物。

2. 实物记忆法。观察商店的橱窗，然后背诵陈列的商品；观察文具盒里的物品，然后背诵盒中共有多少件东西；观察公园里的花坛，然后背诵有几种颜色的花等。

3. 数字记忆法。从两位数开始，任意说一些数字，如“12”、“15”、“19”、“28”，每个数字之间保持一秒钟的间隔，让孩子跟着说。还可以让孩子记忆门牌号码、电话号码、历史年代等数字材料。

4. 字词记忆法。让孩子重复给家长讲曾经讲过的故事，看能记住多少字词；在一定时间内说出一些儿童熟悉的词汇（如交通工具、生活用品、动植物方面的词），看能记住多少。

九、多感官参与记忆

引导孩子调用多种感官参加记忆，提高记忆效果。如想让孩子认识纸的特性，父母可以让孩子把纸放在沾有水的桌面上，观察纸怎样把水吸干；把纸放在火上烧一烧，观察纸燃烧的情景；用手撕一撕，听听撕纸的声音，观察纸片不规则裂开的情形。通过这些有趣的实验，孩子就会牢记纸的主要特征。

十、教给孩子一些记忆策略

有意识地教给孩子归纳、分类、联想、比较等一些有效的记忆策略，可以帮助孩子提高记忆力。比如，孩子认识了苹果、梨、香蕉等，就可以教给孩子水果的概念；孩子分不清小鸭和小鸡，就可以引导他观察小鸭和小鸡最显著的区别——小鸭的嘴扁扁的，小鸡的嘴尖尖的；小鸭会游泳，小鸡不会游泳……总之，父母可以利用各种场合与时机，潜移默化地向孩子传授这些记忆策略。

6 男孩成绩差，很用功但收效甚微怎么办？

情景展示

在学习过程中，许多孩子对自己的成绩不满意，但学习起来感到很吃力，看不到进展。还有一些孩子成绩本不好，虽然很用功，但是由于没有掌握科学的方法，也是收效甚微。对此，孩子和家长都很着急。

问题分析

学习方法有什么重要性？

一、掌握学习方法，可以节省学习时间和提高学习效率

学习活动具有共同特点和规律性，学习方法是对学习规律的总结，能够帮助我们解决在学习中遇到的各种问题，提高学习效率。

二、掌握学习方法，可以提升自信心

在相同的时间里我们获得比别人更多的知识和技能，这不仅能使我们在有关学习的领域中获得成功，而且还能提升我们应对竞争的自信心。

其实，学习是一辈子的事情，对孩子来说，学习方法不管是在现在还是在未来都很重要。

对策建议

掌握正确的学习方法，主要是做好预习、听课、复习等几个步骤。

在讲到学习方法之前，应明确，方法的掌握，如同知识的获得一样，是一个从无到有，从少到多，从不会到会的发展过程。一开始，很大程度上要靠教师家长给予主动明确的指点，进行监督提醒。

一、预习不可少

预习方法可以多种多样，普遍要注意以下三点。

1. 刚开始培养预习习惯的时候，先要选择一门自己学得比较费力、成绩不大理想的学科做起点，一直坚持下去，收到一定效果后，再适当扩展预习的科目。

2. 标出疑点。预习，顾名思义预先学习。上课前先看一遍下一节课要讲的内容，能看懂的就放过，看不懂的就用笔标出来，上课时看老师怎么讲。这样，听课就有了针对性，效果当然也要好一些。如果很难保证 40 分钟都集中注意力的话，那么，必须保证在疑难点集中起注意力来。

3. 要从实际情况出发来确定预习时间及内容。完成当天的学习任务之后，根据余下时间的多少来决定预习的深度与广度。实际上随着学习水平的提高，预习花的时间会相应减少。

二、上课要认真

（一）态度认真

听课要有积极态度，即听课的最佳心理准备。要怀着强烈的求知欲望和浓厚的学习兴趣去听课，把听课视为在老师引导下步入知识宝库寻宝的钥匙，相信每节课都能学到有用的知识。这种心理状态，能使学生注意力集中，思想始终处于积极活跃的状态。

凡是学习态度端正的学生，在课堂上都会全神贯注，目不斜视，高度集中注意力，认真听讲。只要把认真听讲放在首位。接下来就是一个融会贯通的问题，把老师所讲的内容吃深吃透，积极思维，大胆质疑，好问，多思，并要学会给自己出题，要争取用多种方法解析一道题，比较各种方法的简便程度，这也是对以前学习水平的一个检验。这样，能够对相关的问题有一个清晰的思路。

（二）注意力高度集中稳定，手脑并用

注意力就是专心于某一事物的品质，如长时间地思考某一道题而不被外界环境所干扰。

凡是学习成绩好的同学，课堂效果都很好。眼睛看着老师和书本，耳朵听着老师的讲解和同学的发言，思路紧紧跟着老师的引导。

为了集中注意力，要坐端正，提起精神来，不要趴在桌子上，胳臂一垫，正好为想睡觉的念头准备了枕头。古人强调坐如钟，立如松，行如风。

为了加深印象，上课时，眼要看、耳要听、手要写、脑要想、嘴要说。当全方位调动这个器官进入活动时，那个想开小差的思想自然就无法钻进来干扰你！

（三）要勤思多问

听课的同时，要多动脑筋，学会思考，与教师进行思想对话，使自己的思路跟着老师讲课的思路走，在理解上下功夫，要注意把握知识的来龙去脉和“系统”线索，注意老师如何提出问题、分析问题和解决问题。要在思想上始终保持向老师提问的倾向，听课时，不放过疑点，听不懂或不十分明白的地方，课后要多想多问，问自己，问同学，问老师，查阅教科书、参考书，一定要找到满意的答案，务求知其然，亦知其所以然，绝不为以后的学习留下“隐患”。

（四）学会记课堂笔记

记课堂笔记有助于理解所学内容，有助于复习记忆，也有助于注意力的集中稳定。有的学生企图把老师的话全记下来，还追求笔记的完整，过多地考虑笔记的形式，这样会影响听课；有的学生课后不整理，不翻阅笔记，这就失去了记笔记的目的。须知，记课堂笔记不是目的，目的是帮助理解。

三、要认真做好循环复习

课后一定要复习，而且要循环往复地复习。因为人的大脑在储存新的信息的同时，就要把先前的信息忘掉一部分。只有循环记忆，反复复习，才能把知识学习得扎实、牢固。

除了课后复习外，还可以在双休日进行定期复习和每个月进行一次阶段复习，将所学的知识系统化，条理化。在复习时，要注意以下几点：

1. 复习的方法要多样化。复习不等于简单重复，要适当变化形式，最好是生动、形象、有趣、有效。

2．复习分量要适当，既要避免过度疲劳，又要适度提倡“过度复习”。如背一课的英语单词，背了五遍就能记住时，还要继续背三遍，这三遍叫“过度复习”。花的时间虽多了一点，但对中小学生的学习很有帮助。

3．复习时要对学过的知识继续加工，使之条理化、系统化。这就要求在复习中把新旧知识联系起来，增强记忆，温故而知新。

四、认真写作业

写作业是孩子经过独立思考，自觉、有目的地分析问题、解决问题，将学到的知识运用于实际的智力活动过程。通过写作业可以检查孩子学习的结果，加深对知识的理解和记忆，充分发挥智慧和潜力，同时也有助于培养思维能力，养成良好的学习态度和学习习惯，因而家长要引导孩子掌握写作业的正确方法。

1．先复习后写作业，即在认真复习、充分理解的基础上完成作业。

2．仔细审题，即了解题意，明确习题的目的要求，弄清已知条件和未知条件及解决问题的关键所在，做到心中有数。

3．认真表述，即思路清晰，表述确切，书写规范，答案准确，干净利落。

4．细心检查，即根据习题的目的要求，逐字逐句地检查、验证，发现错误及时纠正。同时，对教师的批改、批语要认真思考，从而不断地总结经验，吸取教训，不断提高。

7 男孩不爱阅读怎么办?

情景展示

在今天电视、iPad 等很多电子产品的诱惑下，孩子踏实不下心去读书，尤其是男孩，根本坐不住。很多家长都很着急，却拿不出办法。

问题分析

多数情况下，阅读是需要一个有意的培养过程的，家长不要过于着急。孩子不爱阅读，首先要分析原因。在教育研究者看来，无非有以下几种可能性。

一、没有良好的家庭阅读气氛

如果一个家庭的父母都不爱阅读，孩子就很难体会到阅读的乐趣，因此也就无从爱上阅读。

有人曾经做过这样的实验，在两所家长来源差异较大的小学进行调查后发现：A 小学的家长大多来自高校，家中大量时间用于阅读和写作，孩子们自发阅读和书写行为的时间也较早，且认为阅读和书写就是生活的重要组成部分；B 小学的家长大多为普通居民，家中较多时间用于看电视、打麻将、聊天，孩子们自发阅读和书写的时间则较晚，且不将阅读和书写当作生活的重要组成部分。于是研究者要求 B 小学实验组的家长每天在家中进行 20 分钟的阅读，阅读内容可以是报纸，也可以是任何书籍，要求家长必须在孩子面前进行，且阅读时要表现出专注和愉悦。坚持了几个月之后，B小学实验组的学生自发阅读行为明显增加，且开始认为阅读是生活中不可缺少的内容。同时B小学实验组的家长也认为，孩子最近的学习态度和成绩有所提高。

由此可以看出，家长在家庭中的阅读行为可以极大地影响孩子的阅读习惯和兴趣。可见，我们希望孩子表现出怎样的行为，我们就应该先付出怎样的行动。

二、没有适当的读物

我的一位好友，在孩子出生前，就为孩子购置了全套的绘本版安徒生童话，甚至还有葛翠琳童话、张天翼童话、巴金童话等。后来她又买了很多鲁迅的书，以及四大名著，这时孩子才上小学一年级。当我到她家去看望她和孩子时，她总是发愁地说："为什么我的儿子根本就不喜欢读这些书呢？开始的时候，他还会依偎在我身边和我一起咿咿呀呀，可过不了多久，孩子就不耐烦地跑开了。"

从这位家长买的书来看，虽然主观意愿很好，但不适合这个年龄的孩子看，孩子看不懂，体会不到读书的乐趣，他又怎么会去读呢？建议给不同年龄孩子买不同阶段的读物，分级阅读。

三、没有适当的亲子阅读指导

有了适合孩子的图书，接下来就是家长怎么和他们一起"悦"读的问题了，对此我曾经读过一篇文章，叫做《亲子阅读十大守则》。关键就在于自己爱读，投入地读，教孩子如何读，帮助孩子自己读。总的来说，就是通过一些技巧，帮助孩子从依赖阅读、分享阅读过渡到独立阅读。而这个过程中，由于孩子从被动地听，到主动参与，其阅读的过程也从一个单向接受的过程变成一个类似于游戏的建构过程，因此，孩子就可以积极地参与其中而忘记时间了。

四、没有适当的亲子阅读环境

还有一些家长，舍得花钱，家中藏书颇为可观，书桌书椅书橱一应俱全，可孩子还是不喜欢读书。每当说到亲子阅读环境，大家总是想到安静的书房、柔和的灯光、高矮适度的书桌、亲昵的亲子关系等，没错，这些都是必要的环境，但应减少不必要的外部刺激。就像蒙台梭利说过的，孩子应该获得自由，而这种自由是"从妨碍儿童身心发展的障碍中解放出来的状态"。过多的诱惑不等于充足的资源，更不等于成长的自由。

我们倡导的亲子阅读环境是一种松弛温馨的氛围，图书是经过家长精心选择的并且是阶段性的投放，即孩子充分阅读了一本或几本之后，再给予新的图书，让每次给予的图书，在内容上、难度上、写作手法上有一定的关联，让孩子能越读越有兴趣。

对策建议

让男孩爱上阅读，家长应以身作则，营造好的环境，并加以引导。

一、家长的影响

家长是孩子的第一任老师。各方面不能独立的孩子对我们有着天然的依赖，所以他就有模仿我们的天然本性。我们在家里的一言一行、一举一动，时时刻刻都在影响着我们的孩子。他们的双眼和心灵，无时无刻不在追随，记录、感受着父母的举动。

如果父母都是爱读书的人，那么孩子不爱读书的就极少。试想，茶余饭后，父母总是抱着书本，专心致志地阅读，那么孩子会不会被激起探求阅读的欲望？他们心里是不是一定会想：书里一定有什么秘密，不然父母怎么那么专注啊！这么一想，孩子也就自然去翻书了。如果父母再用些心的话，就会在孩子面前一本正经地把适合儿童的阅读书当成自己的书（专业书）来津津有味地读。等孩子自己捧书读起时，自然会发现一片新天地，自然会被吸引住。

一个家长请教“董浩叔叔”：“我的孩子不爱写字怎么办？”“董浩叔叔”说：“我不知道你的孩子是写什么字，如果是毛笔字的话，你把宣纸铺在他面前，你写你的，他就会写起来。”这样的例子举不胜举。

二、环境的营造

1．不管你有上百平方米的敞亮大房间，还是只有几十平方米的小蜗居，只要有孩子，你就应该努力为他营造一个干净、利落，充满书香的家庭生活小环境。

书柜、书架、书桌上有书，床头、枕下、茶几上也要有书，甚至我们在洗手间也要放两本书，让孩子每天的出入、起居都能看到书，感觉到书。我们应该让孩子知道，书籍是家庭生活的必需品，也是他自己生活的必备品。

可以定期和孩子去书店选书、买书，增加藏书量；送孩子一枚藏书专用印章，让孩子与小朋友交换阅读图书；教孩子给图书帖标签、建档案、包书皮等。这些都会给孩子热爱读书，营造书香世界提供良好条件。

2．墙上的字、画，窗台上的花、草，录音机里的轻音乐，也会给你的书香世界增色不少。孩子一回到家，首先从视觉到听觉就能感受到一种平和、清雅的氛围。想想看，在这样的小世界里，孩子会有什么样的表现？他还会大呼小叫，粗野撒泼吗？当做完作业吃完饭，他会干什么？除了听着音乐遐想，他会不会去翻书呢？

3．要培养孩子良好的读书习惯，家长必须控制自己的不良情绪。当下，社会竞争激烈，工作压力很大，许多家长都因工作或身体健康而焦虑，有时心情不好是很正常的。但是如果我们没有考虑到孩子，没有控制住自己，把这些不良的情绪带到家里，表现在脸上，发泄到家庭成员身上，那么我们就会在无意中给家庭笼上一层阴云，让家庭空气缺氧，甚至释放出火药味，就会在不知不觉中让孩子感到紧张、害怕、压抑。这个时候就算孩子拿起书本，也是读不下去、读不进去的。而且这种情绪还很容易传染到孩子，给孩子心理上造成阴影。因此，家长应把烦恼丢在门外，把快乐带回家。

三、家长的引导

培养孩子良好的品格和行为习惯，在小学阶段至关重要。爱读书就是孩子良好品行之一。让孩子爱上读书，还有以下一些小窍门。

（一）谈论

1．吃饭、做家务时，如果孩子在场，一定要向家庭成员（比如你的另一半）津津有味地谈论自己看过的书或正在看的书（当然不是高深的专业书或理论书），或者有意识地就书中的问题同另一半辩论。若发觉孩子被吸引时，一方可以把孩子当成大人，征求孩子的意见，让孩子也帮自己说。如果说不清，可翻开书，共同阅读相关的内容，或者找到相关的内容，让孩子替你读出来。

这样做的好处：

（1）让孩子感到得到了尊重。

（2）让孩子知道书可以帮着讲理。

（3）让孩子感到谈论书挺有趣。

（4）同时培养了孩子思辨和表达能力。

2. 常常提到孩子所看书的内容，同孩子讨论，让孩子觉得自己所看的书，大人也喜欢，让他的读书行为得到认同，产生自豪感。

3. 说说新书。说说新书的销售量，说说新书的作者或者所获得的奖项，以此勾起孩子阅读的欲望。

4. 说说书中几个细节给自己的影响，或给一代人的影响，让孩子感觉到书具有神奇的力量。

（二）听

我们都知道王刚演播的《夜幕下的哈尔滨》，知道单田芳、袁阔成、刘兰芳。我们更清楚，自己爱读书的重要原因之一就是听了那些精彩的评书、小说。听着不过瘾，听着着急，才到处去寻书借书的。《七侠五义》、《隋唐演义》，继而四大名著等，都是因为听得有趣，才去读的。因此，好的广播，如小说评书连播、诗词朗诵等，不妨定时收听，孩子兴许由此就爱上读书。

（三）问

留意孩子手中的书，很谦虚地去请教孩子书中的问题，对孩子的解答表示感谢，让孩子在读书中有当老师的感觉。这种成功感会让孩子更加深入广泛地读书。

（四）读

优美的篇章一起读。你一段，我一段，可以分角色朗读，有时还可以角色反串，特意让孩子读大人的话，父母读孩子的话。如果有条件，可以录音，满意的还可以推荐给学校或电台。这样可让孩子感受到阅读的温暖，让孩子在朗读中陶冶思想和情操。

（五）讲

绘声绘色地讲书中的精彩片段，最紧要处戛然而止，故意留下悬念，故意把书“藏”起来，故意没时间“下回分解”——孩子的胃口已被吊足，他自己不去找书看才怪。当然，你讲的书的内容，一定要注意适合你孩子的年龄和性格特点。如果是三四年级的孩子，我敢说，我用《哈利·波特与魔法石》中的一点内容，就会让他着魔般地读完整部书。一般来说 21 天养成一个好习惯，孩子读完《哈利·波特》七部，21 天是远远不够的。因此，等他读完这几本书，他的读书兴趣就有了，习惯也初步具有了。如果你再介绍《哈克贝里·费恩历险记》、《海底两万里》、《鲁滨孙飘流记》或者秦文君、杨红樱、曹文轩等作者的书，他们就会一步一步进入书的世界。

（六）看

看电影也是我们家长引导孩子看书的一种好办法。先看几部经典大片，然后找原著来读，孩子就会知道电影与原著或剧本的差别，懂得看书会知道得更多，从而不断地去读书。

（七）请

邀请爱读书的家长朋友或孩子朋友来家作客，交流读书心得，交换阅读书籍。让孩子以书交友、会友，通过书友增强读书兴趣，以书友肯定自己读书的成果。

高尔基说：“书是人类进步的阶梯。”书是我们精神健康、生命成长的必需养分。书让我们心灵丰富，让我们灵魂美好，让我们言谈举止更高雅、更文明。有人说，小学生读书叫“吃书”，因为读书会让小学阶段的孩子长骨骼，长肌肉。这话是很有道理的。

8 男孩没有养成好的学习习惯怎么办？

情景展示

我外甥在学围棋，自从第一天学围棋开始，他妈妈就坚持每天7点以后和他一起做围棋习题，下下围棋，到现在大概有9个多月了，偶尔有几次回到家已经很晚了，妈妈直接让他洗澡睡觉，没有下围棋，也没有告诉他今天不下围棋了，但是我外甥会主动地提醒他妈妈："妈妈，今天没有下围棋，你忘了？"就是这几个月来他已经养成了习惯，到了这个时间，他就会做这件事。

但是，他却对学习一点都不上心，也没有养成好的学习习惯。对此他妈妈很苦恼。

问题分析

一、为什么要从小养成良好的学习习惯？

孩子小的时候是培养习惯的最佳时期。学习习惯的养成关系到教育工作的成败和孩子综合素质的高低，将影响孩子一生的身心健康与良性发展。学习习惯的培育与学校、家庭等环境密切相关，家长在这方面也责无旁贷。

二、日常学习习惯包括哪些方面？

1．爱书：学会包书皮，在合适地方写名字，不磨损、折皱书角，不在书皮、书中乱涂乱画，常到书店购买新书。

2. 写字：握笔姿势正确，坐的姿势正确，不折皱本角，书写整齐，力求美观。

3. 听课：集中精力，坐端正，不做与听讲无关的事，积极回答问题。

4. 作业：独立思考，书写整齐、规范，按时完成。

5. 用工具书：会用老师推荐的工具书解决一些学习上的困难。

6. 记笔记：凡读书读报、听课、听讲话，都用笔记录，能抓要点。

7. 写日记：坚持天天做，学会拣重要的记，力求有新意。

8. 争论（讨论）：和同学争论问题，既能正确理解对方观点，又能提出自己的见解。

9. 读报刊：每天读，成为必做的事。

10. 积累：摘录、剪集好句子、好语段、好文章、好例题，装订自己的报刊。

11. 建立作业规范：各科作业的书写格式要规范。

12. 参加文体活动：听报告、看演出、看比赛、投稿、参加竞赛等。

三、应长期着重培养的学习习惯包括哪些方面？

1. 勤于思考敢于攻关的习惯。在学习中遇到的问题，要让孩子尽量自己解决，而不依赖他人。父母应注意的是：此时不要马上给孩子答案，而要给予他学习方法和解题思路的指导。

2. 在规定时间内学习的习惯。父母要让孩子知道在什么时候应该干什么，形成一种时间定向，比如放学后要先回家做作业，然后再玩。可以教给孩子“回家八部曲”：放好书包换鞋衣，讲究卫生把手洗，一定喝水吃东西，赶紧坐定先复习，再做作业心有底，检查对错需仔细，明天学啥先预习，收拾准备好欢喜。这样，孩子在一定的时间内会安排相应的内容，注意力集中，容易养成做事有条理、不拖延、不磨蹭的好习惯。

3. 不懂就问的习惯。在养成“勤于思考敢于攻关的习惯”的基础上，父母还应当提醒孩子，遇到问题也要敢于提问，不要不好意思，一定不要让问题过夜。

4. 复习旧课预习新课的习惯。

5. 自己检查作业的习惯。

6. 良好的休息习惯。不会休息的孩子就不会学习，要帮助孩子养成良好的生活习惯（如规律生活、讲究卫生、遵守常规、文明礼貌、注意收拾、从容应对），它可以节省时间、提高效率、减少差错。

对策建议

学习习惯的培养是一个系统工程，家长需掌握相关知识和技巧，并耐心对待。

一、把握培养孩子良好的学习习惯的三个阶段

一般而言，习惯的养成要经历以下三个阶段：

1. 制度制约。此时尚需他人督促提醒，行为略显被动，却是必经阶段。例如孩子做完作业需要检查，有时还需要老师、家长提醒，逐步养成习惯。

2. 自觉行为。在此阶段，行为由他人督促变为自我督促。这是形成习惯的关键时期。例如，孩子做完作业后问自己：我检查了吗？

3. 自动行为。连自我督促也不需要的时候，行动已经自动化了，已经内化为自身的需要了。例如，孩子做完作业如果不检查，自己就会觉得不舒服，一定要仔细检查之后才坦然。这时，良好的学习习惯才算真正养成了。

二、培养学习习惯的切入点

（一）增强学习兴趣

首先，多表扬，少批评。要善于发现孩子的优点。有些家长开口闭口就是“这么简单都不会，光知道玩”，原是恨铁不成钢，却不知好钢已在批评中钝化了，日久天长孩子总觉得自己很差，总有错，在学习中有压抑感，于是厌恶学习。

其次，使孩子一开始就有成功的体验。家长要尽可能使孩子掌握好知识，一开始就让孩子学懂，这样既增强了孩子的自信心，又使他体验了学习的快乐。

（二）明确学习目的

优秀家长的经验也证明：学习目的的确立应该联系孩子的思想和实际，坚持耐心细致的正面教育，通过生动形象、富有感染力的事例，采用多种多样的形式，把学习目的与生活目的联系起来，使他感兴趣，这样才可以收到良好的效果。例如，有的孩子在学跳舞，不喜欢舞蹈基本功练习，吃不了这个苦，但是对学习舞蹈可以参加各种演出表演活动的结果感兴趣，这种兴趣可以促使孩子去从事基本功练习的活动。瑞士儿童心理学家皮亚杰把兴趣说成是“能量的调节者”。孩子对学习有兴趣，就可以激起他对学习的积极性。

（三）利用孩子的好奇心

孩子具有好奇、好问、好动的特点，家长应充分利用它来激发孩子的学习兴趣。例如，有的孩子把闹钟拆开，有的孩子不停问为什么，家长若不了解孩子的特点把这看成淘气、捣乱，对孩子采取批评、冷淡、不理睬的态度，就会损害孩子智慧的萌芽，挫伤求知的积极性。另外，对孩子的提问要积极回答，如果不会则可告诉他弄明白后再告诉他，但是切不可敷衍了事。如果家长是骗骗他，以后孩子不懂的问题他就不问了，这样就会挫伤孩子的积极性和好奇心。

（四）创造有利于培养学习兴趣的外部环境

身教重于言教。若父母督促孩子要努力学习，而自己却常常通宵达旦地打麻将，那么孩子感兴趣的恐怕不是如何搞好学习。若父母饭后捧一本书，伴一杯清茶，端坐书桌前，伏案写作，孩子耳濡目染，那他也会经常看书、学习。

（五）有效的注意力训练

很多男孩好动、好玩，很难专心致志地去做某一件事情。这里介绍一些培养注意力的经验。

1. 复述性练习。让孩子看书 10 ~ 20 分钟（按孩子的年龄来控制时间），立即合上书，要求孩子按你的要求“复述”故事。为防止孩子摸准你的要求，“复述”的内容可以灵活多变：如可以提几个主要问题，图书上有谁？在干什么？书上的人或动物穿什么颜色的衣服？书上还有其他什么东西？可以让孩子把看到的动物形象画下来。最后可以让他重新再看一遍书，几次后，渐渐地孩子就会逐步理解集中注意力的必要性了。

2. 拼图及七巧板练习。这是二维空间中最有效的集中注意力的练习项目，要求孩子在相当长的一段时间内，保持连续不断的判断能力、观察能力、想象能力和分析能力。

3. 多米诺骨牌练习。大约有七成“难以集中注意力”的孩子，通过这个游戏，其耐心可有大的进步。多米诺骨牌训练其实是考验孩子能将单一的动作坚持多久的一个训练，无论对心神的专一、心神集中的持续时间，都是一个极好的练习。

4．抗干扰练习。等孩子在无干扰环境中的注意力大大集中，家长可以考虑在他的“注意力训练”空间中放上“干扰源”。比如他在做拼图游戏时，父母可以在一旁看电视；比如他在看书时，可以稍稍打个岔。需要提醒的是如果不是有意进行这种“注意力训练”，千万不要去打搅。

（六）帮助孩子养成读（看）书的习惯

1．陪读：孩子看自己喜欢的书画，家长就坐在一旁看报纸、报刊等。

2．演戏：读完一个故事或儿歌进行动作表演，如小兔是怎么做的，大象是怎么救小兔的，大灰狼又是怎么做的，根据情节进行表演，家庭中几个人分别扮演，一遍表演后可以重复几次，角色互换，从而使他更喜爱看书。

3．提问：多提问交流。

（七）帮助孩子养成主动（自主）学习的习惯

1．不要按照你的意愿把孩子的时间安排满，要多留一些时间让孩子自己安排，如果他还小，想不出可以自己安排什么活动，你可以给他多提几个建议让他自己选择。

2．多鼓励孩子主动探索，不要太多不必要的“不准”。

3．在孩子专心做一件事情的时候，不要干扰他，尽可能不要催促他，更不要跟在孩子身边不断提醒他不可以这样、不可以那样。

4．在孩子解决问题遇到困难时，不要急于帮助他，可以多给他提些建议。

5．不要急于把结果告诉孩子，要给孩子充分的时间自己去发现。

6．不要代替孩子做检查作业、收拾书包的工作，等等。

9 男孩老考倒数几名怎么办？

情景展示

教育是场马拉松，有的孩子天赋显露得早，有的显露得晚。

近日，与一友人共进晚餐，闲聊之际，得知其孩子现硕士就读于美国耶鲁大学。开始还不觉得诧异，因为现在靠父母的经济基础在国外就读的不在少数，当随着聊天的进一步深入，获悉其孩子原来在小学时，成绩竟然是长期倒数几名，而后经父母的精心培养、老师的辅导、自己的努力，以全省第八名、高中第一名的成绩考入北京大学时，不禁惊叹不已。他是怎样从老考倒数第一名，到考入名校的呢？现将感悟、他的实践方法进行梳理和归纳，分享给大家。

问题分析

据朋友介绍，孩子考上北大的重要因素，主要包括以下七个方面。

一、速度

朋友总是强调这个词，引起我极大的兴趣。他说，孩子成功的优势可能很大程度上就是这两个字。由于他们始终要求孩子保持做作业的高速度，哪怕做作业的字迹潦草一点也无妨，因此，孩子一直保持注意力高度集中、效率很高，其他孩子需要四个小时做完的作业，他仅需要两个小时，甚至很少。这为他自己赢得了很多的休息和娱乐、锻炼时间。同时，在考试时，也赢得了很多宝贵的时间。

我也曾在一篇文章中读到，哈佛大学高才生中国学生朱成，刚进哈佛，非常惊异，发现在这里，连举手答问题都要拼速度，往往是教授题目刚出完，甚至还没有完全出完，同学们的手都已经举起来了。如果手举慢了，连答题的机会都没有，朱成为了赢得答题的机会，不得不快速反应，迅速举手，同时拼命思考答案。由此可见，速度意味着效率，速度意味着机会。

二、环境

由于该朋友的孩子活泼好动，在小学被列为重点“监管对象”，一个星期如果有一天没有被罚站，朋友都要表扬她。老师的主观印象不好，使孩子非常压抑，成绩始终摆尾。

万般无奈，朋友一方面教育自己的孩子，另一方面想办法，在四年级时，将孩子转学到另一所师资力量较好的小学。幸逢一位充分了解儿童心理的老师，不胡乱对孩子进行惩罚，使孩子得到了尊重，自信心逐步恢复，学习成绩逐步提升（孩子拿到北京大学的录取通知书后，第一个打电话给这位曾经鼓励过自己的老师）。同时，家长与学校老师充分沟通，配合管理好孩子。

三、兴趣

为培养孩子的学习兴趣，该朋友也是煞费苦心。例如，教给她一些数学的小窍门，25×25=625，可以用2×（2+1），然后尾数直接加25得出625，以此类推，35×35=1225，也可以用3×（3+1），然后尾数直接加25得出1225。这个孩子因为比较顽皮，成绩不好，长期受其他同学歧视，就把这些小窍门向同学们炫耀，以显示自己的本事。同时自己对数学兴趣大增，数学成绩逐步也得到提高。

四、坚持

朋友的言谈中，还有一点让我很惊异，就是他的耐心和毅力，即不懈的坚持。我问：“你孩子的成绩是什么时候彻底好起来？”他说：“因为基础不好，小学进初中时，成绩还是倒数几名；进高中时，也不是考进去的，成绩还是不很好，交费进去的。”这点让我很是佩服，只怕很多家长（包括我在内），面对孩子的这种情况，早已心灰意冷，觉得孩子不是读书的“材料”，早已失去了信心和耐心。

但朋友对我讲的是：“对他要求不高，每次考试要求其前进一名就行了，这次考倒数第一，下次考倒数第二，就要大肆表扬和庆祝。”在这样的鼓励下，一步一步进步，一直到高考前20天，他进步到了全校前百名，然后考试时心无旁骛，超常发挥，以全校第一名的优异成绩考入北京大学。

五、身体

考进大学的，还不说是名牌大学，大部分学生已经是戴着高度近视眼镜了，但朋友的孩子进入北大，眼睛居然没有近视，也令我佩服不已。一方面是因为其成绩不是很好，老师总把她安排在最后一排的缘故；另一方面，也是他的家长不急功近利，让孩子充分正常娱乐、锻炼的结果。

“走进哈佛的刘亦婷”也是身体非常之好，在小学是女子800米比赛的校纪录保持者。“身体是革命的本钱”，确实如此，没有充沛的精力，怎么可能有好的学习成绩呢。

六、信心

一个人如果信心崩溃，必将一事无成，每天活得如同行尸走肉，更别谈有所成就。所以，一定要帮助孩子树立战胜一切困难的信心，哪怕是“美丽的谎言”。只要是不违反法律、违背社会公德的，尽量鼓励孩子去想、去干。朋友的孩子就是对自己有了自信，才会激励自己不断进步。

七、舍得

“有舍必有得，要得必须舍”，朋友就谈过这个观点，我很赞同。为提高孩子的成绩，他果断地让孩子舍弃了书法、珠算，只要求了解。为获得好的学习环境，不惜耗费不菲的费用。

其实，孩子本来是存在个体差异的，有的天赋很好，有的禀赋较差，这些我们无法改变。但是，我们可以在确保其身体和心理健康的基础上，循序渐进。

对策建议

对孩子的培养，要着重抓好上述七个要素，具体如下。

一、速度的提高

以语文为例，如果孩子写一篇作文需要三四个小时，还写不好，开始，可只要求速度，不强调质量。按时完成就大肆表扬，没有完成，就要求其逐步提高速度。当然，也要结合阅读，以丰富词汇，提高文采。

二、环境的营造

历史上有“孟母三迁”的故事，家长要为孩子尽量选择好的环境。另外，家长也应该与老师保持沟通，关心孩子成长，支持老师的工作。

三、兴趣的培养

本书相关篇章已有论述，家长多参考。

四、坚持不放弃

有的孩子是少年早熟，成绩相当优异；有的孩子是大器晚成，到高中、大学，甚至是到就业的时候，才显示出自己真正的实力。所以，不要过早轻言放弃。一定要做好“跑马拉松”、打持久战的思想准备。因为让孩子“笑到最后，才是笑得最好的”。

五、注重锻炼身体

平时，该家长就注意孩子的营养、休息，并陪伴孩子每天坚持锻炼半个小时的身体，或跑步，或滑冰，或打羽毛球、乒乓球等，为其打牢身体基础。

六、给孩子树立信心

家长要给予孩子更多的肯定，让其有成就感，对自己形成正面的评价。积少成多，内心强大，人生也会越来越顺。

七、聚焦重点——舍得

建议各位家长，不要为了一时的虚荣，按照大众的想法，让孩子参加各种各样的培训，如书法、舞蹈、绘画、音乐等，只选择孩子最感兴趣的一两种即可，将精力集中在重点上，才会获得较好的效果。

10 男孩上课不认真听讲怎么办?

情景展示

情景一: 有位家长说，我家叮当上一年级，最大的毛病就是上课不认真听讲，喜欢东扯西扯的。因为成绩下降，这段时间放学后还要补课，补课老师也拿他一点辙都没有，一说上课，他就要上厕所，喝水，要不就削铅笔。反正总要给自己找事做，他的思想根本不会集中在听课上。老师们给的建议是下半年降一级，继续读一年级可能会好些。可我真不想让他降级，这可怎么办呀?

情景二: 另一位家长说，我儿子今年上三年级，他们的班主任经常找我，因为我儿子不好好学习，上课的时候总和别的同学说话，我也经常批评孩子，但总是成效不大，怎么办啊?

问题分析

孩子上课不认真听讲的问题，困扰着许多父母和老师。

一、了解注意力

“注意力”是每个人最重要的心理素质之一。意大利的著名教育家蒙台梭利说:“最好的学习方法就是让孩子聚精会神地学习。”善于集中注意力的人，就等于打开了智慧的天窗。

1. 注意力的“年龄特征”。有研究表明:儿童注意力的稳定性随年龄增长而延长，一般来说，2～3岁时专注时间10～12分钟，5～6岁达12～15分钟，7～10岁为20分钟，10～12岁为25分钟，12岁就可以达到30分钟以上。这些数据一方面告诉我们家长，那种整天只想让孩子学习的做法是不科学的，同时也提醒教师，需要在教学设计、问题情境创设等方面多花脑筋。

2. 兴趣与注意有着密切的关系，是培养注意力的一个重要心理条件。心理学研究表明，对于有兴趣的事情，容易引起注意。这就是有些孩子对有趣的电视节目、书刊、新奇的游戏等会全神贯注，甚至能几个小时一动不动的原因所在。

3. 注意力的“培养之道”。注意力的好坏并不是先天遗传的，而是靠后天的学习培养和训练得来的。

4.注意力的“短期波动”。一个人的注意力会受心理、社会等因素的影响，因此，家长要留意学生注意力的这种“短期波动”。当具有良好注意力的孩子突然出现某种“波动”时，要认真分析产生“波动”的原因，与其交流，了解情况，找出解决问题的策略。否则，任其发展，就可能影响孩子以后学习注意力的有效提高。

二、了解孩子无法认真听课的原因

1. 孩子虽然已经有了初步控制自己的情感的能力，但还是时常有不稳定的现象，容易受其他事物的影响而分心，导致上课时不认真听讲。

2. 有的孩子对老师所讲的内容不感兴趣，或不适应老师的讲课形式，或不喜欢任课老师，他们也会“迁怒”于听课。

3. 心理学上有一个定律，叫“不值得定律”，简单的表述是：不值得做的事情，就不值得做好。不值得定律反映出人的一种心理，一个人如果从事的是一件自认为不值得做的事情，往往会采取敷衍了事的态度。孩子听讲也是一样，如果他们对本节课的内容没有兴趣，或者认为这些内容没有什么用处，他们就会采取敷衍的态度，不去认真听课。

4. 其他因素。例如，同学和同学之间兴趣相投，友谊深厚，上课时就不知不觉地说话、打闹，谈论什么东西好吃、什么游戏好玩、什么电视好看、流行什么时尚等。

孩子如果不认真听讲，父母绝不能以简单粗暴地去责怪孩子，要与孩子加强交流，了解孩子真正原因，然后对症下药。

对策建议

家长主要是帮孩子排除干扰，发掘学习的兴趣。

一、帮助排除某些干扰

有些孩子不认真听讲，是因为被某些东西干扰了，一旦排除这些干扰，就能把他们的思想拉回课堂。

首先要分析这些干扰来自何方。有些孩子可能是因为不适应新环境，有些孩子可能是不喜欢任课老师，有些孩子可能是与同学们的关系比较紧张，或者家庭关系比较紧张，还有些孩子则可能是因为身体不好、休息不好。

然后积极为孩子排除这些干扰：

1. 如果孩子是因为不适应环境，我们就要弄清楚，孩子到底是哪些地方不适应，然后教孩子学会改变自己，以适应环境。

2. 如果孩子是因为不喜欢任课老师，我们可以问一问他为什么不喜欢任课老师，是老师课讲得不够好，还是老师对他不够关心。找到症结之后，我们可以找任课老师谈一谈，商量一下解决办法。

3. 如果孩子是因为与同学的关系比较紧张，我们就要弄清楚孩子交往的原则和方式，然后教给孩子与人交往的一些技巧。

4. 如果孩子是因为身体不好，就要带孩子上医院检查；如果是因为休息不好，就要考虑他的营养和睡眠，要给孩子一个安静的学习环境。

二、发掘孩子的学习兴趣

兴趣是学习最好的老师。如果孩子对学习的内容兴致勃勃，根本不用督促，上课就能全神贯注。

我们要引导孩子认识知识的用途。比如，我们可以告诉他，学习英语，可以上网冲浪，或者可以给外国小朋友发电子邮件，和他们聊天交流；学习语文，可以培养自己的语言表达能力，交到更多的好朋友；学习数学可以锻炼自己的思维能力……对于其他学科，我们也可以利用生活中的实例去引导孩子，激发孩子学习各种知识的兴趣。

三、训练孩子的注意力

“天才，首先是注意力。”如果孩子能够集中注意力，就可以保证他上课不走神，成绩自然也就提升了。

我们可以让孩子从事一些需要注意力持久而集中的活动。比如玩皮球：孩子玩皮球时，常常看着皮球从高处掉下，碰到地面后又蹦上去，再掉下，他觉得很好玩，于是全神贯注，两眼紧紧地盯着皮球。这个过程，实际上就是注意力锻炼的过程。另外，如串珠子、捡弹子等活动，让孩子一粒一粒地穿，一颗一颗地捡，这也是有利于孩子注意力的锻炼。

四、给孩子补习功课

如果孩子基础太差，知识漏洞就跟筛子孔一样多，我们再要求他上课认真听讲，是不会有任何效果的。即使给他惩罚也起不到多大的作用，他最多给我们“做听讲状”，搞形式主义。

对于这样的孩子，最好给他请家庭老师，从头补起。如果成绩有所提高，那么就会增强孩子的自信心。他自然也就会认真听讲了。

五、让孩子学会记课堂笔记

有个妈妈说，我的小孩这个学期上五年级了，但有时上课注意力不集中，常常因为和同学讲话被老师批评。为了让孩子能认真听讲，我给孩子准备了一个“课堂笔记本”，告诉他每天上课都要把老师讲到的重点记下来，回家后我要检查。记笔记的效果也是明显的，凡是他认真做笔记的那一天，他作业就完成得快，而且错误也少一些。

记课堂笔记是个好的学习习惯。孩子将来升入中学，面对更多的课程，不会做笔记是不可想象的。现在让他早点培养这个习惯，将来学习就不会很吃力了。

11 男孩总是考前焦虑怎么办?

情景展示

这学期期中考试的时候，泽鑫的妈妈一大早给我打电话，让我跟孩子聊聊。她说孩子很紧张，在家里来来回回地走，早饭也没吃什么。一到考试前几天就开始紧张。这种情况会在很多孩子的身上出现，那么我们家长该怎么应对呢?

问题分析

一、焦虑产生的因素

（一）个体身心特点的影响

1. 遗传素质

我们从父母那里所继承的遗传基因是不一样的，因此人的神经系统的强弱是有所不同的。母亲在妊娠时的营养不良、患病、服药或抑郁等也能导致神经系统的变异，使得一部分人对刺激的环境极易产生紧张反应。经研究发现，大约 15% 的焦虑性神经质患者的父母和同胞兄弟姐妹们患焦虑症的概率比较大；另外，大约有 1/2 左右的神经质焦虑症患者的同卵者一般有类似的症状。这说明，遗传素质对个体的焦虑水平是有一定影响的。

2. 成熟水平

个体在不同年龄阶段的发展中，焦虑的水平是高低有别的。一般小学低年级儿童，他们的神经系统兴奋度比较强，比较容易受其他因素的影响而产生焦虑。例如，考得好的小学生会高兴得手足舞蹈，连蹦带跳，自信满满；相反，考得差一些的学生会垂头丧气，拒绝外界，容易封闭自己。而到了二三年级以后，随着身心各方面的发展，控制自己情绪的能力也有了一定的提高。

3. 知识经验

个体知识经验储存的多寡和提取的难易，在某种程度上对个体应试时的焦虑水平有一定的影响。例如，当小学生的知识经验储备不足时，就会感到取得优异成绩有较大困难。

在这种状态下有的学生就会变得焦躁不安，苦恼，无助，一筹莫展，而且这种状态可能会一直伴随到考试结束；有的学生可能会考前盲目自信，然而到考试时心慌意乱错误连连，考后懊悔，久久不能平静。而知识储备较好的学生，如果心理素质较好，那么其考试焦虑水平就会较低。

（二）家庭教育、学校教育与社会环境的影响

1. 家庭教育

有专家对在我国文化背景下的家庭教育失误而导致的考试焦虑做了分析，认为导致学生考试焦虑的因素主要有：第一，家长对孩子的期望值过高。家长的期望越高，孩子的压力就越大，当感觉自己无法达到父母的期望时就会变得焦虑。第二，家长以升学、就业、特殊人才选拔等为目标，不顾子女的兴趣爱好，这会给子女施加压力，在他们心中留下深刻烙印，助长了孩子的考试焦虑。第三，家长在对孩子的管教中缺乏民主，过于严厉的教养方式会让子女对父母产生恐惧，从而导致压力过大，形成考试焦虑。

2. 学校教育

学校是培养人才的摇篮，也是实行考试最频繁的场所。考试是我国自古以来选拔人才的手段，“考考考，老师的法宝；分分分，学生的命根”。在学校中造成学生考试焦虑的主要因素有：第一，教师的偏见。老师往往对学习好的学生比较关注，较差的学生会受到忽视，由此给这些后进生带来心理上的压力，每逢考试就容易急躁，产生焦虑情绪。第二，同学之间的竞争。小学高年级的学生自尊心比较强，每到考试时就怕自己的名次太低，这种状态下的学生容易

丧失信心，产生焦虑。第三，学校过于注重升学率。如果一所学校过于重视升学率、大搞智育至上、题海战术等，便会使学生终日陷入到考试焦虑的痛苦中。

3. **社会环境**

社会环境是人发展的外部条件，为个体的发展提供了多种可能，如机遇、条件和对象。“近朱者赤，近墨者黑”、“蓬生麻中，不扶自直”及“孟母三迁”的故事，都说明了社会环境对人的发展的影响。

二、焦虑的表现

处于考试焦虑状态的学生，通常会有三种表现：

一是情绪激动。不由自主地慌张，会和其他人说话聊天，或者打闹；有时还会手足发冷、心跳加快、肌肉紧张、甚至头昏。

二是感知障碍。例如视听困难（如在做英语听力的时候，就会把听的内容弄错），感受性降低甚至把试题的要求看错（如题目要求是用数字标上序号，有的学生就会用字母来排序）、漏题等。

三是注意力障碍和思维迟钝。盯着试题看却怎么也看不进去，思维处于一种漂浮状态，频频写错或者是写字速度大减。

解决考试焦虑关键在于孩子是不是能够较好地管理自己的负面情绪。

对策建议

一、考试焦虑的心理辅导

（一）端正应试动机，减轻心理负担

教育孩子对考试有客观正确的认识，树立正确的应试动机。有的孩子把考试的意义片面地夸大，比如有的孩子把考试与妈妈会不会喜欢我等联系在一起，有的孩子还会认为考得不好老师就会不喜欢他等。考前就忧心忡忡，神思恍惚，终日焦躁不安，好似大祸临头。如果带着沉重的心情和强烈的求胜动机去复习、应试，结果由于考试焦虑的影响，发挥失常，事与愿违。因此，在临近考试时，要适度地降低求胜动机，适度地减轻心理负担，维持正常的心态去应试，真正地做到轻装上阵，保持充沛的精力和积极的心态去应试，发挥出个人的最佳水平。

（二）做好充分准备，调整到良好的应试状态

做好充分的准备，是预防孩子过度焦虑最有效的方法。比如说物质准备、知识准备、体能准备、心理准备等。避免考前拼命学习，不运动，打乱作息等，否则孩子“晕场”的可能性增大。

需注意的是，考前适量补充营养是有必要的，但是注意要适量不能暴饮暴食，如果服用大量的高蛋白、高脂肪类的营养品，其体能不仅没有增高反而会降低。尽量张弛有度、劳逸结合。使人情绪轻松、压力减小。

（三）教孩子冷静处理怯场

考试时怯场是考生的一大禁忌。很多学生平时成绩不错，可是一到考试，却因为怯场而发挥不出正常水平。这里有几种解决方法可供借鉴：

1. 立即停止答卷，学会放松，闭目养神一会儿，排除心中的各种杂念，让大脑暂时休息一下。较轻者闭目养神 3~5 分钟自然就会恢复。

2. 遇到怯场可用“调整呼吸法”，停止所有相关的活动，放松全身，闭目做深呼吸 3~9 次，尽量使自己感到轻松舒适，这样也会很快消除怯场。

3. 补充能量或适当吸氧。如果感到眩晕、脸色苍白，可以喝点糖水或牛奶，补充能量；也可以在监考人员的帮助下选择适当的场所呼吸一下新鲜空气，以保证给大脑提供足够的氧气。

二、家长创造良好的环境

父母在孩子的教育中扮演着重要的角色。为了家长跟孩子之间的和谐关系，也为了孩子能够健康快乐的学习，家长应该做到：

1. 家长要学会换位思考，不要将自己的愿望强加给子女。

2. 家长要认清现状，要清楚上大学并非孩子的唯一出路，三百六十行，行行出状元。

3. 希望家长多跟孩子交流，了解他们的兴趣与特长，与孩子共同规划未来。

4. 家长要改变管理方法，不要拿成绩来定义孩子的未来，成绩并不能说明一切，在教育孩子中尽量多的使用奖励避免惩罚，与孩子建立朋友式的关系，互相信任，帮助孩子克服困难，战胜恐惧，健康地成长。

综合素养

12 男孩不会独立思考怎么办?

情景展示

浩杰正在写数学作业，看见最后一道数学题自己不会做，急忙喊：“妈妈，快来帮我的忙，这道题我不会做了！”浩杰的妈妈听见后，走到儿子面前，拿起题看了一下，然后告诉儿子应该如何答题。浩杰按照妈妈所说的写完了作业，高兴地与伙伴玩耍去了。

这样的事情几乎天天发生，浩杰遇到不会的问题就找妈妈帮助也成了习惯。后来浩杰的妈妈发现昨天才给儿子讲的类似的题目，今天他又问应该如何解答。她认识到直接告诉浩杰答案有些不妥，应该让孩子独立思考一下，然后引导他如何解答，这样孩子才会记住。

问题分析

一、我们的孩子为什么不会独立思考？

1．“你的思考我做主”！学校统一的教材、统一的课程、统一的服装、统一的铃声和标准化的考评及标准化的答案，总之，用整齐划一来尽可能地“消灭”自我。孩子生活在这样的环境中，不利于个性发展，缺少独立思考的机会。

2．很多父母习惯于给孩子指路，事事替孩子包办，孩子学习上有什么问题，像上例中浩杰的妈妈那样直接告诉孩子答案，这样大人就间接剥夺了孩子独立思考的权利。

孩子养成了依赖父母的习惯后，就不知道什么是思考，也不会去想如何解决问题，一切只等着父母给自己出主意、想办法。这样的孩子长大后，没有创新精神，只会人云亦云。

二、独立思考的重要性

独立思考的品质在人的一生中占据着十分重要的位置。如果孩子拥有独立思考的能力，就会善于发现问题，能够通过思考、分析找到答案，就会取得好的学习成绩。孩子长大后，因为有独立思考的习惯和品质，他的视角会比别人宽广，思维也会更加缜密。因此，具有独立思考能力的人，将比其他人有更多的机遇，更容易拥有成功的生活和事业。

爱因斯坦曾说过："发展独立思考和独立判断的能力，应当始终放在首位，而不应当把获得专业知识放在首位。如果一个人掌握了所学学科的基础理论，并且学会了独立思考和工作，他必定会找到他自己的道路，而且比起那种主要以获得细节知识为目的的人，他一定能更好地适应进步和变化。"

美国教育界认为，在学校只强调掌握读写能力而不会思考是不行的，这样不利于他们正常发展，必须让孩子掌握基本功中的基本功——思考。他们认为，鼓励孩子们动脑——创造性地思考，独立解决问题，自己做出决定，这对儿童的成长至关重要。因此，在美国的学校、教室内到处挂着"走向独立解决问题的道路"、"记住聪明猫头鹰的话：'思考'"等巨型标语，孩子戴着的纸帽上写着"思考"，穿的汗衫上印着"我是一个小思考家"，处处提醒孩子去思考。培养善于独立思考的人，应是孩子成长教育的重要目标之一。

爸爸妈妈们应当让孩子早一点养成勤于思考的习惯。一般来说，孩子最初是很少有自己独立的看法的，他们还不善于思考，总是说"妈妈说"、"阿姨说"、"老师说"，这时，爸爸妈妈要有意识地培养孩子早一点从"别人说"转化为"我认为"、"我主张"、"我说"，变被动为主动，鼓励孩子用审视的眼光来看待一切。

对策建议

建议父母的妙招

独立思考的能力需要长期培养。父母要抓住生活中一切可以利用的机会，训练孩子的思路，引导孩子的好奇心，让孩子养成独立思考的习惯。

一、不要直接告诉孩子问题的答案

孩子年龄小，遇到疑难问题时，总是希望得到父母的帮助，想直接得到答案。这时父母一定不要助长孩子的这种习惯，不要当时就给孩子一个直接的或确定的答案。否则时间长了，孩子会对父母产生依赖心理，不会自己动脑思考，也就难以养成独立思考的习惯了。

聪明的父母面对孩子的问题时，不是告诉孩子答案，而是教给孩子解决问题的方法，让孩子从中学会独立思考。比如，当家里的电视突然没有影像和声音时，爸爸可以让孩子自己去发现问题，看看是电源的问题，还是电视机自身的问题。孩子在寻找答案的过程中，锻炼了自己的思考能力，积累了经验，当找到解决问题的答案时，会充满成就感，思维能力也相应得到提高。

如果孩子暂时无法独立解决问题，父母可以示范，通过查阅资料、反复思考等方法，让孩子学习思考的方法。

二、主动提出问题和孩子一起讨论

问题是思考的起点。孩子小时候，脑子里会有很多问题，当孩子向父母提出问题时，父母要和孩子一起讨论，耐心地向孩子解释，父母积极地帮孩子解决问题，孩子就会提出更多的问题。

父母也可以经常给孩子提出一些问题，让孩子的大脑经常处于活跃状态，通过这种方式来锻炼孩子的思维能力。理查德·菲利普·费曼是美国著名的物理学家，获得了1965年诺贝尔物理学奖。他能取得这么辉煌的成绩，和他爸爸从小对他的教育是分不开的。他的爸爸非常善于引导孩子思考。他将自己扮演成外星人，“外星人”遇到费曼，会问很多地球上的问题，比如：“为什么有白天和黑夜的区别啊？”“为什么会有气候和天气的变化啊？”在这样的提问情境中，费曼学到了很多知识，也学会了思考。后来，爸爸带费曼去博物馆，为了引导孩子对博物馆产生兴趣，爸爸还是通过提问的方式。如此，激发了他的学习热情，使他对百科全书上的科学和数学产生了极大的兴趣。他 24 岁时获得了博士学位，28 岁时担任美国康奈尔大学教授，47 岁时获得了诺贝尔奖。

孩子思考问题的过程中，父母要善于提出开放性的题目（如茶杯的不同用途），还可以用如何解决突发事件（如在大街上走丢了怎么办）等类似问题来引导孩子思考。

父母利用这样的方法，让孩子从全面和新颖的角度思考，让孩子勇于突破常规的想法，提出自己独到的见解。

三、鼓励孩子发表自己的意见

父母要给孩子创造一个民主和谐的家庭氛围，孩子在这样的家庭环境中，才会有活跃的思维，敢于发表自己的意见。在压抑的环境中成长的孩子，不容易有自己的意见和看法，思想会受到父母的左右，只会盲从附和父母的意见，这样会影响孩子思考能力的发展。

父母应鼓励孩子有自己的见解，在孩子发表意见时，即使是错误的，也要让孩子说完，然后再给予适当的指导。对于孩子的正确意见，父母应该积极肯定和表扬，增加孩子主动表达的自信心。

孩子发表自己的意见，调动自己的思维能力，用合适的方法将自己的想法告诉他人，这是孩子独立思考能力的重要体现，因为孩子会对自己的问题和表达方法进行缜密的思考。

四、对孩子讲一些益智故事

益智类的故事很多，父母通过给孩子讲这些故事，互相讨论感兴趣的话题，对培养孩子的思维能力也是大有裨益的。

例如，有这样一个故事：一只小猫咬住了一条小鱼，小鱼妈妈恳求小猫将自己的孩子放了，小猫说："你猜我会吃了你的孩子吗？如果你答对了，我就会放了它。"小鱼的妈妈想了一会儿，说："你想吃掉我的孩子。"小猫兴高采烈地说："我如果将孩子还给你，你就说错了，所以我现在要将小鱼吃掉。"小鱼的妈妈立即说："如果你想吃掉我的孩子，就表示刚才我猜对了。你就该信守承诺将孩子还给我。"小猫被小鱼妈妈的话弄得糊里糊涂，只好松了口，小鱼的妈妈便带着小鱼离开了。这类故事可以锻炼孩子的逻辑推理能力。

五、和孩子玩一些益智类游戏

生活是教育孩子的最好课堂。生活中，孩子一般都喜欢游戏，如果父母在游戏中注入益智因素，就可以促进孩子思维的发展。父母经常和孩子玩一些益智类的游戏，既能沟通亲子感情，又可促进孩子思考能力的发展。父母可利用节假日的时候，举行一些智力竞赛之类的游戏，可以邀请孩子的一些朋友一起参加。

在游戏中，父母要教孩子学会思考，运用推理、比较、概括的方法，去促进思维的发展。要鼓励孩子多动手、多动口，全面促进和训练孩子的思维。

六、允许孩子标新立异

孩子有新奇的想法，父母不要否定孩子，要允许孩子标新立异，因为标新立异是培养思维能力的重要方式。

有一个推理故事是这样的：江上有一座东西向的桥，人通过需要 5 分钟。桥的中间是个亭子，里面有个看守者，他每隔 3 分钟就出来一次，看到有人通过，就会让他回去，不准他通过。有一个聪明的人想了一个巧妙的办法，他从东往西过桥，走了两分半钟就转过脸来往东走，当看守者出来的时候，他就能掉过头来过桥了。如果不破除常规，他是无论如何也过不了桥的。当遇到难以解决的问题时，父母要引导孩子换种考虑问题的思路和角度，经过合理的分析和整理、归纳，设想新颖的解决问题的方法。

此外，还要从生活上的事情开始，让孩子多动手，多参与；父母决定什么事情，也要多征求孩子的意见；孩子做错了事父母应进行引导，而不是告诉孩子如何去做；保护孩子的好奇心，鼓励孩子对未知的探索；孩子钻牛角尖时，让孩子学会多角度考虑问题等。

13 男孩没有兴趣爱好怎么办?

情景展示

有个妈妈和我聊天的时候说:“我很想培养孩子某项兴趣爱好,因为所有我看过的书都讲——有良好兴趣爱好的孩子一般不会染上恶习。但我的孩子抗拒我所有的努力,不愿配合我。我问孩子长大想当什么?他说不知道。现在我也看不出孩子有什么特长及爱好,愁死人了!学习成绩怎么也提不上,有没有什么办法可以帮助我培养孩子的兴趣爱好?”

问题分析

培养兴趣爱好的重要性

生活不能缺少兴趣爱好,培养一定的兴趣爱好很重要。

一、兴趣对青少年的成才方向有着重大影响。

一个人现在和将来,学什么,不学什么,常常是由自己的兴趣决定的,尤其是青少年时期的兴趣爱好,对一生的职业选择和奋斗目标都有着重大影响。许多有成就的人都是在兴趣的强烈吸引下,从小沉浸在某个领域,从而形成终生志向,做出非凡的成就。

例如,当爱因斯坦还是四五岁的小孩时,就对罗盘发生了兴趣,认为“一定有什么东西隐藏在后面”,12岁那年他从叔叔雅各布那里得到了关于欧几里得平面几何的小书，由此决定献身于解决“那广漠无限的宇宙之谜”，他毕生从事物理学研究，创立了著名的“相对论”，为人类作出了杰出的贡献。

二、兴趣爱好是实现理想目标的内在动力

兴趣是一种看不见的内在动力。我们都有这样的体会，如果你是从事一件自己感兴趣的事，不用父母亲督促，不用老师管、卡、压，你自己会自觉自愿去做，没有时间会挤出时间，有什么困难也会想办法，然后千方百计去完成它。

三、兴趣可以极大地提高学习效率

兴趣还会使人全身心地沉浸于某一工作学习之中，甚至到了废寝忘食、如痴如醉，对周围事情完全漠视的地步。例如，陈景润为了攻克“哥德巴赫猜想”，一天到晚都在思考数学问题，有一次边走边想，结果撞在一棵树上，他还反问谁撞了他。

兴趣能激发和引导人们在思想、情感和意志上去探索事物的真相，直接影响着一个人的智力发挥和工作效率。科学家做过这样的研究。一个人做他感兴趣的工作，他的全部才能可以发挥80%以上，做不感兴趣的工作，只能发挥他的全部才能的20%。

四、兴趣能增强克服困难的自觉性和力量

孩子在学习、工作和生活中不可能不会碰到困难。如果是在做一件不愿做的事情，小困难会看成大困难，碰到大困难就会泄气甚至退缩；但如果是在做一件感兴趣的事情，困难再大，也会想办法克服，并下决心坚持下去。例如，有个孩子，对数学不感兴趣，因此，他很怕做数学作业，碰到难题，连想也不愿想，不是抄别人的，就是拖欠，或撒谎说本子忘在家里。可他对武术却很感兴趣，参加了武术培训班。这个孩子原来爱睡懒觉，每天爸爸妈妈叫几次都起不来。但后来参加武术队后，懒觉也不睡了，每天天不亮就起床去练功训练。

五、兴趣还能使工作学习感到轻松愉快

愉快是人的一种情感体验。做同一件事，有人会感到又苦又累，有人却感到轻松愉快。这往往是因为后者对这件事有兴趣。杨振宁博士曾说过：“什么叫‘苦’？自己不愿意做，又因为外界压力非做不可，这才叫苦。”

对策建议

培养男孩的兴趣爱好，妈妈应态度开明，以鼓励为主。具体建议如下。

一、态度开明，鼓励多尝试

在培养孩子的兴趣爱好之前，我们要了解孩子、自己和事实。兴趣爱好是大人和孩子平衡生活的途径之一。发现和培养孩子独特的兴趣需要家长花些时间，但家长首先要有一个开明的态度。例如，你和孩子的目标也许相互冲突，你觉得孩子应该集邮而他却喜欢玩电脑游戏，这时应结合孩子当前的兴趣，大胆放手。培养孩子的爱好能够增加家长和孩子共同度过美好时光的机会，这是非常值得付出的，而且孩子的兴趣越广泛，就越不容易陷入不良的活动。

二、艺术方面，多看现场演出感受艺术张力

很多小孩子都有颗渴望被欣赏的心，当看到别人在舞台上得到欢呼时，他也会感受到愉悦，家人再加以鼓励，孩子可能因此会对某种艺术产生兴趣。也只能现场，才能感觉到表演艺术的张力和感染力，更容易激发孩子对艺术的兴趣。

三、帮孩子坚持兴趣

如何才能让孩子从喜欢到坚持？拉丁男孩莫栩妈妈表示，莫栩和拉丁舞结缘是一种巧合。那是三年级的时候，抱着凑热闹的心理，去报拉丁舞课，没想被选上了。随着训练强度越来越大，学习越来越艰辛，很多孩子退出了，莫栩也差点要放弃。但妈妈决定支持莫栩继续学下去，经历了内心的动摇、再次选择，莫栩学得更坚定、更用功了，甚至脚都练起了血泡也没有放弃，成为了团队中的“台柱”。

四、善于发现孩子的兴趣

“孩子不是没有兴趣，而是父母缺乏发现，”7 岁男孩豆豆的妈妈柯女士，对孩子兴趣的培养颇有心得，“孩子的爱好要有内在的冲动，不然培养也很难。”她曾经想给儿子报个琴类的兴趣班，但豆豆就是不愿意上，但对武术与围棋很感兴趣，每次回家都会告诉爸爸：“我得了第二名（两个人对弈）。”柯女士认为，3 岁是一个关键期，这个时期的孩子要多鼓励，多给予外界丰富的刺激。父母不应该一开始就断言自己的孩子没有爱好，那可能会抹杀一个孩子的天才。

说到豆豆，喜欢小鸟游戏，喜欢光头强，豆豆就没有其他好一点的爱好吗？其实他有。去年，一个偶然的机会，豆豆迷上了一个儿童科普栏目，这个栏目每次给孩子做一个试验，豆豆都要妈妈给他在家里做。比如用放大镜燃烧纸片，他自己就尝试做过多次。因此，家长要善于发现男孩的兴趣点，抓住机会给予热心支持。

五、给孩子做榜样，但也需确认孩子真正的兴趣

第一，妈妈要有自己的爱好，这可以给孩子一个榜样。如果孩子也有兴趣，邀请他们加入。

第二，要确保你对孩子爱好的热情不能比他们自己还要高。看一看是不是只有你一个人在组装玩具火车？你是不是在唠叨孩子练钢琴？孩子也许认为他们喜欢某件事，但是过后觉得并不是那么回事。在你确信孩子会坚持某种爱好之前，再加大投入。

六、参与孩子的兴趣爱好活动

培养兴趣爱好要从小做起，从小就遵从孩子的意愿，从他们的兴趣爱好出发进行引导和教育。“己所不欲勿施于人”，很多家长太望子成龙望女成凤，总是把自己的意愿强加在孩子的身上，抹杀了他们的天性，也让他们失去了人生的快乐。

培养孩子的兴趣爱好是家长与每个孩子度过一段特别时光的好方法。通过不同的爱好，孩子们可以表现出他们自己的个性，你也能够欣赏到他们的独特。

作为父母，建议陪伴并参与到他的兴趣中来，会起到事半功倍的效果。例如，如果他们喜欢棒球运动，我们可以和他们一起去看比赛；如果他们喜欢摇滚乐，我们可以帮他们找到最好的海报，了解不同的鼓手和吉他手；如果他们喜欢舞蹈，我们可以陪他们去看当地的舞蹈表演，等等。

14 男孩缺乏领导能力怎么办?

情景展示

前几天和弟弟在一块儿聊，说起培养孩子领导能力的问题。现在的独生子女比较多，家长过度的照顾，直接导致很多孩子自私、任性，不合群，不协作，小小年纪就成了宅男、宅女了，不知道怎么参与群体活动，更缺乏领导一个小集体完成某项任务的能力。他家孩子也有这样的倾向，不知道如何应对。

问题分析

为什么要培养孩子的领导才能?

一、建立自信

儿童之间的领导关系更注重强调一种有效的合作与交往。合作有利于增进儿童的群体交往能力。在这个过程中每个孩子会逐步认识到自己在伙伴中的地位，从而会从心底产生适当调整自己以适应他人的愿望，并从中汲取一些领导与群体成员之间融洽相处的实际经验；而且，他们还会深刻地体验到与成人相处时所没有的成就感，建立起自信。

二、丰富儿童的情绪情感体验

儿童在带领伙伴共同完成某项活动或任务的过程中需要做很多工作：与大家一起讨论、确定目标、制定计划、商量活动如何进行、分配和协调人员、指挥和控制活动的进程等。在这一系列的活动中，他可以体验不同的角色，不但会对其职责有所了解，还会体验不同的情绪情感。

三、使孩子的综合能力得到提高

领导才能是各种能力的综合。在做领导工作的过程中，孩子的综合分析、创造、决策、应变、协调、任贤、语言表达、自学等能力得到相应的锻炼。孩子在教室及课余活动中所表现的领导才能，比智力或学业成绩更能准确地预测他们未来的成就。

对策建议

培养领导能力的秘诀

一、抓住重点

培养孩子的领导能力，以下两方面是重点。

1. 决策能力。对未来的行为确定目标，并从两个以上的方案中选择一个合理的方案。这种决策能力必须从小培养。

培养孩子决策能力的关键是让孩子自己做决定。家长要以最大的信任、必要的指导和最低限度的帮助，促进孩子独立自主性的发展。

2. 组织能力。一群孩子分成了两组，他们准备用积木进行搭塔比赛。谁把塔搭得又高、又稳、又快、又漂亮，谁就获胜。活动开始后，一组孩子急于搭塔，而另一组孩子活动开始后没有急于搭塔，他们围成一圈商量，决定用大积木搭塔底，中等积木搭塔身，小积木搭塔尖，并专人负责。结果显然是后者获胜。

二、树立信心

从孩子学步那天起，你就要帮助他建立自信。成就不论大小，都值得称赞表扬。比如在少年足球赛后，有人可能会对孩子说："哇，你错失了两个轻易入球的机会！"孩子当然知道自己错失了良机，无须指出。明智的家长则会这么说："我最欣赏你盘球直逼球门，真是凌空扫射！"然后说："明天晚上我们一起练球好吗？我们一定能够使你成为神射手！"这样孩子才有领导他人的信心和底气。

三、鼓励探索

一个春日，邻家的小男孩在前院的泥泞里挖出一块石头来。他跑到父亲那里，兴奋地说：“爸爸，你看我找到的这块石头多美丽！”可是，他父亲不以为然地看了儿子一眼，说道：“看你弄得满身泥污！”男孩立刻脸色一沉，满肚子不高兴地把他找到的石头扔掉，拖着沉重的脚步走进屋里去了。勇于探索和敢于向未知领域挑战的人，才会带领团队。

四、教孩子学会全力以赴

一个年仅12岁的体操选手，他身手不凡，虽然具备冲击奥运奖牌的所有条件，却总是没法把自己的潜能发挥出来。家长递给他四支飞镖，叫他向另一端的目标掷去。他紧张地说：“如果掷不中，怎么办？”这句话背后隐藏的是：他把注意不是集中在如何取胜上，而是为怎样才可以避免失败操心。我们应该鼓励孩子排除杂念，不要让心理障碍阻止自己的正常发挥。这才是领导做事的风格。

五、聆听梦想

某天，儿子回到家里，说打算做特技演员。那你该说什么好呢？说“孩子不做那些”或者“哎呀，那多危险啊”？这样，最可能发生的是：想做特技演员的男孩转向去做生意。孩子有了想象力，才能够想办法去使梦想成真。

六、以身作则

说到底，最重要的还是要以身作则。假如你经常指责邻居或同事，数落他们的不是，你便很难要求孩子学会尊重别人；假如你千方百计逃税，你便没资格教孩子责任。根据一些研究显示，领袖的父母本身也表现出极具领袖才能，只是往往不为人知。

七、游戏扮演

家长可通过游戏活动，锻炼孩子的领导能力。

1．要有引导能力，鼓励孩子在游戏时要多提想法和建议，特别是在大家都无所事事或是没有主意的时候，要及时以自己的想法来引导大家。

2．游戏或做事前要提前确立规则，这是游戏顺利进行所需要的基本保证。

3．分配角色和任务，根据各人的特点给予合适的任务和角色，使游戏参与人都“身负重任，各司其职”。

4．协调能力，在游戏进行中肯定会有很多的矛盾不断出现，有矛盾的时候要善于协调，可以交换角色，也可以改变规则，培养孩子的协调沟通和领导能力。

八、给孩子自主权

在家里孩子一般是受照顾的角色，但孩子随着年龄的增大，能力的提高，有些事情孩子是可以独立解决的，问题是家长要懂得适时放手。

例如，搬了新家，家长打算给孩子换一张彩色的儿童床，可是孩子并不喜欢彩色床，他希望家长给买木制儿童床。而木制儿童床又有多种款式，买哪种更理想呢？这时如果家长给孩子机会，让他在众多的款式中学会自己选择，对于他决策能力的培养无疑是有益处的。具体做法是家长与孩子一起对每款床的功能、价格、安全性、占用空间、是否方便活动、是否便于整理等进行比较、分析、综合、判断，最终选出一个较满意款式的床。

九、让孩子亲自操办活动

让孩子操办活动是培养领导能力的最佳方式。

靖宇过几天就满七岁了，他准备举办一个生日晚会，但他又不知道怎样组织，为此他向妈妈请教。妈妈首先教他列了一张邀请参加生日晚会的小伙伴的名单，并根据他们的特长安排节目内容。在靖宇的策划和组织下生日晚会进行得井然有序，靖宇过了一个难忘的生日。通过实践活动，孩子可以认识到每个人才能各异、秉性不同。担任每个职位的人，不一定都要选择同样精明能干的人。要想有效地实现目标，就必须懂得对人才的合理调配和组合。

总之，领导能力不是天生的，它也是在后天的不断锻炼中培养出来的。

15 男孩缺乏社交和组织协调能力怎么办?

情景展示

在一群孩子中，总有那么几个孩子很有号召力。他们既能组织集体活动，又能带领同伴做游戏，小伙伴们也乐意同他们交谈、玩耍。有些孩子则比较被动，他们的家长很是羡慕，希望自己的孩子也能具备这种能力。

问题分析

组织协调能力的重要性

组织协调能力，是指根据工作任务，对资源进行分配，同时控制、激励和协调群体活动过程，使之相互融合，从而实现组织目标的能力。某种程度上，这也是一个人组织其他人去完成一个共同目标的能力，它是领导者成功有效地完成既定目标的心理特征。

现在的孩子是以独生子女为多，故不少家长经常约伴一起带孩子去游玩。本来这是非常好的做法，可不少家长也发现，这样做很可能比单独带孩子还要累！因为孩子经常发生纠纷，或干脆就玩不到一起。家长不得已，会充当协调人的角色。一般来说，孩子玩不到一块，很大原因是现在孩子都是家庭的“小太阳”，家长都“卑躬屈膝”服侍孩子，故他们到了外面，也喜欢强势地命令他人。但是，“孩子王”不是那么容易就当上的，光有强势而不能让别人信服，谁也不会听你的。

所以，从小培养孩子的组织协调能力，就显得非常重要，因为这是孩子未来想获得成功的必备能力之一！

汉高祖刘邦平定天下以后，设宴款待群臣，在宴席上他总结了自己取胜的原因："论运筹帷幄之中，决胜于千里之外，我不如张良；论抚慰百姓供应粮草，我又不如萧何；论领兵百万，决战沙场，百战百胜，我不如韩信。可是，我能做到知人善用，发挥他们的才干，这才是我们取胜的真正原因。至于项羽，他只有范增一个人可用，但又对他猜疑，这是他最后失败的原因。"

刘邦的这个总结，明确地指出了组织协调、精诚合作的重要性，了解、尊重每一个人的才智，并充分发挥他们的所长，最终得以实现统一天下的大业。所以一个人的社交能力和组织协调能力非常重要。

对策建议

一、社交和组织协调能力要从幼儿开始培养

有些在工作中担任重要的角色的人，在年少时与同学和小伙伴相处，往往是愿意主动承担责任，并且待人得体、周到和宽容。这一点从我和我先生中学同学的现状中，也得到了较好的验证。基于共同的认识，在对儿子的教育中，我和我先生都非常关注对儿子组织协调能力的培养。

儿子刚上幼儿园时，我和他的班主任有过一次很好的沟通。希望她能让我儿子在饭前帮老师摆摆桌椅，发发碗筷，饭后帮老师擦擦桌子，收集小朋友用过的餐具等，老师爽快地答应了。

儿子在帮老师干活、维持秩序的过程中，得到了老师许多称赞和表扬，也得到小朋友的认同，使他小小的心灵因此得到很大的成就感，让他体会到付出的同时，也有回报，于是便会用心将事情做得更好。这种回报也让他感到快乐、满足并激发了他后来凡事更加主动多做、多承担责任的愿望和热情。他这种主动多做、多承担责任的愿望和热情后来好像成了一种习惯。在分组活动中，班里许多同学都争着和他一组。

二、在玩耍中培养孩子的社交和组织协调能力

鼓励孩子多出去玩。我们楼下有一块空地，孩子们晚饭后或周末经常在一起玩耍，每次儿子想和小朋友一起玩时，我都让他自己给小朋友打电话联络和协调，约好时间、地点，自己决定玩什么、怎么玩，我和我先生所做的是提醒和监督孩子们的安全。

同时我们也引导他，让他慢慢体会到玩也是一种学问，也是要一定本领的。要考虑到每个小朋友的性格、爱好，他们喜欢玩什么，怎样玩大家才能避免冲突，让大家一起玩得高兴等。儿子在与小朋友的玩耍中，学会了宽容、忍耐、理解，解决小朋友之间的冲突，用人所长，物尽其用等。

三、使孩子的社交和组织协调能力在包容中成长和发展

“人有所短，必有所长。”人都有两面性，优势和缺陷并存。有位妈妈介绍说，我们从儿子上幼儿园时开始，就经常提醒他要善于观察、学习其他小朋友的长处，改正自己的缺点和不足。这样孩子的心态很阳光，既能接受别人的优点，也能坦然面对自己的不足，并尽力改进自己，使自己能够和别人和睦相处。随着儿子年龄的增长，我们一步步引导他，让他逐渐认识到谦虚与包容的品格有时可以给人带来更多发展和成功的机会。因为谦虚和包容的人，更容易让人接受和喜欢，在工作中容易和他人相处与合作，也会因此赢得好的人缘和口碑，这样就会获得更多的机会展示和发挥自己的能力、潜力和优势。

四、要培养孩子自信和独立处事的能力

一般具有一定组织和领导才能的孩子，往往自信、有责任心，具有坚强的意志和独立思考的能力。因此，我们总是在日常生活中，给孩子创造独立思考、独立处事的机会。这为孩子打下了强大的心理基础。

五、辅助小孩组织一些集体活动

在暑期，可以给孩子报一些活动，如果孩子被推荐做领队。你要鼓励孩子，让孩子相信自己能行。家长这时候也要帮助孩子一起来组织策划这次活动。如果这次活动在孩子的组织下非常成功，这就极大地激励了孩子的组织能力。

16 男孩不愿意和小朋友交往怎么办?

情景展示

瑞基是一个很安静的男孩。平时不喜欢和其他同学打闹，一下课其他同学都跑到操场上玩耍，只有他安静地坐在自己的座位上，要么趴在桌子上发呆，要么自己看课外书。记得和他妈妈有一次通话，他妈妈说在家里也是那样，其他小朋友在楼下玩游戏，他只是站在窗户边上看，要么自己待在屋里玩自己的玩具，就是不愿意和他们一起玩。

问题分析

小孩不愿交往的一般原因

一、性格内向

性格内向的孩子，往往不喜欢与人交流，这种类型的孩子不喜欢说话，喜欢一个人静静地玩，或者和自己的玩具玩，缺少与人沟通的能力，有机会和小朋友玩的时候，由于不知道怎么才能融入小朋友的圈子里，再遭到别的小朋友排斥，于是就放弃了和小朋友一起玩而选择独自玩。

2. 老人长期带孩子

家长工作压力大，没时间带孩子，找保姆不放心，于是哄孩子的重任就落在了老人的身上。老人带孩子，心疼孩子，怕磕到碰到，遭到小两口的责备，于是限制孩子的自由。有的老人担心孩子出去玩被其他孩子教坏了，或者遇到坏人，不愿意孩子出去玩，老人自己也不会经常带孩子出去玩，一直待在家里，接触的人少，久而久之孩子就不适应与人接触，也不知道该怎么与人接触。

三、从小的教育

这和家长的性格有关，如果家长就是一个不爱说话的人，那孩子也会从小学着这样，见到熟人形同陌路，见到邻居低头而不语，都是不好的习惯。

四、被小朋友欺负过

孩子的天性是活泼好动的，喜欢和小朋友玩，每个小朋友都不会抗拒，但被欺负过的小朋友可能会不喜欢和其他的小朋友玩。

有的家长，孩子在外受到别的小朋友欺负，孩子还没有什么反应，可家长急了，并警告孩子不许和小朋友玩；还有一些家长，告诉自己的孩子，不许和哪个小朋友玩，说那个小朋友这样那样不好，孩子就会对那样的孩子避而远之，时间长了，最后孩子就干脆自己待在家里玩。

五、孩子没有足够的自由空间

孩子小的时候必须在家长的监护和保护之下活动，但当孩子有了自己的想法和思维后，家长仍把想法强加于孩子，这样就会磨灭孩子的想法。

六、环境因素

有些孩子只跟已经很熟悉的孩子玩，而从来不和不熟悉的孩子玩，甚至这种想法都没有，总有一种很排斥的想法。

例如，奕儒小的时候在奶奶家比较多，在自己家的时间少，于是和他奶奶那边的小孩子玩得很好。周末他爸爸妈妈把他接回家的时候，他会感到寂寞，总让他爸爸妈妈带他去下面找小朋友玩，于是爸爸妈妈就带他去找小朋友。可是不管奕儒怎么追着人家，人家就是不和他玩，还用很不友好的语言说他，后来奕儒回家后总是在家玩，不再愿意下去找伙伴了。

七、缺乏自信

家长看到孩子某些方面不会，没有耐心教孩子，而是一味指责孩子，你怎么这么笨，这么简单的东西怎么教你你也不会，你还能干点啥，等等。日久天长，孩子就会产生自卑的心理，认为自己什么都不会，什么都不敢尝试，很缺乏自信。在接触到一些陌生的小朋友后，自己就不敢和他们玩。

八、互相攀比

现在的孩子，受社会和环境的影响，攀比心越来越重。当条件好的孩子和条件不好的孩子比这比那的时候，条件不好的孩子会很抵触条件好的孩子，会不愿意和他做朋友。

对策建议

一、对性格内向的孩子

如果附近有孩子聚集玩耍的地方，父母不妨多带自己孩子一起加入。这能让孩子充分感受和其他同龄小伙伴玩耍的乐趣。开始孩子可能会寸步不离地跟着你，慢慢地他就会试着加入孩子们的队伍。不过如果孩子想走，一定不要勉强他继续待下去，让孩子感觉轻松自然，有利缓解他的羞涩。

二、对老人长期带的孩子

我们要理解老人，家长有时间就自己带孩子；尤其是离婚的家长也要尽到抚养孩子的义务，不能离婚后就直接把孩子扔给老人。老人的想法是哄孩子就要对孩子负责，孩子的健康最重要，却忘记了教育的意义，年轻人应该理解老人，多鼓励老人带孩子到周边不远的地方活动。年轻人有时间应该自己来带孩子，给老人减轻负担和心理压力。

三、父母带头

改变孩子要先改变自己——父母是最好的老师，每个人都不是一出生就会与他人相处的，社交经验需要一点点地积累。当孩子不再拒绝和他人交往的时候，父母应该进一步鼓励孩子，并告诉他最基本的社交礼仪，如见到熟人主动问好，打招呼时声音要清晰，眼睛要看着对方等。见到爷爷、奶奶、叔叔、阿姨都要叫一声，进商场主动让孩子找售货员阿姨询问自己需要的问题。以身作则才能培养出礼貌、大方的好孩子。

四、对被欺负过的孩子

给孩子建议而不是命令孩子，告诉孩子小朋友身上会有缺点，自己不要跟他学，也要让孩子看到其他小朋友的优点，并学习他。“三人行，必有我师。择其善者而从之，其不善者而改之。”

五、对过严管教的孩子

给孩子自由，让孩子有做主的权利，在对身体没有伤害的情况下，随他的想法去做就可以了。这样孩子才会有更多的想法，往往有想法有创新的孩子会招来很多的小伙伴和他一块玩。

六、对环境改变的孩子

鼓励孩子去玩，拿上几样玩具，和小朋友分享，几次以后，就会受到欢迎，就能玩到一起。熟悉后，不用拿玩具他们也会带孩子一起玩。

七、对缺乏自信的孩子

遇到事情要多鼓励孩子，让孩子认为自己是可以进步的，通过自己的努力什么都是可以的，建立自信心。

八、对攀比的孩子

对孩子进行心理教育，让孩子明白虽然自家的条件比不上条件好的家庭，但是你的很多优点是他们所没有的，要用一颗平常的心对待生活，各有所长，不要总是用自己的不足之处去对比其他孩子的优越方面。

17 男孩不能和其他小朋友和睦相处怎么办?

情景展示

鹏鹏在学校里上二年级，他聪明大胆、活泼又有主见，我们家里都十分疼爱他。但是，在学校里就不是这样。他与同伴交往的时候，显得非常霸道、任性。不管和谁一起玩都不会长久，常常一开始玩得高高兴兴的，不定什么时候就风云突变，闹别扭了。无论是和文静、脾气好的女孩子在一起，还是和同样爱吵爱闹的男孩子，最后都是一个不欢而散的结局。慢慢地，其他孩子都不想和他做玩伴了，鹏鹏被大家孤立起来。

问题分析

不能和其他小朋友和睦相处的原因

现在有不少孩子不善交际，不会交际，甚至害怕交际，有的到了成年还是如此。这到底是为什么呢?

一、独生子女导致“我”无人交流

独生子女的比例比较大，他们没有兄弟姐妹可以交流，容易形成自我中心、自私、孤僻的性格特征。

二、父母对“我”的包办

父母对子女的成长太过关切，甚至事事代为安排已成为普遍现象，导致孩子日益缺乏日常主动交往的机会，不懂得如何合群与讨人喜欢。

三、父母对“我”管教过严

一些年轻的父母，由于缺乏教育孩子的经验，望子成龙之心亦过于急切，便常有管教过严的情形出现，这直接导致孩子的性格日显木讷和内向，不利于孩子社交能力的培养。

四、“我”对新环境难适应

在以上教育环境下成长的孩子难以适应新环境，不容易结识朋友。与同龄的伙伴玩耍时，也不能相安无事，不是争吵打架，就是畏缩不前，最后被群体孤立。

对策建议

怎样才能使孩子和其他小朋友和睦相处?

一、不要让孩子有某些特权

从小开始，就应该让孩子多接触同龄人，要给予他们发展独立性的自由，尽可能让孩子与邻里的孩子交往，要以平等的观念待人。让孩子在穿衣、说话、玩耍、零花钱等方面与其他孩子一样，不要让孩子有某些特权。不要使自己的孩子产生一种以自己为中心的思想。

此外，家长还应注意培养孩子的独立生活能力。对孩子的关心和爱护要适当，对孩子不宜过分夸奖、赞扬，否则使孩子变得高傲和任性，而不愿与他人平等交往，从而陷入孤立的境地。对孩子也不宜管得过严，这样会使孩子失去安全感和自信心，形成自卑、孤僻的性格，不敢与人交往。

二、让孩子多参加集体活动

孩子从三岁开始，便产生了某种交往的愿望。父母要让孩子积极参加集体活动，广交朋友，并学会尊重他人、信任他人、谅解他人、乐于助人，学会调节集体和个人的关系，积累与人相处的经验。

三、培养孩子的语言表达能力

从小就要培养孩子会说爱说，为他们进行交往活动打下必要的基础。注意培养孩子的表达能力，还要注意培养抽象思维能力，在说话时要注意表达的主题，并围绕表达的主题把意思一层一层地说清楚。多和别人交际，也是训练和提高表达能力的主要途径。

四、为孩子创造一些交往的机会

家长出去串门时，尽可能把孩子带上。带着孩子，可以使孩子有机会接触各种各样的人，有机会学习一些社交礼仪和规矩，体会到交往的乐趣。也可以邀请其他小伙伴来家里玩耍、吃饭，锻炼培养孩子热情待客的习惯和善待别人的品性。还要多参加一些社会活动，增加孩子的见识。

五、增强孩子的自尊心和自信心

不要指责孩子太老实、没出息，不要当着外人说孩子不大方、见不得人等。这种责备会加重孩子的心理负担，打击孩子的自尊心和自信心，反而使他们更加退缩不前。要帮助孩子改正那些不利于团结的缺点，如骄傲、吝啬、自私等，让孩子形成合群的性格，培养孩子无私、诚实、向上、勇敢的品格。

六、教育孩子掌握交往技巧

学会遵守时间，不说假话，严守信用；同别人见面时要说“您好”等，告别时要说“再见”等言语；当询问别人或请别人帮忙时要说“请”；当做错事或打扰别人时要说“对不起”“打扰了”；当别人给了你帮助时要说“谢谢”；当别人进屋或者离开时，你应站起来欢迎或送别；要学会宽容别人、体谅别人，并真诚地对待别人等。要教育孩子掌握这些与人交往的技巧，因为大部分人不愿与不会交往的人交往。

七、以身作则

要培养孩子合群，家长首先要以身作则，为孩子创造一个良好的家庭环境。这主要表现在全家人和睦相处上，大人要关心小孩，子女要关心长辈，切忌以孩子为中心，处处围着孩子转，让孩子凌驾于父母之上。

八、培养孩子善良的天性

孩子是模仿父母的行为成长的，父母善孩子则善，父母恶孩子则恶。父母善待家里人，积极帮助不幸的人或者正在遭受苦难的人，孩子看在眼里，也会那样去做。所以，培养孩子善良的性格，父母先要做善良的人。

再次，支持孩子善良的行为。当孩子爱护花草树木、小动物的时候，家长可以夸奖孩子懂得爱护环境。当孩子尊敬老人爱护小孩的时候，家长要夸奖孩子很善良，懂得照顾弱者。当孩子能够理解他人，愿意帮助他人的时候，家长要告诉孩子，善解人意的人会有好报。总之，你的孩子能够诚心待人，不蒙不骗，才会成为一个善良的人，也才会受人欢迎。

九、教孩子懂得分享与合作

泰戈尔说：“唯有具备强烈的合作精神的人，才能生存，创造文明。”孩子迟早要走上社会与人合作，合作是在利益共享基础上的能力互补，需要包容心和忍耐性。在社会上，一个人越是懂得分享，就越能够与更多人合作。

因此，家里好吃的，不让孩子一个人独享，让孩子给亲戚朋友送一些；做家务的时候，孩子也要承担一部分；父母做事，让孩子打打下手；家里来了客人，让孩子参与接待，等等。

十、相信孩子不会总吃亏

当孩子与小伙伴在一起发生冲突的时候，只要没有受伤，家长就不要掺和进去，不要把孩子间的小问题当成矛盾去解决，甚至限制孩子玩耍。这样，本来孩子没当成什么，却因为父母的掺和有了隔阂。

孩子们一起玩耍，发生摩擦很正常，孩子有能力通过自己的方式解决，他们会谈判、会讲道理、会说服、会交换，在这个过程中，增进互相了解，与自己对脾气的人建立友谊。如果家长加入进去，就限制了孩子的社会交往能力的发展。

十一、纠正孩子的“霸王”意识

孩子有“霸王”意识不是坏事，一个人只有迫切想成为强者才能铆足了劲不断进步。但是不能欺负、打压其他同学，也不是非要什么事情都在别人上头，那样不利于与人交往。每个人都希望成为他人眼中的强者，但只有适当示弱，才能与人和睦相处。

18 男孩缺乏团队意识和合作观念怎么办?

情景展示

俊豪是班上孩子们公认不敢惹的同学。有一次正在上语文课，他的同桌钢笔坏了，但是语文老师要听写生词，他来不及跟俊豪说，就拿过来赶紧开始写生字。过了一会儿，俊豪发现了就大发雷霆，也不管现在正在上课，上去就用拳头捶打他的同桌。这种事情在这个孩子身上出现过多次，其他同学无意间用了他的东西或者不小心碰到了他，他都会加倍地还回去，不管是男生还是女生，他都照打不误。在其他方面，更是唯我独尊，不愿参加班级整体活动，不与同学亲近。这让他妈妈很是头疼。如果我们其他家长遇到这样的问题，我们又该怎么做呢?

问题分析

这种情况的原因分析如下。

一、团结合作意识不够

因为一点小事就吵架甚至动手打架，缺乏一种团队意识和集体观念。例如，有的孩子在办手抄报和黑板报时缺少一种分工合作的意识，导致作品完成情况很不好。

印象很深的一节英语课上，老师让小组合作，查漏补缺。把一单元的单词、句子和对话检查一下。一个组总共6个人，分成了三个小组，每一组都是学习稍好一点的同学带着另一个稍微差一点的同学。有的小组做得很好，而大部分的小组就是个人干个人的。有的同学很在意小组的名次，有较高的集体荣誉感。而有的同学不会因为小组的集体荣誉而约束自己。

二、性格发展不良

孩子们的性格发展有不良的倾向，例如，孤僻、自卑、冷漠等，加上孩子成长过程中的自我意识增强，尤其是独生子女家庭、离异家庭、单亲家庭，孩子更容易形成这样的性格。

三、家教的缺失

很多家长忙于工作，忽视了对子女的教育。有的父母认为，孩子进了学校门，一切教育都依赖于老师，自己的责任只是改善孩子的经济条件，忽视了对孩子的关心和培养。

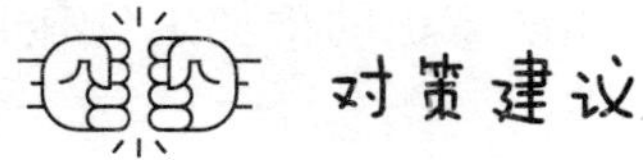

一、家长要尊重儿童天性和习惯形成的规律

喜爱丰富多彩的活动是儿童的天性，在群体中活动必然有很多交往合作的机会，寓教育于活动中，在“玩”中学，心情愉快，最有成效。习惯是在后天的活动实践中经过知、情、意、行四个环节养成的。

二、利用家庭生活中的点滴小事培养孩子的团队意识

从孩子身边熟悉的生活小事做起，是最有效的一种方法。比如，节假日全家一起外出郊游时，可以和孩子一起先定个活动计划，然后分配好每个成员的任务，让每一位家庭成员都清楚自己的职责。根据孩子的年龄特点，无论大小一定要给孩子安排个合适的任务，像让孩子准备水果、烧烤的调料、吃饭的小勺子等。让孩子懂得了作为家庭的一员，应该具有团队意识，担当好自己的职责，做好自己分内的事情，相互合作才能使活动圆满成功。

三、利用游戏培养孩子的团队意识

孩子都喜欢做游戏，好多游戏都属于集体活动，家长可以用这类游戏作为纽带，来培养孩子的团队意识。

例如，和孩子一起画画，先明确分工，如让孩子画动物你画花草，孩子涂红色你涂绿色等等。然后开始你一笔孩子一笔，或者你画一部分孩子画一部分，直至完成一幅完整的作品。这种作画更需要相互配合，既要考虑自己应该怎样画，又要考虑留好位置让别人如何画。孩子在这些身临其境的游戏中，慢慢体验什么是团队意识，什么是合作精神。

四、创造机会培养孩子的团队意识

要培养孩子的团队意识，家长还要注意多给孩子提供锻炼的机会。家长要支持孩子积极参加学校组织的各种社会实践活动和研究性活动，不断了解孩子在这次活动中所担当的任务，以及任务进展情况，还要了解孩子所在小组的其他成员的任务及完成情况。多关心、鼓励、表扬孩子，从而让孩子在此过程中感受到自身的价值，感受到自己的主动性地位和不可缺少的角色，从而更增强孩子的责任感和团队意识。

另外，让孩子参加夏令营、冬令营等，对孩子团队意识的培养也具有非常重要的作用。

五、引导孩子靠拢团队

前几天读了王凤国老师的一篇文章《引导孩子靠拢团队》，深受启发：有一个日本朋友来山东做生意，顺便把孩子也接过来学中文。那孩子在学校的情况却不太好。很多同学骂他，不理他。那个孩子受了欺负，回来就向爸爸倒苦水。朋友听了不但没生气，反而笑了，说："你今天帮老师和同学做什么事情了吗？"孩子摇头。朋友说，你从今天开始，每天帮老师和同学做些事，回来以后告诉爸爸。孩子同意了。半个月后，再没听到那孩子回来诉苦。后来，同学都接受了他，他和老师、同学关系搞得很好。

让孩子会在团队中找到自己的位置，明白做好自己分内事情的重要性，明白只有通过大家的共同努力，才能取得共同的成功，获得双赢，孩子的集体主义和团队意识就会逐步得到发展。

19 男孩抗挫折能力较差怎么办？

情景展示

在现实生活中，挫折伴随着孩子成长的每一步。但很多家长在家庭教育中普遍存在片面性和单一性，注重智力发展，忽略意志力培养及良好个性的塑造，注重“成才”教育，忽略“做人”教育，致使孩子认识不到“宝剑锋从磨砺出，梅花香自苦寒来”的道理，往往经受不住一丁点挫折。很多孩子稍有不如意或受到一点打击，就会沉默寡言、精神萎靡，甚至对一切持消极态度。

问题分析

一、男孩抗挫折能力弱的三个表现

（一）自我评价差

自我评价是自信心的基础。孩子的自我评价是建立在自我观察和自我分析基础之上，是对自己的能力、品德及其他方面的社会价值的判断。在生活中，我们不难看到很多孩子因为受到挫折后没有得到正确的引导而做出让父母、教师意想不到的事。其实，只要留心观察，不难发现很多孩子面对挫折常表现出胆小、懦弱或者习惯性的逃避等。孩子的这些状态正是因为没有足够的自信心面对挫折、挑战挫折。不自信主要是由于主观上的自我评价不恰当形成的，而孩子主观上的“自我”意识因为局限于认知发展水平，大多是在相关重要的他人的评价的基础上形成的。

（二）情绪状态不稳定

孩子虽然处于身心迅速发展的时期，但都还没有发展成熟，遇到生活或学习上的不如意、不满足的事，容易产生不良情绪状态，譬如孤独、失望、忧郁、焦虑、愤怒、嫉妒等，也可能通过摔东西、大吵大闹等任性的方式来发泄自己不良的情绪，而不能克制自己，这很容易影响到孩子对生活的态度。

（三）人际交往能力差

每一个孩子都渴望拥有真诚的友谊，但在生活中，很多孩子在交友时，难免会产生一些交友挫折，如果孩子没有学会适当的方式去面对和处理友谊，而导致在交往需要上得不到满足，孩子很容易失去安全感，产生消极的情绪反应，比如孤僻、抑郁、冷漠等，甚至失去了交友兴趣。

二、导致男孩抗挫折能力弱的家庭因素

（一）家庭教育方式过于封闭

孩子识辨好坏的能力和自我控制能力比较弱，为了防止孩子学了社会上的不良因素，避免意外事件的发生，很多父母便会对孩子的课外活动进行约束和干预，“不要跟某某在一起玩，他学习不好会带坏你；学习是你的主要任务，交朋友是浪费你的时间”，这些话对孩子交友观念的形成是不利的。除了正常的学习活动和父母安排好的生活活动，很多孩子很少有机会同外界、同伴交往。这种情况下，孩子就缺少与外界沟通的机会，很难获得社会交往经验，也难以学会了解他人的情感、需要，学会宽容别人。如果长期这样，不可能提高孩子的社会适应能力，甚至孩子在群体生活中会表现出各种不易相处的行为特征，比如孤僻、不合群、懦弱、冷漠等。

（二）父母很少重视孩子的心理教育

在家庭教育中，很多家长对于“健康”的理解是，孩子身体上没有疾病与缺陷就是健康的好孩子，并没有意识到孩子的心理是否健康。家长们习惯于为孩子精心准备一日三餐，买各种各样的营养品，对孩子各种疾病的预防很重视，却不太关注孩子由不良的情绪而表现出的任性、脾气暴躁，或者其他的心理问题，比如孩子因为被家长阻止玩电脑，对家长大闹，甚至对家长恶言相对。面对孩

子的任性，有的家长甚至像孩子一样，大喊大叫地呵斥孩子。

（三）父母的期望值过高

很多家长对于“学习成绩好，一切都好”这样的观念已是根深蒂固，于是对孩子抱有不切实际的过高要求，给孩子的首要任务就是学习好，成绩高，用分数衡量孩子的一切。如果孩子的学习不好，或者考试失利，家长就开始责备。有时由于压制不住心里的火，甚至会出手打孩子。而小男孩的认知发展水平有着一定的局限性，面对父母的责骂会有很多不好的想法（如我总是比别人差，真没用；我连这点事都不会，还能干什么，等等），导致孩子把失败看得很重，容易产生强烈的自卑感，进而没有自信心去面对更多的挫折。

对策建议

在家庭教育中增强男孩的抗挫折能力的策略

一、正确了解孩子，提高孩子克服困难的信心

（一）父母要客观地评价孩子

家长客观公正地评价孩子不仅会调动孩子的积极性，而且家长也会清楚地意识到对孩子的要求是否合理，并通过对孩子的客观认识，形成有利于孩子身心健康发展的期望。

家长评价孩子时，首先不要给孩子乱贴标签。美国心理学家贝科尔认为：人们一旦被贴上某种标签，就会成为标签所标定的人。当知道孩子做错了事或者成绩差，家长千万不要脱口而出“笨死了”、“你还有什么用”，而是要给孩子认识错误的机会，给予鼓励与关怀，让孩子觉得自己可以“干得好”，“更上一层楼”。其次要尊重孩子。捷克教育家夸美纽斯指出，应当像尊敬上帝一样地尊敬孩子，当孩子面对挫折与失败的时候，也是最需要被人尊重的时候，如果家长不停地数落、指责孩子，只会让孩子逃避挫折。

家长在看到孩子的缺点时，也要观察到其优点，有时对于孩子犯的错，装糊涂也是一种方式。而且家长要以尊重、肯定的心态使孩子发现自己的优点，

增加其自信心。再者不要过分重视“分数”，要做出合理的期望，分数只是一次考试成绩的反映，并不代表孩子的全部发展水平。

（二）培养孩子对待挫折的正确态度

对孩子实行抗挫折教育，首先要减少孩子的依赖性。作为父母，应给孩子面对现实的机会，让他们意识到成功是建立在自己努力的基础之上。不管是快乐、失望，还是痛苦，都要试着让孩子自己去面对。就像孩子刚学走路的时候一样，要教会他们跌倒后再爬起来的本领，而不是因为心疼孩子就从此不再让孩子走路。只有让孩子在克服困难中感受挫折、认识挫折，才能培养他们不怕挫折，勇于克服困难的能力，并产生一种积极向上的热情，从而积极主动地接受新事物，树立敢于面对和承受挫折的自信心。

家长要以身作则，做好孩子的榜样，当家长遇到挫折或者困难时，表现出积极应对，通过鲜活的生活事例告诉孩子如何面对和处理挫折，使他们从中受到教导，获得应对挫折的真实经验。

（三）让孩子亲身经历生活

教育家苏霍姆林斯基提出，必须让孩子知道生活里有一个“困难”字眼，这个字眼是跟劳动、流汗、手上磨出老茧分不开的，这样他们才会提高抗挫折能力。学习来自生活，其目的也是为了更好地生活，而孩子的许多能力和良好的心理是在解决问题的过程中形成和发展的，因此家长不要剥夺孩子人生体验的权利。

主动引导孩子做一些力所能及的事，比如孩子的日常生活自理，不要阻止孩子做他自己感兴趣的事，即使遇到了挫折，有了家长的支持，孩子也会自信面对。鼓励孩子挑战他不敢做的事，当孩子成功挑战了他不敢做的事，他的信心会瞬间加倍。

二、增强孩子人际交往的能力

（一）善于引导孩子主动交友

家长要主动鼓励孩子积极主动地交朋友，让孩子走出自我封闭的状态，不要担心因为孩子花时间和精力交朋友而影响孩子的学习。其实，当孩子和同学、伙伴建立起良好的人际关系时，也许孩子的学习就会事半功倍了。

首先父母要改变教育观点，比如当孩子结束了一天的学习后，不要急着问孩子的功课，而是关心孩子的学校生活和交友情况。再者，支持孩子参加有意义的集体活动。还可以为孩子交友提供机会，比如让孩子请好朋友来家里做客，或者同意孩子去好朋友家做客。

（二）指导孩子处理交友中出现的矛盾

马克思说：人生离不开友谊，但要得到真正的友谊才是不容易；友谊总需要忠诚去播种，用热情去灌溉，用原则去培养，用谅解去维护。家长要指导孩子正确处理交友中出现的矛盾。

比如当孩子感觉自己被朋友冷淡了，家长要帮助孩子找到挫折感的原因，如果是由孩子的错觉引起的，可以教育孩子主动和朋友交谈，消除错觉。如果是由于他和朋友有分歧造成的，父母应该告诉孩子，在生活中，人与人之间的生活方式、思想观点等出现分歧是很正常的，对于这样的分歧不要过分忧虑。如果是对方有了新的朋友引起的，父母应该让孩子明白，每一个人不可能只有一位朋友，因为在这千变万化的生活里，谁都可能会出现新的朋友。当自己的好朋友有了新朋友时，不要感到失望或者不愉快，反而应该感到高兴，因为自己的朋友扩大了交友的圈子，自己也有可能交到新朋友。

（三）引导孩子勇于承担自己的责任

在生活里，家长要主动让孩子承担一些责任，让孩子知道自己不仅需要被人照顾、理解和宽容，也要学会去照顾、了解和宽容别人，让孩子意识到承担自己的责任。孩子懂得及时承担自己的责任，也会很容易交到好朋友。

三、创建温馨的家庭氛围，努力发展孩子的积极情绪

在家庭中，健康、和谐、融洽的家庭关系是很重要的，这也是孩子身心健康发展必不可少的条件。生活在这种家庭中的孩子，才能感到快乐无处不在，也才会有积极向上的心态面对任何挫折。

（一）合理地调整情绪

烦心事是不可能避免的，但家长不要把孩子当成“出气筒”，通过打骂孩子发泄自己心中的不满，因为孩子在不知道自己做错了什么而受到惩罚时，不仅仅感到委屈，而且会产生恐怖、悲观、憎恨等悲观心理。家长产生不良情绪时，可

以离开孩子所在地，暗示自己要冷静地控制自己。如果是因为孩子做了不可理喻的事导致家长烦恼、生气，家长可以在控制自己脾气的同时，告诉孩子：他的行为伤害到了每一个爱他的人。小孩一旦意识到自己的行为伤害了他最依赖和信任的人，知道错在什么地方，大多会主动改正的。家长也可以向自己最亲密的好友倾诉自己的烦心事，或者转移注意力，做自己感兴趣的事来调节和稳定情绪。

（二）重视孩子的心理需求

家长要意识到心理教育的重要性，懂得在实际生活中如何针对孩子的心理问题进行教育。因此家长自己要主动学习心理教育的常识。对于孩子不寻常的行为，家长一定要重视，当发现孩子心理出现问题时，一定要想办法帮助孩子消除，可以与老师沟通，共同合作，也可以自己询问心理咨询师等。

（三）与孩子进行平等沟通交流

首先，父母应该把孩子看成是一个独立完整的个体。孩子从进入小学开始，就具有进行正常沟通的能力，所以孩子会有自己的想法与观点，而家长则不能忽视了孩子的个人观点，在讨论关于家里的事和孩子的发展时，也要征求孩子个人的想法。

其次，当孩子遭遇挫折时，别让孩子一个人待得太久，应该陪孩子散散心，或进行运动调节，并勇敢地与孩子分享自己受挫的经历，让孩子觉得父母在生活中也会遇到困难，自己受挫很正常，给孩子正确积极的心理疏导，让孩子正确面对挫折，淡化孩子的紧张情绪，转移他的注意力，传达一种平和自然的受挫态度，稳定孩子的心理，重新去分析和思考问题。

再次，家长要具有民主和谐的家庭思想，要学会与孩子平起平坐地讨论问题，而不是居高临下。可以建立一个小家庭和谐相处的准则，针对个人的生活习惯进行合理的明确的赏罚条例，让孩子知道自己也是家里的一分子，要把自己的事做好，也要为父母做一些力所能及的事情，懂得付出。

总而言之，每一个孩子就如一颗刚发芽的种子，每一位家长都希望孩子成为一棵参天大树，将来有一天自己也能撑起自己的一片天地，所以家长们要在孩子还处于发展时期，有足够的耐心为孩子进行长期的抗挫折教育，有效地提高他们的抗挫折能力，让孩子对今后人生中的任何坎坷，都能沉着稳重地面对。

20 男孩不懂得危机应对方法怎么办?

情景展示

毛毛今年刚上学，是个很喜欢帮妈妈做家务的孩子，但因为不懂得安全常识，出现过不少安全问题，可是毛毛的妈妈没有意识到这个问题。

这天毛毛要帮妈妈洗衣服，妈妈当时忙着做其他的事情，也就没有顾上他，让他自己去做了。毛毛之前看过妈妈洗衣服，但是没有注意到很多细节的处理。他把衣服放进洗衣机，放好洗衣粉，就用湿手去按开关，突然被电电着了，吓得他摸着自己麻麻的手，不知道该怎么做。

还有一次，他用手去接热水器上的热水洗手，结果把手给烫红了。其实，如果妈妈事先教给他怎么注意安全，就不会发生这些事情了。

孩子在成长过程中，常常有遭遇危险的可能性，以上只是一个典型的例子。

问题分析

生活中的危机事件分析

据统计，因窒息、溺水、车祸、跌落、中毒等意外伤害引起的死亡，占我国孩子总死亡人数的50%左右。因此，加强对孩子的安全教育，提高未成年人的自我保护意识和能力，减少意外伤害，是非常必要的。父母要教给孩子正确的安全知识，让孩子学会自我保护，这是父母义不容辞的责任和义务。

当今社会安全事故频繁，安全隐患广泛存在，父母要教给孩子安全知识，既让他保护自己的安全，也保证别人的安全。而不是亲力亲为，全程陪护，限制自由。

要想让孩子安全地成长，最重要的是教孩子学会保护自己，自觉树立安全意识，识别危险。教孩子处理各种突发事件，学会珍惜自己的生命。懂得自我保护、识别危险的孩子，即使父母不在身边，也可以很好地使自己不受到伤害。他们可以分辨哪些是安全的，哪些是不安全的，遇到对自己不利的情况，也会及时想办法解决。

此外，对于时有发生的拐卖儿童的案件，父母应该提醒孩子这些社会现象的存在，让孩子知晓骗子、坏人常用的方法和技巧，进而提高警惕，遇到类似情况就可以正确应对。

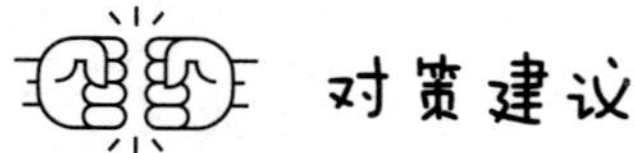

处理危险的能力的培养方法

一、让孩子掌握基本的安全知识

父母应该把基本的安全知识教给孩子，如家用电器的使用和安全注意事项；煤气炉具的安全使用方法；化学物品、药品的正确使用；上学和放学路上要和同学结伴走；不要随便吃陌生人给的食物；注意保护身体，不要受伤等。

孩子天生好奇、好动，心智处于发展阶段，对意外伤害事件缺乏足够的警惕性和预见性，父母帮助孩子掌握基本的安全知识，就是从根本上保护孩子。

二、教给孩子发生意外时的应急措施

让孩子懂得一些应急措施，比如遇到意外，要学会打报警电话，如 110、119、120 等；懂得一些基本的医学常识，如急救的方法；万一被坏人强行带走，要懂得找机会逃脱等。

孩子自幼生活在父母的保护之中，很少接触外界的各种危险，但孩子总是会长大的，总有一天会离开父母的怀抱，自己生活和学习，独自面对各种意外，并且有些意外父母也是措手不及的，父母教的这些应急措施，比时刻在孩子身边呵护更能有效地帮助孩子。

三、让孩子掌握交通安全知识

据报道，每年英国都有40000多孩子在交通事故中受伤，其中，17%的小孩不足5岁，此外还有35%的孩子年龄为5～9岁。其实，如果父母及时教给孩子交通安全知识，很多交通事故都是可以避免的。

在孩子小时候进行室外活动时，父母就要让孩子知道躲避汽车，不要在马路中间玩，不要任意横穿马路。过路口时，要让孩子记住走人行横道，看红绿灯等。父母还可以利用图片和儿歌等形式，教给孩子最基本的交通标志和规则：红灯停，绿灯行，不要逆行等。

四、让孩子掌握家庭安全知识

家庭生活中也处处隐藏着危险。孩子60%的安全事故是发生在家庭周围，比如有的孩子从楼梯上摔下来，还有的孩子触电身亡等，如果父母有安全意识，就不会发生这样的事情了。

父母要有家庭安全意识，能够预想到家庭生活中经常出现的问题，告诉孩子如何避免这些问题，例如，一般家庭中都有很多家用电器，有很多开关、插座，父母要经常教育孩子，在不了解使用方法前，不要乱动电器。父母还要教孩子学会使用天然气，以防天然气中毒和爆炸等危险。

此外，父母要经常给孩子讲解家庭安全用电常识，平时将电源插头、插座布置在孩子接触不到的地方，不要让孩子用湿手去触摸带电的家用电器等。

父母平时做家务时，要一点一滴地教给孩子有关水、火、电的安全知识，让孩子对安全有所了解，遇到紧急情况，孩子同样能发出警告，及时解决，并更好地保护自己。

另外，还要让孩子注意饮食安全，教育他变质、腐烂的食物不要吃，等等。

五、让孩子掌握公共场所安全知识

父母还要让孩子学会在公共场所的自我保护。父母要教给孩子，在公共场合遇到陌生人送给他玩具或是给他食物时，要保持警惕，予以拒绝，不要轻易相信陌生人的话。

父母要告诉孩子，在公共场合遇到外来威胁、受到伤害时，要首先找警察。假如附近找不到警察，在公园、商场、电影院等都会有保安，可以向他们求助，并且要记住犯罪者的性别、面貌特征等，说明事情发生时的具体情况。

如果在商场和父母走丢，要让孩子原地等待，不要自己没有目的地去找父母，更不应该离开商场；如果等一段时间，父母还没有回来，就要向商场工作人员求救，千万不要跟着陌生人离开商场。

父母要教给孩子性保护知识。据调查，对孩子进行性犯罪的嫌疑人中，90%是孩子之前认识的。

父母还要告诫孩子，一些危险的公共场合是不能去的，如铁路、公路旁，高压塔、变压器下，水深的河、湖，工厂废弃的仓库、建筑工地等。

六、跟孩子做“遇险心理训练”

如何训练孩子的避险能力？跟孩子做“遇险心理训练”，是让孩子在危急关头化险为夷的有效方法。

一种是“对视训练”，锻炼胆量，这是抗挫折心理的一种训练。训练要求每个学生与“坏人”对视三分钟。很多学生都坚持不下来，他们说，这三分钟就像一场心理挑战，稍微一软弱就失败了。

另一种是“呼救训练”，克服恐惧。“对视”过关后，训练面对陌生人高声呼救。有些学生脸憋得通红，却连续几个小时无法高喊出一声。这项训练可以锻炼孩子们的承受能力，如果遇到突发情况时，避免因紧张、恐惧而哆嗦、失声，能够冷静机智地对付坏人，寻求救助。

七、教孩子了解自我

例如，家长可以在平时帮助孩子认清自我。一定要让孩子了解自己的能力有多大，比如体力——会游泳的孩子，家长可以帮助他弄清楚自己最远能游多少米。家长可以和孩子一起看有关防卫技能的书籍和光碟，并进行模拟训练，使他们学会遇到自然灾害和意外事故时怎样逃生避险和自救自护，遭遇歹徒时怎样进行临界防卫，避免盲目硬拼或消极害怕。

培养孩子识别危险和处理危险的能力，让孩子拥有自我保护意识，不是一朝一夕的事，必须在日常生活中经常对孩子进行一些安全教育。

21 男孩不能辨别是非怎么办?

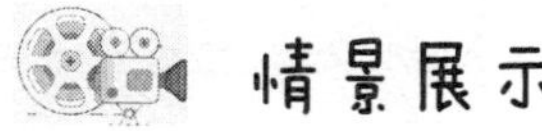

情景展示

人在社会上生存，最重要的是遵守规则，可如今多少孩子不知道规矩的重要性，我行我素，从而违规犯法！李天一案就是这样的例子。追溯他们的成长轨迹，不难看出，这与从小家长的宠溺有直接的关系。因为宠溺，家长满足他们所有的要求，不管对错，不论合理与否，有小错时家长迁就不计过、不批评不指正，听之任之，所以孩子不明是非、不懂规则，成年以后很容易就违法犯罪。孩子从小知道明辨是非，对其一生都是很重要的，家长应该高度重视。

问题分析

一、建立是非观的关键期

1．科学研究发现，宝宝两个月大的时候，就已经开始建立自己的是非观了，当他看到自己熟悉的面孔时，就会有愉快的情绪及动作，而他不高兴时，就会用哭闹的方式来表达自己的不满。也正是在这个时候，宝宝就已经开始了观察与认识，家长这时就应该开始重视培养孩子的是非观。

2．孩子长到三岁左右时，道德观念开始初步形成，伴随着社会交往的逐步增加，这种观念也就日渐形成，因此在他们长大成人以后，就会渐渐内化成为自己的标准。所以对孩子进行是非观念的引导和教育尤为重要。

在孩子的黄金教育期，就必须引导孩子建立自己的是非观。如果最初的时候忽视了孩子的这种需求，错过了最佳的教育时期，那么孩子很容易形成不正确的是非观，从而养成许多不良习惯，甚至影响到孩子的一生。

二、家长对孩子的是非观影响巨大

处在黄金教育期的孩子往往受父母影响巨大，这是由他们这段时期心理特点决定的。

我有个朋友是幼儿园园长，她告诉我这么一个例子。曾经有一位刚转到她幼儿园不久的孩子家长，因为老师批评了他的儿子，就到办公室来找她讨说法，他的孩子一到办公室里就东翻翻，西翻翻，翻过东西后就到沙发上翻来滚去很没有规矩，而他的爸爸自始至终没有管教限制孩子一句，任由其活动。

待爸爸投诉完以后，她很不客气地指出："首先，你的儿子连起码的礼貌都不懂，到我这里来不问好，坐没坐样，站没站样，你在讲话他一句都没有听；问题最严重的是到他人房间不经允许随便翻动，不懂规矩，老师批评了你的孩子，或许方法欠妥当，但是批评得并没有错，就看看你孩子现在这样，难道还不该批评吗？一个孩子，如果从小不让他知道什么该做、什么不该做，怎么做才是对的，长大后再做错事怎么办？这个社会是不允许胡作非为的，不懂规矩将来他会到处碰壁，甚至会触犯法律，到时候你还找谁要说法呢？"她同时指出："家长不该带着孩子来告老师的状，你的行为已经很明显地告诉孩子，以后不论怎样，老师都不可以管教批评，因为有爸爸撑腰。更为严重的是，作为孩子的父亲，你本人就没有明确的判断能力，今后该怎么去引导和教育孩子呢。"

其实这样的例子在平时也是不少见的。

对策建议

一般来说，教会孩子明辨是非，可以从以下几个方面入手。

一、家长要树立榜样，对事物要有明确的是非态度

"身教胜于言教。"孩子往往会以父母的言行为依据判断、衡量自己的行为，以父母的判断、态度作为是非评价的标准，模仿、套用进行自己的判断衡量，进而形成自己的思想道德观念。所以，家长一定要给孩子树立榜样。

孩子的分辨能力是需要逐步提高的，对于孩子来说，主要是建立良好的习惯，从家长的肯定或否定中了解到哪是对的，哪是错的。对于孩子的过错也要有一定的惩戒，让孩子知道做错事要受到惩罚。坚持不懈，孩子也就学会辨别是非美丑了。

另外，家长在孩子面前，要有正确的是非观念，当孩子做错事情时，要及时说明错在何处，绝对不能只是一味的批评，让孩子不明所以。例如，当孩子与同伴闹矛盾时，父母一定要弄清来龙去脉，如果是自己的孩子错了，要勇于承认错误，引导孩子向同伴赔礼道歉，切不能庇护而去指责同伴，要让孩子搞清楚，否则会模糊孩子的是非观念，对错不分。

二、从共同阅读中明白是非

家长与孩子共同阅读时，可以借此教育孩子，从中培养孩子明辨是非的能力。比如一张随地吐痰的图片，家长可以设计这样的问题：图上画的是谁？他在干什么？他这样做对不对？为什么？那应该怎样做才对呢？实践证明，孩子通过这样的行为判断，会不自觉地运用到实际生活中，可以有效提高孩子辨别是非的能力。

三、有意识地创设情境，帮助孩子明辨是非

游戏是孩子最喜欢的活动，家长可以有意识地创设情境，让孩子从情境中明辨是非。比如与孩子玩乘公共汽车的游戏时，就可以创设一个小灰熊给生病的长颈鹿让座位的情境，游戏结束后要不失时机地引导孩子明白小灰熊的做法为什么是对的，这样让孩子在具体的活动中去明辨是非。

四、家长要善于捕捉生活中的契机，不失时机帮助孩子明辨是非

著名教育家陶行知先生说过，“生活即是教育”。这是他对教育本质的诠释。生活中衣食住行都是教育的材料，比如清早起床为什么要学习自己穿衣整理被子，吃饭为什么不挑食、不浪费，到公园里游玩为什么要遵守公共秩序，为什么不能摘公园里的花，过马路为什么要看红绿灯、走斑马线，等等，教育无处不在。家长要善于利用生活中的教育契机，有效地帮助孩子明辨是非。

五、让孩子自己学会进行比较和辨别

引导孩子学会自己进行比较和辨别：孩子的头脑是一张白纸，家长描什么、画什么就在孩子头脑中留下什么。所以，家长要用正确的思想观念和标准来教育、要求孩子，切忌怕孩子吃亏、受罪而给孩子灌输自私自利、损人利己、贪图享受等反面的思想道德观念。让孩子用正确的思想观念判断、衡量自己和别人的言行。

六、教育孩子的过程中要注意正面引导

我们的每一句评论对孩子来说都是一种暗示和强化。正面暗示，给人以正面启迪，而负面的暗示，则只能引致负面结果。

教育孩子的过程中要注意正面引导，要允许孩子认识不清、犯错误，对孩子犯错误，家长不要简单粗暴，不能非打即骂。孩子的认知水平不是一天两天形成的，家长要不急不躁，耐心细致地解释、分析，因势利导，注意发挥孩子的主观能动性，让孩子自己发现对错，明晰是非。

七、让孩子把握好是非界限

让孩子把握好是非界限，掌握一些是非曲直，提高思想道德的认知水平。比如，告诉孩子哪些是应该做的，哪些是不应该做的；哪些人的举止行为是善意的，哪些人的言谈举止是恶意的。让孩子识别一些谎言、欺骗；告诉孩子哪些是该去的、哪些是不该去的；哪些是该信的、哪些是不该信的，等等。

八、多讲故事进行教育

家长可以常给孩子讲些书刊里的故事，教育孩子以故事中的好孩子为榜样，启发孩子对照自己，看看应该怎么做，不应该怎么做，促进孩子的上进心，鼓励他做好孩子。

孩子处于成长期，许多事情都是第一次经历，还分辨不清是非曲直，判断不明黑白对错，这个时候家长的引导就显得尤为重要。教他们如何处理，告诉他们哪些是对哪些是错，客观地帮孩子分清是非，有利于孩子形成正确的是非观。从小明辨是非，就会做正确的事，也就一步步走向了积极坚定的人生。

22 男孩不会拒绝他人怎么办？

情景展示

胖胖是个腼腆内向的孩子，他从不和小朋友争东西，哪怕是他自己的东西，只要别人要玩，他就会默默放弃。

这天，胖胖又拿着自己的小滑车出去玩了。其他小朋友都对胖胖的小车很感兴趣，胖胖就让小朋友玩，自己则站在旁边干巴巴地等，看着小朋友一个一个轮番上车，胖胖的脸上写满了无奈。

好不容易车子还回来了，可胖胖的手刚握住他的小车，脚还没有跨上去，又有一个小孩叫着要玩小车。这时，该孩子的奶奶不由分说就把孙子抱上小车，推着就走。

在旁边看着的胖胖妈妈气不打一处来，直接走到胖胖旁边，替胖胖把车子要了回来。

妈妈大声对胖胖说："瞧你，自己的东西，你想玩就玩，不想玩就不玩，怎么自己的东西反而被别的孩子抢来抢去，自己都玩不上！"

胖胖一直低着头，一声不吭。虽然后来胖胖玩着自己的小滑车，可他并不开心。

问题分析

男孩不会拒绝，主要原因如下。

一、孩子还没有习惯说“不”

拒绝其实是一种习惯。有时候，孩子不会拒绝他人，与孩子的胆量没有任何关系，仅仅因为孩子缺乏拒绝的经验，还不习惯说“不”，因此往往无法开口拒绝别人。

二、谦让美德的误导

有些孩子不会拒绝别人，究其原因可能是因为父母。比如，家里来了小客人，父母总是希望自己的孩子能表现得很好客。于是，当别的孩子想要某个玩具，而自己的孩子恰好也喜欢，父母可能出于礼节觉得应该教孩子谦让他人，因此总是极力说服自己的孩子放弃需要，来满足小客人的要求。

虽然许多父母喜欢这样做，也确实能让自己面子有光，但是，从孩子成长的角度来说，父母的这种做法也剥夺了孩子自己做主的权力。

三、家长的越俎代庖

有些孩子虽然有不愿意的情绪，但是因为胆量较小，不敢自己去拒绝，这时，好心的家长往往会替孩子拒绝他人，从而维护孩子的权益。这样做的结果，就是使孩子失去了实践的机会，从而导致胆量越来越小，越来越不敢开口说“不”。

其实，孩子在与小朋友自主交往的过程中，能学会有效地拒绝别人，也能学会友好地与他人相处，这同样是孩子成长过程中不可缺少的一种经历。如果孩子能够在自己的权益受到侵犯时勇敢地拒绝他人，那么，当父母的就可以不用那么替孩子操心了。

对策建议

让孩子学会拒绝的方法

一、帮助孩子正确地把握自己的情绪

理性的拒绝，是一种经大脑分析思考后的有意识行为，是对人、对事作出的理智判断，它与孩子感情用事、耍脾气，或无端拒绝父母合理的要求是两回事。父母要区别对待。

二、鼓励孩子独立做事情

孩子已具备独立处理生活中的小事情的能力，父母没有必要再包办代替。只有这样，孩子才能从日积月累的亲身体验中积累经验、增长才干，才能有能力对父母或他人的行为做出接受与拒绝的判断。

三、帮助孩子学会一些心理指令

父母要帮助、促使孩子下决心开口，如“我认为应该拒绝她的要求”、“没有关系，解释一下，她一定会理解的”等。

四、让孩子直接说出理由

父母要教导孩子，自己不愿意答应别人时，可以直接向对方陈述拒绝对方的客观理由，包括自己的状况不允许、条件限制等。

通常这些状况是对方也能认同的，因此能理解你的苦衷，自然会自动放弃说服你，并觉得你拒绝得不无道理。

五、让孩子学会用商量的语气和别人说话

父母可以教给孩子以商量的口吻，和对方反复“磨嘴皮子”，直到对方认可为止。父母要让孩子知道，如果以商量的口吻去拒绝别人，更容易让别人接受并且认可。

比如同伴想玩孩子的玩具，而孩子还没有玩儿好，不想借出去时，可以教孩子用商量的语气和同伴说：“我还没有玩儿好，过半小时之后再借你玩儿，好吗？”如此，就巧妙地拒绝了对方，避免了一场冲突。

六、让孩子学会间接拒绝别人

开门见山、直截了当式的拒绝，犹如当头一盆冷水，使人难堪，伤人面子。

如果孩子生硬地拒绝他人，可能会给他人带来心灵上的伤害。为此，父母可以让孩子学会婉转地拒绝他人。当然，在面对那些死缠烂打的人时，孩子的态度一定要明确，并且要坚决。

父母要教会孩子学会先承后转的方法。这是一种避免正面表述、采用间接的主动出击的技巧，即首先进行诱导，当对方进入角色后，话锋一转，制造出“意外”的效果，让对方自动放弃过分的要求。

七、教孩子善用语气的转折

当不好正面拒绝时，可以教孩子采取迂回的战术，转移话题也好，另有理由可以，主要是善于利用语气的转折：首先温和而坚持，其次绝不会答应，但也不致撕破脸。

比如，先向对方表示同情，或给予赞美，然后再提出理由，加以拒绝。由于先前对方在心理上已因为你的同情使两人的距离拉近，所以对于你的拒绝也能以“可以体会”的态度接受。

八、教孩子学会推迟别人的请求

如果孩子不想答应别人的请求，父母可以教孩子用拖的办法推迟别人的请求，比如说“我想好了再跟你说”、“我再考虑考虑”等，这都是一种委婉拒绝别人的方法，别人也会从孩子的推迟中，明白他的意图，也不会使双方过于尴尬。

九、让孩子体验别人的感觉

孩子是最单纯、善良的，当他了解到自己的一句话、一个举动给同伴带来了不愉快，心里也会感到不是滋味。所以父母所要做的，就是给孩子解释清楚，他的言行在对方内心产生什么样的感受。如果孩子体验到了他人的感受，孩子也就能设身处地地想一想，怎样让对方高高兴兴地接受自己的拒绝。

十、坦然接受他人说“不”

既然孩子可以拒绝他人的要求，那么他人同样也可以拒绝孩子的要求。当孩子遭遇到别人的拒绝时，父母也应该引导孩子，用一颗平常心去对待。也许他人也有自己的苦衷，因此要让孩子学会体谅他人的难处。

父母所要做的，就是教会孩子如何平和、友好、委婉、商量地拒绝别人的要求，同时泰然自若地接受他人的拒绝。

23 男孩做事不专注，三心二意怎么办？

情景展示

子路这个孩子很让人头疼。他妈妈说，写作业的时候，写着写着一会洗个苹果吃，一会去趟厕所。要么就手里拿着玩具，一边玩一边写。孩子总是不能专注地做一件事，不能集中注意力。如果不加以纠正，以后恐怕成为了习惯。

问题分析

一、儿童专注力不集中的一般原因

1．孩子睡眠不足或感到疲劳，天热、口渴、生病或某种原因引起的情绪不安等都会影响注意力的集中。

2．孩子不善于转移注意力。如孩子在听完一个有趣的故事后，可能受其中某些情节的影响而忽视了妈妈的提问，出现分心现象。

3．外界干扰引起的。如环境繁杂、喧闹等，使孩子的注意力不易集中。

4．教育内容、方法不符合孩子的年龄特点。教育内容太深，孩子不能理解，或太浅缺乏新鲜感，都不能吸引孩子的注意。另外，教学方法不够灵活，不注意动静搭配，或活动要求不够明确等都会影响孩子的注意力。

5．在生理方面，孩子若身体不适，警力或知觉发展不良，天生好动，以及神经系统或大脑微功能发生问题时，都会出现注意力不好的情况。

6．心理上的安全感和自信心不足，过分依赖、缺乏耐心或情绪困扰，亦是注意力不集中的原因。

这些情况大多数是教育方式和成长的环境所造成的。除了解决生理上的问题外，家长应该认识到，专心其实是一种可以训练、学习和培养的行为习惯。因此在埋怨孩子不专心的同时，亦要反省自己有无不对之处。

二、注意力不集中的常见表现

1．对他说话时常常目光游离不定，且记不住所说的话。

2．经常拒绝做一些需要持续用脑的事情。

3．常常丢三落四，很容易被周围的一丁点响动分散注意力。

4．在学校里难以安心上课，坐上一会就会情不自禁地乱动。

5．记不清老师上课教的内容和布置的作业。

6．难以进入午睡状态。

对策建议

如何让孩子养成专注的好习惯？

一、提供单纯的环境

父母应尽可能为孩子排除不必要的干扰因素。

1．孩子房间的色彩不要太复杂，居家环境最好布置单纯柔和的色彩，有助于稳定心情。

2．床铺上不要摆太多玩具，以免影响入睡心情。

3．不要给孩子太多的玩具，最好一次只给一种。

4．在孩子学习时，桌上只留下必备物品，收起其他玩具或杂物，以免分心。

二、安排规律的作息

规律的作息可协助孩子建立固定的生理时钟，让孩子知道什么时候玩、看书、运动或吃饭，也可减少不适当的行为出现在不适当的时间里。等生活作息习惯养成之后，父母也更易于观察孩子在何时处于最佳精神状态，以便安排合适的活动。

三、保证均衡的营养

1. 应把握每日均衡摄取六大类食物，包含五谷根茎类、蔬菜类、水果类、蛋豆鱼肉类、奶类及油脂类食物。

2. 避免食用含有咖啡因的食品，因为咖啡因会引起亢奋，让孩子躁动不安，通常含有咖啡因的食物不只是咖啡，奶茶、可乐、巧克力等都含有咖啡因。

四、保证足够的睡眠

睡得好、精神好，情绪才稳定，白天时才有良好注意力！尤其是小孩子，在睡眠中仍在进行学习与认知，而且睡眠期中有 50% 的睡眠时间为快速动眼期，这正是重组信息所不可或缺的时间。因此，务必要让孩子拥有足够的睡眠时间和良好的睡眠质量。

五、尊重孩子的步调

孩子的能力发展不尽相同，很多时候父母也未必了解孩子发展到何种地步，这时不妨多观察孩子的表现，如果明显看出是孩子所喜欢的活动，就让他玩久一点，这正是他展现注意力的时候。另外，视孩子的发展速度调整教养步伐，毕竟小孩子的动作还不灵活，本来就很难跟上大人的脚步，与其催促，倒不如放慢我们自己的脚步。

六、父母以身作则

孩子最初的学习对象就是父母，想要孩子专心吃饭，自己却边看电视边吃饭，孩子也很难不学父母吧？要让孩子专心，父母就得从自己做起，比如从头到尾好好完成一件事，专心做事。

七、安排动静皆有的活动

通过动静皆有的活动，让孩子感受到活动的差异与节奏，慢慢调整自身的心情，既可适度消耗体力，也能得到充分休息。在动静活动的转换中，可放点轻柔音乐，让孩子慢慢静下来。

孩子对世界充满好奇，不停地爬上爬下，每当让孩子活动之后，可慢慢引导他休息一下，进行一些静态活动，如看故事书、下棋、玩扑克牌或涂鸦等。

八、让孩子多进行户外活动

1. 孩子需要足够的空间去活动、探索，户外正好提供了让孩子完全活动的空间，特别是公园的游乐设施，如溜滑梯或摇摇马等，在安全无虞的前提下，就让孩子尽情玩吧。

2．有机会的话，可带孩子去以自然景物为主的森林游乐区或国家公园，或动物园，趁机认识花草鸟兽。由于很多事物对孩子来说都是陌生的，因此，在培养观察力的同时，也更能吸引孩子提升注意力。

九、找出孩子的兴趣

兴趣是产生和保持注意力的主要条件！最了解孩子的应该是父母，可从孩子的反应中找出令他有兴趣的事物，兴趣越浓，稳定、集中的注意力越容易形成。

十、教育孩子一次只做一件事

孩子的记忆力有限，丢三落四是经常的，因此，不如一次只要求他完成一件事情，但是必须有头有尾地完成。一次只做一件事，目标很明显，孩子自然会安排如何去做，也更有信心去完成，注意力集中的状况便大有改善。

十一、多用开放式问句

对孩子说话时，不要只有“是”或“不要”的选择性语言，应该多一些开放式的问句，让孩子通过思考答案来培养注意力。比如吃饭时，不要只是问“吃不吃”，可以说：“今天吃什么呢？米饭，面条，还是面包？”

十二、逐渐延长学习时间

不要一开始就为孩子设置过高的学习目标，当孩子无论如何努力也无法达到父母的要求时，就会心生挫折而放弃。可以将学习时间慢慢从半分钟延长到1分钟，再延长到2分钟、3分钟，当孩子一次比一次有更好的表现时，其成就感会随之逐步增加，也就能更好地坚持下去。

十三、适时安抚孩子

情绪不好时，对什么都没有兴趣，集中注意力就更是无从谈起。因此，父母应留意孩子的情绪，适时给予安抚。平时，营造一个温暖的家庭环境。

十四、下达简单明了的指令

当孩子茫然不知所措时，往往是父母下达了不清楚或太多复杂的指令，无形中阻碍了注意力的发展。因此，无论希望孩子做什么事，都应给出简单明了的指令。比如吃饭，与其说“你乖一点，好好吃饭”，不如说“吃完15口饭，你就可以出去玩了”。这样孩子就会注意吃了几口饭，而不是一直寻思究竟怎么样才算“乖一点”。

十五、增强自制力

孩子的自我控制能力较差，这正是注意力容易分散的重要原因。当正在做一件事情的时候，一旦出现新鲜刺激，大人一般可通过自我约束选择忽略，但是孩子却很难保证不被新鲜刺激吸引过去。

十六、因人制宜来安排活动

要让孩子专心，就要切实了解其身心发展状况，以便安排合适的活动。如果活动明显超出了孩子的能力，那么他会感觉太困难而不想做；如果孩子的能力明显高于活动的要求，孩子也会感觉没意思而不乐意做。因此，在合适的时候让孩子做力所能及的事情。

十七、减少接触“三电”的时间

所谓“三电”，就是电脑、电视和电子游戏。有研究指出，如果孩子看电视时间过长，那么就容易出现无法专心的问题。一般地，孩子连续看电视的时间不要超过 1 小时。

十八、不要随意干扰孩子

很多父母认为孩子还小，所以多半不考虑孩子的感受，在孩子玩得正高兴的时候，父母就喊上一句“吃饭啦”“我们要出门啦”，硬生生地把孩子正在进行的事情打断。也有些父母爱子心切，不时问孩子“要不要吃点心”“要不要喝水”。还有些父母觉得孩子专心的样子挺好玩，所以总忍不住去逗孩子。殊不知，正因为父母有这些不好的习惯，孩子才逐渐出现了难以集中注意力的问题。

24 男孩不适应新的环境怎么办？

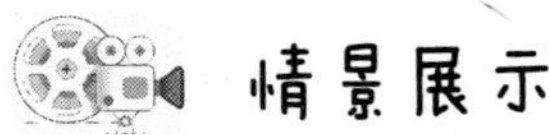

情景展示

即使是与父母的短暂分离，孩子也可能会流露出自己面临另一个不太熟悉环境的不安感。这种场景多见于孩子刚开始入幼儿园，或上小学的最初几天，甚至可能会是孩子第一次在外过夜。

问题分析

孩子在家中是一家的“中心”，几个大人围着一个孩子，孩子的要求很容易得到满足，到了新环境尤其是学校之后，孩子会感受到环境的变化，许多事情需要他自己完成，老师还会有一些要求和限制，“到喝水的时间了”、“应该学着自己脱衣服了”……孩子有可能由于自己能力的不足而产生不受“重视”的感觉，心理上的落差会让孩子产生焦虑，对环境产生拒绝甚至排斥。

适者生存，是自然规律。现在的孩子大多是周围环境适应他（她），所以没有人际关系的“协调能力”，没有“竞争能力”，更谈不上适应能力。只是，孩子总要离开父母亲人，没有适应能力的孩子，在社会的优胜劣汰中，注定要被淘汰。怎么在进入新环境后，让孩子快速地适应呢？

对策建议

对家长而言，下列是一些有效的教育策略。

一、到新环境前，给孩子做好思想上和心理上的准备

我们可以提前告诉孩子，他为什么要面对新的环境；新环境有什么好的地方，有什么跟以前环境不一样的地方；新环境里都有哪些他以前就认识和熟悉的人，还会有哪些他不认识和熟悉的人；他会在新环境中受到怎样的关注，会获得什么有用的东西……这些都可以帮助孩子对新环境产生好的印象，做好必要的心理准备，从而有助于他适应新的环境。

二、多给孩子积极的暗示

家长对孩子的关注往往会对孩子产生一些负面的暗示："看到孩子在班里哭，我也忍不住哭了"、"我的孩子天生胆小，没办法"。这些都是在暗示孩子，他的行为是"对"的，是被允许的。家长应尽量给孩子一些积极的暗示，让孩子知道"每个人都会面临新环境，每个人都要学习适应环境"、"你一定会很快就适应的"、"你一定会做的"。积极的暗示会帮助孩子更快地适应环境，同时也让孩子看到家长做出的好榜样。

三、培养孩子良好的性格

适应环境能力差的孩子还有可能比较娇气，在家中受到的"照顾"比较多，这样的孩子往往还会表现出不合群，与小朋友交往时有以"自我中心"等一些性格特点。家长要帮助孩子学会独立，学会替别人考虑，只有从小做起，才能帮助孩子形成一些良好的性格品质，如能吃苦、会独立做事、能考虑别人的想法、控制自己的情绪等，"有好吃的要先给爷爷、奶奶吃"、"如果不高兴，可以说出来，乱发脾气也没有用"、"这些事你已经能做了，要自己做"。只有关注孩子这些品质的培养，才能让孩子在新的环境中与人和谐相处，才能更快地帮助孩子融入到集体中。

1. 多教给孩子与人交往和相处的技巧。培养孩子与人交往的能力有助于他对新环境的适应。因此，我们平时要注意培养孩子在人际交往中所需要注意的礼节，教给他倾听以及与人谈话的技巧，学习一些交友的技巧、原则，学会幽默和赞美他人，等等。当孩子在新的环境中很快得到他人的好感与认可，很快就交上了新的朋友时，他也就能顺利地适应新的环境了。

2．学会基本的生活技能。孩子的基本生活能力是要及早学习的，吃饭、穿衣、如厕等能力的学习可以从1岁以后就逐渐开始了。基本生活能力的培养是帮助孩子走向独立，走向自主的重要前提。孩子缺乏自主的生活能力就会在适应新环境的过程中缺乏自信，就会产生退缩行为。“你应该自己穿衣服”、“你先用勺子自己吃，不能总让大人喂”，把孩子学习的权力交还给孩子，才会帮助孩子更好地适应环境，用自己的能力适应环境。

四、帮孩子做好准备

尽量用合适的方式语气来让孩子理解到将要发生一些什么事，最好是在事情发生之前，这样会有助于减少他们与父母分离时的不安感。让孩子有个心理准备，起到一个心理缓冲作用。

五、分散孩子的注意力

与其让孩子对陌生环境因担心而紧张，不如让孩子抱有一种新鲜感，期待将要发生的事。比如给孩子买个新书包，让背上看看；让孩子帮着你一起准备午餐盒等。

六、让孩子时刻感受到你的存在

可采用各种方式来教给孩子适应父母不在身边的新环境，让孩子感到你总是与他联系在一起，即使你不在他的身边。比如，把属于你个人所有的某样东西让孩子带在身上，哪怕一块石头都可以起到正面的作用，告诉孩子把石头放在口袋里，如果想你的话就可以摸一摸它。

七、父母自身做到有理有节

孩子离开身边到了一个不熟悉的环境里，父母的担心会油然而生，如果在孩子面前流露这样的情感，孩子的敏感会增加他们对未知环境的恐惧与不安。父母应平静地对孩子解释接下来要做的事，同孩子讲真话你要去哪里。与孩子自然地说再见，然后离开。不要被孩子的眼泪留住，如果你让步了，把孩子带走，他们学到的是，眼泪可以让他与你在一起。

八、对孩子要守时守约，不要随便许诺

如果你根本没有时间去公园，就不要答应孩子等接他的时候带他去公园。更好的一个办法是，只有保证你会来接他，等你能做到带他去公园的时候，再把它作为一个奖励送给孩子。接孩子要守时，如果去晚了，会增加孩子的不安感并且影响孩子对你的信任。与孩子短暂分离之后的重逢，让你的孩子在你的脸上看到明亮的愉悦、看到你对他们的爱与激动，让他们感受到被重视被爱的感觉。

九、鼓励孩子表达他们的内心感受

在家中，孩子的需要都被家长看在眼里，没等说出口就满足了；在幼儿园，想小便时要告诉老师，想玩玩具得跟小朋友商量，想出去玩得征求老师的意见——孩子要学会表达自己的想法和要求，要学会与小朋友交往，要学会大胆表达自己的要求。

家长可以问问孩子当天在学校或在幼儿园里过得怎么样，鼓励孩子说出他的感受。可能孩子会说“我讨厌去幼儿园，我不想去”，这时不要堵孩子的嘴，说“你会喜欢它的”！而应引导着孩子——“那么，你今天不是很开心喽”。孩子自然会顺着你的话讲他不开心的原因，然后，你可以进一步告诉他下一次碰到这个情况该怎么做，要帮助孩子从心理上接受，从情感上理解。如果你太过后知后觉，孩子很可能因为你的忽视，在新环境中不适应，变得性格内向，不喜欢与人说话等。

25 男孩没有主见，总是随波逐流怎么办？

情景展示

孩子听话、乖巧可以省去父母许多力气，而且不用担心他在外面和小朋友闹矛盾。但如果孩子表现得过于顺从，凡事没有主见，总是模仿别人，就不是一种好现象了，这对孩子今后个性的健康发展是不利的。

比如，有的孩子明明是自己做对了，但是看到别人（尤其是很多人）与自己的做法不一致时，就改变了自己正确的做法；或者是明知道别人做的是错的，见到别人都这么做也就随波逐流了。

孩子在对事物的判断上或做法上总是附和或屈从别人，缺乏“主见”，本质上说就是缺乏思维的独立性，缺乏深入思考或者主动思考的良好习惯。

面对这样的现状，作为家长，我们不能忽视。表面上看来这似乎不会马上造成什么损失。但设想一下，如果孩子得不到及时的引导与纠正，长此以往，可能会影响到孩子未来独立解决问题的能力，影响孩子获得成功的机会。

问题分析

孩子缺乏主见的主要原因

孩子缺乏主见通常有以下三个原因：第一，孩子喜欢模仿，容易盲从。第二，家长、教师本来就是孩子心目中的权威，再加上有些家长习惯于替孩子设想一切，所以容易造成孩子唯命是从，不敢干甚至不敢想违背家长或教师意愿的事情。第三，有些家长因为工作忙，和孩子之间缺乏沟通，不理解孩子，往往造成孩子的畏惧心理，不敢说、不敢做想做的事情。

5岁正是开始学习判断和识别环境与自我行为的年龄，从发展的眼光看，孩子喜欢看父母或大人的脸色，听随父母作决定是天经地义的。

而且，“妈妈喜欢我就喜欢”就是孩子的选择。这种抉择在小孩子的生活中无处不在。

在生活中，聪明的父母最重要的就是接纳并喜欢孩子天赋的个性，这样可以帮助孩子完成自我认同并积极上进。当然，与此同时，我们还要真正地解读主流文化对孩子个性与行为的要求，并帮助孩子在集体生活中学习外向个性的言行，提高环境适应力。

因此，当妈妈希望孩子能更有主见，更迅速地自己作决定时，不妨换一种方式来强化孩子。

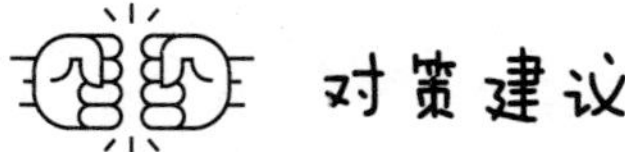

怎样让孩子有主见？

一、多给孩子锻炼的机会，不要压制孩子的主见

孩子有孩子的想法，家长在任何时候都要注意让孩子充分表达自己的意愿，给他自主思考、决定的机会。例如，带孩子去超市购物，可以问他自己想买什么；替孩子洗澡前，可以问他应该做些什么准备；带孩子出门，可以问他想乘坐什么交通工具；带孩子去旅行，可以问问他自己觉得要准备些什么东西等。

在家庭生活中，父母凡事都要多征求孩子的意见，给孩子自己做主的机会。这样孩子就会主动思考并提出有价值的意见。不能强势压制打击，否则，会造成孩子心理上的自卑，慢慢毁掉孩子的自信心。当孩子缺乏自信时，就会变得没有主见，容易盲从别人。

二、明是非，辨善恶，提高孩子的分析能力

要不断丰富孩子的知识，从各方面提高他的能力，并适当地指出其行为的错误，使孩子通过成人对其行为、言语的评价逐步认识到自己行为的是非，从而提高其分辨是非的能力。一旦孩子有了自信心，又有了明辨是非的能力，做事就会有自己独特的见解，不盲目地随从别人。

三、教会孩子说“不”

要使孩子有主见必须破除孩子对权威的迷信。如可以和孩子一起玩“说不”游戏，家长有意出错，让孩子挑出错误的地方。告诉孩子，无论大人还是孩子都有可能出错。孩子意识到这一点，就不会盲从别人、模仿别人了。

四、利用智力游戏，提高孩子的主见

家长可以找出一个主题或者难题，让孩子想出多种方法解答。如“小猴子不小心掉进猎人为抓大灰狼而设的陷阱里了，它该怎么办呀？”引发孩子进行发散性思维，并提出解决问题的多种方法。

在做游戏时，家长应该注意：不要滥加指责与批评，孩子的答案越奇怪越新鲜越好，数量越多越好，想的办法越实用越好。这样可以使孩子认识到解决问题的途径是多种多样的，自己原来也有很多好主意。

五、用启发式的话语代替命令

多用启发式语气，如“这件事怎样做更好呢”、“你是否该去干××××了”，这种表达方式会让孩子感觉到家长对自己的尊重，从而引发孩子独立思考，按自己的意志主动处理好事情。

六、让孩子可以随时随地自主选择

1. 吃的自主。在不影响孩子饮食均衡的情况下，家长可以让孩子自己选择吃什么。例如在吃饭后水果时，家长不必强迫孩子今天吃苹果，明天吃香蕉，而让孩子自己挑选。

2. 穿的自主。家长带孩子外出玩耍时，在保证安全、健康的前提下，可以让孩子自己决定穿什么衣服，切忌随自己喜好而不顾孩子的感受。

3. 玩的自主。不少孩子在玩游戏时，并不想让成人教给他们游戏规则，更愿意自己决定游戏的方式，并体验其中的乐趣。家长可让孩子自己选择玩具和玩的方法，这样做可以极大满足孩子的自主意识，帮助他成为一个有主见的人。

七、耐心倾听孩子讲话

耐心倾听孩子讲的每一句话，鼓励并引导孩子自由地表达思想，既体现了家长对孩子的尊重，同时也能有效地培养孩子的自主性。具体如下。

1. 静听孩子的“唠叨”。幼童大都喜欢唠唠叨叨地讲他见到的一些人或事，家长千万不要嫌孩子啰嗦和麻烦，因为这种“唠叨”恰好是孩子自主意识的最早的体现，他是试图向成人表达他自己对这个世界的看法。因此，家长不仅要静听孩子的“唠叨”，还要鼓励孩子多“唠叨”。

2. 勿抢孩子的“话头”。不少家长在听孩子讲话时，有时会觉得孩子的语句、用词不够成熟，喜欢抢过孩子的“话头”来说，这样做无疑是剥夺了孩子说话的机会，同时也会让孩子对以后的表达失去信心。因此，在孩子想说话的时候，即使他词不达意，家长也应让孩子用自己的语言把意思表达出来，而不能抢做孩子的“代言人”。

3. 留意孩子的报告。家长可随时随地提醒孩子注意观察事物，给他们探索的机会，观察之后，还应问一问他看见了些什么，学会了些什么。当孩子向家长作“报告”时，家长留意倾听并适时点拨，会令孩子得到鼓舞。

4. 聆听孩子的“辩解”。当孩子为自己所做的事与家长争辩时，家长千万不能斥责孩子“顶嘴”，要给孩子充分的辩解机会；当孩子与他人争吵时，家长也不需要立即去调解纠纷，可以在旁聆听和观察，看他说话是否合理，是否有条理。这对培养孩子独立思考的能力大有益处。

26 男孩创新能力很差怎么办?

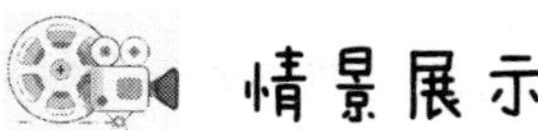

情景展示

“一个杯子可以有什么用途？”在调查问卷中被问到这个问题的时候，小学生的回答中出现的答案比较类似，其中被提及排在前四位的是“喝水、喝茶、倒热水暖手、透过玻璃杯可以看到东西”。而幼儿园大班的小朋友给出的答案更丰富多彩，比如扣骰子、打人、摔碎了拼画、养鱼、栽花、当传声器、当作礼物、当玩具等。调查结果发现，幼儿园小朋友在创造力方面反而优于小学生。

在调查中发现，往往孩子的年龄越小，思维越开阔。上了学的孩子很容易陷入条条框框。

孩子的创新能力很重要，但由于从小接受的填鸭式教育方法，导致很多孩子固定了一种思维模式，缺少创新能力和激情。所以家庭教育和幼儿园教育就显得十分重要了，母婴专家提出，想要培养孩子的创新能力需要从小开始。人的创新能力是在长期的学习和训练中逐步形成的，所以创新教育也应该从幼儿时期开始。通过一系列的方法来培养孩子的创新能力，激发幼儿的创造积极性。

问题分析

是谁偷走了孩子的创造力?

现代社会对于人的“创新能力”提出了更高的要求，而孩子们的创新能力随着年龄的增长却可能逐渐减弱了。很多人认为，这种现象与社会大环境和学校教育的局限性以及家庭教育的习惯性都有很大的关系。

一、一切向成绩看齐

樊先生的儿子小华现在读小学二年级，可已经开始被课业压得“喘不过气”。樊先生说：“我们小时候学习也挺累的，可现在看看儿子，比我们那时候还要辛苦。在这种压力下，怎么会有‘创造力’呢？太奢侈了。每天孩子能有时间玩就已经很满足了。”樊先生觉得，现在学校里最浓厚的气氛就是“考试”，小升初、中考、高考和可能的考研、出国等等，很多孩子自从上了小学就开始围绕着应付考试做各种准备，还要争取在奥数、英语方面取得好成绩，再加上课外补习……创造力恐怕只能是“纸上谈兵”了。“有时候想想，都不想让孩子上学了，但毕竟还是要给孩子一个集体环境。”

二、只“学”不“习”眼高手低

赵老师已经在教师岗位上退休多年，现在的主要职责就是辅导小外孙。谈到“创造能力”，赵老师总结人生经验后觉得“实践是非常重要的，可是现在学校里更多的还是在读书。虽然也有一些实践，但比重很少。”赵老师觉得，目前小外孙学校里很多的课程其实是只有“学”，没有“习”。“人需要通过不断的生活实践，才能真正从中体悟到知识和智慧。‘学’只是‘记忆’，容易让孩子变成‘书呆子’，创意能力越来越萎缩。”

三、“听话式”的家庭教育

谈起孩子的“创造力”，在外企工作的李小姐很有感触：“现在工作后常常觉得，按部就班地做工作很难有成绩，只有做得出色，才能有所发展。所以我常常跟孩子的爷爷奶奶说，不要老跟孩子说‘你要听话’。这样会扼杀孩子的创造力的。”李小姐觉得，自己就是在“要听话”的家庭教育氛围下长大的，因此常常自己给自己设定围墙，很难突破。“家庭教育对孩子的影响是很大的，孩子的性格和思维习惯都可能左右创造力。”

对策建议

一、培养孩子创新能力的注意事项

（一）要充分相信孩子，不要总以家长为中心

对待困难和问题，要采取启发、引导的方法，指导孩子开动脑筋，寻找解决问题的可能性答案，帮助孩子独立思考和探索，养成对问题、知识的好奇心与求知欲，以及对问题主动思考的质疑态度和批判精神。

（二）创建培养孩子创新精神的良好氛围

心理学家认为，有利于创造性的一般条件是心理的安全和心理自由。当一个人的心理感觉安全时，他就表现和发展他的发散思维，充分表现自己的思想。创造性活动从本质上讲必定是异样的，从而必定是异常行为。因此，家长应鼓励那些用不平常方式理解事物的孩子，教育孩子勇于标新立异，勇于提出与众不同的观点和看法，在家庭中形成浓郁的崇尚创新、尊重创新的氛围。

（三）尊重孩子的个性发展

传统的管制、说教、不能越雷池一步式的教育方法，不但不能培养孩子的创造性，相反，很大程度上把孩子的创造性束缚起来，使孩子个性差别逐渐缩小，棱角磨平了，特点消失了，迫使孩子成了“小绵羊”。我们要为具有不同禀赋和不同潜能的孩子创造一个发展的空间，认可孩子在智力、情感、兴趣、性格、气质、生理等方面存在的不平衡性，反对强求一律。

（四）培养孩子的创新思维

培养孩子的创新思维，主要是发散思维和逆向思维。让孩子自己在生活、学习中去思考、实践、感悟、内化，形成固有思维。鼓励充分发挥想象力，去异想天开，鼓励反方向思考问题。

创新意识、创新精神、创新能力不是天生的，它虽然和人的天赋有一定联系，但根本上是后天培养和教育的结果。

二、培养创新能力的具体方式

（一）营造宽松愉悦的家庭氛围

孩子与其他家庭成员之间的关系应该是平等民主、自由自在的。既不能“老子”

说了算，一切都得听家长的，孩子没有发言权，更没有决策权，包括孩子对自己的事的决策权，也不能孩子说了算，孩子是太阳，是小皇帝，所有的家庭成员都是围着孩子转，孩子怎么说家长就怎么办。有事大家商量，共同想办法，谁的主意好就听谁的，只有这样，孩子才能积极开动脑筋，从而形成创新意识和创新精神。

（二）巧设环境，培养孩子的创新兴趣

孔子曰："知之者不如好之者，好之者不如乐之者。"孩子年龄小，极易被感兴趣的内容所吸引，往往凭兴趣去认识事物。日常生活中可以创设一个个能激发孩子好奇心和兴趣的良好环境，引发其探索创新的兴趣。

（三）通过操作、实践活动，培养孩子的创新能力

心灵则手巧。对于语言能力发展还不十分完善的孩子来说，动作是他们思维的最直接的表现形式。早期教育时，通过操作、实践活动，激发孩子的创新意识，发展创新思维，培养创新能力。

（四）鼓励孩子标新立异，培养孩子的创新意识

孩子的想法，看来有些不着边际，但这些标新立异的想法恰恰展示孩子的创造性思维。因此，我们应给予鼓励，多给孩子创造、尝试的条件和机会。

（五）经常带领孩子接触新鲜事物

知识是一切能力的基础，没有知识，对外面的世界一点儿也不了解、不熟悉，即使智商很高，也难有创新能力的。住在农村的，家长可带孩子去城市，让他们认识认识城市的建筑、交通等设施；住在城市的，家长可带孩子去农村走走，让他们认识认识农作物、家畜家禽，欣赏欣赏田园风光，了解花鸟草虫的生存特性等。认识事物越多，想象的基础就越宽广，就越有可能触发新的灵感，产生新的想法。

（六）正确对待孩子的各种各样的提问

提问是一种思考和钻研，是具有探索意识的表现。孩子所提的问题往往十分荒唐，但都应该心平气和地、认真地对待。

要避免出现以下三种错误态度：

一是强行压制提问。如"你怎么问题那么多""你没看到，我正忙着""你怎么会问出这样的怪问题"等。

二是欺骗搪塞。有些家长对孩子的问题回答不了，但又怕丢面子，就胡编乱造一些所谓的答案来欺骗和搪塞孩子，这不但会影响孩子的思维发展，也会影响家长自身的威信。

三是解释得太深太难，让孩子听不懂。

对孩子的提问，家长有的可直接回答，有的可启发孩子自己去寻找答案，家长如不能回答，可实话实说，也可和孩子一道探索。

（七）启发孩子多角度思考问题

培养发散性思维是培养创新能力的前提。

在日常家庭生活中，要经常引导孩子多角度看待事物和分析事物，逐渐养成换一种思路想想的好习惯。

例如，家里买了一条鱼，可问孩子：除了蒸以外还有什么吃法？茶杯除了喝茶的用途外，你还能说出别的用途吗？突然下了一场大暴雨，树倒了，菜淹了，这些害处是明摆着的，那么，这场暴雨就没有一点儿益处吗？等等。

（八）有意识训练孩子的想象能力

想象是创造力的基础。在日常生活中，家长要有意识地训练孩子的想象能力。

1. 多给孩子提供一些富有幻想色彩的书籍，比如童话、科幻作品、神话、寓言等。

2. 许多家长平时都给孩子讲故事，不妨在讲到一半时，戛然而止，让孩子根据前面的情节续接故事。

3. 看文字画画。可提供一些文字（或口语），让孩子把文字的内容用图画的形式画出来。

4. 鼓励孩子编创故事。孩子平时都爱听故事，听到一定数量后，可让孩子自己来编故事。

培养孩子创新能力的方法还有很多，因为家庭生活和社会生活是丰富多彩、千变万化的，具体的经验只能从具体的生活中来。这有待于家长们进一步探索和总结。

27 男孩缺乏男子汉气质怎么办?

情景展示

男孩就应该有男孩的样，可很多男孩娇生惯养，不仅身体弱，精神更弱。这个现状，社会和家庭都比较担心。

家有男孩，要在他小的时候就引导和培养男孩气质。但是，一些男孩的家长总会这样自我安慰：“等他长大后，他自然会懂得……”可事实却往往与家长的期望截然相反。如果你期望一个一直都轻言放弃的男孩，长到18岁后，忽然一下变得坚强起来，这现实吗？如果你希望一个一直都畏畏缩缩的小男孩，在20岁之后，忽然像个出色的外交家一样去交际，这可能吗？如果你盼望一直花钱大手大脚的儿子在25岁之后，能像理财专家那样去理财，这只能是你的一个美好梦想。任何一个男孩，都不能只活在家长的梦想里。所以，教育男孩要趁早。

问题分析

男子汉气质的培养包括以下方面。

一、性格的培养

培养其积极勇敢、开朗乐观的性格。不要斤斤计较，要心胸开朗，豁然大度，千万别小心眼、小家子气。

二、品质的培养

培养其坚韧不拔、与人为善，充满自信。

1．对别人信任和关心，将会获得相同的回报。

2．幽默感：一个懂得幽默的人，定能受到别人的欢迎。

3．不要瞧不起其他小朋友：在社交中，不能因为别人与自己不同，就显示出不耐烦或瞧不起别人的样子，要落落大方，不卑不亢。

4．不要卖弄聪明：每个人都有自己的自尊心，都有引以骄傲的地方。卖弄是缺少教养的表现。

5．不要忽视仪表：切忌疲疲沓沓，不修边幅。

三、能力的培养

培养其与人交流、团结协作的能力。

四、兴趣的培养

培养其健康向上、有益身心的兴趣。

五、知识的培养

一个人的气质，是由内而外散发的，不仅在言谈举止间让人刮目相看，更是在人生经历上让人佩服不已。而培养一个人的气质，必须是从小就开始培养，成年后虽然有很多事情可以改变一个人的气质，但从小或者说从骨子里带来的气场还是无法替代的。

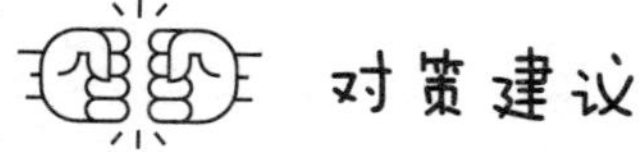

如何培养“小男子汉”？

一、该碰的钉子要让他碰

现在的孩子大多生活条件优越，平时饭来张口，衣来伸手，这样的孩子遇到困难时，往往是不知所措。有一个孩子，自己将裤子穿反了，在幼儿园无法解小便，被尿憋了半天，居然不会想办法把裤子换过来，而忍受憋尿之苦，回家后又对着父母大哭大闹。日常生活中不能事事代办，而要引导孩子自己想办法，以增强孩子的生活能力，培养他们克服困难的勇气和意志。

二、该受的苦累要让他受

要让孩子知道一切幸福都来之不易。平时适当地给孩子实施点劳累刺激，让他们做一些力所能及的家务活，参加一些运动量适当的体育活动和公益劳动，不仅有利于提高孩子的身体素质，还能培养其吃苦耐劳的精神，让他们在劳动中增长智慧，体验他人工作的辛苦，从而学会尊重他人的劳动，珍惜劳动成果。

三、该动的脑子要让他动

孩子有自己的思维，应该给他们动脑的机会，一来可以锻炼他们的应变能力，二来也可以让他们懂得生活的甘苦。

四、该受的批评要让他受

许多处于“众星捧月”地位的孩子，骄横傲慢，偶尔受到批评，便会大使性子、大哭大闹。对于这样的孩子，应及时适当地进行批评教育，指出其缺点与不足，并予以适当的约束。

五、进行独立性训练

在家里，要将男孩当作真正的男子汉，给他独立做事的机会，独立思考自己面临的问题，家长不应对男孩过度保护。应及早给他准备自己的小房间。

男孩在四五岁的时候，就已经有了性别意识。这个时候，父母就要有意识地培养其男子汉的作风：男孩跌倒了，告诉他自己爬起来；男孩胆怯了，告诉他你可以做得更好；男孩犯错误了，告诉他好汉做事好汉当；男孩不听话了，告诉他不给父母添麻烦，是男子汉的一种荣耀！

六、创造一个宽松的生活学习空间

父母不要事无巨细替男孩安排他学习和生活的细节，不应要求男孩唯唯诺诺，而应尽量教他学会自己拿主意、作决定，锻炼果断决策、认真执行。

七、父母应对青春期男孩给予尊重和理解

青春期男孩需要倾诉内心和宣泄情感的机会，促膝倾谈比指手画脚高明一千倍。父母一定要经常与男孩进行心理沟通，并避免老人过度溺爱，使男孩善于敞开心扉，开朗直言，而不要成为窝窝囊囊、沉默寡言的“闷葫芦”。

八、男孩应有自己的"朋友圈"

人际交往可锻炼男孩的社会适应能力，通过与同龄人的广泛交往，树立自己的良好公众形象与公信力，这是男孩走向心理成熟的必经之路。

九、培养对社会和家庭的责任感、义务感

关注家庭，服务于家人，是人的社会化的开端。男孩在家里必须做家务劳动，学会生活自理。

十、千万别对男孩来"硬"的，要和男孩做朋友

和男孩做朋友，其实很简单：给男孩更多自我选择的权利；和男孩一同分享他的喜怒哀乐；尊重你的男孩，并放弃"不打不成才"的教子观念；时刻让男孩感受到你的关爱，巧妙约束但不强硬控制。

十一、别让男孩太"富有"

这里的"富有"包含两个方面：一个是父母太多的溺爱和包办，一个是钱财的充裕。明智的父母从不会让自己的男孩太过"富有"，他们会把"爱"藏起来一半，并寻找和创造机会让男孩去体验生活的酸甜苦辣！

十二、家长要意识到，智慧使人文明

从小鼓励孩子多学知识，锻炼孩子思维的敏捷性、灵活性和创造性；开阔孩子的视野，丰富孩子的经验。这些都会使孩子的言谈举止中透出智慧与大方，对培养孩子气质十分有益。

十三、要使孩子养成良好的语言行为习惯

家长要做出表率。模仿是小孩子的天性，父母的一言一行都会给孩子带来深远的影响，父母在孩子面前说脏话，就会在不知不觉中传染给孩子。因此，家长要尽量使家庭中充满愉快、和谐、文明平等的气氛，使孩子从小养成文明礼貌的好习惯。

28 男孩好胜心太强怎么办？

情景展示

人人都有好胜心。但由于天性使然，男孩的好胜心一般要比女孩的更强一些。其实，拥有好胜心是好事，在好胜心的激发之下，孩子往往可以表现出前所未有的热情，使得注意力集中到一个“焦点”之上，做起事情来更专注。但是，好胜心不能过强或者没有方向，如果走错了方向，就会适得其反。

家长自述：我是豆豆的妈妈，近来越来越觉得儿子豆豆的好胜心太强，也越来越担心这会成为他以后正常健康成长的障碍。如：他根本听不进“不好”俩字，一听到这俩字马上跟我翻脸，用手打我或是用脚踢我。再如：下跳棋他不能输，输了之后必定会不高兴，要闹一下脾气。而赢了之后（有时我们故意让他赢），必定很开心。跟小朋友玩游戏，他永远只能扮演无可争议的主角，否则就不跟别人玩了……

问题分析

一、好胜心的重要性

好胜心是指敢于竞争、力求取胜、积极向上的心理品质，它是孩子前进的动力。拿破仑说过：“不想当元帅的士兵不是好士兵。”可见，孩子有好胜心是一件好事。

二、从儿童心理学的角度来认识好胜心

孩子“输不起”是一种正常现象，通常会有两种表现：一些孩子面对挫折、失败，会采取回避、逃避的态度。比如，妈妈批评孩子画画不认真，不如隔壁的贝贝画得好，听到这话孩子干脆就不画了。另外一种孩子一旦在游戏中输了，或是做什么事情比不过别人了，就会大发脾气，哭闹以示宣泄，就像案例中的豆豆。无论什么事情，孩子总是希望自己能做得更好，比别人强，获得周围人的认可和父母的赞扬。可是孩子因为年龄小，各方面都不成熟，看问题容易钻牛角尖，比较极端和情绪化，所以好胜心表现得特别强烈。

好胜心是一把双刃剑。好胜心强的孩子做事往往求胜心切，一旦失利容易情绪低落、颓废，难以客观看待问题和汲取教训，一旦取得了优势又容易骄傲自满，盲目自信，难以继续进步。好胜心也是滋生自私、嫉妒、虚荣、心胸狭隘的土壤。所以，怎样教育好好胜心强的孩子就成了许多家长共同关注的问题。

三、孩子好胜心强的六大原因

（一）对自己的价值感认识不够

孩子无法认可自己，源自于父母对他的认同不够，他认为只有在别人面前表现自己才能证明自己是优秀的，也就是想从在别人身上作出对比来体现自己的优秀，从而来获得父母或别人更多的认同。这取决于父母给予孩子的是否互相平等、互相尊重的爱，是否适合孩子真正心智成熟度的爱。

（二）自信心不足

孩子不能够自主选择自己的兴趣，总是在成人的强制意愿下成长，无法按照自己内在的成长机制来成长，孩子就无法形成对自己的信心。

（三）挫折容忍度低

孩子一直在呵护中长大，没有机会去体验挫折带给自己的心理调适。过多的奖励、过多的保护也会使孩子认为自己完美无缺，日后将无法面对任何的瑕疵，孩子一旦面对挫折，一旦不如意，就有调适的困难。

（四）受父母的影响

父母是孩子的主要模仿对象，父母在日常生活中不经意流露的好胜心，会影响到孩子。

（五）父母爱和别人比较

父母总爱拿别人家的孩子来与自己的孩子做比较——“我们要向好的孩子学习”“我们要做一个好孩子”等，这些暗示与比较，反复的提醒，会导致孩子把过多的注意力关注到这里来，认为：好的孩子是受到父母欢迎的，这样的孩子才会得到父母的关注。

（六）父母过高的期望

父母过高地期望常夹带着对孩子的压力，孩子为了取悦家人，面对自己能力所不及的要求时，担心自己做不到会让父母失望，所以孩子会表现出比较好胜。

孩子的好胜心需要父母的正确引导，这样才能把好胜心转化为正常的、健康的、有利于孩子全面发展的动力。

对策建议

一、正确对待孩子的好胜心

切忌一味满足或压抑孩子的好胜心。如果家长不管任何场合，一味迁就满足孩子的好胜心，投其所好，为了孩子开心而让其轻而易举地达成目标，就丧失了锻炼孩子体力意志和开动脑筋的机会，起不到对孩子的促进作用，还会助长孩子唯我独强、过分自负的不良心理。如果家长仅从自己的标准处罚，不考虑孩子的实际水平，对孩子提出过高的要求，让他过多地感受失败的滋味，就会压制孩子的自信心和好胜心，让孩子怀疑自己的能力和力量，形成一种胆怯、退缩的性格，甚至会放弃与人竞争的愿望和机会。

二、合理地调适孩子的好胜心

帮助孩子克服盲目好胜和盲目悲观的情绪，好胜心才能在孩子的成长及成才过程中发挥积极的作用。要让孩子明白，努力学习是获胜的基础。要想在竞争中获胜，必须通过努力学习，掌握比别人更过硬的本领。对于能力较弱的孩子，家长可以耐心引导，鼓励孩子多学多练，及时肯定孩子的点滴进步，让他们体会到成功的喜悦，培养他们的自信心。

特别要注意避免孩子产生妒忌心理，告诉孩子把不伤害他人作为求胜的准则。家长不要经常拿自己孩子的长处与别人孩子短处相比，以出人头地、压倒别人为快乐。引导孩子远离消极的、不与人为善的暗示和态度；避免孩子产生嫉妒心和冷酷的性格；避免孩子心胸狭窄、容不得别人超过自己，甚至为了获胜而采取报复或伤害他人的手段，在鼓励孩子不甘落后的同时，家长应注意培养孩子对他人的爱心和友情，善于发现并学习他人身上的长处。

家长可以告诉孩子，别人领先获胜后，自己要做的事情不是生气，而是应该激发起自己的干劲，敢于和对方展开竞赛。别的孩子获得成功了，肯定有许多优点值得你去向他学习，你要把对方的长处学到手，下次有信心赶上或超过他，对方对自己也应该是这样的态度，最终形成一种比、学、赶、帮的良好氛围。“尺有所短，寸有所长”，让孩子学会尊重和理解这种“差异”，找到自身的优势所在。

当孩子遇到挫折而沮丧、焦虑、自卑甚至哭鼻子时，重点不在于怎样保护孩子今后不受挫折，而在于如何提高孩子抗挫折的能力。在日常生活中，家长应有意识地培养孩子做事的目的性和持久性，引导孩子通过克服困难来锻炼意志。

三、引导孩子增强实力，不断超越自我

引导孩子自我改变、自我超越。无法超越自我的孩子终将无法超越别人，超越自我是超越别人的前提。有些家长把超越自我和超越别人的关系颠倒了，他们总是进行横向比较，却忽视孩子相对于自己的进步。时间久了，孩子可能会形成眼睛盯着别人位置的不正常的“排队心理”，从而变得嫉妒。

四、让孩子明白，好胜是对事而不对人

所谓“胜”，也只是说明某一件事比别人做得好，并不是说整个人比别人高一等。“胜负”往往只是一时一事。

胜败乃兵家常事，真正懂得竞争才能够正确面对现实，不怕失败，勇于承认并接受失败。所以，孩子失败后，家长不应责备或者讥笑孩子，而是要引导他们从失败中发现自己的进步和长处，帮助他们走出失败的阴影。要让孩子懂得，争胜的过程不仅是展示自己的能力，凸显自己的光辉，更是在检验自己的不足和劣势，进而不断进步，不断提高。

五、积极帮助和鼓励孩子

面对孩子的受挫，家长首先要抱着尊重和保护孩子自尊心的心态来安慰孩子，然后帮助孩子分析原因，总结教训，找到解决问题的办法，鼓励孩子不断去尝试，帮助孩子从逆境中奋起。比如，孩子在运动会上没有获奖，家长就可以善意地告诉他："我们不可能每次将事情都做到最好，上一次的画画比赛，老师就表扬你很棒，这次没获奖是因为我们平时训练得少，只要你以后加强练习，下次肯定会进步的。"家长这样说，既告诉了孩子失败和受挫是他成长过程中不可避免的事情，同时也鼓励他积极面对。

六、放手让孩子多去磨炼

在日常生活中不溺爱孩子，给孩子更多的锻炼机会。一些发达国家非常重视对下一代进行挫折教育，如日本的家长送孩子到中国参加草原夏令营，尝尝吃苦的滋味；美国的家长把孩子放在荒岛上，让他们懂得什么叫饥饿，学会生存；英国的家长让孩子参加长距离徒步行走，培养他们不怕困难、吃苦耐劳的韧劲。我们的家长也要有意识地让孩子经历些困苦，尽量让孩子在克服日常种种困难中磨炼承受能力和战胜困难与挫折的良好心态，增强孩子的耐挫力。

29 男孩不敢自己睡觉怎么办?

情景展示

我有一个朋友,他儿子已经7岁了,其他各方面都很好,学习自立,成绩也好,待人诚恳又有礼貌,但就是存在一个问题——胆子特别小。就是因为胆子小的问题,他总是不肯自己睡觉,为了这事儿,我朋友也特别烦恼。刚开始实施独立睡觉计划的时候,孩子还挺正常。可是睡了一两天后,各种各样的问题就来了。孩子开始吵着说让父母陪着睡,看着他睡着才能走开。父母照做了之后,孩子也睡着了,但是,半夜特别容易醒来,说是上厕所,上完厕所后又不肯自己睡觉了,非要和父母挤在一起。很多天都是这样。我朋友想,长此以往也不是个办法呀,该怎么办呢?

问题分析

一、孩子不愿独睡的三种心理因素

1．孤独心理。孩子与父母同睡时,睡前可以说话、听故事,早上睁开眼睛就可以看见父母的笑脸,倾听温柔的话,向父母撒娇,觉得很踏实、很开心。单独睡眠时自然会感到一定程度的孤单。

2．依恋心理。孩子从小在父母亲怀里长大,一直与父母同床睡眠后,在每天的肌肤接触、爱抚中,孩子容易产生依恋心理,自然不愿意分床睡眠。

3. 恐惧心理。这是孩子成长发育过程中普遍存在的一种内心体验，如害怕妖怪、噩梦。夜里大人不在身边时这种体验尤为强烈。

孩子与父母分房间睡觉，这个看似简单的问题却给很多父母带来了烦恼，但父母一定要清楚地认识到与孩子分房间睡觉的重要性。

二、孩子独立睡觉的积极作用

1. 顺应孩子独立自主意识的发展。孩子在一岁半左右就开始发展自己独立自主的意识，这是孩子在心理上离开父母、寻求独立的内在需求，成人需要做的就是顺应这个发展规律。

2. 顺应孩子自我意识的发展。孩子的自我意识也是与生俱来的，独立的床和独立的房间，让孩子认识到自己在这个世界上有独立的“位置”，这是孩子自我界限成长的根基。孩子从这样的自我认知中，逐渐获得归属感和安全感。

3. 保持孩子的生存能力。每个孩子都有与生俱来的生存本能，孩子即使睡着也会掌控自己的冷暖，这是一个生物的生存本能。所以，夜里孩子感觉太热，他会踢开被子，当他感觉到冷的时候，他自然就会将踢开的被子拉回身体。让孩子独立睡觉能够让孩子保持这样的基本生存能力。

4. 帮助孩子脱离恋母情结。在幼儿时期恋父恋母的阶段。与男孩分房间睡觉，没有给孩子更多的机会，有利于帮助孩子脱离恋母情结。

对策建议

如何让孩子自己睡觉？

一、少让孩子接触一些恐怖性质的东西

对于一些容易让孩子产生恐怖幻想的事物，父母应该都收起来，尽量给孩子留下一个干净、轻松的环境，避免让孩子有更深一步的幻想。孩子对于恐惧的幻想是父母无法理解的，不能因为孩子的恐惧而多加责备。家长应允许他将恐惧流露出来，使他懂得：随着成长恐惧感是会消失的；尽量理解，尽量进入到孩子的世界中去。

二、将恐怖的事情和快乐联系起来

父母可以把孩子恐怖的点和快乐、有趣的事情联系在一起。例如，对待“鬼”，父母可以用常识告诉孩子，世界上没有鬼，鬼只是用来吓唬不听话的小朋友的，同时还可以用有趣的方式告诉孩子，如果真的存在鬼的话，父母可以用方法让鬼消失。

三、开灯睡觉

有些孩子不肯自己睡，是因为害怕黑暗，黑暗容易让人肆意瞎想，容易感到恐惧。对此，先开灯，开着门，让孩子在自己的房间里酝酿睡觉，等待孩子睡着后，父母再关灯就可以了。

四、小技巧让孩子克服恐惧

虽然说“迷信”是一种很不好的风气，但是实际上，如果能够运用好的话，可以很快克服孩子的恐惧。例如枕头底下放一把剪刀，这就是一个帮助孩子克服恐惧的很好的方法。我的一个朋友就是这么做的，她告诉自己的孩子说，鬼很怕剪刀，所以在孩子的房间里放了多把剪刀，鬼是不可能进来的，而且枕头下放剪刀，是一个治鬼的王牌，鬼是无法靠近的，但是，如果有父母在孩子的旁边的话，剪刀的效力就失效了，很可能轻易地就走进了房间……在成人的眼里，这些方法或许都非常可笑，但是在孩子的世界里，这些方法能够给孩子一种安定，让孩子在瞬间就克服了恐惧。

五、为孩子布置优质环境

感受安静温暖：孩子睡觉的房间可以刷成柔和的蓝色或黄色，让孩子感受到安静和温暖。而且注意室内温度最好在 20℃左右，保持空气流通。

注意棉被枕头：被褥的透气性要好，枕头不要过软，以免脸埋在枕头里造成呼吸困难。如果孩子已经学会自己做决定，还可以让他自己挑选房间的装饰物品。

六、睡前稳定孩子情绪

避免兴奋活动：为了让孩子安稳地独睡，爸爸妈妈要更多地关心和爱抚孩子。至少睡前 1 小时内，不让他进行大量兴奋的活动，让他逐渐安静下来。

常规准备工作：睡前做常规的准备工作，如刷牙、上厕所、脱衣服等，会让孩子做好睡觉的心理准备，内心有更多的安全感。

不轻易抱回房：倘若孩子晚上做噩梦了，不要轻易把他带回大人房间，你可以留在他的房间里陪陪他，直到平静下来。只有让他明白自己的房间是最安全的，他才能安心睡觉。

七、父母心理准备要充分

下决心不心软：或许爸爸妈妈早就为孩子准备好了小床，只是一直下不了决心让孩子独睡。有时孩子半夜跑回父母房间，爸爸妈妈就心软了，孩子独睡的习惯始终养成不了。

循序渐进地培养：爸爸妈妈的心理准备要充分，相信孩子能睡好。当然，培养任何良好的习惯都是循序渐进的，爸爸妈妈不必急于求成，否则反而会使孩子对独睡产生恐惧。

30 男孩胆子小怎么办?

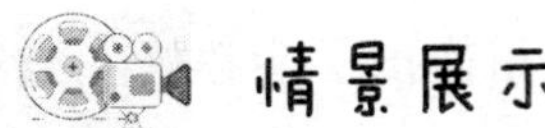

情景展示

家祁今年 11 岁了，是小学五年级学生，虽然成绩很好，但是性格内向。在课堂一直不敢回答老师提出的问题，一回答问题就脸红，胆颤心跳，担心回答不对。集体活动很少参加，放学回家后就钻进房间看电视、看书，再也不出门。

班主任和家长沟通后了解到，孩子父亲一直在外做生意，母亲在家务农，也没有时间多管，他从小和母亲住在乡下，直到五年级才转学，跟随母亲到我校就读。父母一天忙到晚，家祁整天只能一人独自在家，缺乏父母的关心。父母没有更多的时间带他到公共场所，参加集体活动，缺少锻炼，造成了性格孤僻、胆怯。于是不愿主动与人交往，对同学冷淡，不理睬，好像比较高傲的样子，伙伴们也不敢与他接触，所以没有什么朋友。

问题分析

孩子胆小的原因

一、父母因素

父母性格内向，不善与人交往，孩子“遗传”了他们的特点。家长要了解自己孩子的个性，允许孩子有一个逐渐适应的过程。

二、环境因素

现在大多数人都住在楼房，一家一户的封闭环境使孩子缺乏与同伴交往的生活空间，造成孩子的孤独、胆怯。

三、教育不当

（一）教养方式有问题

孩子的性格很大程度上取决于后天的成长环境及父母的教养态度，比如：

1．家长对孩子的要求太严格，常要求孩子像大人一样地做事，让孩子感到不知所措。

2．家规太严，对孩子感到好奇的东西常不准摸、不准玩，甚至不准问，久而久之，孩子习惯于按“规矩”办事，缺少了探索精神。

3．家长脾气暴躁，动不动就对孩子发脾气，孩子动辄得咎，变得谨小慎微。

4．孩子对突然变化的环境适应不良，比如先由祖父母抚养的孩子转而由父母抚养时，因为教养态度不同，孩子一段时间里会变得沉默、内向。

（二）家长保护太多

家长对孩子保护太多是让孩子胆小的主要原因。这种情况在城市里更加严重，家长会时常灌输给孩子过分的“安全意识”，比如“绝对不要和陌生人说话”、“外面太危险”，甚至有些家长恐吓，如外面有鬼怪、骗子多等，这些意识在孩子心中落地生根，便会让孩子觉得只有在家里、在父母身边才是安全的，其余地方都不安全。因此当孩子离开了家，便会出现害怕、退缩等表现。

（三）恐吓孩子

在不正确的教育方式下，孩子对可能存在的危险过分担忧，精神状态持续紧张，久而久之，就会变得胆怯和退缩。有的家长自觉管不住孩子，一旦发现孩子害怕某种事物时，就像找到了约束孩子的法宝，甚至还添油加醋，动不动就用来吓唬孩子，使其长期处于惊恐不安的情绪之中，孩子也就胆小了。

四、切身的体验

当孩子满怀信心地在家长面前表现自己时，得到的不是表扬而是嘲笑、挖苦，使得孩子灰心丧气；当孩子打过一次针后，切肤之痛使他下一次再到医院就会害怕，等等。

一些父母看不到孩子的“闪光点”。对于孩子的畏缩行为，如不敢滑滑梯、跳蹦床，说话声音太小等，反应强烈，并拿别人的标准来判断自己的孩子。

更甚的是，不少家长不但对孩子表现出来的勇敢漠不关心，而且经常拿别的孩子来比较：“你这算什么，×× 比你本事大多了”，“×× 在演讲比赛中拿了大奖，你连讲台都不敢上”……这些话语严重损害了孩子的自尊心，使孩子越加自卑胆怯。

对策建议

孩子胆小的现象其实并不少见，所以家长们首先无须太过烦恼，只要采取合适的策略，用心注意生活中的细节和教育方式，孩子会越来越大方和自信。

一、别太宠溺

“胆怯型”的孩子并不少见。他们在熟悉的环境中能够自信地表达自我，敢说敢做，即使犯了错误也不唯唯诺诺。但是，一旦他们置身于相对陌生的环境或面对生人，便会完全“失去”聪明与灵巧，缺乏信心，不敢表达，尤其害怕失败。

与“胆怯型”相对，“表现型”的孩子倒是特别不怕生，人越多、场面越大，他们的一言一行就越精彩。胆量的差异既受天生的性格因素影响，也与家庭教育、学校教育有关，胆怯表现比较严重的孩子，往往受到过多的宠爱与纵容，与社会的接触欠缺，这不免使其对公共场合、集体活动产生了未知的恐惧。专家建议，家长别让孩子太由着性子，或凡事替孩子包办，而应适时放手，让他多到社会上去见识见识。

二、鼓励使人大胆

一些孩子不太善于与别人打交道，遇到父母的熟人也不愿意主动问好，要么低着头、要么把脸扭向一边、要么涨红了脸没有一句话、要么干脆躲到爸爸妈妈身后。一些家长便向别人“解释”：“这孩子就是害羞，不太爱说话，见到客人总是别别扭扭的”。

专家告诫，父母千万不要给孩子扣上“没用”、“胆小鬼”的帽子，一味指责只会更加打击本就自卑的他。当孩子表现不如人意时，父母应当耐心地予以安慰和鼓励：“第一次见面谁都会紧张，以后和阿姨熟悉了，你一定会说得更好。”“这次没完成没关系！下次我们继续努力，妈妈相信你能行！”在尴尬的节骨眼上给孩子一个温暖坚定的眼神，他的信心才会慢慢增长，直到把羞怯抛到脑后。

三、不要操之过急

对待胆怯型的孩子，创设一个“没有压力”的环境也是非常重要的。要想让胆小的孩子"勇往直前"，家长与老师都不能操之过急。当孩子不愿意与其他更多的孩子相处时，家长不能硬逼着孩子去和小朋友一块玩，因为害羞的孩子比较喜欢一对一的交往；当孩子不愿意称呼别的长辈时，家长不要勉为其难，因为这可能会增加孩子的恐惧感；当孩子不愿意在客人面前表现时，家长也不要胁迫他，因为这样做会加剧孩子的紧张，将来会以更多的沉默和拒绝来应对，使害羞升级。

另外，注意教育的方法。家长教育孩子，除了要细心，更要耐心。当孩子哭闹时，要多进行正面教育，不能吓孩子。不能把孩子们当作“大人”，不能用过高的标准来要求他做力所不能及的事。父母应尽可能多地陪陪孩子，和他一起玩。如果家长因事不能陪孩子玩，可在注意安全的前提下，规定他在什么地方玩，玩多长时间。值得注意的是，当家长要阻止孩子外出玩耍时，切不可用可怕的故事来吓唬孩子。当孩子回家后，可以让他讲述玩的过程，然后对孩子的行为作出评价，多表扬少批评，这样既锻炼孩子的胆量，又可培养孩子的口头表达能力。如条件允许，也可适当地让孩子帮助买一些零碎的东西，或到邻居家借东西，也是培养孩子勇敢精神的好方法。当孩子遇到困难和挫折时，家长要适时地给予鼓励。

对于大多数独生子女的家庭来说，只有大胆放手让孩子去做事，让孩子在生活中接受锻炼，才会使孩子变得勇敢，变得坚强，逐渐成长为一个勇敢的人。

31 男孩在外受欺负怎么办?

情景展示

妈妈常告诫乐乐，“好孩子是不打人的”，“打人是不对的行为”，感觉这个观念已植到脑海中去了，所以乐乐很少去主动攻击别人。上个周末乐乐娘俩去亲戚家时，小半岁的小表弟总是打乐乐，乐乐也不还手。这个亲戚特惯孩子，看到孙子打了哥哥，虽然嘴里说抱歉，但神情却是得意的。刚开始时乐乐妈妈还表扬儿子有兄长风范，后来次数多了，他虽然不还手，但脸色开始暗淡，并沉默不语，明显感觉他正压抑着自己的委屈。

回家后，乐乐爸爸很气愤，坚决要求他以后再碰到此类情况要还手。爸爸说男孩儿不能太懦弱，会影响交际的自信心。乐乐也开始明显地表露出不再信任妈妈——妈妈不能保护我！乐乐妈妈又心疼又迷茫，爸爸和儿子的观点也有道理，可该怎么做才能让他对“打人”一事有正确的观念呢？如果自己都矛盾着，何谈教育儿子呢？

问题分析

家长们应该明白一个事实：孩子打人是有选择的，他会打那些看上去很懦弱的孩子。所以，避免被打，首先要提高自身的实力。这个实力，不仅仅指体能上的实力，还包括孩子身上散发出来的实力的气息。也就是让对方一看，就不敢打你。

人力攻击防御，基础部分包括以下四个要点。

1．目光有能力说不：是指把眼睛睁大，眼神要勇敢坚定，力求用视觉能力压倒对方。

2.语言有能力说不:是指大声说住手,眼神要凶猛,不能不好意思,不能羞怯。

3．能够化解第一轮攻击波：是指当对方打第一轮时，你能够把他化解，让自己不受伤。

4．可以从容逃逸和避险。

我们应该相信，我们的孩子既可以做到不打人，也可以做到不被人打，而且也只有这样的孩子在成长发展中，在现实社会中，才是安全和自由的。

我们今天最需要让我们的孩子具备的实力是：让别人不敢跟我打，而不是他找我打架时，我打得过他。

无论孩子打别人还是被别人打，无论是打输了还是打赢了，对孩子都是一种伤害——打赢了拥有一群敌人，打输了受伤害的是自己。

对策建议

男孩被打的应对之策

我们总是教育孩子不要打人，这种教育方式本身的出发点是好的，但我们没有办法要求别的家长也能和我们一样去教育孩子。假如一味地让孩子忍让，你会担心他以后的性格会越来越懦弱，但教给孩子还手吧，又怕事情因此闹大，孩子也越来越暴躁、霸道。所以，忍让要有度；还手，也要讲究度。

下面就分享一下引导孩子的尺度和分寸吧。

一、关于被打，家长不妨试试这样处理

（一）让孩子明白谦让并不等于忍让

教育孩子懂得谦让是对的，但让孩子违背自己的意愿、忽略自己的感受一味地忍让，这并不是谦让。当孩子已经无法忍让大声地表达出自己内心的需求——“他打我，我就打他！”时，我们就要蹲下来跟他好好地沟通了，沟通他的感受、想法、情绪，了解是生气还是委屈。沟通的目的就是让孩子知道谦让并不等于忍让。

（二）站在孩子的角度感同身受

用心感受孩子被打以后的心情和感受，并积极地回应你听到他表达不满情绪时的感受，在孩子被打以后，不要冲动地替孩子做任何决定，不妨先静下来听听孩子是怎么想的。

（三）引导孩子说出内心需求

在倾听完孩子的倾诉后，要引导孩子说出此时他的内心需求，让孩子自己说出来，他是打算忍受，还是打算还手。尤其是在孩子生气和委屈时需要引导，如：“孩子怎么了，委屈了”“生气吗”“来，妈妈看看”等。

（四）及时和打人的孩子沟通

自己的孩子要引导，打人的孩子也需要正确地引导和沟通。如果这个小朋友还是经常打人，那不妨去找小朋友的家长做一个有效的沟通。

（五）和孩子共同探讨解决办法

在孩子说出来自己的想法后，你可以和孩子一起探讨接下来的解决方法。例如，“我亲爱的儿子怎么了？告诉妈妈，我的宝贝是很生气吗？感觉受委屈了？那现在宝贝想怎么办呢？需要妈妈做些什么呢？”

二、关于被打，要让孩子知道的那些事

（一）妈妈不能替你去还手

要让孩子知道，遇到被打的情况，妈妈是不能出手替你去打人的。只有孩子自己亲身体验、亲身经历了这个过程，以后遇到类似的情况，才不会不知所措。

小孩子打架其实也算是一种交流，大人在旁边留意，只要不是很严重，可以让他们小朋友自己学会处理。

（二）试试抓住对方的手腕

告诉孩子，面对小朋友打过来的小巴掌时，不妨试一试迅速抓住对方的手，这样对方就不能动了，不能动就打不了人了，抓住对方手腕的同时要告诉这位小朋友：“你不能打人，打人不是好孩子！”

虽说“不打不相识”，但是还是要正确引导孩子，要学会自卫才行。特别是上小学以后，小孩子打架就不是有意识无意识的事了。要教育小孩，别人打你第一下你就要分清对方是有意或无意，如果是有意你就要口头警告他，要是对方再打的话你要说给老师听，老师不在的话你就要还手来警告对方了。

（三）不还手并不等于懦弱

要让孩子知道，被打时以牙还牙的方式一定不是最好的解决办法，我们仅仅是抓住对方小朋友的手腕，而不是还手，这并不是软弱可欺，更不是懦弱，而是懂礼貌、懂谦让、懂得解决问题的行为。

（4）妈妈就在旁边保护你

如果抓对方手腕也不能阻止对方打人的时候，被小朋友打后要让孩子及时告诉父母，让他相信，爸爸妈妈会找到更加合理的方法去解决这个问题的。

我们时常会忘记孩子一出生是什么经验都没有的，都要靠我们为他示范和引导。而在生活中，还有一些孩子在被人侵犯时，是没什么反应的，看上去也“无所谓”的。其实，他们中有的属于确实是没有应对被“打”的经验，也不知道用什么方式处理此类问题。只要你愿意去支持孩子，为他积累生活经验，他一样可以掌握这个与人交往和处理争端的技能的。

32 男孩不够自信怎么办?

情景展示

许多家长为孩子缺乏自信感到头疼。自卑感是人类特有的一种消极属性，孩子一旦对自己的某方面的能力丧失自信，可能会连带对自己的其他方面的能力也丧失自信，最后造成多方面甚至全面的落伍，如果孩子发展到严重的自信心丧失，还会出现更多的生理上或心理上的异常。

问题分析

男孩为何不自信?

孩子不自信的主要原因如下。

一、缺少成功体验

平时做事成功率不高，在日常的生活和学习中经受了过多的失败与挫折。例如，某一口才不太好的小孩，一次在大庭广众之下发言失败，受到人们的哄笑，心里感到很不好受，恨不得找个空隙钻到地下去，以后再也不敢公开发言了。在影响一个孩子成才的诸多因素中，打击最大的莫过于“失败”了。

二、学习遭受挫折

有的家长甚至仅仅拿成绩的好坏作为评价孩子的唯一标准。尤其是那些学习成绩不够理想的孩子，迫于大人的压力往往不能正确地认识自己，从而导致自卑心理的产生。

三、能力不足

一些先天或后天能力相对较弱的孩子在能力较强者面前往往感到自愧不如，他们会由于自身某方面不如别人而产生挫折感。更为糟糕的是，如果不能得到家长和老师的正确对待与引导，他们就会对许多事情望而生畏，与别人差距越来越大，自卑心理也愈来愈强烈。

四、生理上有“欠缺”

一些身材矮小、相貌一般，或身体有残疾的学生，常常体验着不能与常人相比的失望与痛苦，陷入自轻自贱的自卑境地。有些太胖、口吃的学生也会经常受到同学们的嘲笑。甚至令许多家长想不到的是，武汉的一项调查表明，现在的中小学生有逾八成孩子自卑的原因是觉得自己“长相不美”。

五、对自己要求过高

有的孩子由于盲目地对自己要求过高，过于追求完美而陷入了自卑的泥潭。例如，一个男孩一心想夺取学校钢琴大赛的冠军，但未能如愿以偿，由此他断定自己缺乏弹琴的天赋，后来当母亲让他练琴时，缺乏自信的他竟手指哆嗦，连最简单的练习曲也弹不好了。

六、过低估计自己

东方文化崇尚“谦虚为本”，但有的孩子可能错误地理解了家长的要求，或者是有的家长错误地“引导”了孩子，于是他们往往高估他人的能力，低估自己的能力，经常拿自己的短处与他人的长处相比，越比越觉得自己不如别人，越比越泄气，越比越没有自信。

心理学大师弗洛伊德指出：“受到母亲无限宠爱的人，一辈子都保持着征服者的感情，也就是保持着对成功的信心，在现实中也经常取得成功。”

对策建议

培养男孩自信的细节

除了对上述不自信的原因采取针对性的措施时，家长还要注意下列细节。

1. 认真对待孩子的要求。经常忽视孩子的需要，会让他因不被重视而失去信心。当他在电话里满怀期望地提出:“妈妈，牛奶。”你在外面一时不能满足他，告诉他具体时间：“回到家，妈妈给你拿，好么？”

2. 给孩子自己做选择的机会。周末带孩子出游，征求他的意见，但不要问：“你想去哪里？”而是这样问：“你想去动物园还是水族馆？”给他选择的范围，让他自己做出选择，会增添对自己的信心。

3. 不要嘲笑孩子说错的话。孩子刚学说话，发音不准确的时候。不要嘲笑他，也不要当时刻意强调，换个时间再教他。在孩子语言学习期，你的嘲笑会使他丧失学语言的信心和兴趣。

4. 认真对待孩子的提问。孩子提出问题，耐心倾听，如果你回答不了，老实告诉他。让他知道任何人都有做不到的事情，打消他对别人的敬畏心理，从而增强自信。

5. 用商量的口气让孩子做力所能及的事情。比如“把报纸拿给妈妈，好么？”被人需要是提高他自信心的最好方法。

6. 给孩子一个展示作品的空间。让孩子在家中最醒目的墙面上张贴他的涂鸦之作；在柜子上为孩子做个陈列架，陈列他的小制作。荣誉感最能激发孩子的自信心。

7. 给孩子一个属于自己的领地。给孩子一个房间，没有条件的可以给他房间的一部分，让他有一个自由玩耍、不受束缚的小天地。拥有自己的“领地”，会让他心中充满骄傲感，平添自信。

8. 妈妈的宽容是培养孩子自信的土壤。不要总是因为孩子房间里或者桌面上很乱而责备孩子，而是教他自己收拾散落的玩具，并且跟他一起做。

9. 不要拿孩子和别人比较。不对孩子说：“妹妹已经会数数了，你还不会，你可真笨！”哪怕他真的比别的孩子差。总是拿比他强的孩子和他比较，最能挫败孩子的自信。

33 男孩对坏人缺乏自我保护意识怎么办?

情景展示

国庆节期间，7岁的扬州男童到泰州亲戚家吃酒席，却意外失踪，几天后警方在河边发现失踪男童尸体，犯罪嫌疑人如今也被抓获。从最初的失踪报道到最终的男童遇害，这个案件让不少人震惊。

与此案截然不同的是，河北秦皇岛6岁男孩竟劝退歹徒，该男童与母亲路遇持刀男子抢劫，竟挺身挡在母亲身前，从文具盒里面取出2个钢镚递给歹徒，并说："叔叔，我这儿有2块钱，你放了我和妈妈吧，别抢钱了，快回家吧。"结果歹徒瞬间良心发现就放了母子俩。

两个案件不过差了几日，结局却完全不同。

我们日常生活中常常听到类似的情况发生，谁谁家小孩被坏人偷走了。可见，大多数孩子，包括家长都缺乏自我保护意识，碰到意外更是不知如何应对。

问题分析

安全教育的重要性

每个人都应该有自我保护的意识，特别是孩子。他们的安全意识比较薄弱，有时候分不清事实的好坏，电视，报纸，网络，经常会报道一些关于小孩没有安全意识，被拐卖、受骗的事。所以应该让孩子了解最基本的自我保护常识。

培养自我保护能力是孩子们快乐健康成长的必备能力。家长和老师应该及早教给他们一些必要的安全常识及处理突发事件的方法，注意培养孩子的自我保护能力及良好的应急心态，减少危险事件的发生。

孩子缺乏自我保护意识，部分是因为对社会了解不够。在校园内学习、生活、接触社会少，辨别是非能力差，容易被犯罪分子利用。除了学校每次活动前、放假前的安全教育，我们更应该让孩子知道如何应对危险，并有效地保护自己。因为我们不可能时时刻刻在孩子身边陪着他，需要在平时教给孩子的一些遇到坏人怎么办的知识。

对策建议

孩子的安全教育要点

1. 学会独自拨打电话，并熟记父母的联系电话，遇到紧急情况可以及时拨打。还要记住家庭地址，以防在家发生意外状况，在拨打 110 求助时，让警方在最短时间内准确到达。

2. 不要接受陌生人给予的任何物品，特别是食物，因为里面很可能已经被掺进了药粉。还有的不法分子会以玩具作为诱饵，吸引孩子的注意力，以便趁机将他们抱走。

3. 对于陌生人提出的任何要求和请求都要坚决拒绝。比如“小朋友，你帮我带个路，去 ×× 地方吧？”也不要被陌生人的夸奖、赞美弄得沾沾自喜而失去了警惕。始终记住一条：不要理会陌生人。

4. 不要随便去别人家做客。之前就有过孩子去同学家玩，结果当时家里没有大人，附近的无业游民将孩子骗走的事例。要特别留心，无论去哪里都要及时与大人取得联系，并告知具体方位。

5. 平时要与邻居处好关系，在知根知底的情况下多让孩子与他们接触。小七以前上小学时就因为忘记带家里钥匙，大人们又都在上班，多亏了住在对面的阿姨让小七先在她家里做作业。很多孩子有可能因为进不了家门，无处可去就四处溜达，结果被拐走。都说远亲不如近邻，像这种情况一个好邻居就能帮上大忙了。

6．保持孩子的童真。《爸爸去哪儿》第二季中，曹格和黄磊曾打扮成面目可怕的森林野人，结果杨阳洋看到了几乎没有害怕，而是很大方地跟野人打招呼，并称野人为“国王”。贝儿一开始有点害怕，但后来听说野人肚子饿了，就带着野人去找吃的……孩子们的这些纯真的举动，即使是坏人可能都会被感化。

7．教育孩子与陌生人保持距离。家长要教育孩子时刻注意远离陌生人，遇到不认识的人搭话时，一定要保持安全的距离，即大约两个人胳膊的长度相加的距离。如果对方和你之间小于这个距离，就要往后退；如果对方有意靠近你，一定要赶快逃掉。

作为父母，也不要太相信其他人，尤其是接小孩的时候，不要和其他陌生人在一起聊孩子或者家庭，因为这样容易给坏人机会。

8．让孩子学会及时叫救命。教育孩子不要跟陌生人走，离开家出去玩的时候不能一个人，而且要告诉家里人要去哪里、和谁玩。如果不认识的人要把自己带走，最好的办法是要大声喊“救命”，也可以说“我不认识这个人，帮我打 110”。这样就会立刻引起周围人群的注意，及时得到救助。看见别的小朋友被不认识的人带走，也要大声喊“救命”。

9．教育孩子爱惜生命。家长务必告诉孩子，如果不幸遇到坏人，一定要把生命摆在首位，歹徒要钱就给钱，不要挑衅歹徒或是向歹徒宣战，不要与他们硬拼，要用自己的智慧取胜，寻找适当的时机寻求帮助。我们要抓住坏人的心理特点来和他们交涉，他们在做坏事的时候心里也是有恐惧的，利用他们这恐惧的心理寻求时机。能逃跑就逃跑，不能逃跑就拖延时间等待救援。

如果是看到附近有监控，但是没有人的情况下，我们就要告诉孩子跑到监控可以直接看到的地方，这样以便以后有线索。

儿童安全教育并非跟孩子说一声就完事，需要家长时常提醒孩子，最好能经常演练一下安全防护措施，让孩子记忆深刻，以备不时之需。

34 男孩害怕接受挑战怎么办?

情景展示

随着社会的进步、经济的发展,孩子们现在的生活条件变得更为优越了。然而,很多孩子娇生惯养，害怕吃苦，遇到一点挑战和困难就退缩，像温室里的花朵。

近年来，这一问题已经引起了全社会的广泛关注，怎样让孩子有担当，勇于挑战，从而成人成才，为以后的风雨人生做好准备，是每个家长最关心的。

问题分析

挑战的重要性

一、挑战能激发孩子的潜能

在正常的现实生活中，人的潜能往往不能被激发，这种潜能只有在一些非常的情况下才能被激发。对于孩子而言，当其接受挑战时，便容易激发自身潜能。越不容易找到答案，就越能激发孩子的潜能和探究精神，从而进行研究性学习，切实掌握知识。

二、挑战能打击孩子的骄傲情绪

有些孩子由于受到年龄、经历、学识等的影响，往往会产生一些不应当有的错误，如：粗心大意、骄傲自满等。在这种情况下，人为地设置一些挫折让其接受挑战，对打击其骄傲情绪是非常有必要的，让其正确认识自己的能力，排除自己的骄傲情绪，戒骄戒躁，从而取得更大的进步。

三、挑战能使孩子真正享受成功的喜悦

孩子如果是通过自己的努力解决完一个难题时，那种喜悦是不言而喻的，是无法用语言来形容的，那要比从师长或书本里学到知识更让其感到欣喜。因为从师长或书本里得来的知识，是别人已经整理好的，没有什么趣味性与探究性可言。识记是枯燥无味的，而只有通过自己的努力与探究掌握的知识才是对自己来说更有意义的学习。“纸上得来终觉浅，绝知此事要躬行”，说的就是这个道理。

四、挑战能使孩子更好地适应现代社会

现代社会是一个充满挑战的社会，在这样的社会中，不迎难而上是不可能的。如果学生在学校中不勇于挑战，就好像是温室里的花朵，没有学到本领，是不可能很好地适应社会的。

因此，要从小就鼓励和培养孩子勇于挑战，积极进取。

对策建议

让孩子勇于接受挑战的有效方法

一、对孩子的期望应合理，引导孩子能正确地评价自我

每个孩子都有自己的长处与不足，家长应有客观的评价，并据此对儿童的成长提出合理的期望，激励孩子向恰当的发展目标努力。

家长的合理期望可以引导孩子对自我进行正确的评价。在这种情况下，孩子一方面不会动辄就产生挫折感；另一方面，由于在正确评价自我的基础上，对自己在实现目标中可能遇到的困难、挫折能有适当的预期。这样，孩子心理上对承受挫折有所准备，当面对挑战时也就会客观、冷静地应对。

二、给孩子树立榜样，培养孩子克服困难的信心

心理学研究表明，榜样对儿童行为的形成和改变有显著的影响。

在日常生活中，家长可常向孩子讲述一些名人在挫折中成长并获得成功的事例，希望孩子以这些名人作榜样，不畏挑战。孩子生活中最好的直接榜样就是家长。“身教胜于言传”，家长对待挫折的态度和行为会潜移默化地影响孩子的态度和行为。

孩子也可以成为自己的榜样。比如，对孩子战胜挫折的经历，家长应指导儿童将其记录下来。这样，当孩子以后又面临挫折时，可以提醒他看看这些记录，向自己学习。当然，树立孩子做自己榜样的形式绝不是仅此 一种，家长和孩子可以结合实际创造适合自己家庭的特殊形式。

三、做孩子的“顾问”，培养孩子自立的能力和精神

能力不足的孩子，一遇困难就无力应付，时时会被挫折和挑战压得垂头丧气。能力强的孩子，善于解决问题，不易受挫，而且即使受了挫折，他们也能积极地从其他途径寻求解决问题的方法或补偿。孩子的许多能力是在解决问题的过程中形成和发展的。

当孩子面对问题时，父母不应以“决策者”的身份越俎代庖，替孩子做决定、执行决定，而应作为“顾问”，向他们提供建议，对他们的选择提供咨询，教给孩子一些克服困难的方法，最后由孩子自己做决定并实施。这种教育过程不仅可以培养孩子的能力，而且还能培养孩子自己对自己行为负责的精神。

四、给孩子锻炼的机会，培养孩子接受挑战的勇气

家长在日常生活中不要一味给孩子营造一切需求都能轻易得到满足的生活环境，更不要阻碍孩子适当接受困难和挫折磨炼的机会。例如，让孩子坚持一项体育锻炼，让孩子参加学校组织的军训，让孩子适当参与家务劳动等活动，远比说教更能有效地培养孩子勇于接受挑战和战胜挫折的能力。

35 男孩意志力差怎么办？

情景展示

孩子缺乏意志力是家长非常头疼的问题。例如，他们做作业经常拖拉，过程中一会儿看电视，一会儿玩东西，遇到难题就退缩，没有钻研精神；上课时注意力不集中，时不时做小动作、搭讪同学，或者“身在曹营心在汉”；平时在生活中怕苦怕累，缺乏耐心，依赖心强，干什么事情容易半途而废；无论是学习和玩耍都缺少计划性、自主性、持续性，没有恒心和毅力，没有不达目的不罢休的精神；内心很脆弱，挨不得批评，受不得委屈……总体来说，孩子成绩不好，性格不佳，能力不强，甚至品德不良，都与缺乏意志力有关。

问题分析

意志力是一种自我引导的精神力量。它主要表现为一个人狠下决心，立下雄心壮志，能够长时间地围绕目标开展行动，进行自我控制和管理，及时调节自己的态度、情绪、理智，不断克服困难，消除懈怠，不屈不挠，直至实现目标。

意志力是一个人非常重要的品质。在孩子的情商结构中，意志力占据核心重要地位，它影响甚至决定着其他某些品质，对孩子是否成才起着至关重要的作用。根据教育专家苏文祯的资料：“凡具有优良的意志品质的学生，学习成绩就有53.7％ 的属于优等，意志品质薄弱的只有17％的属于优等，58.7％的学业成绩差。美国心理学家推孟对千余名天才儿童进行了追踪研究。30年后，在800名男性被试者中，将其中成就最大的20%与没有什么成就的20%的人做比较，发现他们之间最明显的差别不在智力的高低，而在意志品质的不同。”

良好的意志品质，不是一夜之间突然在一个人身上产生的，而是从小开始，在家长的培养和引导下，一点点积累发展起来的。苏联时期的教育家苏霍姆林斯基曾这样对孩子们提出要求:“从童年起就要学会支配自己，命令自己，掌握自己，要迫使自己去做应该做的事情”。七八岁至十三四岁的时期是孩童智力和体力成长的关键时期，各种良好的品格，包括意志力，应当在此阶段得到培养和发展。

对策建议

培养孩子意志力的方法

一、目标导向法

妈妈应该指导和帮助孩子制定短暂和长远的目标，使孩子有努力的方向。孩子心中有了目标，有了“盼头”，他就会为实现目标而去努力，表现出坚毅、顽强和勇气。但目标一定要恰当，应该使孩子明白这目标不经过努力是达不到的，但稍经努力便能达到。太难或太易达到的目标都不能使孩子的意志得到锻炼。另外，目标如果是合理的，那就应当要求孩子坚决执行，直到实现为止，不可迁就，更不能半途而废。

二、独立活动法

应尽可能让孩子独立活动，如让孩子自己穿衣，自己收拾玩具，自己完成作业，等等。孩子在进行这些活动时，要克服外部困难和内部障碍，正是在克服这些困难过程中，使意志得到锻炼。倘若孩子不能完成这些活动，也不必急忙去帮助，先等一会儿，让他自己克服困难去解决。当他战胜了困难，达到了目的，会有一种胜利的满足感。在这个过程中，孩子克服困难的勇气和信心也就随之增强。

三、克服障碍法

坚强的意志是磨炼出来的，越是在困难的环境中越能锻炼人的意志力。妈妈应该有意识地给孩子设置点障碍，为他们提供克服困难的机会，使他们在生活的道路上有点小小的坡度。倘若把孩子前进道路上的障碍全部清扫干净，他现在可能平平安安，日后他就会逐步失去行走坎坷道路的能力。

四、自我控制法

孩子的意志品质是在成人严格要求下养成的，也是他们在日常生活中经常自我控制的结果。妈妈应经常启发孩子加强自我控制。自我鼓励、自我禁止、自我命令及自我暗示等都是锻炼意志的好形式，比如，当孩子感到很难开始行动时，可让他自己数“一二三”，或自己给自己下命令——“大胆些”“不要怕”“再坚持一下”等。

五、表扬法

赞扬、鼓励可以鼓舞勇气，提高信心，有利于意志的锻炼。对孩子在活动中表现出来的意志努力和取得的点滴进步，妈妈要适时、适度地给予肯定和赞许。在孩子完不成计划时，妈妈要进行具体分析，切不可说“我就知道你完不成任务”、“我早就说你没长性”等丧气话。否则，只能使孩子一次次增加挫折感，而最终失去自信心。

最后，要提请妈妈注意的是，人的意志品质与性格特征有着一定的关系。因此妈妈在培养孩子意志力时，还应该充分考虑孩子的不同心理特点。对性格内向的孩子应加强果断性和灵活性的锻炼，培养他大胆、勇敢、坚毅的意志的品质。对外向型的孩子则应加强培养他们的自制力，同时有意识地培养他们忍耐、沉着、克制的品质。

36 男孩观察能力差怎么办?

情景展示

对李亮来说这又是一个痛苦的周末，因为语文老师又给他们布置了一篇作文——《可爱的樱桃番茄》。李亮平时是一个挺能说会道的孩子，可是不知为什么作文就是写不出来。发展到后来，一提起“作文”两个字，他的脑袋就立刻大了一倍。

星期五回到家，李亮先写其他作业，可是作文不知道该如何下笔？于是他决定把作文留到明天去做。就这样，作文一直构思到星期天的中午还是没有写。

问题分析

一、为什么要让孩子善于观察?

观是看，察是想。让孩子观察问题，不仅仅应该让孩子知道事物是这样的，而且必须知道为什么是这样的。孩子要认识一个事物，总是从观察开始的，有了观察，便开始有了注意、记忆、想象和思维等，如果把孩子的观察比作蜜蜂采花粉，那么思维等心理活动就好比将花粉酿成蜜，没有花粉就酿不出蜂蜜。没有良好的观察，孩子的思维就会因为缺少材料而得不到良好的发展。所以观察是认识的基础、思维的触角。

观察是孩子认识世界、增长知识的主要手段。心理学专家认为，如果让孩子生活在因缺少日常刺激使感觉起作用很少的环境下，会使他们的知识内容显得苍白无力，而且注意力涣散，容易受到暗示，并且缺乏学习能力。

苏联教育家赞科夫经过几十年研究，发现学习成绩差的孩子有一个共同特点，就是观察力差。学习的基础是以直接经验为主，间接经验为辅。而观察是孩子们获得直接经验的重要途径，观察力的强弱，直接影响着学生的学业成绩。

二、观察力的特点

提高观察力对提高孩子的智商有着重要的意义。首先要了解观察力的五个特点。

1．目的性。感知活动具有明确的目的时，才能算是观察。目的性是区分一般感知和观察力的重要特点之一。

2.条理性。观察不是随随便便、漫无条理地进行，一般来说，有这样几种方式：按事物出现的时间，可以由先到后进行观察；按事物所处的空间，可以由远及近或由近及远地进行观察；按事物本身的结构，可以由外到内，也可以由内到外，或者由上到下，由左到右，可以由局部到整体，也可以由整体到局部进行观察；按事物外部特征，可由大到小或者由小到大进行观察。观察力的条理性，可以保证信息具有系统性、条理性。

3.理解性。观察力包含两个必不可少的因素：一是感知因素（通常是视觉），二是思维因素。在观察过程中，运用基本的思维方法，对事物进行有效地比较分类、分析、综合，找出它们之间的不同点和相同点，这样，就易于把握事物的特点。考察事物的各种特征、部分、方面以及由这些特性、部分、方面所联成的整体，就会使我们易于把握事物的整体和部分。

4．敏锐性。观察力的敏锐性是指迅速而善于发现容易被忽略的信息。敏锐性的高低是观察力高低的一个重要指标。观察力的敏锐性与一个人的兴趣往往是密切相关的。不同的人在观察同一现象时，会根据自己的兴趣而注意到不同的事物。兴趣可以提高人们观察力的敏锐性。观察力的敏锐性是与一个人的知识经验密切相关的。一个知识渊博、经验丰富的人，他在错综复杂的大千世界中，自然容易观察到许多有意义的东西。相反，一个知识面狭窄、经验贫乏的人，他面对许多被观察的对象，总有应接不暇的感觉，而结果是什么都发现不了。

5．准确性。首先，正确地获得与观察对象有关的信息。在观察过程中，不仅要注意搜寻那些预期的事物，而且还要注意那些意外的情况。其次，是对事物进行精确地观察，既能注意到事物比较明显的特征，又能觉察出事物比较隐蔽的特征；既能观察事物的全过程，又能掌握事物的各个发展阶段的特点；既能综合地把握事物的整体，又能分别地考察事物的各个部分；既能发现事物之间的相似之处，又能辨别它们之间的细微差别。

对策建议

怎样培养和提高孩子的观察力？

一、亲近自然

注意引导孩子走出课堂，使他们自幼养成不靠成见独立观察和认识事物的习惯。苏霍姆林斯基曾这样描述他们的“蓝天下的学校”：“教室的门敞开了，孩子们能走出草地去踏青，享受清新微风的吹拂。语文和数学课，特别是一、二年级，越来越多地到蓝天下去上了。这并不是放弃课堂或是脱离书本和科学，而是投入自然界。相反，这使得课堂更加充实，书本和科学更加生动。”

例如，到公园去春游，到野外去旅行，让孩子留心大自然的面貌及其变化，运用他学到的语文、数学知识来解释周围的现象，并且提出不解的问题；饭后散步，走在大街上，让孩子观察观察人们的社会生活。让孩子养成有意识观察的好习惯。

二、培养孩子观察的兴趣

兴趣是向导。比如，你可以问孩子：你知道我们大院什么树树叶先长，什么树叶后落吗？他答不上来，你就可以带他在初春、晚秋实地观察。孩子一般对动物感兴趣，你可以逮一只青蛙来，问孩子：你知道青蛙是怎样钻到地下过冬的吗？一般孩子都会说是头向下钻进去，其实不然，是屁股向后退顿下去的。当你讲明白之后，孩子没准会哈哈大笑，也增加了观察的兴趣。

三、注意观察方法

一般应该由近而远，由简单而复杂，由局部而整体。可以先认识图片，建立概念，而后再观察实体。比如有位教美术的老师，想让儿子学画。他发现儿子对猴子很感兴趣，就常常给他看猴子的图片，后来又带他上公园看猴子，最后，干脆给儿子买了个猴子。这样，孩子对猴子的各种动作、形态，甚至脾气都掌握了，这时孩子再画猴子，动物情趣便油然而生，由画只猴子到画一群猴子，而且形态各异，活泼动人。

四、让孩子见多识广，打好知识的基础

观察力的高低与孩子的视野是否开阔有关。孤陋寡闻的孩子，缺少实践的机会，观察力必然受到影响。看到同样一个现象，有的孩子能够说出许多，有的孩子却说不上几句，这与孩子知识学习的情况有关。知识学得扎实，道理融会贯通，观察就比较深刻。而知识与经验的丰富、提高，又会反过来促进孩子观察力的发展。

五、教育孩子观察与思考相结合

鲁迅写文章，是静观默察，烂熟于心，凝神结想，一挥而就。科学家看到某种奇特的现象，也要经过一番思考才能有所收获的。接受信息而不处理信息就没有创造。应该教育孩子养成观察与思考相结合的习惯，只有这样，才能“绿叶忽低知鸟立，青萍微动觉鱼行”，使孩子的观察力一天天敏锐起来。

37 男孩思维很呆板怎么办?

情景展示

每个孩子的思维模式都有不同，有的孩子思维活跃可以举一反三，有的孩子思维死板一成不变，这在日常生活中也许看不出有什么区别，但是运用到学习上就会出现差别。

记得昨天家长会后，老师和我们几个家长单独详谈的时候，提到了一个孩子学习非常努力，老师教什么他就学什么，但学习知识很“死”，成绩总是很难提高。怎么理解这个“死”字呢？就是说老师教他这道题的答案，他会了，他把老师的答案背下来了，但是同样的题目，换一种问法，孩子就不会做了。他不会运用自己的思维，对这道题换一种方式去作答。

思维越是活跃，就越容易产生新的点子，而想出的点子越多，其中产生独创性的、有质量的点子的可能性越大。这就像从 20 个点子中挑出一个解决方案，要比从两个点子中挑一个解决方案获得成功的可能性更大。

我们做过一个实验，给孩子们 3 分钟时间，让他们写出白色的，同时又可以吃的东西。有的孩子写出了 21 种，而有的孩子仅仅写出了 6 种。

问题分析

培养孩子想象力的好处

孩子很呆板，主要是缺乏想象力，思维不活跃。想象力在人们的生活中起着非常重要的作用，孩子在不断地生长发育，培养孩子的想象力更是非常重要。

一、激发自信心和潜能

跟大人一样，孩子也需要拥有一份属于自己的自豪感——例如，孩子可以想象自己是摩天大厦的建造者，这样就会赋予自己强大的力量，对于激发自信心及潜能都是非常有利的。

二、练习语言能力

孩子的语言是慢慢地在生活中学会的，孩子们可以想象与伙伴们扮演的角色，需要用到很多的词汇，需要各种各样的沟通交流，这样就在无形中提高了孩子的语言组织能力及交流能力。

三、促进智力的发育

拥有丰富的想象力对于孩子的智力发展是非常有利的，发挥想象力是抽象思维的基础——比如在沙滩上堆起国王城堡等一些想法，就是孩子在学习形象思维的过程。

在这几年的教育教学工作中，我碰到过一些学生，他们有理想并且很努力地在学习，可是成绩不是很好。我一直在思考到底问题出在哪里，慢慢地我感觉这些学生的成绩之所以不好，是因为他们的思维不活跃，没有养成良好的思考习惯。

对策建议

怎样培养思维灵活、敏捷的孩子？

我们可以从以下几个方面来培养孩子的思维能力。

一、提高孩子对周围事物的感知能力和观察能力

一位专家在讲国外的幼儿教育时，说了这样一个事例：一天，老师和小朋友一起看电视，当时播放的体育节目是赛跑。看完后，老师请小朋友们说一说，那个得第一的人为什么跑得快？小朋友们七嘴八舌地说理由，最后一致认为，跑第一的人腿长。于是老师拿来一把尺子，让小朋友都量一量腿的长度并记下来。量完以后，老师把小朋友带到操场赛跑，结果跑得最快却不是腿最长的同学。老师又让小朋友找原因，小朋友们有的说腿长人步子换得慢，有的说他的鞋子不合适等。最后老师因势利导，使大家明白，跑得快有很多原因，许多原因集中在一起，才能跑第一。

专家由此得出一个结论，我国幼儿教育与国外幼儿教育的根本区别在于：我们注重知识和技能的传授，国外则注重让幼儿通过对日常生活中的现象分析，自己得出结论，长期不同的教育方式，使我们的孩子迷信权威，而国外注重培养孩子的思维的活跃性。

而人的思维活动不是凭空产生的，是在积累大量感知材料的基础上加工而成的。因此，应注重孩子对生活中的现象的分析和对周围事物的观察力和感知力。

二、启发孩子积极思考

让孩子多接触大自然，在玩的过程中，要善于给孩子提出些小问题，多问孩子几个为什么。让孩子积极运用已有的感知经验去独立思考和找答案。在孩子思考问题遇到困难时，父母可以启发孩子的思路，但是不要直接告诉孩子正确的答案。只有这样，才能真正有效地锻炼和提高孩子的思维能力。

三、培养孩子的探索精神

孩子好奇心比较强，喜欢打破砂锅问到底，见到新鲜的东西就要摸一摸、问一问，这些都是孩子喜欢探究和求知欲的表现。父母切不可随意禁止甚至恐吓他们，以免挫伤孩子思维的积极性。应当因势利导，鼓励孩子的探索精神，培养从小爱科学、勤动手、肯钻研的好习惯。

四、让孩子畅所欲言

要鼓励孩子敢于发表自己的看法，哪怕是错误的也应让他说完，适时而又恰当地给予指导。相反，在父母专制气氛下成长的孩子，往往显得思维呆板，不敢畅所欲言，也提不出新的观点，而是看父母的脸色行事，容易受父母的暗示而改变主意，或者动摇于各种见解之间，或是盲从附和随大流。

五、启发孩子“异想天开”

在人们的长期生活过程中，所有的物品都有其常规功能。例如，传统观念认为，碗是盛饭用的。如果我们变换一个视角去思考，就可发现碗还可当乐器。

这就是“发散思维”或“求异思维”。如果在日常生活中形成了发散性的思维模式，孩子在学习知识时就不会盲目听信，解决问题时就会思路开阔，灵活自如。

六、让孩子运动，刺激大脑皮层

人的运动、动作是受大脑皮层支配的。人体各部位在大脑皮层都有相应的运动中枢，儿童加强运动能刺激相应大脑皮层，使之更活跃、更精确地支配、指导运动和动作的发展。因此，运动的发育与脑的发育在部位和时间上密切相关。

另外，运动还能加快神经纤维髓鞘化，这是神经系统成熟的标志之一，可使神经传导速度更快。这就给我们家长很好的启发，在孩子体质允许的情况之下，带孩子出去运动，不要长时间地坐在家里看电视。

七、多让孩子玩

哥斯达黎加儿童教育学和心理学家加夫列拉•马德里斯曾撰文指出，运动、玩耍是儿童学会观察、认识、理解、说话和活动的最佳“工具”，能促进儿童大脑的智力开发。

他指出，科学实践证明，儿童中，爱玩耍的孩子大脑比不玩耍儿童的大脑至少大 30%。因为，在运动和玩耍的过程中，儿童要完成几十种与大脑和思维活动有关的动作，例如掌握平衡、协调心理、处理问题等。通过玩耍和运动，孩子能提高识别物体的能力、语言表达的能力和思维想象创造力，还能消除心理压力和恐惧感等。

八、不限制淘气和调皮

著名作家冰心曾说过：“淘气的男孩是好的，调皮的女孩是巧的。”她满怀着对孩子们的挚爱，寄语少儿父母和教师要正确看待“淘气”和“调皮”。俄国当代教育家阿莫纳什维里也认为，顽皮是儿童智慧的表现，是儿童“可贵的品质”。

孩子多思考，多用脑，思维会越来越活跃。

38 男孩不善于质疑怎么办?

情景展示

据说，在一次国际奥林匹克数学竞赛中，各个年龄段的金牌都被中国的学生包揽了，赛后组委会安排参赛学生和出题的教授进行交流。在这次交流过程中，国外的学生纷纷发言，与出题的教授交流出这题有什么意图，这题为什么不可以这样解。唯独中国的学生当了一回忠实听众。不是他们不想问，是他们不知道该问什么好，因为这个问题老师没教过，家长也从没有让他们提出过质疑。

问题分析

一、学会质疑的重要意义

“学起于思，思源于疑。”疑，能激起孩子的求知欲；疑，能促进孩子的积极动脑思考、探索，从而提出问题或新的见解。质疑就是对于各种问题要持怀疑、好奇的态度进行思考。

“学贵多疑。”不疑不进，小疑小进，大疑大进，多疑好问，通过思考解决了问题就获得了知识，就增长了学问。只有当感到需要问“为什么”、“是什么”、“该怎么办”时，思维才是主动的，才能真正深入思考。

因此，父母应该注意培养孩子质疑的习惯，对孩子的质疑应该持鼓励的态度。有些父母认为，孩子提出疑问是故意刁难自己；许多父母出于保护自己的自尊，竟然一口回绝了孩子的提问，甚至训斥、恐吓孩子。这是非常不明智的。

爱因斯坦曾说过：“提出一个问题往往比解决一个问题更为重要。”因为解决问题，也许仅仅是技能而已，而提出新的可能性，从新的角度去看旧的问题，却需要创造性的想象力。

二、为什么我们的孩子普遍缺乏质疑能力？

主要原因恐怕是我们的教育出了问题·教育模式扼杀了孩子的想象力和创造力，以至于我们在思想竞争方面大大滞后，绝不是孩子的创造力天生就弱。家长和学校联手提供的教育环境里，严格的纪律和统一的标准压制了孩子的个性，“好孩子”、“优秀孩子”都以好成绩为导向，在这样的环境里，很多孩子努力学习只是为了获得外界认可，内在兴趣和动机都很弱。采用“标准答案”的教育方式也极大地限制了孩子们的思维发展，这些都使我们的孩子的创造潜能被过早地扼杀了。

被称为“最了解中国的美国专家”奈斯比特夫妇，在他们的新书《梅林：我的中国》中分析说，中国青年进入大公司后往往会很顺从，但每到需要他们决断时，总是瞻前顾后，害怕承担责任，很难独当一面。这成了中国员工被许多大公司炒掉的重要原因。他们认为：“这是教育的问题。教师们把所有学生都用一种方法培养，一旦发现某个学生与众不同，首先想到的是这个学生可能出了问题。”很多家长也是要求孩子言听计从，家长说什么，孩子就得听什么，就得做什么，不能质疑。

对策建议

家长如何培养孩子的质疑能力？

下面是笔者根据自己的经验，总结的一些方法。

一、耐心对待孩子的问题

孩子从小就愿意动脑筋问东问西。上了小学后，问题就更多了，比如为什么游戏和电视剧的结尾都是好人赢，等等。开始我还比较耐心，后来有几次就失去了耐心，敷衍了事，甚至在心情不顺的时候，还训斥他几句。发现孩子在遭到“粗暴对待”后，神情黯淡，闷闷不乐。在家人的提醒下，我注意到自己的态度问题，开始有了耐心。孩子又愿意提问了。

二、技巧性地回复问题

针对孩子提出的各种问题，作为家长，需要区别地对待，给孩子以积极正确的引导。例如，一次孩子放学回家，发现他的爸爸在阳台上偷偷地吸烟。孩子问我：“妈妈，老师说吸烟不好，爸爸为什么还吸烟呀？是不是爸爸不听话，不想学好呀？”这个问题令我一愣，我没有冲到阳台简单地批评他的爸爸，也没有说孩子“大人的事小孩少问”，而是告诉孩子，爸爸已经表示要控制自己，逐渐减少吸烟的次数，最后杜绝吸烟。我告诉孩子，一个人长期形成的习惯很难几天时间就得以改变，要允许爸爸慢慢地改。我说：“爸爸已经表示慢慢戒烟，他现在不在屋里吸烟，而且越吸越少。他会说到做到的。我们要允许他有一个过程。就像你学英语一样，想一天时间记住100个单词，可能吗？”孩子这才信服地点了点头。

三、鼓励孩子多掌握知识

我觉得，当孩子向我们提出问题时，除了尽量给孩子以较完整、正确的答案，及时地肯定孩子爱动脑筋思考的好习惯外，还要借机想办法激发孩子的好奇心。一次，孩子在看了《金刚》碟片之后，好奇心大发，问我：“妈妈，金刚是好人还是坏人？妈妈，为什么那个白人给土著女孩巧克力吃，女孩却大喊大叫，还咬他？”“妈妈，为什么泰国有大象学校，我们这儿怎么没有呢？”我耐心地给孩子讲解，同时告诉他，世界上还有很多很多的为什么等待人们去破解。若想了解得更多，只有努力学习：比如学好外语，可以看懂原版的英文电影；学好物理，可以了解为什么潜水艇能在水里上浮下沉。孩子听了我的话，对学习的兴趣大增。

四、积极应对孩子的问题

创造精神的培育，需要从孩子的质疑能力开始。我们有些家长缺乏这种教育眼光，不懂得这一道理，当孩子发问时常常不耐烦地加以搪塞敷衍，或者随口训斥孩子：“你怎么这么笨呀！连这也不知道啊！”父母们可能不知道，也许就是这样不经意的一句话，导致孩子羞于启口，从而扼杀了好奇心，埋葬了孩子勇于质疑的精神。父母即使不能解答孩子的问题，也不要一句“我也不知道”就万事大吉，应该告诉孩子，你提的问题真好，爸爸妈妈也不懂，我们一起翻翻书，看看书上都是怎样说的；或者告诉孩子，等爸爸妈妈找到答案就告诉他。

五、引导重于一切

我经常给孩子购买一些百科类的辞典和自然科学之类的书籍，还经常和孩子一起探讨不明白的问题，当孩子有了新见解、新尝试，我都给予大力支持。一次，孩子问我：“妈妈，为什么南极有企鹅，而北极没有企鹅？”我没有根据自己的一知半解胡乱回答，而是和孩子一起翻书查找答案。原来，在很久以前北极也曾生活着一种大企鹅，数量有几百万只。后来，由于去北极的人们不加节制地狂捕滥杀，导致北极大企鹅灭绝。我启发孩子，为什么南极有企鹅而没有北极熊呢？我让孩子自己去翻阅资料，自己找答案。孩子兴致勃勃地走开了。第二天，孩子为自己找到问题答案而一脸兴奋，他也因此感受到动脑筋解决问题的快乐。这比简单地获得一个答案更有意义。

培养的孩子质疑精神，就是要顺应孩子对事物的好奇心，因为好奇心是孩子探究世界未知事物的心理动力。事实上，提问是孩子的天性，虽然孩子由于思维的不成熟或者某方面知识的欠缺，提出的问题在成人看来往往很可笑。这时父母千万不要嘲笑孩子的幼稚。当然，父母应该区别对待孩子的问题，对于孩子能够自己解决的问题，父母最好鼓励孩子自己去解决。

要让孩子愿意质疑，必须坚持民主的原则。宽松、和谐的家庭氛围，鼓励孩子独立思考，敢于提出问题，勇于发表意见。告诉孩子，一是不迷信古人，二是不迷信名家，三是不迷信老师。要允许孩子说错做错，允许孩子改变观点，允许孩子保留意见。

此外，除指导孩子学会发现问题，捕捉问题外，也要帮孩子凝练问题和表达问题。

39 男孩不善于自我激励怎么办？

情景展示

鼓励是家庭教育中比较重要的方法之一，每个孩子都需要不断的鼓励才能获得自信、勇气和上进心，这就像植物必须每天浇水才能生存一样。清代教育家颜元说过：“数子十过，不如奖子一长。”

外在的鼓励很重要，但自我的肯定、打气更重要。孩子很多时候需独自面临挑战，遇到挫折也是需要自己去克服。只有不断自我激励，发挥主观主动性，才能不断进步。

问题分析

认识自我激励

孩子学会自我激励，可让行为更积极，并保持斗志，以轻松愉快的心情成长。实践证明，一个人在自信、愉快的心境中学习，无论是感觉、知觉，还是记忆和思维，都会处于活动的最佳状态。

尤其是对于12岁以前的孩子，家长应坚持正面教育和诱导，以表扬和鼓励为主。同时，让孩子掌握一些激励技巧，把“外因”转化为内因，学会自我激励。

一、让孩子认识自己的优点

每个人都有长处和短处，都是优点与缺点并存。当孩子因为自己的短处遭到打击时，爸爸妈妈要及时调整孩子的心态，让孩子全面、客观地看待自己，认识到自己的过人之处，这样孩子才能够从打击中快速恢复，不沉浸于负面的评价中，这有助于孩子自我激励的形成。

二、让孩子学会积极心理暗示

孩子的成长不可能一帆风顺，爸妈帮助孩子的最好办法就是让孩子学会自我激励，给自己加油鼓劲。积极的心理暗示，为孩子提供了充沛的原动力，会让他战胜困难的。

三、引导孩子制定目标

要让孩子明白光说不练是不会成功的，制定一个明确的目标，并且付诸于行动才会成功的。

四、强化自我激励意识

自我激励的目的是让孩子对自己进行肯定、鼓励和表扬，这就要求爸爸妈妈对孩子进行潜移默化的激励意识。久而久之，孩子就会内心承认自己，并且领悟到努力后获得的成功，就是对自己最好的奖励。

五、强化目标紧迫感

孩子的自我约束能力很差，可能刚刚确定目标的时候斗志昂扬，没过三分钟，热情就不在了。爸爸妈妈在教孩子自我激励时，一定要让他有紧迫感。

孩子的人生不可能一直顺利，也没有人会帮助孩子一辈子，总要靠自己，所以爸爸妈妈最主要的就是让孩子学会自我激励，冲破各种障碍，茁壮成长。

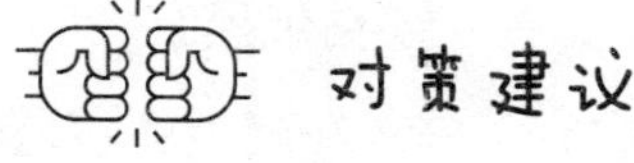

让孩子学会自我激励的方法

一、父母要经常激励孩子

孩子的不断进步有很多原因，但是家庭教育起到极为重要的作用。父母对孩子的鼓励，可以帮助孩子开发智力，快速地成长。聪明的孩子在父母的鼓励下，会变得更加聪明，愚笨的孩子会在父母的鼓励下，变得不再愚笨。

激励孩子并不是单纯地靠物质奖励，更应该重视精神层面的激励。当孩子取得优异成绩时，父母的鼓励——“孩子，你真棒，妈妈相信你会做得更好”，远比给孩子买多少新衣服、给孩子多少钱更加让孩子受益。

父母对孩子的鼓励，也许只是一句话、一个眼神、一个不经意的动作，这却可以唤起孩子的良好情感体验。孩子会将父母的鼓励转化为自己前进的动力，不断督促自己进步。

父母要学会欣赏自己的孩子，赏识孩子的每一点进步，这样孩子才会在父母的赏识中肯定自己的价值，发挥出自己的潜能，取得更加理想的成绩。

二、引导孩子学会鼓励自己

父母要告诉孩子，求人不如求己，要学会自我激励，这样孩子在没有外人鼓励的前提下，也可以获得自己内心的支持。

在拿破仑·希尔的《思考致富》一书里面，揭示了六个自我激励的“黄金”步骤：

1. 你要在心里确定你希望拥有的财富数字——泛泛地说“我需要很多、很多的钱”是没有用的，你必须确定你要求的财富具体数额。

2. 确确实实地决定，你将会付出什么努力与多少代价去换取你所需要的钱——世界上是没有不劳而获这回事的。

3. 规定一个固定的日期，一定要在这日期之前把你要求的钱赚到手——没有时间表，你的船永远不会“泊岸”。

4. 拟定一个实现你理想的可行性计划，并马上进行。你要习惯“行动”，不能够再耽于“空想”。

5. 将以上四点清楚地定下——不可以单靠记忆，一定要白纸黑字。

6. 不妨每天两次，大声朗诵你写下的计划的内容。一次在晚上就寝之前，另一次在早上起床之后——当你朗诵的时候，你必看到、感觉到和深信，你已经拥有这些钱！

这虽是一个经济学中的步骤，但是在家庭教育中也有重要的意义，父母可以将其作为参考，利用到对孩子的教育当中。

三、指导孩子确定自己的目标

目标对于孩子的影响是巨大的，它会决定孩子的学习态度和学习劲头。善于自我激励的孩子，一定是有明确目标的孩子。只有在目标的引导下，孩子才会为之进行自我激励，朝着自己的目标不断前进。

孩子通常自己会设定一个目标，但由于年龄的限制，目标会存在不符合实际的情况。父母要根据孩子的情况，帮助孩子设定一个目标。

确定目标时，应该以孩子通过努力可以实现为基础，让孩子在追求目标的过程中，学会自我激励，循序渐进，最后达到目标。

四、让孩子学会积极的自我暗示

积极暗示会增强孩子的自信心，孩子的心态也会随之平稳，也就更容易发挥出水平。当孩子参加有挑战性的活动时，父母要让孩子学会在心里暗暗地鼓励自己：我可以战胜困难。在这样的积极暗示下，孩子会变得坚强和勇敢，也就能够克服任何困难了。

父母还要教给孩子自我暗示的技巧，比如要用积极的正面话语："我一定要成功。""我没问题的。"不要让孩子对自己产生怀疑，这样孩子才不会产生"我做不到"的潜意识。孩子学会积极、正确的暗示，就会自觉抵制那些消极的影响。

五、要给孩子选择一个好榜样

孩子在生活中和学习上有了自己的榜样之后，会模仿他们的言行，朝着他们的榜样努力，在这个学习的过程中，孩子会不断地激励自己，给自己加油打气。

父母可以为孩子选择身边比较熟悉的人作为学习的榜样，也可以选择在孩子比较感兴趣的领域里有突出贡献的人作为他们的榜样。在为孩子选择榜样时，父母要注意说话的口气和态度，不要对孩子有任何的嘲讽和挖苦。

40 男孩动手能力差怎么办?

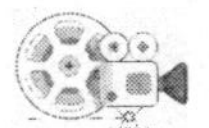

情景展示

小杰五岁半了，在幼儿园大班学习，虽然文化课成绩优异，但动手能力较差，画画折纸都比其他同学慢。

在做游戏、完成作业等方面，都表现得比较差，妈妈很困惑，不知道怎样去帮他。

问题分析

孩子动手能力差的部分原因

较强的动手能力是孩子独立适应社会生活的保障。现实生活中，有的父母担心孩子小、不会做事，怕孩子出事或损坏东西，许多事情不让孩子自己动手去做，而又自己包办替代，孩子因此而失去了一次次动手的机会。有的家庭装饰摆设成人化，没有孩子动手的小天地，孩子进了家门，这不许动，那不许碰，玩具不能自由拿放，可以活动的空间很小。连给孩子买的玩具，也都是傻瓜式的，不能拼拆。总之，孩子渐渐不愿动手，也不会动手了。

此外，男孩动手能力本就不及女孩，尤其是小时候的一些手工活动，妈妈要多加留意，有心去培养、锻炼。

对策建议

面对孩子动手能力差，父母该怎么办呢？

一、赏识你的孩子

孩子在做一件事时，家长应有相信孩子一定会做好的信心，不要一开始就对孩子说“做不好就不许吃饭”“看你这么笨，什么时候才能做好”之类的话。不要增加心理负担，多给予鼓励。

二、让孩子在规定的时间内完成任务

孩子动手能力差还体现在时间观念差，不能在规定的时间内完成任务。如果给孩子规定什么事情在多长时间内完成，他就会有意识地提高自己的速度，集中精神做一件事，慢慢地就提高了自己的动手能力。

三、及时给予鼓励与肯定

如果孩子在规定的时间内完成了任务，家长要及时给予肯定和表扬。孩子通常很在乎父母对他的评价，父母要多给孩子鼓励和肯定，增强孩子的自信心，这样，孩子为了在父母心中树立“好孩子”的形象，也就会尽心尽力地去做每一件事。

四、多和孩子一起做他感兴趣的事

有的时候孩子动手能力差是因为他们对所做的事情不感兴趣，家长要想提高孩子的动手能力，就要多和孩子交流，了解他们为什么不愿意做，了解他的兴趣所在。

五、鼓励孩子动手自制玩具

现在很多孩子都有各种不同的玩具，但很多都是家长花钱买的电子或机械类产品，不能随意拆卸。家长可多和孩子一起商讨利用废品做一些简单的小玩具，以提高孩子的动手能力。例如，用废旧鞋盒做小拖车、用废布条做抛抛伞等。当孩子的积极性被充分调动起来时，他们就会主动去做一件件精美而富有创意的玩具，这样，在不知不觉中，孩子的动手能力就会提高。

六、让孩子自己做一些家务

现在的孩子大多都娇生惯养，生活不能自理，有很多事情都有父母包办，甚至生活中简简单单的扣扣子、系鞋带等都由父母代替完成，更有甚者，要家长来到学校帮自己做值日。所以，家长为了增强孩子的动手能力，不要事事替孩子完成，要让孩子从小养成“自己的事情自己做”的好习惯，同时让他帮父母做一些力所能及的家务事。

七、指导孩子做手工

以剪纸为例，2 岁半的孩子从简单的一步折纸学起，3 岁开始学拿剪刀，先学剪纸条，后学剪图形，可以用纸条贴成链条或方纸贴成花篮等。四五岁可以剪更复杂的剪贴和图案。男孩子喜欢做车、船、大炮、飞机等，家长可帮助孩子做多种手工以发展手的技巧。

八、锻炼孩子的自理能力

在日常生活中，父母要刻意培养孩子自己倒水喝，用筷子吃饭，学习擦桌子扫地，自己整理玩具，洗手绢等。这些既培养了手的技巧，也锻炼了孩子的自理能力。

九、提供各种结构材料，让孩子玩结构游戏

聪明的父母会顺应孩子喜欢动手的规律，提供各种结构材料，让孩子玩各种游戏。例如，为他准备一些积木和自制拼图、橡皮泥、七巧板等玩具，使他动手又动脑。孩子在动手时学会了动手技巧和专心去解决问题的能力。

行为习惯

41 男孩总是听不懂话怎么办?

情景展示

学伟是一个爱插话的孩子。不管是上什么课，在老师说话的时候，一句话还没有说完，他就得插上一句。而且他好像总是听不懂老师说的话。比如，英语老师布置作业说26个字母加笔顺写5遍。学伟就会问加不加笔顺？他总是能提出各种各样的问题，让老师有种无奈的感觉。他妈妈说在家里的时候也这样，让他干点什么，他总是听不完就走开了，最后还得回来重问。而且他爸爸妈妈说话的时候，他也插话，接话茬。他家长也很是头疼。

问题分析

孩子倾听能力较差的原因

良好的倾听能力是孩子获得知识的前提，它对于发展语言、思维十分有益。然而，在现实生活中，有些孩子的倾听能力较弱，其原因主要如下。

一、家长不重视倾听能力的培养

许多家长认为“听话”是与生俱来的，没有必要培养，遇到孩子插嘴或不专心倾听就会训斥、责备孩子，这样的方式会逐渐使孩子失去倾听的欲望和兴趣，变得不爱倾听或不会倾听。你越责备孩子对你的话不理不睬，他就越听不见。

还有一种极端的表现就是大人以孩子为中心，认为插话等是孩子自信、能干的表现，往往过分顺着孩子的意思，对于孩子这个行为是支持的态度，以致孩子愈加不会倾听。

二、家长不注意说话的方法

主要表现为：一是没让孩子明白前因后果；二是一下子提出多个要求，不顾孩子的现状；三是隔着很远就命令，不管孩子是否有效接收到信息。

三、孩子的身心发展特点的局限

受年龄特点的局限，孩子的注意力容易分散，自制力比较弱，缺乏倾听别人说话的耐心，在听的过程中难免会做小动作、东张西望等。特别是有些儿童聪明活泼，表现欲特别强烈，在集体活动中常急于表达自己的想法而打断其他儿童的发言。所以儿童有时候是根本没听清楚或听得不完整。

四、家长的消极榜样作用

父母的言行举止不可避免地会对孩子产生影响。有些家长在和别人交往时、和儿童交谈时就不会倾听，因此，孩子在无形中学得了他们的不良行为。

对策建议

这样培养孩子的倾听能力

孩子的倾听能力是在双向交流和互动中逐渐建立起来的，这是一种习惯，也是一种修养，所以要从以下几个方面着手。

一、激发孩子的倾听兴趣

家长可以利用大自然激发孩子的倾听兴趣。带孩子去大自然聆听各种美妙的声音：淅沥淅沥的小雨声、淙淙的流水声等。所有这些，都让孩子心旷神怡，就会使孩子萌发倾听的欲望和兴趣。

二、倾听孩子的声音

孩子年龄小，语言表达水平有限，爸妈应耐下性子，多给孩子时间，让他心情放松地把话说出来，同时，也要让孩子听一听你的想法。这是一个“讲道理”的过程，同时也是一个彼此倾听的过程。

三、亲子阅读

孩子都喜欢听故事，让孩子多看一些色彩鲜艳、图文并茂的图画故事。在亲子阅读中，要充分利用提问、追问的方法，通过孩子对问题的回答，提高孩子倾听的专注度与理解能力。在讲述故事时声音要抑扬顿挫，并利用手势、表情、动作等体态语言，让孩子们共同参与。

四、利用“指令行事”发展孩子的倾听能力

好动是孩子的天性之一，也是身心发展的一个阶段。为此，家长可以用按指令行事的方法来发展孩子的倾听能力。如：要求孩子听指令做相应动作；在日常生活中交给孩子一些任务，让其完成，以锻炼孩子对语言的理解能力 等。

五、家长言传身教、以身作则

家长应该注意自己的言行，在儿童倾诉时，认真倾听，耐心引导儿童解决问题；在向儿童提问时，耐心等待和聆听儿童的回答。不论孩子的话题多么简单，都应以目光、手势、语言来传递听到的感受，表达内心的感受，让孩子觉得家长认真听了，在关注着他。利用各种方式指导儿童耐心倾听别人，不随便插话，培养儿童良好的倾听习惯。

六、多称赞和表扬孩子

适时巧妙地说出称赞的话，是对良好倾听习惯的孩子的肯定，并使其坚持下去。所以只要孩子能认真听对方讲话，理解了别人讲话的内容，不打断别人的谈话，不急于表达自己的想法，耐心地听完，听懂对方的话，就可给予表扬鼓励。

七、利用“听辨错误法”发展孩子的倾听能力

生活中，有的孩子听一件事时，只听到其中的一点儿就听不下去了，这就说明倾听的质量不高，听得不仔细，不专心和不认真。因此，家长应有目的地让孩子在日常生活中，吸引孩子注意倾听，去判断语言的对错，并加以改正。

八、注意说话的技巧

要求孩子完成一件事时，尽量让他明白前因后果。不要同时提出多个要求，并且要求尽量简化。说话时直视着孩子，确认孩子已经听明白，直到他有所行动，否则再重复一遍。

42 男孩没有自控力怎么办?

情景展示

家里的玩具已经摆得满满的，但是从政还是不满足，总是盯着新出的汽车模型要买，甭管妈妈怎么跟他解释，从政就是不依不饶，要是再不答应买下，肯定是会在商场大哭大闹。在家里也是一样，只要不高兴，不管有没有客人都直接把手里的书、玩具扔掉，搞得爸妈十分尴尬。

问题分析

一、自控力的重要性

自控力在生活中是非常重要的。就像是一部汽车，只有动力系统，能跑得起来，还不能称做是“完整的汽车”，还必须要有有效的刹车系统，该停的时候就能立刻停下来。只有这样的汽车，才敢开到马路上去。要是没有刹车系统，或刹车系统不灵，汽车是不能开到马路上去的。硬要开出去，非出事故不可，甚至会车毁人亡。

缺乏自控力，事事都由着自己的性子来，不该做、不能做的事非做不可，很有可能把事情搞砸了，害人害己。小孩的自控更差，不能有效地约束自己，更需家长的耐心培养。美国一项研究证明：在儿童期就能显示出良好自控力的孩子，在成人期极少成瘾或犯罪，并比那些冲动的孩子更健康更富有。

二、缺乏自控力的六大根源

（一）年龄特性，身心发展不成熟

孩子由于大脑皮质的抑制机能还很不成熟，兴奋过程占优势，因而往往表现出很强的冲动性，以前强调过的事情再次发生时，他未必会遵从规则。因此孩子所表现的不愿等待、忍耐，不遵守游戏规则，脾气差等，都是孩子年龄的特性，是孩子身心发展不成熟的表现。

（二）父母自身缺乏自控力，脾气暴躁

一些父母本身脾气就比较火爆，在家长的耳濡目染下，孩子自然也就会变得缺乏耐心、浮躁、脾气暴躁。孩子长期缺乏安全感，同时再缺乏家长的引导，孩子很难有良好的自控能力。

（三）父母经常吵架

不和谐的家庭关系使得孩子长期处于惧怕、没有安全感的状态。同时争吵这种行为，其实是给孩子树立错误的行为榜样。孩子很可能会认为，争吵是解决问题的最好办法，而且负面的情绪不需要抑制，只要不高兴就可以破口大骂。

（四）父母疏于照顾，缺乏亲子沟通

孩子的自控力要依靠父母日常生活的引导与教育，如果父母对于孩子只是采取无所谓的态度，对于孩子不守规则的行为放任自流，缺乏亲子沟通，孩子很难形成良好的控制力。

（五）父母溺爱，把孩子视为家庭中心

溺爱是父母教育孩子的大忌，“李天一事件”便是很好的一个例子。现代家庭由于多是独生子女，父母往往会把孩子视作家庭的中心，因此只要是孩子想要的，家长都尽可能地有求必应。这就导致了孩子的自我为中心、目中无人的性格。孩子想要玩具，想要吃糖，只要稍微“眼泪攻势”一下，父母就会软下来答应孩子的要求。其实，家长应该要坚持自己的意见，让孩子懂得不行就是不行，撒野也没有用。

（六）家长的教育理念方式不一致

现代家庭大多是“421”模式，老一辈的教育观念与年轻父母的有着很大的差异。例如，妈妈限制孩子吃零食，可是奶奶转过头就把小零食往孩子的嘴里

塞。孩子夹在中间，都不知道要听谁的话。对于孩子的教育，只能有一套原则，并且要贯彻坚持。

对策建议

自控力的培养

培养孩子的自控力分为“教”、“扶”、“放”三个阶段。第一阶段以“教”为主，父母和老师要教好；第二阶段重点在于促使孩子由“他律”到“自律”的转变；第三个阶段放手让孩子以自我管理为主。具体要点如下。

一、充足睡眠是自控力的“能量场”

长期睡眠不足，会让人更容易感到压力，还会让人很难控制情绪、集中注意力。有研究表明，睡眠不足会影响身体和大脑吸收葡萄糖，而葡萄糖是生理能量的主要存储方式。自控是大脑活动中耗能较高的一项活动。甚至还有研究表明，睡眠短缺对大脑的影响和轻度醉酒是一样的，在醉酒的状态下，人们是毫无自控力的。小学阶段的孩子，需要尽可能保证他们的睡眠时间在每天 10 小时以上，尽量早睡早起。

二、专注力是自控力的“试金石”

自控力与专注力是相通的，可通过下列游戏进行训练。

1. 木头人游戏。大人和孩子齐声说：“我们都是木头人，不许讲话不许动，还有一个不许笑！”不管什么姿势，都要保持不动，静止几秒钟。

2. 被窝游戏——“看谁坚持时间长”。周末的早晨，不着急起床，和孩子躺在被窝里，跟孩子一起商量一个口令。说口令之前，在被窝里扭来扭去，钻钻爬爬，怎么动都可以，但是随着口令，就不能动了，静静地互相看着，谁先笑、谁先动就输了。

3. 纸箱游戏。准备一个稍大的纸箱，两边挖出可以把手伸进去的圆孔，里面放一些不同质地的东西，让孩子伸手去摸，猜猜是什么东西，也可以多挖几个圆孔，大人的手也伸进去，互相摸摸、猜猜是谁的手。

4. 角色扮演游戏。设计一个活动场景，大人和孩子各扮演一个不同的角色，比如医生看病，可以让孩子扮演医生，大人扮演病人。在玩这类游戏的过程中，孩子一旦进入状态，就会玩得不亦乐乎，也可以持续很长时间。

三、延迟满足是自控力的“代言人”

延迟满足，在心理学上，经常和自我控制相等同。培养延迟满足的能力，也可以说就是在培养孩子的自我控制能力，对欲望能够克制，能够学会等待。

关于延迟满足，心理学上有一个经典的糖果实验。20 世纪 60 年代，著名的心理学家瓦特·米歇尔在斯坦福大学的幼儿园做了一个软糖实验：实验者先给一群 4 岁孩子每人一粒糖果，说：“你可以随时吃掉。但如果能坚持等我回来后再吃，那就会得到两粒糖。”说完，实验者就离开了。在这个过程中，有些孩子很快就把糖吃了，也有些孩子坚持等到实验者回来，最终得到事先许诺的两粒糖。

此后，实验者再对这些孩子进行跟踪研究，一直到他们高中毕业。最后发现，在 4 岁时就能够为两块糖果等待的孩子，具有较强的竞争能力、较高的效率及较强的自信心。他们能够更好地应付挫折和压力，并且具有责任心和自信心，普遍容易赢得别人的信任。而那些没有抵御住诱惑的孩子，抗挫能力、自控能力较差，在压力面前不知所措，做事效率较低，自信心和责任心都不强。

四、父母的积极回应是自控力的“催化剂”

心理学家克莱尔·考普（Claire Kopp）对自我调节的发展做过许多研究，强调父母的爱的重要性，她这样写道：“孩子的自我控制来自哪里？它来自想要成为社会群体中的一部分的愿望，想要得到爱和积极情感的愿望。孩子不会因为规则好就遵守规则，孩子不喜欢那样。他们想得到爱和积极的情感，如果他们遵守规则之后得到这些，他们就得到爱和积极的强化。”

因此，我们在给孩子约束和规则的同时，不能缺少积极的关爱和支持。管教之中需要有智慧和爱相伴，规则之中需要有适度的自由并行。这样的管教才能得到孩子的自发尊重，如此的规则才能得到孩子的自觉遵守。

五、家长以身作则是自控力的“好榜样”

在面对做错事的孩子时，应该要控制好自己的情绪，切勿大发脾气，尝试通过冷静沟通与孩子一起分析、解决问题。如果孩子的脾气也是比较暴躁，总是心情不爽就乱扔东西。建议家长可以冷处理，先不理睬孩子，离开他身边直到他冷静下来，家长再去回应他。

孩子用错误行为表达心里的不高兴，或许是因为不懂得更好的表达方式，因此爸妈可以尝试去理解并猜测孩子的想法，帮助孩子表达情绪，孩子感觉被包容理解以后，情绪自然会冷静下来。这样的方法也是逐渐让孩子学会正确地表达情绪，而不只是乱扔东西发泄情绪。

家长应为孩子营造一个温馨愉悦的家庭气氛，让孩子充分感受家长的关爱与温暖，才是孩子良好性格、行为习惯的基础保证。如果家长真的难以控制在孩子面前争吵，家长也应该在孩子面前和好，事后跟孩子解释清楚爸妈争吵的原因，让他原谅爸妈的冲动行为。家长也应该鼓励孩子将自己心里的感受说出来，以免憋在心里成为阴影。

六、约定是自控力的“协议书”

例如，精彩的电视节目无论对大人还是小孩都有很大的吸引力，有的家庭有边吃饭边看电视的习惯，而小孩的注意分配能力差，看着电视，却影响了吃饭。为了让孩子好好吃饭，改变边吃饭边看电视的习惯，家庭成员可以达成协议：只有吃饱饭才能看电视。又如，对上街喜欢吵着买东西的孩子在带他上街前，可以约法三章：今天上街除了买目标商品外，其他的东西不能买。孩子要遵守这些协议，就得学会控制自己，慢慢地提高自控力。

43 男孩爱发脾气怎么办？

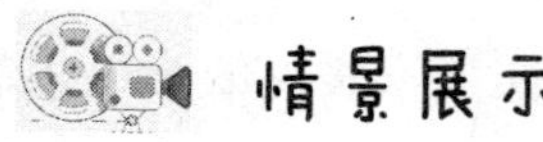

情景展示

九岁的子钧脾气总是很大，遇到不如意的事情就大吵大闹，在学校里也爱跟同学争吵，非要所有人都妥协了才罢休。子钧妈妈很无奈："其实我们也不是宠孩子，遇到这种情况也骂过、打过孩子，但他总也改不了，我们也很担心这种性格发展下去怎么办？"

发脾气是孩子成长中的一部分，几乎没有孩子没发过脾气。孩子发脾气令家长感到无所适从，令家长更暴躁，导致亲子关系越发紧张。那我们家长该怎么办呢？

问题分析

孩子发脾气的原因

一、父母过分溺爱孩子

爱孩子没有错，但是一味溺爱孩子，任其为所欲为，有求必应，孩子就逐渐学会了利用父母的弱点，来达到实现自己愿望的目的。对父母的教育来说，这是一种放纵失教的情形，会助长孩子们的暴躁性格。例如，小孩想买某东西，但是父母并没有及时满足他的要求，于是孩子就大声哭闹，闹得大人心烦，于是就说："好了好了。别哭了，烦死了，给你买。"虽然暂时制止了孩子的哭闹，但是在孩子心里留下一个解决问题的方法，下次还可以用这个招数。

二、孩子经常遭受挫折

挫折感也是孩子发脾气的主因之一。孩子在成长过程中，内心都有一种强烈的想自立、想“掌握”事情的愿望，他们总觉得自己长大了但却常常被大人或自己有限的能力所阻碍。这个时候，孩子会对自己有限的能力感到沮丧，对自己的无能感到愤怒，因此要发泄。这个时候孩子发脾气最容易指向一个人——自己的父母，因为最亲的人是最能接受自己的人。这也就是我们为何常常发现孩子怎么无缘无故朝自己发火了的真正原因了。

三、父母的潜移默化影响

很多父母或者老师遇事很容易大发雷霆，若父母或老师容易发怒，身边的孩子会模仿他们，逐渐形成了爱发脾气的性格。孩子在大人潜移默化的坏脾气影响下，逐渐也养成了相似的性格。所以说，很多父母在儿女身上看见了自己的影子，有可爱的影子，也有可憎易怒的形象。孩子在大人身上，既会学到好的一面，也会学到不好的一面。

四、孩子身体劳累疲倦

孩子如果学习任务繁重，休息或睡眠不够，长期下来体力不足以支持过久，身体疲累，就容易发怒。

五、生理健康问题

身体不适、生病了，都会影响孩子情绪控制能力。另外，生病期间，孩子受到待遇特殊，一旦病好了，特殊待遇取消了，但在头脑中并没有取消，孩子极端不适应，于是也会发脾气。

六、饮食状况不合理

科学研究证明，一些食物的过量摄入也会引起性格的改变，出现脾气暴躁的情况，如经常喝糖分高的饮料、经常食用巧克力等。

七、先天气质、血型的影响

例如，胆汁质的孩子就容易发脾气。

综上，父母们应该多了解孩子为什么发脾气，弄清发脾气与他内心需要之间的关系，多与孩子沟通。

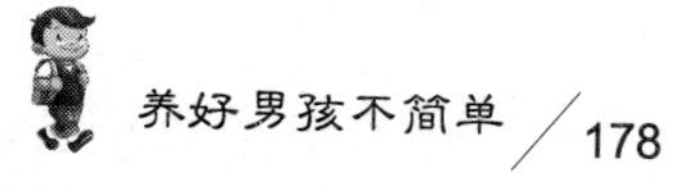

对策建议

解决孩子发脾气的关键

一、正确认识孩子发脾气

孩子发脾气是发泄他自己的不满情绪，也有可能是他希望引起别人注意的一种方式。这时候父母一定要接受孩子的情绪，分析孩子发脾气背后表达的需求，根据情况给予引导。

二、父母要接受孩子的负向情绪

有时孩子是因一件力所能及的事情没有做好而发脾气，本想得到父母的夸奖，却怎么也弄不好，又不希望家长来帮忙，结果越弄越糟糕，越急脾气越大。这时候家长首先要接受孩子的负向情绪，不生气，不恼怒，更不做性格评判；以一种平和的态度引导孩子识别自己的情绪，帮助孩子选择合适的情绪表达方式，促进孩子自我疏导与管理各种情绪。孩子将会在父母的帮助下，逐步学会可以在合适的地点、合适的时间表达自己合适的情绪，从而成长为一个情绪稳定、受人欢迎的人。

三、家长要学会自控，并尊重小孩的愿望

家长需要做自控的典范，要学会控制自己的情绪，做到心平气和。

首先，管好自己的脾气，不要以暴制暴。有时候孩子做错事情，我们会很恼火——你为什么要这样做，我们要生气了。我们为什么要生气呢，因为我们不知道怎么办。我们必须非常努力保持自己不发脾气，孩子接受信息的能量有限，如果我们家长大喊大叫，大发脾气，动手打他，这些行为还会导致孩子自卑，不喜欢思考。父母是孩子的榜样，暴力解决问题只会让孩子有样学样。

其次，解释而非欺骗。很多人认为孩子小不懂事，因此常用欺骗来哄孩子，结果往往导致孩子因达不成愿望脾气更暴躁。事实上，用孩子能理解的方式解释问题，才是孩子疏通情绪的一剂良药。

四、坚持原则冷处理

孩子情绪稳定后再教育孩子。发脾气时，不予理睬，待他的情绪慢慢稳定下来以后，再和他谈这样做有什么不对。家长要有原则性，一定要一直坚持这么做。时间长了，孩子就会懂得，父母坚持的事情不会因为自己而改变，发脾气是徒劳的。或者也可以采用转移注意力的方法将孩子注意力转向别的内容，待情绪稳定后再进行教育。

五、多帮孩子做一些情绪控制方面的练习

孩子通过下列训练，次数越多，他会变得越容易控制情绪，越有弹性。

1. 表达情绪练习。性格内向的孩子往往缺乏语言表达能力，作为家长，可以通过情绪体验练习来帮助他们。比如，让孩子用语言来描述委屈、开心、难过等情感的样子。还可以在给孩子讲故事的过程中询问——“你觉得他此刻的心情是怎样的呢？”长此以往，孩子语言表达能力和思维方式都会有很大的提高。同时，家长也可以通过鼓励和暗示，让孩子理解语言表达比行为表达更有效。

2. 管理情绪练习。有些孩子性格急躁，发脾气属于无意识的表达方式。这时，家长可以分“两步走”来教育孩子。第一步，录下孩子发脾气的状态或者直接将其领到镜子前，让他看到发脾气时的自己，认识到此时的状态很可怕，慢慢培养孩子自我察觉和检视的意识；第二步，等孩子安静下来了，向他讲述你的情绪处理方法。孩子的个性往往是父母性格特质的体现，因此，这种经验式的讲述，能让孩子学会解决问题，而不是盲目地乱发脾气。

3. 原则意识练习。家长要让孩子知道，任何事情都有规则，一旦打破就要受到惩罚。家长可以在家里设立“冷静区”，孩子发脾气时将其带到该区域，然后离开，并要求他在规定时间内安静反思。久而久之，不但能改掉孩子用哭闹来达成要求的坏习惯，还能让他学会遇事冷静思考。

44 男孩爱打架怎么办?

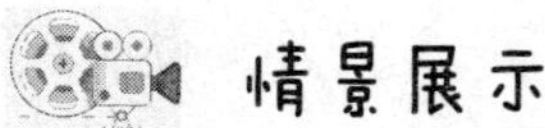

情景展示

开学至今，我屡次听到有同学来向我告状，说思聪打他。通过观察与了解，我发现打闹现象主要集中在思聪等个别男生中，可当我把打架的孩子叫到身边进行谈话时，发现有这样一种现象：第一，被告状的孩子不承认自己打了同学或者根本不知道自己打了同学；第二，告状的学生也说不清他为什么要打我，无法说清楚两人有何矛盾或不开心的事情。

为此，我也查了相关儿童心理学资料。儿童的攻击性行为是指以口头的或身体的方式对他人身体、心理进行伤害的行为。用语言直接伤害他人，侮辱他人人格，使人丢脸，是攻击性行为；捏造谣言，诬陷他人等间接攻击他人心理，也是攻击性行为；用拳头、木棍打架同样也属于攻击性行为的范畴。

小学生的打架一般都是些小打小闹，但是，打架现象对其品德的形成，对其将来的发展都会有很大影响。所以各位家长应引起相当的重视，一定要把不好的行为遏制在萌芽阶段！

问题分析

一、孩子为什么爱打架？

（一）独生子女的心理特点

心理学家对独生子女进行的研究、调查表明，独生子女往往对挫折的承受力较差，遇事较激动，感情用事，且好发脾气，比较任性。

（二）受尊重的需求得不到满足

孩子在家里个个都是宝，个个都优秀。进入小学之后，他们的“任务”不光是“玩”了，还多了主要的任务——“学”。学习成为孩子首要的“任务”，没有了幼儿园时的小红花，少了“都是好孩子的评语”，他们的生活里出现了“分数”，出现了“班长”、“小队长”之类的词语。特别是刚刚入学的小学一年级的孩子，学习成绩比较差，就很敏感，这类孩子与人打架的现象也比较多

（三）发生小碰撞互不道歉，矛盾升温

在学校这个大集体当中，孩子们在学习生活中难免会发生一些小碰撞，各不相让的情况下，打架就很容易发生了。在教室里，小摩擦会有很多，小小的矛盾，孩子们就会打起来。

（四）自己犯错却迁怒别人，通过打人报复

有的孩子由于犯错误，给老师或家长批评了，但没有很好地从自己身上找原因，而是迁怒于同学，怀疑由于某某同学的告状，自己的事才给大人发现，自己才会挨批评。有的可能犯了小错，偏偏给严厉地批评一顿，于是就用打架来解决问题，发泄心中不满。

（五）本身是一种病态

一些孩子患有小儿多动症，或者性格比较孤僻，与一般儿童在一起时，也容易发生打架的现象。

（六）家庭环境的影响

有些家长对孩子说话、提要求，总是语气急促，不耐烦，要么拎着就走，不听就打骂。这种粗暴的行为方式会被孩子模仿，并当成理所当然、可以接受。

有的孩子很凶，可能是因为想引起关注。因为父母忙工作、忙赚钱，疏忽了对孩子的陪伴和教育，甚至于对孩子好的行为鼓励不够，总是关注不好的行为，也会恶化其攻击行为。

二、孩子打架后，家长易出现的错误应对方式

1．不问清原因，只是简单制止孩子打架。

2．不问青红皂白，打骂自己的孩子，以显得自己的公平或发泄一下心中的

不快。

3．吓唬或训斥打骂对方的孩子。家长发现自己的孩子和别的孩子打架，尤其是觉得自己的孩子吃了亏，就吓唬对方的孩子：“下次如果你再和我们的明明打架，我就……”或者甚至训斥和动手打别人的孩子，以示家长替自己的孩子出了气。

4．与对方家长互相吵骂，大打出手，成为“冤家”。

对策建议

家长应谨慎对待，不随意评判孩子的打架行为，而是探究孩子打架的原因，寻找解决问题的办法。

一、应当正确认识孩子在交往中打架的行为

孩子在交往中打架，是他们在群体交往中协调、解决矛盾的一种手段，孩子们就是通过这个过程，学会怎样坚持独立的见解，学会怎样竞争和协调，学会适度地表现自己，培养忍耐能力，不断增长与其他孩子交往的知识。因此，如果孩子的打架行为发生在正常交往中而且并不十分厉害，家长就不应过多干涉，让孩子自己去解决好了。这有利于提高孩子的协调性和社会交往能力。

二、正确引导孩子的自卫心理

小孩子在被人欺负后心里会很不舒服，就想立即找补回来，从而转化为动手。这是孩子的一种自卫心理，大人要让孩子树立自我保护的意识，但却要教育孩子不能动手打人，更不可主动去攻击别人。

当你听到孩子情绪不满地向你诉说谁谁在学校把我撞倒了之类的话，你可不要不在意，要多问孩子几句“为什么”，问问他的感受或替他说出感受，让孩子明白父母是知道他的感受的。接着就要进行正确的引导了，比如，你可告诉他：“他撞了你，你很疼，那你打了他，他不也同样会很疼吗？”孩子从中找到平衡，很快就会将一切丢到脑后，愉快地玩耍了。

三、不要第一时间干预

家长先询问孩子的感受，引导孩子想出比较合理的解决方案，然后让孩子自己去解决问题。孩子的问题就让孩子解决，孩子一定有自己的办法。

男孩子之间发生矛盾是正常的，解决矛盾的过程也是一个互相了解的过程，这是男孩子的身心特点。同时家长也要注意保护孩子，对事件进行评估，看有无危险或发生伤害的可能，或者有无事态进一步扩大的情况。如果没有上述问题，就可以放心大胆地让孩子自己去解决问题，但家长仍需要跟踪观察，规避风险。

四、让孩子意识到自己的错误，并学会主动道歉

“监督”孩子能“知错就改”，相信您的孩子不管在家在校都一定是受欢迎的好孩子。自然那些“争吵事件”也就找不到他了。

当孩子在学校与同学发生不愉快时，你可以对孩子这样说：“我知道不是你先动的手，可后来你却把人家撞疼了，这就是你的不对。去跟小明道个歉，好吗？做好朋友不是更好吗？”相信不论是你的孩子还是小明都会很快将不愉快忘得一干二净的。

五、以平常心对待孩子之间的摩擦

孩子之间是很容易起摩擦的，这不值得大惊小怪，家长不要对此斤斤计较。在不是很严重的情况下最好不要插手进去。说不定这样更有助于孩子间的友谊，促进彼此的了解，从而成为好朋友。

六、纵容和压制都不可取

在处理孩子与孩子间的矛盾上，家长一定要注意方法，过于疼爱和过于严厉都是不可取的。因为对孩子的迁就与疼爱而去替他撑腰，很容易助长孩子的攻击性，养成欺负弱小的习惯。而对孩子太严厉也不能收到很好的效果，因为孩子也有自己的感受，如果他得不到发泄，很容易造成心理扭曲。这不仅伤害他们的自尊心，还让孩子没有自我保护的意识，变得胆小懦弱，损伤他的人格，导致他遇事不能自己处理。所以，家长朋友们一定要注意把握一个度，让孩子的生理与心理都能健康地成长。

七、与老师及时交流，及时沟通

从三年级开始，孩子就开始有自己独立的想法了。而且比较明显的一个变化就是有些话或者想法开始不愿意和家长说了。孩子回家后不再像以前一样说这说那，有时候甚至问他什么他也不说。所以家长对孩子要进行全面了解，了解他在校的生活、学习状态，了解事件的真实情况，了解自己孩子的对与错。要常与孩子的班主任保持联系。

八、家长与家长之间也要有所联系

一个老师需要面对很多孩子，自然会有照顾不到的地方。三年级以后孩子有了更多的判断，所以很多事他知道哪些不能告诉家长，哪些不能告诉老师了。有时候孩子打架，老师也不知道。但是有些同学会知道，而且会告诉自己的家长。所以家长之间有一些联系也可以更真实地知道自己的孩子在学校的一些行为和表现。

九、家长要注意言传身教

一味批评指责反而不利于改正，在教孩子的过程中，家长既要坚持原则，又要态度柔和。比如，孩子打了人，要坚定地告诉他这个行为是不好的，妈妈不喜欢，而且你打别人，别人会痛。说话的时候语气要很严肃，但声音不用提得很高，像平常一样就好。为了让孩子明白“痛的感觉”，还可以轻轻捏一下孩子，让他体会“痛”是什么感觉。父母的态度要更加坚定，孩子打人要及时制止他，同时警告他再有同样的行为就要有惩罚。例如，再打人就不能在游乐场玩了，如果孩子再打人，就要马上把他带离游乐场作为惩罚。如果只是随口说说，不坚决执行，孩子不引以为戒，今后就会继续这种行为。

45 男孩爱哭怎么办？

情景展示

浩浩特别爱哭。他妈妈告诉我，浩浩跟邻居家的弟弟在一起玩了不到十分钟，就因为弟弟抢了他的东西哇哇地哭起来。浩浩真的是个特别特别脆弱的孩子，不止这一件事，他妈妈说经常一天当中能看到好几次他掉眼泪。早上起来看不到妈妈会哭，东西被别人吃掉了他也哭，玩具掉到地上捡不到他还是哭……虽然他们一家人都在尽量地保护这个孩子，可是整天看着他这样哭也免不了让人心烦。哎，真不知道该怎么办才好啊！

问题分析

孩子变成“爱哭宝宝”的原因

孩子爱哭总是让家长很烦躁，打不得也骂不得，好好劝也不听，你知道孩子这究竟是怎么了吗？一般来说，孩子爱哭的原因主要是以下几个方面。

一、孩子先天多愁善感

以天生气质来说，就是“情绪本质”负向。情绪本质负向的孩子遭遇不如意时，通常会以负向的情绪，如哭闹、发脾气等来表达。这是他的个性倾向，但家长不了解，就容易跟着孩子闹脾气，以致互相之间经常闹得不愉快，而无法心平气和地教导。

二、哭只是获取的手段

很多家长太过宠爱宝贝孩子，怕孩子哭，所以，从小只要孩子哭，大人总是满足他、妥协，让孩子感觉到“用哭可以得到想要的”或“避免做自己不想做的事”是很有效的。所以，哭就变成了孩子的一种武器。

三、语言表达能力不够

由于对孩子照顾太周到，从小孩子不必说话，只要用哭的、用指的，大人就知道他要什么，使孩子的语言表达应用能力无法正常提高，于是惯用哭闹动作来表达。

四、父母的态度过严厉

大人太凶，一点小事就对孩子疾言厉色，吓坏了孩子，孩子就会不敢表达自己，就选择用哭的方式来面对。往往家长一看到孩子哭了就不训他了，久而久之使得孩子成了好哭的“小媳妇”，以博取同情或者逃避过错与责任。

五、常常被父母所忽略

父母连孩子的基本需要都不能完全满足。例如，父母不常陪伴、接近孩子，或者大人总忙着照顾更小的孩子或忙着自己的事，孩子的基本心理需求，如被爱或安全感等不满足，就会显得焦虑、不安，表现出来就是爱哭或不快乐的神情。

对策建议

搞定“爱哭宝宝”的妙招

动不动掉眼泪是孩子性格懦弱的一种表现，不利于他们自信和坚强个性的养成。父母应该想办法帮孩子改掉这一坏习惯。

一、理解孩子的敏感性

从天生气质来说，有些孩子天生敏感爱哭，常为小事发脾气、抱怨，即使没有什么不愉快的事情，想让他笑，也不容易。敏感和害羞、攻击性、爱交际等一样，是一个人的性格特点，是先天的。敏感的孩子往往很关心别人的情感、会同情别人、有较好观察力、能遵守规则，这些都是优点。

哭对敏感的孩子来说，并非都是坏事。哭一场以后会感觉得好过些。有的研究人员还发现，哭的人在情绪上和身体上比不爱哭的人要健康些。如果孩子的爱哭是由先天气质引起的，家长们可以采取以下方式来帮助缓解：

1．对此类孩子的较高敏感性要表示理解，因为敏感的孩子对疼痛感觉确实要比其他孩子强烈，不准他们哭并非明智之举。父母应通过理解、同情、鼓励的方法，使他们逐渐坚强起来。

2．缺乏自尊心的孩子易敏感而哭泣，因此提高孩子的自信自尊，使孩子善于自我认可，产生成就感。不应该对孩子期望过高，要求他做超出能力之外的事。

二、千万不要忽视“爱哭宝宝”

感到自己被忽视的孩子，父母平时要多给予关怀，培养亲子之间的感情。对于这样的孩子，要安抚他们并转移注意力。孩子越小，情感越不稳定，注意力也越容易转移。当发生不愉快时，可采用活动转移法。比如，孩子想妈妈了，而妈妈加班还未回家，孩子委屈得不得了，乱扔东西，怎么劝都不行。这时，可以给孩子讲个爱听的、好玩的故事，或者带孩子去玩最喜爱的荡秋千游戏，等等。一定要从爱心出发，从感情上安抚他，哄劝孩子不哭要有耐心，千万不要训斥指责，更不能动怒打骂。否则，孩子的脾气只会愈演愈烈。

三、合理应对无理取闹

孩子无理取闹，试图以大哭来达到自己的无礼要求，父母可适当采取置之不理的忽视方法，让孩子觉得哭不能引起成人的注意，从而减少次数。不过，采用这种方式，爸妈首先应和孩子讲道理，当孩子对道理置之不理时，爸妈再采用冷处理的方法来应对。对孩子提出的不合理要求，爸妈不要被“眼泪”所打动，一时心软而予以满足，否则会造成孩子今后一而再、再而三的惯性。

四、适当放手

不要事事为孩子包办，孩子能自己完成的事情就要放手让孩子自己来完成。如果孩子摔倒了，不要大惊小怪，要分析一下孩子摔倒的原因，并且让孩子从中吸取经验教训，下次注意。在孩子没有安全隐患的情况下，家长不要急于扶起孩子，让他自己经历一些摔倒的后果，锻炼孩子的心理承受能力。

五、不要强化孩子的哭

有的孩子爱哭却是家长一手“培养”起来的。比如，当孩子摔了一跤，刚想自己爬起来，妈妈却神情慌张地跑过来，不仅把孩子扶起来，还不停地哄劝。如果在大人的眼里，孩子摔倒了是一件“不得了”的大事情，孩子也会觉得这个事情很重要，这时哇哇大哭就是很自然的事情。如果孩子经常遇到这样的事情，就会像条件反射一样，摔倒了就哭。

作为家长，一定要有意识地在平日里训练孩子的延迟满足能力，从一件件小事做起，不要让孩子学得，只要是我想要的，爸妈都会立刻满足，形成一种要风得风、要雨得雨的感觉。

家长千万不要助长他的哭。孩子的哭既不要奖励，也不要惩罚，要以中性态度去对待。不过，在孩子情绪过分激动时，可以和他玩一些消遣性的游戏，分散注意力，或者给予一点亲切的安慰。

六、让孩子用语言表达

让孩子学会用正确的方式来表达情绪。遇到委屈或者着急的时候，有的孩子就会哭起来，尤其是孩子和小朋友闹矛盾的时候，难免会用哭来表达自己的情绪。这时妈妈要让孩子不要着急，放松心情，通过语言来表达自己的需求，有什么事情好好“说”出来。当孩子遇到困难而哭的时候，家长要引导孩子说出来，只哭不说，爸爸妈妈不了解情况也不知道怎么帮助。

七、父母学会控制情绪

爱哭的孩子特别敏感，所以对大人的焦虑、紧张、愤怒、忧郁等情感，极易受影响，因此大人自己要放松，控制好自己的情感，不影响孩子。如果情绪已经表露，最好立即对孩子进行简单的解释，免得孩子不断地猜想，加重敏感。同时，却不可将自己的情绪转向孩子。

因此，为了培养孩子良好的性格，不乱发脾气，家长一定要以身作则，为孩子创设一个良好的家庭氛围，让孩子保持积极情绪，控制不良情绪的爆发。

八、多些鼓励少点批评

对孩子要少批评，多表扬，例如，“你自己把背心脱下来，真了不起”，“让我们看看衣服上的小狗，如果我们把它调到前面来，就更好了”。即使孩子做事没有达到大人所希望的那样，但他只要尽力了，就别批评他。假如孩子骄傲地告诉父母，“我自己洗手了”，父母不要急于指责他“把水洒得到处都是”，而应先鼓励他自己洗手是件好事，然后再帮助他把水擦掉。

九、多些温柔和幽默

对敏感的孩子来说，大人瞪眼、失望的表情，都会引起很强的反应。所以大人要有控制意识，更不要大声骂孩子，对他们多些温和与幽默或许效果更好。但当敏感的小孩做了错事时，也不要因怕他哭而不批评，要清楚地说明错在哪里，既不要斥责，也不能无原则。

十、别为孩子乱贴标签

有的爸爸妈妈不管孩子在不在场，总是喜欢给孩子贴标签，如孩子胆小、爱哭等。不要给孩子贴上敏感、好哭的标签，否则以后就难以摘掉此标签。如要把孩子的敏感告诉老师或保姆的话，不要当着孩子的面，更不要动不动就针对孩子爱哭的事情进行议论。

孩子正处于自我意识形成的时期，家长对他们的态度将影响他们对自己的认同，如果家长一贯说孩子是什么样的人，孩子就会在下意识里认为自己就是一个什么样的人，并按着这个“定论”去成长。

46 男孩不开朗怎么办?

情景展示

有这一样则笑话：爷爷问正在读小学的孙子长大想干什么，孙子说想退休。小学生为什么就想退休了？他们上学不快乐吗？小学生涯应该是人的一生最无忧无虑的时光，他们为什么心事重重，不再天真烂漫？这些疑问不得不引起我们的深思。

乐观的孩子自我调节能力更强，比悲观的孩子更有向上的动力。对一些悲观、不开朗的孩子，家长要分析原因，帮助孩子走出困境。

问题分析

男孩为什么不乐观开朗?

一、学习压力大

课业负担的压力、固定的评价模式、家长过高的期望，使孩子承受着巨大的心理压力，尤其是小学高年级学生，文化课学习几乎占据了他们的全部时间，因此，如果不注重培养小学生积极向上的生活态度，不学会正确把握心态，不学会做快乐学习、快乐生活的人，情况不容乐观。

二、学习遭受挫折

大部分家长对孩子学习成绩的关心是超乎寻常的，有的家长甚至仅仅拿成绩的好坏作为评价孩子的唯一标准。

例如，我们班一个叫彬岩的同学性格内向，认为自己处处不如人，比别人笨，不是学习的料，悲观心理很重，最终产生了自暴自弃的想法，后来发展到上课不听讲，作业从来不做，考试交白卷，在家与父母对立，听不进家长的话。

三、消极的自我暗示

消极的自我暗示很容易抑制人的乐观，如果一个学生对自己有较多负面的看法，他就会经常怀疑自己的能力，本来能够做好的事情，他也会认为自己做不好。

加拿大对1000余名6岁至12岁孩子做过一个调查，其中有40%孩子自称对自己“至少一两个方面完全丧失信心”，他们有的对自己的外貌、身高、体重等生理条件没有信心，还有的则对自己的学习能力、运动水平和交友本领感到悲观，而实际上这些孩子比一般孩子并不逊色。

四、过于看重他人的评价

孩子的自我意识是较弱的，由于意志、思维等发展的局限，孩子主要是从外界的反馈中认识自我，而有的孩子由于性格的原因，他们对于家长、老师和同伴的评价过于看重。例如，有个学生嘉鑫，从小体弱多病而且其貌不扬，无论是在家庭里还是在伙伴中，都不受重视甚至被忽略，而他的哥哥则仪表不凡，非常出色，深受同龄人的喜爱，也是父母的骄傲。在与哥哥的强烈对比反差中，男孩非常苦闷、压抑。

五、家庭条件不如人

生活的家庭条件比较差，父母社会地位低微、家庭经济收入不高、文化水平较低，或父母有生理缺陷等，经常都能成为别的同学的笑柄，这些受人嘲笑的学生在心里会产生强烈的消极情绪。

六、父母关系破裂

如果父母离婚了，孩子小小年纪就要承受着伤害和不愉快，在面对令孩子困惑的新情境时，孩子会失去许多来自外界的鼓励和支持，以至变得越来越畏缩，缺乏信心和勇气，变得越来越低沉。

对策建议

培养孩子乐观开朗的方法

一、勿对孩子控制过严

作为家长，不能对孩子不加管教、听之任之，但是控制过严又可能压制儿童天真烂漫的童心，对孩子的心理健康产生消极作用。不妨让孩子在不同的年龄阶段拥有不同的选择权。只有从小能享受选择权的孩子，才能感到真正意义上的快乐和自在。

二、鼓励孩子多交朋友

不善交际的孩子大多性格抑郁，因为时时可能遭受孤独的煎熬，享受不到友情的温暖。不妨鼓励孩子多交朋友，特别是同龄朋友。本身性格内向、抑郁的孩子更适宜多交一些开朗乐观的朋友。

三、教会孩子与人融洽相处

善与他人融洽相处者，内心世界较为光明美好。父母不妨带孩子接触不同年龄、性别、性格、职业和社会地位的人，让他们学会和不同类型的人融洽相处。当然，孩子首先得学会跟父母和兄弟姐妹融洽相处，跟亲戚朋友融洽相处。此外，家长自己应与他人相处融洽，做到热情真诚待人，不势利，不在背后随意议论别人，给孩子树立一个好榜样。

四、家长用正面性格影响孩子

孩子的性格多数跟家长的很像。家长常和孩子做游戏，感染孩子，才能让孩子有一个良好的性格。

五、物质生活避免奢华

物质生活的奢华会使得孩子产生一种贪得无厌的心理，因为对物质的追求往往又是无止境的，难以满足，这就是为何贪婪者大多并不快乐的根本原因。相反，那些过着简单生活的孩子，往往只要得到一件玩具，就会玩得十分高兴。

六、让孩子爱好广泛

一个孩子如果仅有一种爱好，就很难保持长久的快乐感觉。试想，只爱看电视的孩子一旦晚上没有合适的节目时，心头必然会郁郁寡欢。相反，如果孩子看不成电视时爱读书、看报或做游戏，同样可乐在其中。

七、引导孩子学会摆脱困境

即便是天性乐观的人也不可能事事称心如意，也不可能永远快乐。父母应在孩子很小时就着意培养他们应付困境、逆境的能力。要是孩子一时还无法摆脱困境，还可以教育孩子学会忍耐，或在逆境降临之时寻求另外的精神寄托，如参加运动、游戏、聊天等。

八、培养适度的自信

拥有自信与快乐性格的形成息息相关。对一个因智力或能力有限而充满自卑的孩子，家长务必发现其长处，并审时度势地多作表扬和鼓励。恰当的表扬，可以增加孩子的自信心。但当孩子做错事的时候我们不能简单训斥，应该给孩子讲明道理，来引导孩子感受到自己做错了。平时孩子有表现不错的时候也不能频繁地进行表扬，适可而止，恰到好处。来自家长和亲友的正面肯定有助于孩子克服自卑，树立自信。

九、创建快乐的家庭气氛

家庭的气氛、家庭成员之间的关系，在很大程度上会影响孩子性格的形成。研究表明，孩子在咿呀学语之前就能感觉到周围的情绪和氛围，尽管当时他还不能用语言来表达。融洽的家庭关系适宜孩子的成长，只要稍微留意便会发现，那些拥有乐观向上性格的孩子大多家庭关系良好，那些情况相反的，多数家庭有矛盾或破裂。

十、多带孩子感受大自然

让孩子多接触大自然，他的视野开阔了，心情自然放松，在大自然中嬉戏，他会感受到很多我们家长无法传授给他的一些东西，慢慢也会开朗和自信。

47 男孩性格懦弱，做事优柔寡断怎么办？

情景展示

有些男孩性格懦弱，像女孩子，容易被人欺负。他们通常也比较磨蹭，做事优柔寡断，总是比别人慢半拍。对此，家长怎样才能帮助他们呢？

问题分析

孩子性格懦弱，做事优柔寡断，常见有如下原因。

一、孩子缺乏自信

（一）缺少成功体验

平时做事成功率不高，在日常的生活和学习中经受到了过多的失败与挫折。于是形成了对自己的负面评价。

（二）能力不足

孩子同大人一样都是生活在群体之中的，一些能力相对较弱的孩子在能力较强者面前往往感到自愧不如，他们会由于自身的条件不如别人而产生挫折感。

（三）生理上有欠缺

一些生理上有欠缺的孩子，常常体验着常人难以想象的失望与痛苦，陷入自轻自贱的自卑境地，自己不想和别人玩，别人更不想和他玩。

二、家庭生活缺乏亲情

温馨的家庭生活是孩子成长的阶梯，一个充满战争硝烟的家庭和一个冷如冰窖的家庭都会影响孩子的情绪，孩子在这样的家庭里丝毫感受不到家庭的温暖。没有一个轻松愉快的环境，并且每天处在焦虑不安中，他会感到别的同学一个个都有父母的疼爱、关怀，因而很自卑，从而自觉避开同学，变得沉默寡言，郁郁寡欢。

三、家长的挑剔与埋怨

一些家长对孩子的缺点说起来是如数家珍，动辄就在外人面前数落孩子性格中负面的东西，还有一些家长则专门用别的孩子来讽刺、挖苦自己的孩子。孩子在生活中听到的大多是对自己的负面评价。

四、缺乏思考、做事的有效方法

孩子思考的事欠章法，如事先无计划，事中不专注，事后喜欢反悔而不是总结教训，加上对未知的不确定性，面对新情况，孩子会越来越优柔寡断。

五、环境发生改变

有的孩子在周围环境改变时，也容易发生情绪改变。因此，在孩子随家迁徙或换学校、升学时，家长要对其情绪和心态多加关心，并予以科学的引导。

对策建议

一、引导孩子正确面对自己

让孩子明白，每个人都有优缺点，接受不能改变的，把自己的优点放大。每个人都是独特的，都有巨大潜力，首先让孩子悦纳自己。

二、帮助孩子建立自信

1. 重视过程而非结果。父母往往最关心的是自己子女的学习是否比别人强。其实，家长应该看的是孩子在学习的过程中是否获得了经验，能否掌握知识和技能。

2. 建立合乎孩子能力的目标。孩子感到过大的压力，往往是来源于父母的过高的期望。在父母的心中，总有一个对孩子的期望目标。这个目标一定不能定得太高，超过了孩子能达到的限度，就容易使孩子产生失败感，丧失信心。也不能把目标定得太低，孩子完成得轻而易举，就会变得轻率和骄傲。

3. 肯定孩子的成功。当孩子考试取得了好成绩，做了好事，很好地完成了布置的任务时，一定要给孩子表扬和肯定。每一个人都希望能够得到他人的称赞和肯定，孩子也不例外。对孩子的表扬和肯定是孩子充满自信、不断进步的力量源泉。

三、让孩子迎接挑战

对困难的成功跨越，都是对自己的一次肯定，都会增加一份自信。对于孩子，日常生活中的小事也可以是挑战，比如说洗衣物、倒垃圾、下棋、打篮球……都是挑战。鼓励孩子多参加类似的活动，每次完成挑战都会增加孩子的自信。

四、以身作则，树立典范

榜样的力量是无穷的。很难想象缺乏自信的家长如何能培养出自信力十足的子女。父母能够充满希望地看待未来，充满自信，孩子也会深受感染。所以父母在要求孩子的同时，一定要注意自己的修养，做好孩子的典范。

五、教孩子用内观法战胜恐惧

内观法是研究心理学的主要方法之一，这是实验心理学之祖威廉·华特所提出的观点。具体就是很冷静地观察自己内心的情况，而后毫无隐瞒地抖出观察结果。例如初次到某一个陌生的地方，内心难免会疑惧万分，这时候，不妨将此不安的情绪，清楚地用语言表达出来：“我几乎愣住了，我的心忐忑地跳个不停，甚至两眼也发黑，舌尖凝固，喉咙干渴得不能说话。”这样一来，不但可将内心的紧张驱除殆尽，而且也能使心情得到意外的平静。

六、教孩子正确地思考和做事

培养孩子正确、高效思考和做事的习惯。例如，抓住重点和主要矛盾，做事有条理。做事前做好计划，做事时心无旁骛，事后反思总结经验，但不要后悔，等等。

48 男孩总是无精打采怎么办？

情景展示

很多家长谈起自己的孩子，除了无奈还是无奈：你说家里不缺吃的、穿的，想要的东西都给买，也比较听话，但是特别没有激情——没有爱好，没有理想，没有什么特别想干的事。然后也觉得平时特别累，学习越学越累，越学越困，坐着就能睡着……到底是为什么呢？

我们班有个孩子就是这样。伟航今年才刚 9 岁，每天慢慢悠悠地来到学校，要么是迟到，要么是来得很晚。连上早读的时候，都有可能打盹。平时说话，也是很慢，一个字一个字地往外蹦。每天机械地上课、下课，似乎没有什么兴奋点，对学习尤其没有激情。

问题分析

孩子为什么无精打采？

家庭教育环境是孩子成为什么样的人、有什么样的人生道路的根源！

现在很多家庭，安逸的家庭环境，衣食从不缺乏，加上家长的溺爱，就让孩子少了血性，削弱了斗志，少了发自内心的韧劲，孩子自然也就不会有为了改变当下的生活而去努力拼搏的目标。只有那些想要改变自己的生活或生存环境等的孩子，才会发自内心地努力拼搏，去追求属于自己的梦想。

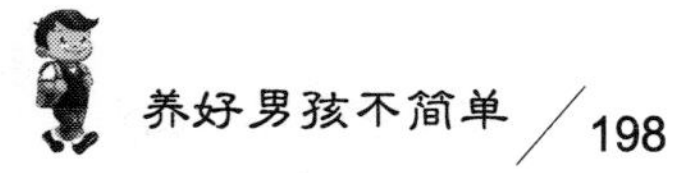

所以，要想解决孩子精神态度的问题，首先要解决的是孩子和家长的思想问题，尤其是家长的思想问题。

这也就是为什么有的暴发户，常常“富不过三代”，而那些世家，却能百年不倒——从根儿上来说，世家在教育孩子的问题上，敢于让孩子吃苦，敢于让孩子自己去闯荡，敢于磨砺孩子！

每个人扪心自问，都会从下列问题中找到原因。

你敢让你的孩子吃苦吗？

你敢让孩子独自去闯荡江湖吗？

你敢用现实社会磨砺你的孩子吗？

老师批评你的孩子，你护短吗？

……

对策建议

让孩子有激情的着眼点

一、发挥父母的榜样作用

父母的激情是最大的鼓励。学习方面，家长可以和孩子一同学习。初入学的孩子自我约束力差，家长可陪读一段，多关心孩子的学习，了解孩子的作业情况，并及时帮助改正错误。

二、设法提高孩子成绩

提高孩子成绩是培养孩子学习兴趣最主要最有效的方法。家长应设法提高孩子学习成绩，哪怕是某一科的成绩，以此建立信心。

三、从孩子的某一特长出发激发孩子的兴趣

每个孩子都有优点，家长可以通过孩子的优点、特长，趁机培养学习兴趣和毅力，可取得较好的效果。此外，多带孩子去科技馆或博物馆，以激发孩子的好奇心和求知欲，增强孩子的学习兴趣。

四、家长对孩子要多表扬鼓励，少指责打骂

孩子都有自尊心，当孩子的点滴成绩被大家认可时，他们倍感自豪。家长不要放过每个值得表扬的机会，当孩子取得一点成绩后要让他感受到成功的喜悦，要让他知道成功是多么快乐，于是他下次会照样去做的。

五、要有耐心，不要急功近利

家长在培养孩子的兴趣时，一定要有耐心，因为孩子的心智发展还不够成熟，稳定性不够，所以多好动爱玩，所以不要过于急于求成，以避免造成负作用。

六、让孩子了解生活的本来面目

例如，告诉父母辛苦挣钱的经历，让孩子明白生活的不易。让孩子适当参与社会生活，了解社会现实。启发孩子树立目标，并不断激励他完成，等等。

49 男孩缺乏责任心怎么办?

情景展示

儿子说:“我们班太难管理了,就连老师都说我们班是一帮糊涂蛋。”妈妈说:“你是班长,不应该发这样的牢骚,应该想想问题出在哪里。”儿子说:“我不想当班长了。”爸爸说:“面对一点小困难就不能坚持了,你也太不负责任了。”妈妈说:“你们班干部应该多和同学讨论交流,应发挥向心力,每个人都有责任把班级管理好。如果每个人都半途而废,那你们班永远都是一盘散沙。”缺乏责任心是很多男孩的通病,因为没有责任心的支撑,做班长的儿子差点不能坚持下去。

生活中也是这样,先来看看下面几组镜头。

镜头一:“赶紧上床睡觉,书包我来给你收拾,”母亲对上小学一年级的儿子说。

镜头二:儿子上小学三年级了,可是在校除了对学习还有点进取心外,对其他事情都是不管不问,连值日扫地也是极不负责,应付了事,总是要其他同学帮他收“尾巴”。

镜头三:“妈,把我明天要穿的衣服给我拿出来,这套衣服赶紧给我洗了,后天上体育课要穿的。”这是已经上六年级的儿子晚上临睡前对母亲所说的。

问题分析

一、为什么要培养孩子的责任心?

孩子缺乏责任心，就会虎头蛇尾，不自觉，对什么都不在乎，没有上进心。

责任心是一个人日后能够立足于社会、获得事业成功与家庭幸福的一种至关重要的人格品质。培根曾说：“责任心是世界上最珍贵的种子，它若早早地播种在孩子的心田里，将会收获一生一世的幸福。”

二、为什么孩子没有责任心?

通过分析现状，发现主要有下列两大原因。

（一）家庭的影响

清华大学附属中学的青柠说：“平心而论，在同学中，对集体、他人缺乏责任心的现象确实不少。不擦黑板、不做值日、迟到、早退是每个班都有的现象，而且老师管也管不住。我思考了很久，觉得家庭是很重要的一个影响因素。如果父母经常带着孩子在公交车上抢座位，孩子长大后在车上让座的几率大不大?我想不会很大，因为他从小接受的就是那种‘上车要抢座’的教育，怎么可能去给别人让座呢？父母对我们常说的话就是:‘你好好学习就行了,别的不用管。’想帮忙做点家务时，总会被赶走：‘去去，学习去，这事不用你。’听着这样的话长大的我们，怎么会想到要去主动做家务呢？心里想的当然就是‘我只管学习，别的不用管’。因为一直接受的是这样的教育，所以也没觉得有啥不妥。”

孩子小的时候是一张白纸，在他还不懂事的时候，家长们往上面写什么，他们就是什么，他们没有甄别、拒绝的能力，等到懂事了，习惯已经养成了，再改就很难了。

（二）不当教养方式的影响

1. 溺爱型

父母过分满足孩子的需要，孩子的一切，包括他们力所能及的事情全部由父母代劳。长此以往，孩子就会认为父母所做的一切都是应该的，甚至连吃饭、睡觉、洗手、刷牙等事都认为是在替父母做，与自己无关。这种教养方式容易

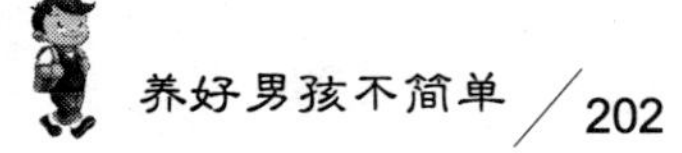

使孩子以自我为中心，无责任心。

2. 放任型

父母对孩子冷淡，给予孩子绝对的自由，虽有交流和沟通，但对孩子没有具体的规定和要求，很少奖励或惩罚。这一教养方式下的孩子极易对学校、家庭和社会中的规则熟视无睹。

3. 专制型

父母把孩子作为附庸，压制其独立性、创造性。与放任型相对的是，父母过分干预孩子的行为，过分压制，要求孩子言听计从，稍有违背就会加以训斥和惩罚。这些父母始终在以一种挑剔的目光审视着孩子，他们往往忽视孩子的年龄特点和能力水平，很少考虑孩子自身的愿望和要求，苛刻地要求孩子无条件遵循各项规则，但又缺少对规则的解释。这种教养方式下的孩子大多爱撒谎，没有勇气去承担责任，以免遭到惩罚，缺乏社会责任感。

4. 不一致型

父母在处理与孩子有关的事情时，会因为时间、地点、自己的心情而采取不同的教养方式。另外一种情况，就是父亲与母亲对孩子的责任行为要求不一致，使孩子不能预期自己对责任行为所做的反应会得到惩罚还是鼓励，孩子无所适从，对责任做出的反应更多采取保守行为，即使有了正确的责任认知也不会付诸相应的责任行为。长此下去，孩子逐渐漠视他人及集体，甚至自己的承诺，其责任心自然得不到发展。

以上四种都是典型的不利于孩子责任心形成与发展的教养方式。

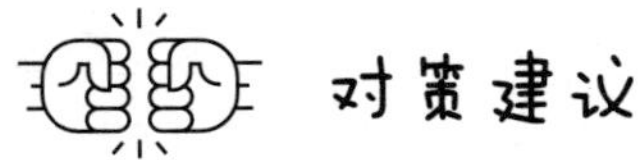

对策建议

一、如何培养孩子的责任心？

责任心的培养有赖于我们家长的长期悉心教育。

（一）在家里应采用民主的教养方式，明确孩子与家长的平等地位，让孩子知道“我是家中的一分子”

强化孩子是家中“一分子”的意识,让他们享受“一分子”的待遇时,也要付出“一分子”的劳动。有这样一位父亲，从小就告诉孩子——“你是家里的一分子！”，所以平时总会让孩子在家参与不同的劳动。吃饭的时候，父亲会把拿菜的任务交给儿子。开始时，小家伙总是会问：“为什么要我拿呀？我拿不到怎么办？”这是父亲就问他：“三个人分工，拿菜、烧菜、饭后收拾，你喜欢哪一样？”权衡了半天，孩子觉得还是拿菜比较适合，从此以后，孩子就帮着家里的端菜。

当孩子再大一点时，我们还可以适当地让孩子了解一些父母的忧虑和难处，提出一些问题，引导孩子独立思考和选择，大胆发表自己的见解，进而增强孩子对家庭的责任心。

（二）从身边小事做起，经常给孩子布置一些力所能及的小任务

对孩子来说，责任感是实实在在地对自己负责、对他人负责。对孩子责任心的培养应该大处着眼，小处着手。

我们可以有意识地交给孩子一些任务，让孩子明白哪些事情是爸爸妈妈的事，哪些事情是自己的事，分清这点以后，就让孩子做自己分内的事情，为自己多承担一些责任。比如玩完的玩具要自己收拾好，自己的房间要自己打扫，穿脏了袜子自己去洗干净；每天早晨闹钟一响，就应该马上起床，再困也要起来，起床后要自己整理床铺，自己的书包自己背；准时去上学，遇到刮风或雨雪天气，就应该提早起床，坐不上车，走也要走到学校，绝不能迟到；家庭作业要自己独立完成；自己说过的话不能食言等。让孩子逐渐养成习惯。

让孩子学会对自己的事情负责。当要孩子记住做某事时，与其大人经常提醒，还不如让孩子自己记下要做的事情，这样孩子也慢慢地学会了对自己的行为负责。

不仅如此,我们还要教育孩子对家庭负责,孝敬父母。比如,长辈过生日那天,送上一份自己亲手制作的礼物；自己过生日时，以自己特有的方式感谢父母。

我们还要鼓励孩子做事情要有始有终。交给孩子做的事情，哪怕是很小的事情，爸爸妈妈也要有检查、督促及评价，以便培养孩子持之以恒、认真负责的好习惯。

（三）订立责任合同

通过和孩子一起制定责任合同，让孩子明白该做什么、怎样做，否则将会

受到哪些惩罚。孩子做事往往是凭兴趣的，要让孩子对某件事负责到底，必须清楚告诉他做事的要求，并且与处罚联系在一起。例如，把洗青菜的家务活交给孩子，要是没做好，便不能吃其他的菜。这样，孩子才知道一个人是要对自己的行为负责的。

（四）接受应有惩罚并设法补救

做事没有责任心，这个时候，我们不要急着去给孩子擦屁股，要让他们接受惩罚。

我们要给孩子责任范围内的事情定一个最后时限，父母要将设立的原则推行到底，并与惩罚联系起来。如规定孩子不乱放东西，家里所有的东西用完后都要放在整理箱内。如果孩子不遵守规则，东西随手乱扔，出现在书房、客厅、甚至厕所里，就提醒他来收拾，如果孩子不肯执行，就可以给予一定的惩罚，例如今天的卫生你来搞，今天的碗筷你来洗，或者取消这个周末去欢乐谷玩的行程，取消这个周末去书城的行程等。

当孩子的某些行为造成的不良后果时，要让孩子设法补救。如小孩损坏了别人的玩具，一定要让孩子买了还给人家，也许对方会认为损坏的玩具没多少钱，或认为小孩子损坏玩具是常有的事，或者不好意思收下孩子的赔偿，但家长应坚持让孩子给予对方补偿，这样可以让孩子知道，谁造成不良后果，就该由谁负责。

（五）用鼓励、表扬和信任激励孩子的责任心

以我自己为例，在日常生活中当我遇到不善处理的事情或问题时，我便对儿子说："一切全靠你了！"他在爽快答应的同时，总会流露出一种作为男子汉帮助母亲、保护女性的自豪与得意。"一切全靠你了！"这简单的一句话，道出了家长对孩子的高度信任。信任能使一个人产生强烈的责任感。有些父母埋怨孩子自私冷漠、不会关心人，其实主要原因是父母管得太多了。除了学习，其他什么事情都不让孩子干，这实际上是对孩子的不信任。想一想，我们成年人在赢得别人信任时，都会努力工作，挖掘自己的潜能，何况是未成年的孩子呢。

表扬会带来肯定的、积极性的行为举止，但是表扬是有技巧的，表扬应该是具体的而不是笼统的。"昨晚，我看到你收拾好校服了，我很高兴你能及时做好准备。"这种表扬比"今天早上你真是一个好孩子"具体多了。

（六）给孩子选择的权利

我们有意识地交给孩子一些任务时，也要讲求技巧，可以改“问答题”为“选择题”。例如，有位母亲正在家中收拾房间，孩子正好跑过来，母亲就趁机问他：“我们搞卫生吧，你是拖地呢还是擦席子？”母亲将问答题改成选择题，让孩子选择其中一样，结果孩子从中作出了选择，付诸实践，在劳动的过程中体验到辛苦及愉悦，在无形中也学会了爱惜自己的劳动成果。

二、注意事项

（一）要以身作则

父母是孩子社会行为习得的楷模。宋代思想家张载曾说：“勿谓小儿无记性，所历事皆不能忘。”父母在家庭生活中所表现的责任感的强弱，是孩子最先获得的责任感体验。父母对孩子的影响不仅是深刻的，而且是终身的。

对任何人来说，能做好的事而不去做，那是缺乏责任感；同样，对于尽自己的全力做不到的事而硬要去负责，则是滥用责任感。家长要经常反省自己，随时随地对自己的言行负责。如果家长经常对人夸海口，不去履行自己的诺言，时间长了，孩子也会悄悄模仿，想怎么说就怎么说，对自己说的话不承担责任。因此，家长一定要加强自身的修养，要做一个有责任感的人，这也是为了有利于孩子的健康成长。

（二）要持之以恒

孩子责任心的培养是一个长期而系统的工程，孩子一个良好习惯的形成，不是一时一刻的事，而是需要长久坚持，而期间还会有反复，作为家长，应细心地观察，耐心地教育，循序渐进地对孩子进行教育。同时更需要家长和孩子一起成长，去深入研究孩子的心理特点，互相沟通，肯定进步，发扬成绩，纠正错误，并适时调整教育方案。

（三）切忌越俎代庖

孩子在选择做事后，家长切勿因孩子做得不够完美而越俎代庖。聪明的孩子一旦发现“表现无能”就可能逃避做家务、整理房间，有时甚至会有意表现得无能，以此来逃避责任。孩子第一次尝试做事，总有不完善的地方，父母可帮助孩子“完善”他的计划和方案，但绝对不要亲自动手。多次实践后，孩子能比较轻松地完成他所选择的事。

50 男孩容易听信别人怎么办？

情景展示

我们班有位学生家长跟我说，她小儿子今年六岁多，平时觉得蛮听话的，可今天他和一个比大一个月的孩子一起到“爱心文体超市”里去玩，那孩子叫她儿子拿贴画，他就真的拿了两张贴画，结果在出门时给抓到了。

超市打来电话，她觉得很生气，就没控制住自己的脾气，大声地骂了儿子一顿。因为他总是那么听别人的话，没主见。过后想到孩子自己在那里一个人面对害怕与恐惧，她又很心疼。

问题分析

孩子易听信他人的主要原因

通常有以下两个原因。

一、父母一味包办，不给孩子做主的机会和空间

父母这样做的原因，通常是出于“好心”，总是唯恐委屈了孩子，于是就一味包办，代替或过多地干涉孩子的事情。这样，孩子自然就会变得没有主见，并且小孩子又没有独立做事的经验，一旦遇事让他拿主意时，难免不知所措，无从下手。所以这样的孩子没有自信心，不敢或没有机会来培养自己的主见。

二、父母对孩子的行为总想“挑刺儿”

很多爸爸妈妈望子成龙心切，对孩子往往期望过高，总是不满意孩子的表现，赞许少，批评多。有的爸爸妈妈还让孩子做力所不能及的事，又不给予合理帮助。结果，孩子就会产生越来越深的挫败感，失去自信，害怕做错事情后被家长批评，却又不知怎样才能做好，因而变得优柔寡断，无法做主。

对策建议

如何让孩子变得有主见？

如何让孩子不轻易听信他人呢？不妨试一下这些招数。

一、提高孩子分辨是非的能力

孩子年龄小，道德观念尚未完会形成，是非判断标准还很模糊，他们主要按自己喜爱和厌恶的情绪来判断人物和事物的是与非。孩子模仿性强，控制能力差，往往不分好坏，看别人怎样，自己就跟着别人学，难免会有些不当的言行。对此，家长既不能忽视也不可羞辱惩罚。恰当的做法是耐心地正面诱导、纠正，使孩子通过成人对其行为，言语的评价，逐步认识到自己行为的是非，进而提高分辨是非的能力。如孩子听见某些人说了脏话，于是就跟着学，这时父母需要解释清楚，这句话是骂人的话，不好听，不文明，不要学等。这样屡经引导，孩子便不至于因从众心理而仿学不良行为，进而形成良好的个性品质。

二、在参与中提升孩子的自主能力

“小事”由孩子自己安排，“大事”给孩子提供参与的机会，有意识地训练孩子的能力。例如，在全家有意向一起外出旅游时，让孩子一起做计划。家长可以让孩子列出他的种种想法，具体的操作方式，各条线路的优势等，然后全家人在平等的气氛中讨论决定行动计划。

再如，对于为孩子选择学校或者参加课外兴趣班，家长可以与孩子一起列出所有的或者大多数的选择，和孩子一起分析其优劣，最后的选择应当尊重孩子本人的决定。孩子在自己做事情的过程中就会激发其自身的能力，学会思考，提出自己的想法，从而不断变得有主见。

三、耐心倾听孩子的想法

当孩子为自己所做的事与家长争辩时，家长千万不能斥责孩子“顶嘴”，要给孩子充分的辩解机会。另外，家长不要抢过孩子的“话头”，要静听孩子说话，让孩子试图表达自己的看法，并适时点拨，会令孩子得到鼓舞。

四、家长要准许孩子为自己的行动做决定

例如让孩子安排自己假期的学习和娱乐活动。家长要能够做到很快地接受和赞同孩子的意见，并与孩子共同分享做决定的快乐。

五、不要急于纠正

如果孩子的决定有可能错误时，家长不要急于纠正，而要冷静地提醒，询问孩子是否还有别的办法，再平和地提出自己的看法。

六、对孩子多晓之以理

应对孩子晓之以理，提高他们的认识。可以通过一些正反两方面的例子，让孩子深深地体会到学习、生活中应有自己的头脑，坚持自己的想法。

七、让孩子养成独立思考的习惯

家长们可以引导孩子遇事有疑问时，多独立思考问题，主动解决问题。同时应让孩子知道，只要是确信自己的做法或观点是正确的，就应敢于坚持，而不要随意被周围人的想法所左右。

八、创造让孩子“自我作主”的机会

在生活中多给孩子“自己作主”的机会。充分地信任孩子，大胆放手让他们去设计、去计划，去安排，去实践。多让孩子换位思考，如：“如果让你去组织这次活动，你会怎样安排？”“如果这事发生在你身上，你会怎么去想？”有了良好的思维习惯，孩子将会慢慢从“无主见”转变到“有主见”，最终成为一个有“独立性”思维的人。

对于一些确实没主意的孩子，家长也不必着急，可耐心地采取一种适当表现自己“无能”的方法，从而打消孩子希望从家长这里得到主意的想法，鼓励孩子自己做决定。家长可以多说这样的话：“哦！妈妈也拿不定主意，你可以按照自己的想法去做。”“妈妈也挺为难的，你先告诉妈妈你想怎么做好吗？”

51 男孩时间观念差怎么办?

情景展示

常听到一些家长抱怨自己的孩子做任何事都比较慢，吃饭可以吃 1 个小时；本该半小时就能写完的作业却用了快 2 个小时；早上起床穿衣也得用上 20 多分钟。孩子的脑海里根本没有时间观念，令人头疼。

问题分析

珍惜时间的重要性

“一寸光阴一寸金，寸金难买寸光阴。”时间的宝贵，家长们都知道，但是孩子们并不懂得。时间对每个人都是平等的，谁有紧迫感，谁珍惜时间，谁勤奋，谁就可以得到时间的奖赏。童年、少年正值人生的开端，如初升的太阳，时间的合理利用就更重要。

孩子没有时间观念，可能是习惯造成的，也可能是不懂得科学合理的方法。家长应给予科学地引导。

对策建议

怎样让孩子学会珍惜时间？

一、培养孩子良好的时间观念

养成良好的时间观念是一个人做事成功的基本前提，尤其是对孩子而言。但由于一些父母的疏忽，总认为孩子还小，对孩子做事少闻少问少管，孩子正确的行为缺乏鼓励强化，错误的行为没有坚决阻止，久而久之，会使问题变得愈加突出，导致好习惯没有形成，却形成了许多坏习惯。

二、教育孩子尽量提高效率

为了提高效率，要科学地用脑。用脑的时间长了，大脑会变得迟钝，这时要适当地休息。一般工作一个小时左右，大脑就会疲劳，此时仍然用功的话，学习效率是很差的。

不同学科在大脑中使用的脑区是不同的，例如抽象思维主要在左脑，形象思维主要在右脑。因此，父母可以教导孩子交替学习，使大脑各部分轮流休息。同一天时间中，早晨、上午精力充沛，要让孩子努力抓紧学习较难的功课，解决较复杂的问题。

三、教会孩子善用整块时间干大事

有些事情，最好是用一整块时间，一气呵成。比如孩子在计算一道复杂的数学题时，如果每天想一会儿后，转而去做别的事，那么第二天又得从头开始想，因为昨天的思路已经忘记了。这样的话，就会很耽误时间。

四、让孩子为磨蹭付出代价

孩子只有在体会到磨蹭给自己带来的坏处之后，才会自觉地快起来。因此，让孩子为自己的磨蹭付出代价，让孩子自己去品尝磨蹭的后果，不失为一个改掉孩子磨蹭毛病的好方法。

比方说孩子早晨起床后磨磨蹭蹭的，家长不要急。孩子如果真的迟到了，老师肯定会询问他迟到的原因，孩子挨了批评后，就会认识到磨蹭给自己带来的害处，几次以后孩子自然就会自己加快速度。

五、让孩子用“倒计时”的方法安排时间

有的事情是硬任务，必须在某个时间内完成，这就需要父母教会孩子用“倒计时”的方法安排时间了。例如，在1个月内必须完成的事情，算算还有多少天，要规定每一天要做多少，当天没有完成的话，就要及时补上。

六、增加孩子的紧迫感

缺乏适度的紧张感是许多孩子做事磨蹭的重要原因，所以，家长可以在孩子的生活中“制造”点紧张的气氛，让孩子的神经绷紧一些，使孩子的生活节奏加快一些。

根据孩子的具体情况，可以给孩子的洗漱、穿衣、吃饭和做作业等增加些计时性活动，做这些事情需要多长时间，事先与孩子一起商定好，然后要求孩子在规定的时间里保质保量地完成，孩子做得好就给予一定的奖励，做得不好就给予一定的惩罚。比如孩子吃饭磨蹭，家长可以在规定的时间到了就不许他再吃，而且要狠下心来，不到下顿饭不给孩子吃的，等等。

七、让孩子作息有规律

良好的作息习惯是养成时间观念的前提。父母可以和孩子一起制订一张作息时间表，什么时间起床，洗漱要多长时间，吃早餐要多少时间，放学后先做什么，然后做什么，几点睡觉等，都可以让孩子做出合理的安排，形成习惯。

八、让孩子有充足的锻炼身体的时间和睡眠的时间

孩子体育锻炼的时间每天不要少于1小时，睡眠不要少于10小时。睡眠不足，会影响发育，也会影响智力。长期睡眠不足，学习效率低下，成绩会下降。也要让孩子有自由活动的时间，他可以利用这些时间从事交友、阅读、发展业余爱好。

星期天要让孩子充分地休息，从事正常的娱乐活动。总之，一张一弛，文武之道，既要让孩子争分夺秒，珍惜光阴，也要让孩子有足够的时间休息、睡眠、锻炼、发展业余爱好。千万不要把孩子的全部时间排得密不透气。

九、教孩子用好手表和闹钟

孩子做事拖拉，很大原因是因为孩子们总是在做事时忘掉时间。闹钟却从来不会忘记，除非你忘了给他上弦，而且闹钟的铃声有时候比家长的“该起床了”

更有效果。

十、让孩子学会一心一用

要想让孩子利用好时间，首先就要让孩子养成一心一用的好习惯。专心致志的品质其实是可以后天培养的，最切实可行的方法是从生活入手。比如，穿衣、吃饭、收拾书包、洗衣服等生活上的事情采用限时完成法，需要多长时间，事先和孩子一起设定好，然后督促孩子以最快的速度保质保量地完成。这样的计时劳动、计时阅读、计时讲故事等小竞赛，会有不错的效果。

十一、教孩子合理统筹安排

时间的流逝是随时随地的，教孩子利用好零碎的时间，在专心的基础上学会统筹安排，也可以提高孩子的效率。比如在晨跑或洗澡时听英语录音；在盥洗池旁贴一张词汇表，每天刷牙时熟记一个生词……其实，这正是统筹方法的运用。当然，这种安排要在保证不影响“正事”的完成效果的基础上进行，更重要的一点，一定要坚持不懈。

十二、多花5分钟

多花5分钟，会让很多事情变得简单和高效。比如，每天让孩子在做完作业后，坚持用5分钟的时间检查一下，或者预习一下明天的功课，那就会让孩子省去很多修改错误的时间，而且在第二天的学习中会感觉轻松。

让孩子养成多花5分钟整理东西的习惯，把常用的与学习有关的东西都放在伸手可及的位置，将重要的学习用品和资料用一个纸箱或抽屉装好，避免用时东翻西找，浪费时间。当孩子养成随手整理的习惯后，效率自然会有质的提高。

十三、跟孩子来个约定

守时是当代社会一个十分重要的品质，让孩子养成言而有信，准确守时的好习惯是十分重要的。比如，在孩子看电视或玩电脑时，要事先约定多长时间，约定的时间一到，马上就要停止；在带孩子出去玩时，要求他在约定的时间内收拾好自己的东西，如果不能按时，就以取消活动来作为惩罚。经过几次这样的约定，孩子自然会形成看着时间办事的习惯了。

总之，让孩子知道珍惜时间，充分利用时间，把时间都用在有意义的事情上。

52 男孩不爱运动怎么办?

情景展示

在北京市某中学的塑胶操场上，一群初二班学生在进行200米测试。终点线上，体育老师正在不断地大喊："接着再走一会儿，别趴下！"但是，气喘吁吁的学生们还是有不少开始累倒在地上。体育老师不禁发出感慨："如今，许多孩子吃得越来越精，穿得越来越好，玩得花样越来越新奇，可是身体却越来越虚。"据体育老师透露，该班56名同学中，近视者超过八成，个别学生甚至因患腰椎间盘突出需要休学，而患心脏病、抑郁症者也不在少数。

法国思想家伏尔泰早在几百年前就曾说："生命在于运动！"运动对于男孩的成长来说至关重要，因为运动不仅能够促进孩子身体和心理的健康发展，同时也能够让孩子保持青春活力与激情。然而，据一份调查显示，从1990年至今的20多年间，儿童的体质一直呈现持续下降的趋势，其中最为典型的就是儿童中肥胖和近视人数的大幅攀升。尽管人们普遍认为男孩比女孩更加有运动活力和天赋，但实际上，男孩们也越来越对体育运动提不起兴趣了。

问题分析

缺乏运动兴趣的主要原因

一、"重智育，轻体育"的偏见

1．家庭方面：抱着"不让孩子输在起跑线上"这种观念的家长们，从男孩们刚进入幼儿园时就开始给他们报各种各样的兴趣班，而这些兴趣班多是英语、钢琴、书法等并不需要什么活动的学习内容。随着各种兴趣班开始侵占男孩们的课余时间，男孩们原本就所剩无几的可供运动的时间，也因繁重的兴趣班和学习作业而更紧张。

2．学校方面：应试教育所带来的沉重的考试压力，让学校不得不减少儿童的体育运动时间，以应付各种名目的考试，甚至有些学校直接占用体育课来讲授其他需要考试的科目。很多学校也没有足够的体育设施。

3．社会方面：从目前整个社会观念上来看，普遍认为儿童特殊才能的培养应该倾向于艺术方面，而对于体育运动项目，人们则多数认为只有从事相应的职业才应该从小培养儿童该方面的兴趣和能力。正因为整个社会层面上的“重智育，轻体育”的偏见，才使得学校和家长，甚至是男孩自己都认为体育运动对于自身的发展来说并不重要。

二、自身因素

上面所提到的多是男孩自身之外的影响因素，男孩自身的原因也不可忽视，主要是受电视娱乐节目的泛滥和各种游戏的诱惑。虽然电视节目和游戏的易得性满足了儿童对娱乐和玩耍的需求，但同时也给儿童的成长和发展带来了很多亟须解决的问题，其中最重要的问题便是电视和游戏的沉迷使儿童丧失了对各种体育运动的兴趣。

通过上述分析，我们可知，男孩缺乏运动兴趣的原因主要还是一些外在的因素，因为男孩在早期时候还并未建立起比较完善的观念体系，男孩缺乏运动兴趣多数是因为缺乏正确的引导和培养。

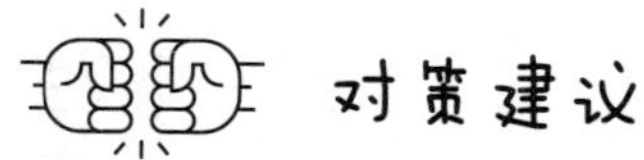

对策建议

一、培养男孩运动兴趣的方法

（一）首先，给男孩创造运动的条件

父母应该给男孩创造各种各样的运动条件，鼓励、支持男孩参加各种体育锻炼活动。据了解，与国内的父母相比，美国的家长们非常重视体育运动对孩子成长的重要性，他们认为孩子良好的身体素质是决定一切的基础，因而他们在孩子体育运动上的开支很大，并支持孩子从事各种各样自己喜欢的运动。由于国内城市化发展过程中并未过多考虑儿童体育运动公共设施的建设，因而多数居民区内并没有适宜儿童所使用的运动锻炼场地与设备。

多数家长自己没有安排时间陪孩子一起出门做运动，再加上担心孩子单独外出不安全，索性就把孩子关在屋里。所以让孩子喜欢上运动的第一步就是要求家长们应该在适当的时间，给孩子们安排一些户外活动，多带孩子去体育馆和公园，让孩子们有接触各种各样体育运动的机会，而不是整天将其关在屋里，除了学习之外便只能选择游戏和电视来打发时间了。

（二）其次，让男孩们接触多种运动项目

在男孩刚接触运动的时候，应该多让其参加各种不同类型的运动项目，并给予适当的鼓励和引导，尊重他们自己的选择。体育运动项目多种多样，不同的运动所培养的能力也有所不同，例如游泳和长跑可以培养孩子身体的协调能力和耐力，而篮球、足球等大型球类运动则可以在培养该球类的技能之余还能培养孩子的团结协作能力。初期，家长们并不需要像给孩子报兴趣班一样急于帮男孩决定他们的运动项目。这个阶段，家长们应该带着男孩尽量多地参加各种各样的体育运动项目，并观察孩子在不同运动项目中的表现，如果有条件的还可以请相关运动项目的教练看看自己的男孩是否有该运动项目的天赋。

（三）再次，确定合适的运动项目，制定相应的计划

在带着男孩们参加了各种各样的运动项目之后，家长们一般会发现自家的男孩会特别喜欢一些运动，而对另外一些运动提不起兴趣，那么这时就应该是家长们跟男孩共同商量。即便男孩选择了自己喜欢但父母并不看好的运动项目，家长也应当要尊重孩子的意见。

在确定了孩子喜欢的运动项目之后，父母应该根据男孩的作息和课程时间与男孩一起商量运动的计划和奖惩措施。之所以制定计划，一方面是因为男孩原本就是三分钟热度，如果没有比较明确的计划和奖惩方法，孩子很容易就在三分钟热度过去之后而放弃。另一方面，良好的计划对男孩养成良好的运动习

惯也是至关重要的。

（四）最后，引导、监督计划的实施

再好的计划如果得不到相应的实施也是没有任何用处的，最重要的便是父母要起到引导者和监督者的作用，陪伴、鼓励和支持男孩按照相应的计划来进行运动。在这个过程中，肯定会有很多男孩出现放弃的念头，此时父母的引导和鼓励对孩子的坚持就显得至关重要了。当然，很多时候也会出现计划本身不够合理的情况，这就要求家长们在引导和监督男孩实施计划的过程中，不断从男孩那里了解他们的运动状况——是太累还是太轻松，并不断对计划做出相应的修正，尽量做到根据男孩自身的条件合理适度安排运动的量。

二、注意事项

家长们在培养男孩运动兴趣，在让其养成良好的运动习惯的时候，应该注意以下几点。

（一）安排适合男孩自身能力的运动内容

在一项运动中，男孩们会因为取得某种成功而喜欢上这项运动，如果这项运动总是让男孩感受到失败和自己的无能，则男孩多半要讨厌甚至再也不会碰这项运动了。因此在早期，父母让男孩尝试多种运动的时候，应该注意挑选最简单的运动类型，首先让男孩在运动过程中品尝到成功的滋味，这样一来他们自然就会喜欢上这项运动，并且能够从中获得相应的乐趣。

（二）注意运动的内容和方法趣味化、多样化

在培养男孩运动兴趣的初始期，应该多注意运动形式的多样化和趣味化，而不是单一的某种运动技能的重复训练。例如，在培养男孩乒乓球爱好的时候，并不需要像培养专业运动员那样整日重复训练一个动作，只要让男孩掌握相应的击球动作和脚步动作后，就可以安排各种花样式的趣味活动，让其在这些趣味活动中逐渐喜欢上乒乓球运动，然后再穿插相应的技能训练。

（三）家长应尽量多地参加到男孩们的运动中去

很多家长以为只要孩子去运动了就行，而并没有在意到自己本身对孩子的影响。试想一下，如果孩子在运动完之后，回去同家长描述今天学到了什么技能、玩得有多么开心，如果家长并不了解孩子的运动内容是什么，难免显得对孩子

比较冷漠，打击其积极性。而且家长多参与到儿童的运动中去，还可以确保儿童在运动过程中的安全，能够及时指导和引导。

（四）多鼓励，少惩罚

心理学家早就发现，惩罚所带来的消极效应比其所能够带来的积极效应远大得多。同样的，在培养男孩养成运动兴趣的过程中也一定要注意多鼓励，少惩罚。鼓励的形式可以是口头的也可以是物质的。当然，惩罚也并不是说完全不能有，但应当事先和男孩商量好，让他们知道如果他们做错了什么应该遭到什么样的惩罚，这样一来他们便知道怎样去避免犯错。

（五）在家长参与的运动中，尽量将主动权交给男孩自己

在男孩参加体育运动的时候，家长应该起到的是一个组织者的角色，而更多地把主动权交给男孩自己，而不是对男孩发号施令。这样做不仅能够锻炼他们独立思考的能力，家长也更能够从运动过程中看出他们自身的优势和不足，以及对运动内容的偏好，这样，家长才能够对男孩自身的运动天分有更好的了解，从而做出更为合理的计划和引导措施。

53 男孩不讲卫生怎么办?

情景展示

罗娜生下儿子朱阳阳后，工作特别忙，便把孩子放到乡下的爷爷奶奶家，现在朱阳阳3岁该上幼儿园了，罗娜决定接朱阳阳回市区住。

不知是否在乡下就很随意，朱阳阳养成了不讲卫生的坏习惯，妈妈每天要他洗澡，他总是推三阻四不肯进浴室，更别提饭前洗手、刷牙漱口这些卫生习惯了。因此，朱阳阳常闹肚子痛，牙齿也让虫蛀了不少。

开学后，原本簇新洁净的校服，不到几天便给朱阳阳磨得又破又脏。罗娜眼看其他的小朋友整洁漂亮，自己的宝宝却像一只又脏又臭的小猪，真是苦恼非常。她教朱阳阳刷牙洗脸，但他随便擦两下便完事；告诉他不要捡掉在地上的食物吃或往脏处钻，他总是改不了，依然故我。不断地提醒、警告、责罚都不能生效，该怎么办才能让朱阳阳改正坏习惯呢?

问题分析

良好的生活卫生习惯是保证孩子身体健康的必要条件。爸爸妈妈们从小培养孩子良好的卫生习惯，不仅有利于身体健康，还可以帮助孩子成为一个有教养的文明公民。

个人清洁卫生看起来是一件微不足道的小事，却往往反映出一个人的精神面貌和生活情趣。在日常生活中，不少孩子的个人卫生意识非常差。有些孩子穿戴乱七八糟，衣服裤子皱皱巴巴，油渍斑斑。如果一个人的衣食住行一塌糊涂，特别不注重个人卫生，他的精神面貌肯定很差。衣冠不整，精神上也必然是散散漫漫。

“我说过多少次了？怎么总没有记性？要……不要……”这是爸爸妈妈最常说的话。孩子不爱干净，懒于梳洗、刷牙、洗澡、换衣服，尽管爸爸妈妈不停地提醒或警告，但孩子依然不能养成爱卫生的习惯。为什么爸爸妈妈的督促，孩子都没听进去？

其实，“我已经告诉你多少次”这句话只反映了一个事实：一个得逞的小孩正在与生气的爸爸妈妈玩“我需要你注意我”的游戏。也有些小孩是因为依赖、懒惰成性，不愿自己动手，他们知道母亲不能接受自己脏兮兮的样子，肯定会忍不住动手替自己洗脸、换衣服。

年龄较小的孩子，往往注意不到自己的衣服、手、脸是否干净，而且还喜欢趴在地上玩，在地上打滚。虽然父母经常提醒他们不要把自己弄脏，但是他们仍然不去关注这些。如果你要孩子养成注意个人卫生的习惯，必须采取行动，而不是一再地唠叨、敦促。

对策建议

可以从以下方面培养孩子良好的卫生习惯。

一、要求孩子养成保持个人身体和服装整洁的习惯

1. 会正确地洗手、洗脸、洗头、洗脚、洗澡、剪指甲。

2. 携带并会正确使用手帕，并经常更换，保持清洁。

3. 养成早晚刷牙、饭后漱口的习惯。

4. 保护鼻道，不抠鼻孔。

5. 不挖耳朵，不将异物塞入耳内。洗脸洗澡时不把水弄进耳内，以免损伤鼓膜，引起中耳炎，影响听力。

6. 保持仪表整洁。要经常注意自己的衣服是否干净整齐。

二、要求孩子养成良好的饮食习惯

1. 让孩子养成经常喝水的习惯。每天上、下午固定喝水一次，其余时间随渴随喝。最好办法是在吃饭前半小时到一小时内，提醒孩子喝水，饭食内也可适当加些菜汤、稀饭，让孩子干稀搭配着吃。

2. 教育孩子不吃不净的食物。生吃瓜果一定要洗干净，最好削皮。

三、要求孩子养成保持周围环境整洁的良好习惯

1. 不乱扔果皮、纸屑，不随地吐痰和擤鼻涕，不随地大小便。

2. 不乱涂墙壁，不踩桌椅。

培养孩子良好的生活卫生习惯，需要持之以恒，可运用示范、讲解、提示、练习等方法，给孩子具体的指导和帮助。此外，爸爸妈妈不妨制定一些规则，要全家人遵守，以实际行动来感染和影响孩子的行为。

四、在与同龄人的比较中改善自己

家长有时就要在孩子的身边树立一个讲卫生、爱清洁的孩子做榜样，俗话说："榜样的力量是无穷的。"天长日久，坏习惯在不知不觉中就改正了。

浩然是个男孩子，他有着和男孩子一样的坏毛病：邋遢，不爱收拾。爸爸妈妈不知批评过他多少次，他的小房间依旧乱得一塌糊涂。暑假里，妈妈把浩然的表哥陈川接来。陈川是一个爱整洁的孩子，浩然的小房间总被表哥收拾得整整齐齐。暑假过去了，爸爸妈妈惊奇地发现，原来那个邋遢小男孩不见了，浩然变得和陈川一样爱整洁了。浩然之所以改掉了邋遢的坏习惯并不是因为父母的说教，而是靠同伴的影响。

五、让科普展览和媒体报道帮忙

有些时候，孩子不讲卫生是因为他缺乏相关的卫生知识，因此家长进行适当的卫生知识教育，让孩子了解不讲卫生所造成的危害，可以有效培养孩子讲卫生的好习惯。

比如，小孩子咬指甲是一种常见现象，很多人小时候都有过咬指甲的经历。家长不妨通过和孩子共同参观相关内容的科普展览、共同阅读相关内容的科普书籍，帮助孩子了解咬指甲的危害，如：人的手接触外界最多，在指甲缝中和指尖上会沾有大量的细菌、病毒。孩子在咬指甲时，会不知不觉中把大量病菌带入口腔和体内，导致消化道传染病。经常咬指甲还会造成牙齿排列不整齐，影响孩子的容貌。这些知识可以加深孩子对咬指甲危害的认识，加强孩子对改掉这一不良习惯的决心，家长也就不必苦口婆心地劝说孩子了。

再比如，有些孩子特别喜欢买街边小摊贩出售的三无食品，家长反复说这些食品不卫生，可是因为这些食品往往味道重，颜色鲜艳，很受孩子们欢迎。对此，家长可以利用科普展览或者电视，报纸的宣传让孩子看一看这些三无食品是如何制作出来的。当孩子看到很多三无食品是在毫无卫生条件的环境下制作出来的，脏、乱、差的环境不堪入目，制作人不但没有采取必要的卫生防护，而且用脏兮兮的手直接接触食品，包装袋也是直接散落在地上时，孩子就会对这些三无食品产生一种恶心感，再看到小商贩兜售这些食品时就会想起看到的那些令人作呕的画面，他也就不会再去购买了。

六、保持家居环境整洁

家长应该尽力使自己的家居环境干净、整洁。例如，每星期换一次床单、枕巾；桌椅、地面一尘不染，厨房内没有油污，卫生间没有异味。有条件的话，家里还可以摆放一些鲜花或者绿色植物，以保持室内的空气清新。

如果孩子有单独的房间，家长应要求他保持房间的卫生并按时打扫房间。有些孩子处于青春期，可能会认为这是我自己的房间，我想如何便如何，即使脏一些，乱一些也没有关系。此时，家长的态度一定要坚决，告诉孩子，你的房间也是整个家居环境的一部分，要注意保持屋内的整洁，垃圾及时清理，东西不可以乱放，等等。

54 男孩生活没条理怎么办?

情景展示

经常有家长和我聊天的时候都会说，自己的孩子早晨起床找不到自己的鞋袜，临上学时找不到学习用品或者生活用品，找不着自己的红领巾放哪里，做作业时又不知道橡皮放在哪里了……

这便是做事缺乏计划性和条理性的表现。孩子自觉意识差，做事情缺乏条理、没有计划是一种自然反应。但是，如果父母不加以引导，孩子往往会养成不良的习惯。

问题分析

有条理的重要性

做事有计划，不仅能帮助孩子有条不紊地照料自己的生活，也能帮助他们更好地学习和处理各种事情。那些取得杰出成就的人，常常得益于做事有计划。

小到身边的点点滴滴，大到一生的目标追求，计划都是不可缺少的。做事有计划不仅是一种习惯，更反映了一种态度，它是能否把事情做好的重要因素。

帮助孩子从小养成做事有计划的好习惯是非常重要的。通常能够养成这种好习惯的孩子都能够更好的照料自己的生活，自理能力也要比同龄人强很多。而且，一个做事没有条理、没有计划的孩子在走向成功的道路上将会比其他人更加辛苦。所以父母应该让孩子养成有计划地做事的习惯。这是一件对于孩子的一生都非常有意义的事情。当这种习惯养成之后，作为家长，你也就不用为孩子再操那么多心了，你会发现很多事情，孩子都能够自己顺利解决。

对策建议

让孩子养成做事有条理的好习惯

培养孩子做事井井有条可不是一天两天就能做到的，要讲究方法。

一、从小事抓起

不论做什么都要让孩子做得有条有理。例如，房间摆设井然有序，用过的东西放回原处，以免需要的时候找不到；晚上睡觉之前整理好书包，准备好第二天要穿的衣服等。这些都可以帮助孩子养成做事有条理的好习惯。这需要家长的耐心和恒心，还需要善于抓住教育的契机对孩子进行适时的引导。

二、学习他人的好习惯有利于矫正自己

许多孩子做事没有条理，当父母跟他们强调需要有条理地做事时，他们往往无法接受父母的意见。事实上，孩子需要身边的榜样来引导。如果孩子做事没有条理，父母可以列举在这方面做得好的孩子，有了榜样，相信孩子会去认识和效仿，往往会做得更好。

三、通过有计划的活动安排去影响孩子

子女是父母的影子。父母的一言一行、一举一动，都是孩子模仿的内容。

家庭中的一些生活习惯，如按时作息、卫生习惯、礼貌习惯等，家长要求孩子做到的，自己首先要做到、做好。社会生活中的要求，如交通规则，家长在与孩子出行时要自觉遵守，讲公共道德和秩序，以自身行为去影响孩子。

要让孩子做事有计划，父母可以向孩子示范自己的计划，即把自己的计划告诉孩子，并且征求孩子的意见，让孩子帮着参谋。比如，在一个星期天，你打算带孩子出去玩，你可以向孩子展示这一天的计划，并且征求一下孩子的意见，让孩子知道计划的重要性。慢慢地，孩子就会学着去安排自己的事情了。

四、按计划办事，克服半途而废的坏习惯

在日常生活中，父母要向孩子强调计划的重要性，并给孩子的各项行为制订一些计划。当然，这些计划的制订应该让孩子参与进来。制订了计划以后，孩子必须按计划办事，不能半途而废。对于年龄小的孩子来讲，父母应该要求他们在玩的时候自己把玩具拿出来，玩完以后自己收好；对于上学的孩子来说，就应要求他们看书做作业的时候要认真，写完作业才能去玩。

五、按规律办事，树立科学的做事态度

任何事情都是有一定规律可循的，引导孩子计划周密，学会有条理、有规律地生活，就是在教孩子树立科学的做事态度。也就是说，要遵循客观规律，而不能打乱了计划。

六、节约时间，并合理安排和利用时间

培根曾经说："若要敏捷而有效率地工作，就要善于安排工作的次序，分配时间和选择要点。"只是要注意分配不可过于细密琐碎，善于选择要点。时间对每个人来说都是平等的，谁有紧迫感，谁珍惜时间，谁勤奋努力，谁就可以得到时间老人的奖赏。父母要让孩子懂得珍惜时间，就是要让孩子有时间观念，并能合理地安排和利用好时间。一个不珍惜时间、无法合理安排时间的孩子，往往缺少自我控制能力，缺乏不断前进的动力。

七、让孩子做有限的选择

有限选择的方法对孩子的规则培养非常有效。例如，如果想让孩子不在房间里跑来跑去，就应该让孩子选择现在是看书还是画画，而不是"现在我们来做什么？"漫无边际的选择会把孩子推到无法控制的规则之外。把孩子必须要做到的事定为规则，在这个范围内给孩子几个可选择的方向，这样不论孩子选择什么，他的行为都在规则之中，从而自然而然地接受规则。

八、培养执行规则的技能

有时孩子具备了一定的规则意识，但仍会时常违规。如有时"起个大早，却赶了个晚集"，并非孩子故意拖拉，而是穿衣、洗漱等动作太慢，不得要领。那么，家长就要教孩子做事的方法，培养孩子的自理能力；寻找又快又好的做事方法和规律，提高孩子的生活技能。

九、及时鼓励和表扬

表扬、鼓励的形式应该是多样的，不仅是物质上的满足，还可以用微笑、点头、脸上的表情等，对某一个行为的表现表示赞同，这都是一种肯定、一种表扬。

十、对孩子加强引导

家长要多讲规则的用处，让孩子明白规则无处不在，一定的规则能保证人们更好地生活。家长可以时常反问孩子，如果不遵守规则会怎样？让孩子设想违规的后果，引起他对执行规则的正视。规则意识的养成不是一朝一夕的事，也没有整齐划一的是非界限。如何在生活情境中帮助孩子逐渐形成明确、统一、灵活又具有可持续发展的规则意识，使孩子的个性和社会性相得益彰，从而在社会中获得幸福的生活和感受。

同时，父母之间教育要一致、要求要一致、观念要一致、目标要一致。

55 男孩喜欢发泄负面情绪怎么办?

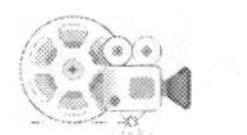

情景展示

寒假时，表弟东东从外地来过春节，住在小鸿家。小鸿和表弟在一起玩，有时很开心，有时也会起争执。正月初六，恰好是东东的生日。小鸿妈妈为东东预定了一个漂亮的蛋糕，送了一辆蓝色的小赛车模型作礼物。还把外公外婆舅舅都请到家里来为东东过生日。一整天，妈妈都在为东东的生日派对忙碌，午睡前也没有像平时一样给小鸿讲故事。小鸿就不理妈妈了。

晚餐开始前，亲戚们陆续到了，带来好多漂亮的礼物，大家还围在荧荧的烛光前，为东东唱了生日快乐歌，东东开心极了，整个晚上都大声地笑着。小鸿也收到了礼物，但和东东的相比少很多，而且他还觉得不如东东的礼物好看，小鸿躲在屋里不出来。

晚餐后大家在客厅里喝茶，妈妈收拾完餐具，看到客厅里只有东东在玩车。最后发现小鸿在床上蒙着被子哭。还说，以后再也不要东东来家里过年。

问题分析

认识不良情绪

人人都有负面情绪。人的情绪就像温度计一样，当人的外环境（人文、地理）和人的内环境（生理、心理）发生一些变化的时候，人的情绪自然就会出现一些反应。正面的反应是心情舒畅、喜形于色,负面的反应就是怒、忧、思、悲、恐、惊。正负反应随时都可能出现在同一人身上,再坚强、再乐观的人都可能有负面情绪,就像再舒适的地方都会有打雷下雨一样。

虽然负面情绪是正常的,人人都会有的,但是,如果它反应过强、过度、过长,就会演变成危害人身心健康、干扰人的正常生活的不良情绪。比如,亲人去世,悲伤是正常的负面情绪,但如果悲伤过度、时间过长,就变成不良情绪了。

人的不良情绪概括起来主要有以下几种:

第一是郁闷。郁闷走向极端就是抑郁症,抑郁症走向极端就是自杀。这是最极端的一种郁闷。轻一点的郁闷是抑郁心境,对什么都兴奋不起来,心上总有一种抹不掉的灰暗基调,持续的时间还比较长。

第二是焦虑烦躁。害怕发生什么事情,总有一种如履薄冰的感觉。焦虑烦躁发作的时候,时常伴有出言不逊、摔东西、发脾气等情况,容易造成人际关系紧张、考试成绩下降等后果。

第三是冲突。因为心里对什么人或事产生了一种愤懑,所以随时都想报复。冲突爆发时,对人对物都可能采取一些过激行为,这对社会和他人的危害较大。

第四是生气。轻则有点委屈、有点不快憋在心里生闷气;重则发生心身反应,与人闹得面红耳赤,给双方造成不愉快。

第五是悲伤。这是由某种丧失引起的心理反应。比如物质丧失——丢失了一件贵重物品,这是较为普通的一种悲伤。最大的悲伤有两种,一种是感情的丧失——失恋,另一种是至爱亲朋的丧失。悲伤是一种自然的负性情绪,但调控不好就容易伤心、伤身,给人造成沉重的打击。

第六是恐惧。恐惧本身具有一定的积极意义,比如怕火灾、怕煤气中毒,就小心使用电器、煤气。但如果调节不当的话,也会人为地产生一些恐惧心理、恐惧症状,比如怕黑、怕高、怕异性、怕上级、怕空旷之地、怕幽闭之地,徒然地给自己增添一些精神负担。

家长和孩子对情绪问题有个大致的了解,就不会把负面情绪等同于不良情绪,也不会把情绪看得过于神秘、过于不可思议了。这是我们正确分析、认识不良情绪的前提。

对策建议

消除孩子负面情绪的方法

一、充分共情

“共情”是亲子沟通的基础，简单询问孩子是不是难过或安慰孩子别难过，这都作用不大。由于孩子语言表达能力有限，可尝试帮孩子尽可能表达出他内心微妙的复杂感受。对不太有把握、难以确定的部分，可以用“你看起来/感觉……是吗？”的句式来询问，尽量描摹出孩子细微复杂的情绪和感受。

二、鼓励孩子表达情绪和感受

孩子能够及时表达情绪很重要，一方面可以让家长及早了解到孩子的感受，及时加以引导，情绪就不会一直淤积甚至恶化。另一方面，儿童接纳并合理表达本身就会让负面情绪得以纾解。父母亲要让孩子觉得任何感受都是可以表达的，切莫简单地压制、批评甚至斥责孩子。“怎么可以忌妒弟弟呢”“不要嫉妒”“哥哥应该为弟弟高兴”这样的道德化说教并不能让孩子的嫉妒感受消失，而只会让孩子关闭心门，或是为了迎合成人而压抑真实的自我。家长们不妨告诉孩子每种情绪的功能，比如“害怕有时候会帮助我们远离危险的地方”“嫉妒有时候会让我们意识到自己的不足”，这样有助于孩子更好地接纳和包容负面情绪。

三、给情绪一个“名称”

告诉孩子负面情绪的名称，这有助于孩子可以更好地表达自己的感受，例如，妈妈将孩子一把搂进怀里：“这叫嫉妒。你想要东东的礼物，但你却得不到，所以你嫉妒他。”显然在妈妈这里，嫉妒是可以接受的人之常情，她充分理解和接纳孩子，孩子情绪得以逐渐平复。鼓励孩子用词汇描述情绪也能促进左右脑的整合和对情绪的认识和管理。

四、鼓励家长自我吐露

如果家长曾有过类似感受，能够自我吐露是值得鼓励的——“我也曾经忌妒/害怕”，这会拉近亲子的关系。更重要的是，孩子的感受得到了接纳，会觉得自己的“情绪问题”是正常的，也只是暂时的，之后可以改善。当孩子出现嫉妒、恐惧等负面情绪时，这么做尤其重要。例如孩子怕黑时，你告诉他“妈妈小时候也有点怕黑，不敢出门”，“长大后就敢和朋友一起出去，后来一个人出去也没问题”，这会让孩子觉得自身的恐惧是正常的、暂时的，对将来的改善也会报以期望。

五、告诉孩子在负面情绪困扰时可以怎么做

例如，孩子嫉妒同学比自己好时，家长可以说：“妈妈小时候平时成绩都很好，有一次考试输给了同桌的同学，也挺嫉妒她的。后来妈妈在平时的学习准备中做得认真，下一次成绩又追上来了”。“羡慕嫉妒恨”，其实既可以激励人提升自己能力（正面），也可能让人通过贬损别人来满足自我价值感（负面），关键是家长需要作出正向引导。

孩子的所有情绪和感受都可以被接纳，但接纳不等于赞同！接纳感受也不意味着接受孩子不合理行为表现（比如乱摔东西），恰恰相反，家长接纳了孩子的感受后（嫉妒），可以引导示范孩子怎样用正面行为来表达自己的感受（嫉妒可以说出来），怎样调整自己的行为来改善现状（如“后来妈妈学习更认真了，下一次成绩又追上来了”）。家长可以引导孩子学会自我安抚，学会欣赏自己。走出情绪的阴霾。

56 男孩不肯承认错误，缺乏担当怎么办？

情景展示

孩子在成长中犯错是在所难免的，但是很多孩子犯了错误却死活不承认。要么找别人的理由，要么说谎。而幼儿时期也是孩子心理发展的关键时期，我们应该如何对待孩子犯错呢？

问题分析

孩子不愿意承认错误的原因

一 、侥幸心理

“如果我不认错，还有可能逃过一关；如果认错，就一定会被训或被罚。”

害怕被家长训斥，这是很多孩子死不认错的原因。当孩子第一次犯错时，他可能已经意识到自己做错了，但他不知道该如何去面对和解决，于是孩子会如实向家长汇报。这个时候，有些家长会认为，应该给孩子一点教训。如果家长在孩子犯错时经常这样做，孩子在又一次犯错时也许就会考虑：“如果我不承认错误，妈妈是不是就不会训斥我了？”于是孩子开始尝试说谎或用找替罪羊的方式来避免受到惩罚。

二、害羞心理

“我不想让那么多人知道我做错了。”

中国人有句古话，“堂前训子，背后教妻”，意思是教育孩子可以在大庭广众下进行，而教导妻子则要照顾她的面子。孩子是独立的个体，也需要与成人一样受到尊重。如果家长当着很多人的面指出孩子的错误，或者训斥孩子，可能会令孩子产生羞辱感和抵触心理，这时即使孩子知道自己错了，也不愿意承认。此外，家长在外人面前不照顾孩子的自尊心，还会导致孩子出现自卑等心理问题。

三、倔强心理

“我根本没做错！”

有时孩子不认错，是因为他根本不知道自己哪里做错了，因此很倔强。孩子天性好奇，喜欢探索各种新事物，常常把家里的东西弄得面目全非。这时，家长生气就在所难免了，但孩子根本不明白，对和错的界限到底在哪里。

四、效仿心理

“爸爸妈妈不也经常不认错吗？”

一些家长总是居高临下地教训孩子，让孩子服从自己的意愿，但他们却从来不检讨自己的行为，一旦自己犯了错，也不会主动向孩子认错。

孩子犯错死活不承认，有时候会引发家长们的一些负面联想：孩子不诚实，撒谎，太让人费心……事实并非如此。那么，该如何纠正孩子犯错不承认的问题？

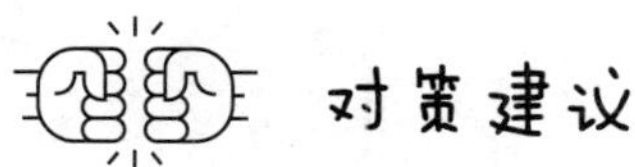

孩子不愿承认错误怎么办？

一、孩子不承认错误时，应避免的做法

1. 一些父母常吓唬犯错的孩子说：“明天我到学校去告诉你的老师。”这种做法不利于孩子承认错误，因为吓唬孩子会使孩子对父母产生不信任感。

2. 不允许孩子解释，强迫孩子一定要承认错误。因为这样易让孩子深感委屈，不仅于事无补，还有可能引发各种心理问题。

二、孩子不承认错误错误时，提倡的做法

（一）以平常心看待孩子的问题

有时候孩子不愿意承认错误，很大程度上是害怕受到惩罚，这是孩子通过之前的体验总结出来的。家长的气愤、责怪、唠叨、抱怨都不能从根本上解决问题，反而会让孩子通过各种途径掩饰错误。

教育就要讲究科学的方法，光靠训斥、惩罚是培养不出好孩子来的，有时反而会引起孩子的逆反心理，或者使孩子变得爱撒谎。因此，家长要以平常心对待，在此基础上，通过引导、教育、沟通等方式帮助孩子解决问题。

（二）心平气和地与孩子沟通

平时在生活中，家长就应明确给孩子定好规矩，和孩子说清楚，什么事能做，什么事不能做。那么当孩子犯错时，自然就知道自己错在哪了。如果出现意外的错误，家长应该在冷静下来之后，帮助孩子分析原因，明确地告诉孩子犯这个错误的后果和严重性。

通过全神贯注地聆听孩子的讲话，家长可以全面了解事情的经过，了解孩子是如何思考的，进而判断孩子是不是做错了事情。如果是孩子错了，家长要和孩子好好谈谈，可以和孩子一起思考如何对事情进行补救。

（三）保护孩子的自尊心

有些孩子不愿意承认错误，是害怕更多的人知道，担心大家笑话自己。作为家长，遇到这种情况的时候，一定要小心处理，以避免对孩子的自尊心造成伤害。

有的家长，对孩子求全责备，不允许孩子犯错误。如三四岁的孩子，常有把衣服纽扣扣错位，将袜底穿到脚面上，把两只鞋子穿反等现象；再大一点的孩子，特别是男孩子，顽皮、好打闹，有时会把衣服弄破，或是为了探个究竟，把新买的玩具拆得乱七八糟……这都是孩子生理和心理特点造成的，他全然不知错。对这类错误，家长不应该过多地责备孩子，更不要说那些伤害孩子自尊心的话，如“你真笨”、“你真是没用”等，而应该在“如何做”上给予具体指导。

（四）明确是非观念

有的孩子个性强，倔强、执拗、任性、自以为是，做错了事不愿承认，怕

认错后丢面子。有的孩子则从来没有认错的习惯，这与家长的教育有关系，如孩子摔倒了，家长不教育孩子走路要当心，反而怨地不好；小孩子之间发生纠纷，家长往往是袒护自己的孩子，说别人的不是，等等。

对这样的孩子，家长不要急于追究错误的大小，而应把重点放在如何帮助孩子认识什么是错误上：是谁的错就是谁的错，要本着实事求是的态度，不要怨天、怨地，混淆孩子的是非观念。

（五）鼓励孩子主动承认错误

鼓励孩子说实话，以亲切的态度告诉孩子："做错了事没关系，只要勇敢地承认错误并愿意改正，就是好孩子。"同时严肃地指出："做了错事又不肯承认是错上加错！爸爸妈妈不喜欢这样的孩子。"待孩子表示认错后，肯定他的进步，再帮助孩子分析错在什么地方，其严重程度、不良后果等，教孩子应该怎样做，让他从中接受教训。这样，既可以减轻孩子的内疚感，也可以提醒孩子下次可以怎么做得更好。

（六）通过讲故事，运用榜样的力量影响孩子

可以通过相关主题的童话故事，通过与孩子讨论故事中人物的行为，引导孩子思考什么是正确的做法、什么是错误的做法。

（七）鼓励孩子勇于承担责任

如果孩子做错了，就要鼓励他勇敢地承担责任。例如，把小朋友的玩具弄坏了，要陪他一起去买玩具赔给朋友并且向她道歉。这样一是使孩子摆脱以自我为中心，知道外部世界并不总能为所欲为；二是让他遭受必要的情绪挫折，体验到后悔、难过、害怕是什么感觉；三是让他学会协调自己与环境的关系。

（八）让孩子自己提出补救的办法

这将促使孩子对自己的行为进行更多的思考，增强他们的责任感，假若孩子提出的办法不恰当，你可以再提出一些补救的办法来引导他。要求孩子对自己的错误行为进行补救的最终目的，是教给孩子发展自己内在的约束力。

（九）要有一定的宽容之心

要想改掉孩子爱撒谎，不敢认错的缺点，就要允许孩子做错事，允许孩子讲真话，并且要在孩子认错之后给予表扬。

这种宽容的教育方式会使孩子明白，犯了错改正了就是好孩子。而且，他会牢记家长的宽容之心，学会控制自己，不再做错事。另外，理解孩子，不要用成年人的标准来要求孩子。孩子总是爱玩爱闹，难免有点淘气，所以不要把孩子的淘气和错误等同起来。

（十）家长以身作则

身教重于言教。为了改掉孩子死不认错的坏毛病，当家长犯错后，要给孩子认错。如家长不小心踩坏了孩子的玩具，这时家长应该放下面子，主动告诉孩子玩具是自己不小心踩坏的，真诚地请求孩子原谅。同时，家长还可以借此机会让孩子明白，每个人都会犯错，但如果能勇于承认自己的错误，并积极弥补过错，就会获得别人的原谅。

品 行

57 男孩不知道感激父母的恩情怎么办？

情景展示

子珞的妈妈告诉我："子珞很聪明，但学习很粗心。为了促使他学习用功，我天天下班后，都先给他做一顿营养可口的饭菜，然后陪他做作业，辅导他的功课。为此我放弃了很多聚会、娱乐、休息及自己学习深造的机会，但儿子对我的付出从来都不知道感激。为了给儿子买到他想要的玩具，我花了好几个钟头去找，回来后他不满意，还给我发脾气。如果有什么好吃的，孩子也从来没想过给我们父母尝一点。看到为孩子付出了这么多，孩子却是这样的表现，我觉得很寒心。"

问题分析

教育孩子学会感恩一般有两种理念，这两种理念来自于传统和当代：一种体现在我国的传统教导中，"养儿防老"。另外一种则体现在当今父母的新观念中，"养儿"并不只"防老"。很多父母认为，家庭经济条件好，老了也不需要子女来养，只要子女过得好。

其实，无论何种理念，都要让孩子懂得感恩，但不能是以强迫的观念或手腕。要让孩子知道，"家庭中不仅仅只是父母对你付出，你也要学会向父母付出"。感恩是一个人基本的素质，是孩子情商教育的重要内容。但很多孩子缺乏感恩之心，不懂得体谅父母。主要原因如下。

1．家长对孩子有求必应，呵护得无微不至，打理好几乎所有的事情。正是父母毫无原则的溺爱，让孩子对父母给予的一切都习以为常。孩子们获得的爱太多、太容易，自然不懂得珍惜，进而忽略了应该感恩父母。

2．家长评价孩子的优劣更多是看学习成绩，德育因而显得微不足道。学习好就几乎代表了一切，孩子的品德、个性培养被忽略。这种片面的价值观和培养方式也是感恩心理缺失的重要原因之一。

3．社会有一种崇尚功利、实用的文化潮流。在人与人的交往中，“实用”、“功利”通常成为衡量标准，这对传统的类似于“滴水之恩，当涌泉相报”的感恩文化形成一定的冲击，孩子也受到影响。

对策建议

为了让孩子懂得感恩，并不断体验和感悟到在感恩中成长的快乐和收获，家长需要从以下方面努力。

一、爱孩子要有所为有所不为，不要包揽所有的事情

对于年纪较小的孩子确实需要大人照料，但不能包办代替。如果父母对孩子的保护过多，那么孩子就会渐渐习惯父母的包办代替，就会认为这一切都是理所当然，就会习惯于坐享其成。久而久之，孩子就很难再感谢父母对他们所做的一切了。例如，五六岁的孩子学会了自己穿鞋子，父母就应尽量让他自己去穿，不要包办，有时还要让孩子为你取鞋、取袜，做力所能及的劳务，逐渐培养孩子为父母服务的意识习惯。

二、理性地满足孩子的要求

对孩子提出的要求，父母应先思考一下是否合理，如果不合理，则坚决拒绝，并且要告诉孩子为什么不合理，给孩子一些经受挫折的机会。不要孩子想星星就一定给他星星，想月亮就一定给他月亮，应该让孩子自己去争取自己需要的东西。当孩子通过一些努力获得所需的时候，他才会知道在父母的爱和保护下是幸福的。同时，父母也不要预先对孩子承诺太多。有些父母总想给孩子最好的食物和衣物，总想为孩子提供最好的生活条件，生活中面面俱到，时间长了，孩子会觉得这一切来得都很容易，甚至认为他本来就应该拥有，于是也不懂得珍惜。

三、让孩子学会分享

一开始孩子给大人东西，大人会说不要，孩子独享就可以了，久而久之，会让小孩觉得他吃好东西、拥有好东西是理所应当的，如果孩子习惯了被给予，只知道索取，便很难在以后的生活中考虑别人的感受。家长应有意识地加以引导，例如，每次给孩子吃东西时，应该当着孩子的面，自己也分一份。

四、欣然接受孩子的“给予”

当孩子想要帮助你做事情的时候，父母一定不要说“不用你管，你把书读好就行了”。这样会挫伤孩子的积极性。而且父母最大的责任不是让孩子学会读书，而是让他首先学习做人，这是他能好好读书、把书读好的基础。孩子懂得付出、懂得回报，他才会懂得珍惜、懂得体谅。如果孩子送了你礼物，不管礼物多么粗拙，你都要欣然接受，并对孩子表示感谢，有时候还可以把孩子的礼物展示给亲戚朋友看，让孩子知道你收到他的礼物是多么欣慰。

五、常与孩子叙旧

随着时光的推移，孩子常把父母的养育辛劳淡忘得无影无踪，而父母只是默默地尽着义务，毫无怨言很少计较报酬和指望报答，这样会导致孩子面对养育之恩“受之无愧”。在孩子懂事之后，父母可以以叙旧的形式，把家长为他们呕心沥血的一些往事，讲解给孩子听，潜移默化地烙在孩子的记忆中，这会使孩子慢慢增加感恩父母的心理作用。但千万不要把这些事当作“口头禅”，这样会适得其反。

六、妙用“移情”，让孩子学会感受他人的情感

要让孩子学会感恩，首先要让孩子懂得感受他人的情感，能设身处地地为他人着想。此时，家长可以采取一些“移情”的方式让孩子拥有一颗柔软的心，懂得体察别人的情绪。比如，当你看到你的孩子因为心情不好而要打他的玩具娃娃时，你就可以告诉他：“不能打娃娃哦，娃娃也会疼的。他知道你是一个喜欢打人的孩子，以后就不跟你玩了。”用这样的移情法有助于培养孩子的爱心，也让他能体会到别人的感受。

七、巧用节日，让孩子把握感恩时机

每年的母亲节、重阳节等节日是对孩子进行感恩教育的最好时机。可以事先跟孩子说：“儿童节是宝宝的节日，爸爸妈妈都给了宝宝礼物。马上就要到母亲节了，你是不是也应该送妈妈礼物，让妈妈高兴高兴呢？”接着可以帮助孩子一起动手做一份“专属母亲节礼物”。当收到礼物时，要记得对孩子的努力表示感谢：“谢谢你，你这么爱妈妈，真让妈妈感到高兴！”这能让孩子从被感谢中感到快乐，从而更愿意去感恩。

八、角色互换，让孩子学会设身处地

可以在家庭中开展“角色互换”的亲子游戏，让孩子当一天家长。你可以学着孩子平时的样子，比如“快，给我倒杯水，我渴了”，“我身上痒痒，快来给我挠挠”，让孩子体验做父母的辛苦，也让孩子明白，平时自己的这些娇惯行为是不正确的。通过当一天的家长，他日后在发生类似行为时，就会先想一想：“我这样叫爸爸妈妈给我做这做那，他们是不是很辛苦？”

九、让孩子从父母身上学习

如果家长在家庭中处于既是父母，又是子女的情形，就更要注意在孩子面前的形象，要随时注意自己的一言一行。家长是怎样对待孩子的爷爷奶奶的，孩子是会模仿的。身教比言教的影响更大。如果家中有老人，有好吃的要先给老人吃，逢年过节给老人送礼物。如果老人离得较远，应该经常给老人打打电话。要让孩子看到父母不仅对自己有爱，对长辈也有爱。

很多人都在电视上看到这样一则广告：一位刚下班的年轻妈妈，忙完了家务，又端水给老人洗脚，老人对她说：“孩子，歇会儿吧！别累坏了身子。”她笑笑说：“妈，不累。”年轻妈妈的言行举止被只有三四岁的儿子看到了，儿子一声不响地端来一盆水。年幼的儿子吃力地端着那盆水，摇摇晃晃地向妈妈走来。盆里的水溅了出来，溅了孩子一身，可孩子仍是一脸的灿烂。把水放在母亲的脚下，为母亲洗起了脚。这就是身教的力量。

58 男孩不懂得孝顺父母怎么办?

情景展示

记得曾经和一位家长聊天的时候，她给我讲了一个她的故事：

“那几天因为连日加班工作，最后劳累过度病倒了，不得不在家休息几天。谁知，在家里的这几天，我的心情还不如上班的时候安静。

以往每天早晨，我天天都要早起为孩子准备早饭，给他穿戴整齐，吃好饭后送他去学校。然而在我自己病倒后，孩子却一点也没有对我表示过关心，也不来我的房间看看我，更别说端水拿药了。有一天，老公早上急着上班，嘱咐孩子帮我拿下药，孩子却把脸一扭，说：‘我不去，我害怕妈妈把病传染给我。’老公当时气得要揍他，躺在床上的我听见孩子的话后，突然有一种揪心般的疼。

孩子小小年纪却不懂得孝顺，我该怎么办？”

问题分析

不懂孝顺有原因

我们今天提倡的孝顺父母，一要了解父母，二要亲近父母，三要关心父母，四要体贴父母，五要尊重父母。可是在我们的身边，有很多孩子并不是这样做的，相反，他们经常只从自己的角度出发，影响父母的工作和休息；惹父母生气、顶撞父母；对好的东西实行独占独享等。这些看起来是生活中的小事，但却反映了孩子的冷漠和家长的无奈。到底是什么原因导致孩子这样的?

一、父母只重视“我”的智力开发

很多家长都将孩子的成长等同于孩子的学习好坏，恨不得把孩子所有的精力都集中到学习上，认为孩子学习好就可以“一好百好”，其他方面都可以逐渐完善，对品德、劳动等方面几乎不做任何要求。家长只关心孩子的智力开发，忽视孩子的行为习惯、思想品德教育，对孩子的影响可想而知。

二、父母对“我”的溺爱

父母对儿女过分地溺爱、娇惯，常常顺着孩子的性子，孩子就算有错也不忍心斥责他们。如此一来，养成了孩子娇纵的习气，在心情不好时，随意顶撞父母，不能很好地控制约束自己。

三、“我”养成了习惯

孩子平时被宠坏了，养成了习惯。父母总把好吃的给孩子，孩子心安理得习惯了；父母总把孩子的事情包办了，孩子泰然处之习惯了；父母身体不舒服，孩子不关心父母也成习惯了……久而久之，孩子怎会懂得孝顺?

四、“我”的情绪不稳定

孩子由于年龄的原因，情绪往往不稳定，有着矛盾的情感，遇到一些问题时不能冷静面对，不容易很好地处理。如果与父母在某些事情上不能达成一致的意见，容易产生分歧，出现一些过激现象。

五、父母对“我”的影响作用

家长是孩子的第一任老师，有的父母本身对长辈不懂得孝顺，不尊敬、不关怀老人，乃至逃避赡养义务、虐待及遗弃老人的做法，给孩子做了不好的榜样。耳濡目染下，孩子怎么能学会孝顺父母呢?

对策建议

如何让孩子学会孝顺父母?

中国有句古语：“百善孝为先。”孝敬父母是中华民族的传统美德，是做人最起码的规范。孝敬父母不是单一的习惯问题，它也体现出一个孩子能否关心他人、设身处地地为他人着想。如果一个孩子连最基本的孝敬父母都做不到，他以后的家庭及社会关系也会出问题。因此，我们一定要重视培养孩子孝敬父母的好习惯。

一、让孩子知道父母付出的辛苦

让孩子了解到，父母给自己的一切是用心血和汗水换来的，要百倍珍惜，并要有感激之情。家境困难的，使孩子了解家庭的经济状况，懂得生活应该俭朴，与父母共同克服困难；家庭富裕的要让孩子知道富裕更是父母辛勤劳动换来的，要在学习、品德上努力上进，珍惜父母的劳动所得。

一些孩子不知道父母的工作情况，不知道父母的钱是怎么挣来的，这样的孩子怎么会从心底去孝敬父母呢？为此，父母应当有意识地经常把在外工作的情况告诉孩子，说得越具体越好，从而让孩子明白父母的钱得来不易，这样，孩子就会逐渐珍惜自己的生活，也会从心底产生对父母的感激和敬重。

二、父母要以身作则，培养孩子的责任感

父母要用自己的行动去教育孩子。父母要尽量多抽时间带上孩子去看老人，帮老人做些家务，尽一份子女应该尽的义务，给孩子经常讲一些孝敬的寓言故事，以此启发孩子孝敬父母的意识。

家庭责任感是社会责任感的基础。要把孩子的家庭责任感扩大为社会责任感，父母要以身作则给孩子做出榜样，引导孩子关爱家人甚至是其他需要帮助的人。

三、让孩子自己能做的事情自己做

教育孩子尽早学会自己能做的事自己做，并参与力所能及的家务劳动。让孩子多做事、多承担家庭责任、培养独立生活能力，这些都关乎孝道的培养。孩子承担家庭责任，就是在帮助父母减轻负担。孩子有独立性，不依赖父母，他才有能力关爱别人、照顾别人。如果不独立，长大了还要啃老，他拿什么来孝顺？从这个意义上来讲，培养独立就是培养孝顺的能力。

四、教会孩子同情、体谅和怜悯别人

父母要从小教育孩子学会理解父母，让孩子明白每个人都有权欢乐、幸福，孩子不仅应知道自己有需要和愿望，还应想到父母和亲人的需要和愿望。

父母要教会孩子对人有同情心，告诉孩子为了实现父母和亲人的愿望，可以适当地限制或放弃自己的部分需要和愿望，比如父母应坚持让孩子把好吃的先让给长辈；与孩子一同上街购物，要求孩子帮助拎些东西；父母下班回家，应主动让父母安静休息；当家里条件不许可时，限制自己的某些需要与愿望等。

五、教育孩子孝敬父母要从细节抓起

教育孩子孝敬父母不是抽象的说教，而是有具体内容的训练。如教孩子学会根据性别年龄称呼“叔叔”、“阿姨”、“老爷爷”、“老奶奶”等；听父母说话时要认真，眼睛不东张西望，不插嘴；父母批评时不顶嘴，不任性；在家要当父母的小帮手；要知道父母的生日，主动为父母祝贺生日等等。孩子从小事做起，就可以形成习惯。

六、建立合理的长幼有别的家庭秩序

父母要尊重孩子独立的人格，尤其是在处理孩子自己事情时，一定要充分听取他们的意见。同时，家庭又是一个整体，总要有人当家长，来管理这个家庭，父母是家庭生活的供养者，而且他们有丰富的生活经验，自然应当成为家庭的核心和主事人，孩子应当在父母的指导下帮助生活、学习。现在，不少家庭中，孩子是小太阳，家长整天围着孩子转，更谈不上培养孩子孝敬父母的好习惯了。因此，我们要让孩子明白自己与父母的关系，知道父母是长者，是家庭生活的主事人。

“孝”字，是孩子在搀扶老人时的形象。孝的教育，归根结底，是关爱与尊重的教育。当我们成为老人时，孩子孝顺自己了，这并不是孝道教育的终点。如果孩子真的知道孝顺的意义，懂得了爱与尊重的道理，并能推而广之，对他人和世界都存有爱心和敬意，那才是孝道教育的成功！这样家庭才能更加和睦，社会才能更加和谐。

59 男孩爱说谎怎么办？

情景展示

通常孩子从 3 岁时开始学会说假话。这时，孩子开始了解成人并不能读懂每人内心的想法，孩子说谎多数是为了摆脱困境或掩盖自己的错误。4 ~ 6 岁的孩子，在一般情况下变得更善于说谎。他们懂得使用身体语言、面部表情和语调来隐瞒自己的错误或向父母提供虚假的信息。但如果父母追问，他们往往不能自圆其说，因此常常会露馅。研究表明，4 岁的孩子每 2 个时可能会撒谎一次，6 岁的孩子每 90 分钟可能会撒谎一次。

明鑫学习成绩不算优秀，但也能排在全班中等以上。可上了五年级后，他妈妈发现明鑫越来越贪玩，每天放学回家就盯住电视不放，让他去写作业，推说老师布置的作业少，已经在学校做完了。对此他妈妈虽半信半疑，但是由于自己工作太忙也没有找老师核实。直到儿子的班主任打来电话后，他们夫妻俩才知道孩子说谎了。

问题分析

孩子撒谎的原因

孩子撒谎是一种比较普遍的现象：一是偶尔为之；二是经常性撒谎。经常性撒谎是十分严重的，必须引起家长高度重视。撒谎原因通常如下。

1．逃避责备。孩子因为做了错事，怕被人责备而撒谎。孩子学习成绩不好时，往往最容易隐瞒、说谎。

2．家长的管教比较严厉。有一些家长对孩子的要求比较严格，但有的则太过分、太严厉，动辄打骂，孩子见到父母像老鼠见了猫，生长在这种环境下的孩子也比较容易撒谎。孩子往往想通过一句谎言来避免一顿“皮肉之苦”。

3．孩子的虚荣心作怪。有些孩子为满足自己的虚荣心，往往容易胡编乱造，瞎吹瞎说。

对策建议

如何帮助孩子改正说谎的毛病？

在弄清了孩子的说谎原因后，我们就可有的放矢地对孩子进行矫治了。

一、证实孩子是否在说谎

当家长怀疑自己的孩子说谎时，应该首先进行仔细的调查、了解，搞清楚孩子是不是真的在说谎，因为有的时候父母的判断不一定是正确的，如果没有搞清事情真相就鲁莽行事，可能会给孩子的心灵带来不利的影响，甚至会造成亲子关系的紧张。

二、搞清说谎的动机，对症下药

家长首先应当搞清楚孩子说谎的动机和性质，然后才能根据不同的说谎行为采取有效的措施。比如，对于幼儿由于智力和知识水平较低而造成的无意识说谎，家长不必大惊小怪，只要帮助孩子分清想象与现实间的差异即可，因为随着孩子年龄的增长，这些说谎现象会自然消失。对于孩子的有意说谎，家长要及时地发现和揭穿其谎言，并让孩子明白说谎是要受批评和惩罚的，将孩子说谎的企图适时地化解掉。如果是由于家长经常说谎造成孩子也跟着说谎，家长一定要认真检讨自己的行为，为孩子树立一个好的榜样。

三、多聆听并与孩子沟通

当孩子预期事情会有负面后果而说谎时，父母应了解孩子的需要，订立更实际的规则；假如是孩子可以做得到且愿意做的，他自然不用说谎了。另外，有些孩子会因为跟父母的接触机会少，所以用说谎的方法去争取父母的关注。父母平日应加强与孩子沟通互动，多了解孩子的想法，让孩子感受到父母对他的关爱与注意。

四、帮助孩子区分现实和想象

孩子说谎并非都是有意的，尤其是年龄小、想象力、创造力丰富的孩子更易进行想象型撒谎。父母在日常生活中要注意告诉孩子什么是发生的，什么是想象的，让孩子逐渐把现实和想象区分开来，并告诉孩子如何表达自己的想，如用“我想”、“我希望”等等。

五、要满足孩子合理的要求和愿望

如适时地给孩子添置玩具、图书及彩笔等。让孩子意识到自己需要的东西，只要是合理的，家庭又是力所能及的，是会得到满足的。这样可避免孩子因需要不能满足而把别人的东西随便拿回来而又不告诉家长和小朋友的情况。

六、不要随意给孩子“贴标签”

孩子的说谎往往并不是为了故意伤害他人，家长不要轻易将孩子的说谎行为与孩子的品质画等号，不能因为孩子的某一次谎言就给孩子定性，给孩子贴上“小骗子”、“谎话专家”、“吹牛大王”等标签。这样做不但对孩子改掉说谎的毛病没有任何帮助，反而对孩子的说谎行为起到了强化的坏作用。

七、不要惩罚讲真话的孩子

在现实生活中常常有这样的事例，孩子说今天在学校挨了批评或者考试不及格，父母往往是劈头盖脸一通严厉的批评，甚至体罚孩子，而说谎却常常能使孩子逃过责难。这样一来，孩子将逐渐体会到说真话会受到惩罚，不说真话倒能平安无事，甚至还可以赢得父母的赞赏。

因此，家长正确的做法应该是，当孩子第一次告诉你他在外面闯了什么祸或考试成绩不好，家长首先要表扬孩子的诚实，然后帮助孩子分析为什么会出错，一同找出解决问题的好办法来。这样孩子以后就不怕对家长讲实话，有了困难也愿意求助于家长。

八、诚信源于尊重

我们从马斯洛的需要层次理论也可以领悟到这样一点：孩子在某种程度上如果自尊心受到挑战，得不到所期望的尊重，就有可能会表现出不诚信的言行。罗素也讲过：从小未受过恐吓的孩子必定诚实，这不是由于道德约束的缘故，而是因为他想不到别的做法。

九、家长给孩子做一个好的榜样

发现小孩撒谎，家长应首先检查自己，孩子处理问题的方法，多半是受父母影响的。研究表明，撒谎儿童最有可能来自父母有此行为的家庭。若父母不能有一个诚实的榜样，实在很难说服孩子要诚实。要培养诚实的孩子，自己就不应撒谎。父母在要求孩子诚实的同时，自己应该以身作则，在日常生活中做一个好榜样。

十、采取适当的教育方式

家长不可只看结果，不看过程，采取简单、粗暴的奖惩方式来教育孩子，要看到孩子努力的过程，并对孩子努力的过程给予表扬，尽量不要使孩子从撒谎中得到好处。对孩子进行惩罚时，要明确告诉孩子，之所以要惩罚他是因为他的撒谎行为，并告诉孩子有时犯错是难免的，犯错后关键是应该如何去改正。

十一、要用一颗平常心来对待孩子

家长不要盲目地把自己的孩子与别人的孩子进行比较，对孩子提出过高的要求，这样不仅易导致孩子撒谎，还易使孩子丧失自信心。家长要根据自己孩子的实际情况、兴趣和特点施教。只要孩子每天都有进步，能够发挥自己的优势和特长，父母就应该为之高兴和骄傲。

十二、要及时制止孩子为达到某种目的而撒谎的行为

信任孩子并不等于放任不管。当孩子撒谎时，父母要及时、明确地指出孩子的撒谎行为，并告诉孩子应该如何去做（但要尽量避免当众批评孩子）。有些家长明明知道孩子在撒谎，却因为是一些小事而不制止，反而觉得有趣，家长要切忌如此，因为这种态度会强化孩子的撒谎行为。

十三、及时表扬、奖励诚实的孩子

要培养一个好的行为习惯，奖励比惩罚更重要。家长发现孩子闯了祸之后，不要气急败坏地责问：“这是不是你干的？”因为孩子很可能怕家长生气而说

“不是”。这样的问话方式实际上是诱导孩子说谎。家长可以注视着孩子的眼睛，等孩子自己说出真相，或者说：“发生了什么事？”如果孩子承认了错误或请求原谅，应立即告诉孩子，能承认错误很不简单，然后再对孩子做的错事进行批评。由于孩子的诚实行为，相应地要减轻对他的批评或处罚。

十四、制定一些规则并严格要求

要防止孩子说谎，教育孩子诚实，光讲道理不行，要有行为规范的具体要求。因此，父母要针对孩子的实际情况，提出“几要几不要”的具体要求，如：不讲假话，不编瞎话，不说大话，不谎报成绩等。不是自己的东西不能带回家，没有得到别人的同意，不可随便拿别人的东西，借了人家的东西要及时归还，有了错要勇于承认，凡是答应别人的请求就一定要想方设法去做好等。这些规则一经提出就要严格执行，不能朝令夕改，并要重视克服“第一次”出现的问题。

十五、重视孩子的第一次说谎

当孩子第一次说谎时，家长应将其当做一件大事来抓，决不能掉以轻心。要知道有第一次，就会有第二次，第三次。一般孩子在第一次说谎时会感到不安，即使蒙混过关了也会十分担心，但是如果这第一次说谎没有得到及时的纠正，孩子便可以尝到说谎所带来的好处，会觉得家长是好骗的、可欺的，他的胆子会越来越大，谎话会越说越多，越编越像，最终就成习惯性撒谎了。

十六、适当惩戒

在认真耐心的教育之后，孩子出现说谎等两面行为，可以采取一定的惩罚措施。著名作家冰心曾让用肥皂洗嘴的办法惩罚孩子说谎。我们可以创造一些有效的措施，如朗诵一个讲诚实的故事，抄写一段论诚实的名人名言，写一篇讨论诚实问题的日记或文章，取消一次外出游玩的安排等。

十七、培养孩子强烈的责任心

责任感是一个真诚的人的显著标志。对自己负责，不自欺；对他人负责，不欺人。其言必信，言行一致，表里如一，是一个人受到别人尊重与信赖的基本条件，也是社会健康，稳定的动力。因此，重视对孩子责任心的培养，从他身边力所能及的小事做起。

60 男孩不守信用怎么办?

情景展示

儿子今年9岁了，有一个让我很苦恼的问题，就是不讲信用，不能自觉遵守规定。比如看电视，看之前说好了只看半个小时，到了时间要自觉关掉，刚开始头两次还行，后来每次都是要提醒才关掉，如果不说他会一直看的。还有一次玩电脑游戏，说好玩了这一盘就关掉，我就出门了，等我3个小时后回来还在玩，其间爷爷提醒他让关掉但他也不听。平时在家比较听我的话，但是我在和我不在面前就是两个样，我要是不在家他就谁的话都不听。

问题分析

什么是诚信?

诚信也就是信守自己的承诺。《给孩子的10个最伟大的礼物》一书的作者斯蒂文·W·范诺伊（Shaven W. Varamoy）对于诚信是这么说的：诚信是在没有人看，没有人知道你在做什么时的行为。

如果孩子能够对下面一些问题作出肯定的回答，那么他就是一个有诚信的孩子：

能够诚实地面对自己和他人。

相信自己行为是正确。

即使遇到困难，甚至受到同伴的责难，也要坚持正确的行事方式。

同伴希望你和他们一起做一件错误的事，比如抽烟，欺负新来的学生时，能够坚持自己的信念，不屈服。

自己的言行与想法和信念相一致。

对策建议

如何培养孩子守信的习惯

一、榜样示范

美国著名心理学家大卫·艾尔金德认为：要想让孩子有教养，守道德，父母首先必须是一个品德高尚的人。因此要让孩子有诚信的好习惯，父母首先要从自身做起，用自己的言传身教给孩子树立一个诚信的好榜样。答应孩子的事情一定要言出必行，如果不能完成，也要向孩子诚实说明，并得到孩子的谅解。

要纠正孩子的不守信用，家长首先要做到言行一致。孩子的模仿能力很强，很容易受到某种行为的暗示。如果父母言行不一，不履行承诺，孩子就会受到暗示，跟着模仿。因此，父母一定要注意自己的言行，不要在孩子面前做出言行不一致的事。

例如，父母如果答应了孩子星期天带他到公园去玩，就一定要去。如果临时有事，也要先考虑事情重不重要，若不重要，就要坚守诺言，带领孩子去公园；如果事情确实比较重要，一定要向孩子说明情况，并及时补上去公园的活动。千万不能毫无理由地突然变卦。

二、从小教育孩子守信用

父母要从小就教育孩子守信用、负责任。

有一个故事，说一个美国孩子，他父亲早逝，去世时留下一堆债务。若按常规，欠债人已去，把他的商品拍卖分掉，债务差不多也就算了。但是这孩子一一拜访债主，希望他们宽限自己，并保证父亲留下的债务分文不少地还掉。后来这孩子果然历二十年之功，把父亲留下的债务，连本带息，分文不落地全还了。

周围的人都非常感动，知道他是一个可靠之人，也都非常愿意和他做生意。结果这孩子不但博得了别人的合作，也赢得了他人的尊敬。

因此，教育孩子答应别人的事一定要兑现，如果经过再三努力仍没有做到，就应该诚恳地向对方说明原因，并表示歉意。最重要的是，教育孩子在答应别人之前一定要慎重考虑，认真考虑自己有没有能力做到，要量力而行。

三、及时纠正

如果孩子出现了言行不一致的行为，父母一定要及时指出来，严肃地向孩子讲明道理，并督促孩子认真履行自己的承诺，按照自己的诺言去做。同时，父母还可以讲讲信义在人际交往中的作用，让孩子懂得履行自己的诺言是多么重要。千万不要觉得孩子还小，或者觉得无关紧要就放纵他们的缺点。这样，孩子会不断强化不良的行为，从而形成不良的品格，进而影响他以后的人生。

四、不要随便给孩子帖标签

没有按时做到约定的事情并不能说明孩子就是一个不讲信用的人，只能说明自律性还不是特别强，并且对于一个几岁的孩子来说，也是一件比较正常的事情，不要上纲上线。如果给孩子贴上一些负面的标签，如内向，懒惰、爱撒谎、坏孩子等，容易给孩子这种负面的暗示，孩子的行为也会不知不觉往这个方向发展。

五、及时鼓励

当孩子诚实守信用时，父母也要及时鼓励孩子。一个言而无信的人，是没有人愿意和他合作的。

六、营造诚恳、互信的家庭氛围

父母要做有心人，为孩子创造愉悦的讲诚信的家庭氛围，以感染孩子的心灵。特别是家庭成员之间应相互信任。孩子尽管年龄小，但他同样会体会到家长对他的尊重和信任。要知道从小受到尊重、信任的孩子，会更加懂得怎样去尊重、信任别人和怎样得到别人的信任。

61 男孩不讲文明怎么办?

情景展示

家有男孩初长成，相信很多的爸爸妈妈初遇孩子说脏话，说不吉利的话，甚至说诅咒之类的话的时候，会非常惊慌，深恐孩子会一直这样下去。

文明可以是一个微笑、一句问候、一声祝福，但有时它却离我们很遥远。文明是什么？不闯红灯还是不随地吐痰？其实“文明”就穿插在你的整个生活之中，当你拥有了文明的生活习惯，举手投足之间，外在的行为自然文明起来了。

孩子说脏话怎么办，怎么让孩子做到讲文明，需要家长认真对待。

问题分析

一、孩子爱说脏话的原因

1．模仿性脏话：年幼的孩子往往没有是非观念，别人说一句骂人的话，他觉得很好玩，也跟着骂人，这是孩子说脏话的一种普通心理。

2．习惯性脏话：如果孩子的模仿性脏话得到成人的默许或者赞赏，那么，孩子说脏话就会成为一种习惯。

3．有意识的脏话：3岁以上的孩子说脏话时，除了出于好玩，互相模仿外，还具有一定的选择性，他们能够初步理解脏话的含义，并对特定的对象说脏话，这就是一种有意识的行为。当然，也有些孩子是在与小伙伴发生矛盾或者受了欺负时被迫说脏话，以说脏话来发泄自己的不满。

二、培养文明礼貌习惯的重要性

文明礼貌是人际交往中尊敬他人的表现，也是良好修养的重要体现。当文明礼貌成为习惯，在关键时刻也许会发挥意想不到的作用。以下是一个极端的事例。

史佩拉是犹太的一名传教士，他是一个文明礼貌的人，甚至早上散步时从他身旁经过的人他都会笑嘻嘻地和他们打招呼。当他第一次向米勒打招呼时，这位农夫面无表情，不接受他的问候。

后来他才知道，当地居民不允许和犹太人接触。即便这样，他每天都热情地和米勒打招呼。终于有一天，史佩拉看到从米勒脸上漾出的微笑。以后，只要史佩拉喊一声："早安，米勒先生。"那位农夫都会高兴地回应："早安，史佩拉先生。"史佩拉的习惯延续了很多年。

纳粹党上台后把全村的人集中在一起送往集中营，史佩拉也在其中。到了集中营史佩拉发现，指挥官任意命令面前的人站在左边还是站在右边，站在左边的人被立即处死，站在右边的人还有生还的机会。

当指挥官念到史佩拉的名字时，史佩拉的心情难过到了极点，可是当两人四目相对时，史佩拉才发现指挥官是米勒。因为很早就养成了习惯，史佩拉不由自主地小声说道："早安，米勒先生。"米勒先是看着他，然后小声地说道："早安，史佩拉先生。"然后手指指向了右边，史佩拉安全地回家了。

史佩拉只用了一句礼貌用语就消除了米勒的民族敌对情绪，生命也得以挽救。这足以可见文明礼貌的重要作用。

对策建议

如何让孩子变得文明懂礼貌？

孩子并不是天生就不懂得文明礼貌的，他们的言谈举止是文明还是粗鲁，都是通过父母和社会大环境塑造的。父母要注意在日常生活中培养孩子讲文明、懂礼貌的好习惯。

一、父母要成为孩子的表率

古语说，已正而后才能正人。父母的言传身教是孩子学习的最好教材。父母想让孩子文明礼貌，首先要提高自身的素质，生活中处处做孩子的榜样，同时，要给孩子提供表现自己的机会，比如让孩子主动接待客人，使孩子在亲身体验中理解文明礼貌的含义，孩子做的不完善的地方，父母可以给予孩子指导和帮助。通过父母的行为潜移默化地影响孩子，孩子在耳濡目染的环境中，逐步形成文明礼貌的习惯。

二、规范孩子的文明举止

文明举止包括文明用语和文明行为。父母要从这两个方面加强对孩子的教育。文明礼貌用语要求不说粗话、脏话，教孩子学会使用基本的礼貌用语等。文明礼貌行为包括遵守公共秩序和社会公德，如爱护公共卫生，穿着朴素大方，遵守交通规则等。

三、强化孩子的自尊意识

文明礼貌习惯看起来是孩子的一种行为表现，实际上它与孩子的内心修养，特别是与孩子是否具有自尊和是否尊重他人有着密切的关系。自尊就是自己尊重自己，尽量维护自己的人格和尊严，获得他人好的评价。

每个孩子都有自尊心，想要获得自尊，就必须先尊重他人。文明礼貌就是尊重他人的起码要求。

四、教孩子掌握礼貌用语和常识

礼貌教育是孩子进行良好的人际交往的基础，不懂礼貌的孩子的主要体现为不会使用礼貌用语。父母要在平时的生活中教孩子掌握、运用礼貌用语。

要让孩子掌握基本的礼貌用语，如“您好、谢谢、对不起”等。接受了别人的礼物要感谢，做了错事要向别人道歉等，这些基本的礼貌常识父母要和孩子讲清楚。

五、要对孩子进行仪表训练

人的容貌、姿态、服饰往往是内心世界的外在表现，在日常生活中常常可以看到这样两类人：凡衣冠不整、蓬头垢面者，如无特殊原因大多是颓废派；凡浓妆艳抹，一味追求时髦者，往往精神空虚、不求上进。所以，不能轻看孩子的仪表，它对孩子内心世界发展变化有着很大的作用。从仪态举止说，主要从站、坐、行及神态动作提出要求，优美的站姿给人以挺拔、精神的感觉；正式场合不能半躺半坐；表情神态要求表现出对人的尊重，忌讳不良的动作习惯，如随便抠鼻、搔痒、抠脚等。

六、要对孩子进行语言训练

语言是人们交流思想感情的工具，礼貌语言像黏合剂一样能把人的思想感情连到一起，礼貌语言像丝丝细雨滋润人们的肺腑。家长要教育孩子坚持使用文明用语，表里如一地从内心深处尊敬他人。对长辈要尊敬而亲切，请求别人帮助时态度要诚恳，长辈交谈时孩子不宜多说话，长辈询问时要积极热情地回答。家长要注意听孩子的语言，发现孩子说脏话、野话时，要坚决制止。

七、要对孩子进行行为训练

父母要给孩子讲解待客的“规矩”，使孩子懂得一定的行为规范。可以让孩子参与一些力所能及的待客活动，通过直接参与，使孩子待客的动作和技巧得到练习并逐步养成行为习惯。

到公共场所去时，要教育孩子爱护环境卫生，不随地扔废弃物，不随地吐痰；遇到上车、购物时不要拥挤，应当自觉排队等候，依次序而进。

要教育孩子特别尊敬老人，关心残疾人，主动帮他们讲故事，给他们温暖。

八、要对孩子进行网络文明教育

网络给我们带来诸多方便，改变了人们的学习和生活。同时，网络又是魔鬼，是陷阱，里面鱼龙混杂。父母要引导孩子上网，使孩子在网络中安全成长。

九、及时制止孩子的不文明行为

孩子自身的体验是最好的教育，但是孩子辨别能力差，自制力也不足，这就需要父母对孩子进行有效的监督。一旦发现孩子有不文明的行为，就要立即制止，并告诉孩子不文明行为不仅会对社会或他人造成危害，还会影响自己的形象。父母要保持认真的态度，有时一个眼神就能传达给孩子信息，阻止孩子的行为。及时制止、纠正孩子的不文明行为才能让孩子逐步学会文明礼貌，才能更好地进行人际交往。

62 男孩喜欢在公共场合无理取闹怎么办?

情景展示

做父母的往往都有这样的经历：在外面购物时，孩子想要一个东西，你没有满足他，他就大哭大闹，面对大家的注视，你很尴尬……这时怎么办呢？其实，孩子正在用特有的方式，表达内心的不满。

问题分析

无理取闹的三大原因

要想制止孩子无理取闹、无理要求等行为，首先要找出原因。

一、自我控制能力差

这是因为父母对孩子的溺爱造成的后果，特别是现在，独生子女家庭很普遍。孩子饭来张口衣来伸手，父母少拒绝、少延迟，所以导致自我控制能力差，缺乏自制力。

二、家长不遵守规则

本来与孩子约定好的事情，说变就变，不能狠下心坚持原则。看见孩子哭得死去活来，上气不接下气而心软。这样如何让孩子遵守约定好的规则，而且孩子只要有这样一次的得逞，就会得寸进尺，变本加厉。

三、喧闹的环境

商场、超市人满为患，空气特差，在这样的环境下走来走去，特别容易疲劳。小孩一旦疲劳与口渴，更容易烦躁与不安，所以大哭大闹。所以经常可以看到，孩子在公共场合时突然闹脾气，怎么哄都不管用。

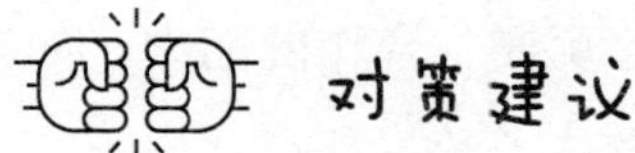

应对孩子无理取闹的妙招

一、在购物时使用智慧

满足孩子最基本的需要：不要让孩子太累或太饿，很多孩子吵闹，是因为他太累了，或者是饿了。如果一家子是去吃饭，或是带他上街买东西，先给孩子一点点心；如果带孩子去买衣服，最好先让他在外面玩一会儿，或者中途带他出来玩一会儿。当你和孩子一起去购物的时候，你首先要确保你和孩子都睡好了、吃好了，并且还要准备好营养丰富的小点心，好让孩子不会去专注于商店里的麦片桶、鸡蛋盒等一些对他来说好奇的东西。要准备好花上两倍的时间，并且可以让他自己选购一两样东西。如果你的时间很匆忙、感到心烦意乱或者心情紧张，那么就不要和孩子一起去购物。

二、规划孩子的活动以适应你的日程安排

尽管孩子的举止行为不能由父母像工程师设计机器那样来进行设计，但你还是可以采取一些简单的办法来引导孩子的小脑袋和小身体。

1. 让孩子养足精神、填饱肚子。如果你别无选择，不得不把学步期的孩子带到一个2岁的孩子不乐意去的地方，你事先就该作好规划。假定你在4点钟要与大孩子的学校老师见面，而且不得不带上2岁大的小孩子，那你就应该让孩子先睡上1.5 ~ 2个小时的午觉，在出门之前给他吃些点心，并且带上一些安静而又能吸引孩子的玩具。你应该在这一天的早些时候让宝宝得到足够多的照料，这会有助于他在你专心致志地与老师交谈时具有较好的行为表现。在你们谈话的时候，可以让宝宝坐在你的膝盖上。

2．为孩子规定玩耍时间。你要密切关注到底是哪些因素和环境激发了孩子的良好品行，并且应该消除那些会引发孩子调皮捣蛋的因素。你应该积极地去发现这样的环境，这可以通过调整谁和孩子玩、什么时间玩以及挑选多少玩伴来做到。你应该判断出孩子和谁在一起玩得最开心、一天中什么时候他玩得最起劲。他是与一个小伙伴在一起玩会玩得好呢，还是与两个或三个玩伴在一起玩得更好？如果精心挑选一个性情合得来的孩子相伴在一起玩耍，大多数时候都会玩得很好。许多孩子还没有培养起与别人一起玩耍、合作的能力。如果妈妈愿意在旁边照看着、密切地观察孩子的活动，当孩子学习社交“规则”时能够及时地介入，那么让孩子与一群小伙伴在一起玩耍会有很好的效果。除了这种让孩子与年龄相仿的玩伴一起玩耍的做法之外，你还可以让孩子和小伙伴们一起玩耍。大一点的孩子喜欢和“小宝宝们”一起玩，不会玩着玩着就打起架来。

三、拿走那些危险性高的玩具

塑料棒让孩子一个人玩耍是很适合的，而一群孩子在一起玩就会引起大的麻烦。你要为孩子挑选与年龄和性情相适应的玩具。对喜欢任性地摔东西的孩子，要给他柔软的玩具，而不能给他可以用来像石头那样用力扔出去的金属小汽车。如果一个玩具屡屡在玩耍时引起孩子们的争吵，那你就应该把它拿走放起来。

四、别让孩子无所事事地闲着

你应该让孩子和你在一起忙碌，有时可以让他自己去做一点事情，有时你要和他在一起玩耍，孩子十分需要你的陪伴。在这以后，孩子就会越来越能够自己找好玩的事来做了。

不要让孩子无所事事，而父母十分忙碌。在4岁以前，出生后始终与父母感情亲密的孩子一直都会自己玩得很开心。到了4岁，你可以指望这个老是袖手旁观的小家伙来帮一把手了：“想不想帮妈妈一把？”他的“帮忙”可能会让你慢下来，但这么做所花费的时间比起对付一个“没事干”的孩子来要省事得多。

五、掌握一些应对的技巧

1．当孩子开始大吵大闹时，将脸侧过去，在孩子耳边说：“停下来，不然我们就回到车上。”如果他不停下来，就将他带到车上。让他坐在后座上，而你站在车外。天气不好时，你坐在前座上，但是不要理他。除了回到车上你还可以将他带到一处僻静的长椅上或角落里。如果他不很快地停下来，那么你可以改变行程，立刻回家。将他带回他自己的房间，并让他在那里待一定的时间。孩子每大一岁可以增加 3 分钟，比如说，9 岁的孩子可以待 30 分钟。这样做一两次，就会有效地建立你在这件事上的信用，并且可以将你从和不听话的孩子一起待在公共场所的痛苦中解救出来。

2．看着你的孩子并对他说："跟我来。"停止眼神的接触，然后走开。慢慢地走到他可以看见你的地方。大部分的孩子会跟着走。如果你的孩子没有这样做，在一小段距离之外停下来并且等一下，假装你对某件事物感兴趣。几分钟之后，在你的孩子已经冷静下来之后，你可以走过去，并拉着他的手说："我们走吧。"

3．双臂交叉，带着严肃的神情居高临下地看着你的孩子。不要说任何话。当他停止大吵大闹后，继续你要做的事情。当你们回到家，告诉孩子因为他在你们外出时大吵大闹，所以现在要接受惩罚，在房间里反省，不能看电视，早点睡觉。当他下一次在公共场所大吵大闹时，就可以对他说："停下来，不然在我们回家后，你就去自己房间反省，就好像上个星期那样。"你的孩子会想起来，并知道你是认真的。

六、适时安抚孩子的情绪

当孩子变得烦躁不安的时候，找到他的平衡点——大部分家长看到孩子吵闹，自己也很着急，会跟孩子说："再耐心等几分钟，我很快就买好东西了。"但你会发现孩子根本没有办法做到你所要求的。这时他需要你的帮助，找回他的平衡点。如：花一分钟时间，抱抱他，轻轻地哼歌给他听，带着他转几圈；或者跟他说："你想走了是吧，我们一起到商店外待几分钟再进来好吗？"以此改善他的情绪，这样你们俩都有一个良好的心情。在你生气之前，听听孩子怎么说：当孩子发觉你能理解他时，也许他就自己找回了平衡点。

63 男孩没有爱心怎么办？

情景展示

有这样一个故事：一对中年夫妇对年迈的父母很不孝顺，他们把老人撵到一间破旧的小屋里居住，每顿饭用小木碗随便送些东西给老人吃。

一天，他们看到自己的儿子在雕刻一块木头，就问孩子刻的是什么，孩子认真地说："刻木碗，等你们年纪大时好用。"

据一份调查，近年来有36%的孩子表现出不尊重、不关心别人的自私心理，70%的孩子逐渐变得任性。很多孩子只关心自己的需要、自己的快乐，而不考虑别人的感受，更是没有爱心。

问题分析

孩子为什么没有爱心？

近年来，培养孩子有爱心和感恩之心一直是很多家长和教育工作者关注的话题。而一份对"问题儿童"的分析发现，孩子缺乏爱心和感恩之心，主要是父母（教育者）给予爱的方式不恰当，主要表现为"泛爱"和"乏爱"。

所谓"泛爱"，即溺爱。孩子从出生到成长的过程中，父母、家人无原则地满足，无止境地给予，无条件地包办。久而久之，孩子养成了自私、霸道、没有爱心、不善与人交流、不懂尊重别人等不良品性。

所谓“乏爱”，就是孩子在成长的过程中缺乏必要的关爱、理解和尊重，感受不到父母对他的关注。在这种环境下长大的孩子，容易形成自卑、内向的性格特征，没有自信心，缺少安全感，对周围充满敌意。

其实，没有哪个孩子天生残忍、冷漠，缺乏爱心，不懂感恩。孩子有没有爱心，关键在于家长的引导和培养。

对策建议

如何让我们的孩子更有爱心？

一、父母不要太溺爱孩子

有的孩子从来不知道关心父母：每次放学回家以后就什么都不管，不是看电视就是出去玩；父母还没有下班也不会帮忙做些事情，每次吃饭还要父母到处找；等吃完饭，父母在那里忙着收拾碗筷，孩子又一溜烟不见了；平时家里有什么好吃的，父母总是先让孩子吃，孩子也毫不客气，从来不知道为父母留一些；孩子生病时，父母总是忙前忙后地照顾他，遇到父母身体不适，孩子却不懂问候，还叫父母给他做好吃的。这些都是父母的溺爱造成的。

溺爱孩子是现代家长的通病，不少孩子从小就是家中的小太阳，父母和其他家庭成员都围着孩子转，孩子就形成了以自我为中心的坏习惯，根本就想不到要关心父母。因此，父母不能对孩子太过溺爱，应该建立民主、平等的家庭关系。父母应该建立一定的权威，让孩子知道父母是家庭的支柱，孩子应该尊敬和关心父母。

二、让孩子了解一些生活的真实情况

父母应该让孩子了解工作的不易和生活的艰辛，让孩子理解父母的喜怒哀乐，不要刻意在孩子面前维持快乐的假象。可以让孩子学着承担一些家务活，例如，当父母辛劳了一天，有些孩子就会帮助父母做一些力所能及的家务活，这时候父母不应该呵斥孩子“别在这里捣乱，赶紧去做功课，好好学习就是帮妈妈最大的忙”。

了解生活的艰难，可培养孩子的爱心，激励孩子的上进心，让孩子懂得应该珍惜现在的生活，应该关心周围的人。

三、积极回应孩子的关心

每一个孩子天性都会主动回报人的关心，愿意送给家长好东西，愿意为家长做事。可是，许多家长却不珍惜孩子这份可贵的情感，淡漠处之，甚至是拒绝，虽然有时是出于好心，不忍心要孩子的心爱之物，或不舍得让孩子做事，但久而久之，孩子都习惯了，到那时再说“这孩子真没心、真无情”已经晚了。

四、教育孩子关爱父母

父母应该教育孩子尊敬父母，关心父母的健康，分担父母的忧愁。这需要父母在平时就训练孩子从小事做起，例如，父母应该要求孩子每天问候下班回家的父母；当父母回来晚了或者比较劳累的时候，孩子应该主动帮助父母做一些力所能及的事情；当父母生病时，孩子应该主动询问、宽慰父母。在这个过程中，让孩子明白，父母养育了自己，自己应该关心父母，帮父母做一些事情。这样，孩子就会养成关心父母的好习惯。

五、教育孩子心中有他人

生活中，我们有些父母总是喜欢对子女说：父母对子女的爱是“无私”的，不求回报的！其实，我们做父母的应该更要让自己的孩子明白，我们每个人都需要爱和被爱、尊重和被尊重，你怎样对待别人，别人也会怎样对待你。

1. 家长自己先要是一个待人热情、关心别人、不自私的人，这样才能在孩子面前有说服力。有什么样的父母就会有什么样的孩子，父母的榜样力量对孩子的影响来说确实太大了。一个人的性格培养都是在孩子的第一任教师——父母的影响下形成的，父母给孩子以什么样的教育，孩子就会结出什么样的果实。家庭中夫妻之间、婆媳之间、邻里之间，互相体贴、照顾，随时随地嘘寒问暖，从语言到行动，让孩子感受到人与人之间互相关怀、互相帮助的美好善良的关系，认识到互相协作、互相谦让的必要性。

2. 家庭中应将关心别人，为了别人作出让步，或为别人的快乐而做事等看作是平常的、是应该的，使孩子养成自觉性，并形成习惯。

在家庭中应该有这样一条规矩：有好吃的东西，大家都应该吃；即使是单给孩子的东西，也要引导他给大人吃一点。大人在这时可不要推辞或假装吃。

家庭中还应形成这样一些常规：吃饭先请老人（爷爷、奶奶、姥姥、姥爷等）或客人坐下，盛饭先给老人或客人盛，好吃的菜摆到老人或客人面前；分吃水果，要把好的、大的给老人或客人；不要影响别人做事等等。习惯成自然，在这样的家庭里成长的孩子一般都比较大度、有教养、能谦让。

3．大一点的孩子，家长应给他出一些“难题”。例如：只有一个苹果，应该怎么办？水果有大有小，应该怎么办？其他小朋友要借用你心爱的东西，怎么办？别人弄坏了你心爱的东西，怎么办？在引导孩子解决这些难题的时候，让孩子学会关心别人，有牺牲精神等。

六、善用奖励手段

奖励是教育子女的重要手段之一，孩子的许多好品质都是在赞扬声中形成的。因为孩子随着年龄的增长，他开始关心周围人对自己的评价，他很希望别人说自己是“好孩子”。家长对孩子能关心别人，有好东西让大家分享，或作出一定牺牲的举动，要给予肯定、赞许。

七、因势利导，从小培养

美国曾举办过一个竞赛，寻找最有爱心的孩子。最后，一个年仅四岁的男孩获胜，当记者采访他的母亲如何教育孩子时，他的母亲只给记者讲了一个故事：

孩子两岁时，隔壁邻居——位老先生失去了他深爱的妻子，十分悲伤，在家痛哭。听到他的哭泣，孩子就走进老先生家，默默地看着，孩子的母亲也悄悄地走了进来，什么也没有说，而是陪着老先生默默地流泪，孩子见了，也低下头陪着默默地流泪。后来老先生慢慢停止了哭泣。回到家后，妈妈问她为什么跟着流泪，她说：“因为老先生需要我们陪着他一起哭。”这时母亲知道爱心已经在孩子心中萌芽，而母亲的引导就是浇灌这幼苗的阳光、雨露。

在孩子小的时候，如果只知道让他吃好的、穿好的，没有给他们更多爱心的培养，那么，孩子长大后，他们的爱心又会从哪里来呢？

64 男孩没有同情心怎么办?

情景展示

子忆是个调皮的孩子，走在路上见到同伴摔倒在地上，就哈哈地笑出声来。有一回，带他在公园玩，无意中捡到一只小鸟，他乐得不行。妈妈跟他说："天黑了，放小鸟回去找它妈妈了，好吗？"他也不肯撒手。

他在外面看到小动物也喜欢追打，看到花草树木也要过去踩踩搞破坏。他这么没有同情心，这让妈妈很担心。

同情是人类的一种美好的感情，也是人际交往中应该具备的条件之一。同情心是一种对他人的不幸和困难产生共鸣，并形成对其关心、支持、援助的情感。同情心不是靠强行灌输而在一夜之间培养出来的，需要的是自然而然的模仿、潜移默化的渗透，是从外在到内心，从量变到质变的过程。它的发展，为儿童良好的社会行为，如助人、分享、谦让等奠定了重要基础。

问题分析

为什么现在的孩子缺失同情心?

一、孩子在家中的地位高人一等，唯我独尊

著名教育家陈鹤琴先生曾经说过："若家庭里没有同情行为，那父不父，母不母，子不子，家庭就不成为家庭；若社会没有同情行为，尔虞我诈，人人自利，社会也就不成为社会了。"

一般来说，孩子都是家中最受疼爱的人，全家人众星捧月地爱护着孩子。长此以往，孩子很容易自认为自己是中心，是“小太阳”了，家里所有的人都要围着他转。这样的孩子从小自感特殊，习惯于高人一等，唯我独尊，必然变得没有同情心、自私，且不会关心他人。

二、孩子不懂体谅他人的付出

在家中，孩子往往是享受的那个人，不懂得付出的艰辛。孩子的物质要求总能轻易地得到满足，往往孩子要什么家长就给什么，有的父母还给孩子很多零花钱，孩子就更不懂得生活的不易了。“谁知盘中餐，粒粒皆辛苦”。

三、父母过多地包办代替

父母过多地包办，生活中的很多事情都替孩子打理好。孩子习惯了父母的付出，变得越来越娇气和依赖。每年在大学开学的时候，有一个司空见惯的现象，已经是成年人的孩子轻轻松松一个人走在前面，父母大包小包地跟在后面。一个时时处处总是被照顾的孩子，能对别人的遭遇产生同情心么？他们最同情的人会是他们自己。

四、环境的影响

有的父母看到别人需要帮助时无动于衷，这其实是在行为上告诉自己的孩子：别人的事情不要管。当然孩子就会学着漠然，缺乏关爱与同情。

五、父母过于严厉

有些家庭教育方式比较严厉，常常动不动就对孩子大声呵斥，并要求孩子的一言一行必须听大人的。这种严厉、惩罚性的抚养方式会阻碍孩子早期同情心的萌芽。另外，经常被体罚的孩子也会很少对同伴的“不幸”表现出关心。

六、父母对孩子的同情心发展漠不关心

有些家长比较关注孩子的智力培养，而忽视良好个性的培养。在和孩子进行亲子交流时，父母缺乏有效的交流技巧和方式。这样不利于孩子同情的萌发。

七、孩子的心理需求未被关注和满足

有些家长较少关注孩子的心理需求。如果孩子的心理需求没有得到关注和满足，那么，他的个性就会压抑，或通过一些行为，比如伤害小动物来寻求一种心理释放，同情心也无从谈起。

对策建议

如何培养孩子的同情心？

一、让孩子具有丰富的情感

同情心是诸多情感的一种。情绪稳定、情感丰富的人，自然能够深深感受到他人的喜悦和痛苦；情绪易变、情感贫乏的人，一般很难感受他人的心情，也产生不了对他人的同情心。

同情心的产生基于两个条件：一是对各种事物的经验，二是丰富的想象。比如：让孩子参加饲养小动物和栽培花草植物的活动。通过饲养、栽培活动，使孩子感受到生命的活力，对具有生命的动植物赋予同情的爱心。孩子看到初生动物毛茸茸的，挺可爱，自然就会很喜欢，要给它喂食；看到植物嫩芽从土壤中露头，就会兴奋异常。当动植物不幸死去或枯萎时，孩子会在遗憾和悲伤的情绪中懂得生命的重要。

二、巧妙地利用体验

从心理学的角度看，同情心的产生还在于移情作用。比如，看到小朋友摔倒了，腿流出血来，小朋友疼得直哭，这时大人可以先引起孩子的注意："你看那位小朋友跌破了腿，多痛呀！"然后问孩子："要不要帮帮他？"孩子体验到小朋友的情感，产生同情心理，很可能去安慰他并跑回家去，拿出"创可贴"给小朋友贴上。

另一办法是让孩子做一定的家务劳动。让孩子做适当的家务，能够让孩子感受到为别人服务的喜悦，既培养了孩子的责任感，又能使孩子理解父母的辛苦，产生同情心理。

父母或者祖辈老人有了病痛，家长要启发孩子想象成人的痛苦，并且作出相应的关心举动，比如问寒问暖，给老人讲话解解闷，或者递个水果，拿个药片。亲身体验感受是培养孩子同情心的有效方法。

三、父母要成为爱的使者

培养孩子的同情心并自觉地转变为助人行动，最终要取决于父母的榜样作用。有这样一件事，一个孩子替妈妈买食油，回来的路上不小心打碎了油瓶，孩子不安地等着母亲的惩罚。然而，妈妈首先想到的不是没油吃怎么办，而是碎玻璃片扎着行人的脚没有。于是妈妈领着他把路上的玻璃片全部打扫干净。妈妈的品德在孩子心中留下了难以磨灭的印象。

孩子的心是一片空地，种什么长什么。你播种爱，就会收获爱。如果我们做父母的在孩子幼小的心田里播种善良、友爱、责任，那我们的孩子心里绝不会滋生仇恨。

四、积极肯定孩子的行为

孩子有时候表现出一种富有同情心的行为，家长不要轻视甚至忽视，特别是一贯表现不佳、缺乏同情心的孩子，偶尔出现了一个富有同情心的表现，我们更应抓住机会，大大表扬，有时候，就是家长这些看起来微不足道、很容易忽视的具体行为，对引导孩子有一种意想不到的效果。

五、发挥文学作品的熏陶和教育作用

很多文学作品都会对孩子都有着深远的教育意义，所以父母要学会利用这些文学作品来培养孩子的同情心，如《卖火柴的小女孩》、《灰姑娘》、《三毛流浪记》等故事，可以用主人公的遭遇来激发孩子的同情心，启发孩子思考应该怎样对待那些弱小的值得同情的人。

六、鼓励孩子献爱心

对弱者表示同情，对暂时有困难的人给予帮助，是儿童的美好愿望，也是一种健康的心理需求。有条件的家庭，可以通过捐资助学，参与希望工程，为灾区捐款捐物，与贫困山区的孩子“结对子”等活动，让孩子知道，在世界的很多地方，还有很多小朋友生活十分贫困。让孩子了解那里的生活环境，鼓励孩子伸出援助之手。在地震、洪涝灾害等大的事件发生时，和孩子一起关注事态的发展，看看能为这些事情做点什么，发出一份光和热。

同情心，会让孩子们的心灵得到净化和升华，拥有同情心的孩子们就是一个个小天使，点亮生活中的爱和希望。

65 男孩没有上进心怎么办?

情景展示

很多家长都被一个相同的问题所困扰——孩子没有上进心。无论考试成绩如何，孩子从来不着急，对自己丢分的方面还总能找出解释的理由来安慰自己，特容易满足，没有一点竞争意识。

这些孩子，往往都是脑筋聪明，一点都不笨，就是一到学习上就不行了，每天也没有什么目标，似乎是在混日子。

其实，每个孩子都会对学习有不同的感受。有些孩子觉得学习很容易，有些孩子觉得学习很艰苦；有些孩子对学习是应付状态，有些孩子对学习是一种攻关状态。由于不同的差异，最后导致学习成绩各自不同。

很多事都是这样，有没有上进心，态度怎么样，决定了投入的精力、花的时间，也将带来不同的结果。

问题分析

通常没有上进心的三类孩子

一、性格不好强的孩子

这类孩子做任何事情都是应付，不会投入很大的精力去做，包括学习。很多家长说，我的孩子是聪明，就是不努力。如果认真点，学习成绩绝对是前茅，家长对孩子叮嘱万千，最终孩子还是老样子。这类孩子激发起来也很难，何况现在的孩子环境优越，很难受到环境的刺激。所以对于这类孩子要多花工夫。

二、环境优越的孩子

环境优越的孩子经常会出现两种极端：一种是很努力学习，加上生活环境优越，父母的教育培养投入大，所以学习成绩一路攀升。另外一种是不努力学习，由于生活环境优越，造成孩子没有上进心，做事情没有斗志，得过且过罢了。这类孩子需要父母改变生活环境，带孩子过过苦日子，从小要求严格点，这样对孩子才能有所改观。

三、怕困难的孩子

怕困难的孩子大多不自信，怕吃苦。怕困难的孩子既有来自宽裕家庭，也有来自贫苦家庭，并不是家境困难的孩子一定能吃苦。在农村的很多地方，很多孩子就早早失学在家，有些是孩子没钱上学，有些是孩子觉得学习很辛苦，就不想读书，而父母在外打工，常年管不到孩子，加上父母本身学历也不高，教育孩子也是无法做到。

孩子虽然性格各有不同，有活泼大方的，有内秀聪慧的，也有聪明调皮的，将来都要面临竞争。现代社会已经把各种竞争机制推进到了每一个角落，几乎从孩子上幼儿园开始，便要经历无数的评价，要获得好的评价就需要和身边的小伙伴竞争。随着年龄慢慢长大，竞争的氛围就更为激烈：为了上个好的中学，中考要竞争；为了考上名牌的大学，高考要竞争；为了找个好的工作，应聘上岗要竞争；为了在工作岗位上取得好成绩，还要不断地和同伴竞争。

竞争无处不在，有无竞争意识已经关系到孩子是否适应未来社会的要求，那么我们家长就必须重视孩子竞争意识的培养，想方设法激发起孩子的上进心，逐渐培养孩子的竞争能力。

对策建议

如何激发孩子的上进心?

一、为孩子提供宽松的家庭环境

孩子缺乏竞争意识，大多是因为惧怕失败。因此，要激发孩子的上进心，先要从孩子身边的环境做起。首先，家长要给孩子提供一个宽松的、敢想敢说的环境。只有让孩子的心理放松了，孩子才会热心做自己喜欢做的事情。其次，当孩子尝试做某些事情失败时，家长一定不要讽刺、挖苦、打击。这时，孩子最需要的是父母的宽容、理解，热心的鼓励、引导和支持，这对保护孩子的好奇心和自信心是至关重要的。

二、有意识地为孩子提供竞争的机会

许多孩子喜欢玩扑克、跳棋、军棋等，这些游戏本身就存在竞争，如果父母在和孩子玩的过程中，注意引导、保护孩子的竞争意识的萌芽，对激发孩子的上进心是非常有效的。比如，当孩子获胜时表扬，当孩子失利时鼓励，胜不骄败不馁，逐步培养孩子用平常心来对待输赢的心态。孩子只有敢于面对失败，才会不惧怕竞争。

有些家长和孩子玩时，往往只注重让孩子体验成功，总是想办法让孩子赢。久而久之，很容易对孩子产生负面效应，孩子做事时就会输不起，这对培养孩子的竞争意识是非常不利的。试想，孩子害怕失败，还敢去竞争吗?只有让孩子经常经受成功和失败的考验，才会使孩子的意志磨炼得越来越坚强，也就不害怕竞争了。

三、借助同伴的力量

如果孩子的伙伴比孩子自己强，孩子在这种刺激下，想表现自己的欲望就会被激发出来。我们家长要通过细心观察，帮孩子选择对激发孩子上进心有帮助的伙伴，为孩子多提供相处的机会，如一起郊游、一起学习、一起聚餐等。孩子在这样的同伴带动下，竞争意识会慢慢加强，不服输的意念会成为孩子尽力把事情做好的动力。

但应注意两点：一是给孩子选择同伴时，家长要考虑自己孩子本身的性格特点和兴趣特长，选择的同伴应与孩子的性格、兴趣相差不太大，最好只在某些方面比自己的孩子强，这样的同伴才会让孩子有压力又有动力。要是与自己孩子差距太大的话，会让孩子的自信心受挫的。二是孩子与同伴相处时，家长不要干涉太多，更不要当着同伴的面数落自己孩子的不足，要注意保护孩子的自尊。

四、鼓励孩子相信自己的能力

激发孩子的上进心，关键是让孩子相信自己的能力，相信自己一定能行。因此，家长要注意多鼓励孩子勇于表达自己的内心感受，勇于去追求要达到的目标。

首先，从了解孩子的个性特长入手，支持和发展孩子的独特性。为孩子提供更多的机会让孩子展示自己的长处，多在别人面前赞扬孩子的优点，这样可以强化孩子的优点，增强他的自信。

其次，鼓励孩子创新。对孩子而言，一种积木新搭法、一幅信手涂鸦的简笔画、一种游戏的新玩法、自己提出的一个新问题、对一道数学题的新解法等，都是创新。家长不要用传统的教育模式来限制孩子，束缚孩子的思维和手脚，要善于激发孩子的求知欲望和求知兴趣，鼓励孩子尝试用自己的思路去解决问题。无论是孩子动手还是动脑，家长都要善于发现孩子的创新能力，及时鼓励表扬。

五、鼓励孩子多参与集体竞赛

孩子在学校，有很多以班、组为单位的智力竞赛、体育比赛等。这些竞赛是一种集体竞争行为，要求每个人既要发挥最大的潜能，又要互相合作协调，使整体作战成功。这种集体竞争行动，对孩子良好竞争意识的形成非常有好处。所以，家长要鼓励孩子积极参加学校的各种竞赛活动，让孩子在公正和平等的竞争氛围中，学会如何参与竞争，在竞争中如何表现自己的特长，如何与同伴合作得更默契，又如何通过集体的力量取得成功。这既锻炼了孩子的竞争能力，又提高了孩子的团队意识和集体观念，何乐而不为呢？

当然，激发孩子的上进心，不是一朝一夕的事，需要我们家长坚持不懈，抓住一切有利的机会。记住：坚持就是胜利！

66 男孩不懂得自尊自爱怎么办?

情景展示

小晋是个极有“个性”的孩子。当他积极性高的时候，特别喜欢发言，老师也无法阻止，一直要到老师对他的发言表示赞扬或肯定，他方肯停歇；可是，当他的意见得不到老师的采纳，他就会消极沉闷，趴在课桌上无精打采。作业本上写的字，认真起来可以得“优”；不认真时写得潦潦草草，有时还要叽咕几句，认为老师不欣赏他。总之，小晋的心理活动有些捉摸不定。在同学中间，他常自诩知识面广，谈天说地时颇能吸引一部分小伙伴。但由于其行为表现不合规范，常常不遵守课堂纪律，随意地插嘴、做小动作，所以也时常遭到老师和同学们的批评。

问题分析

培养自尊自爱的重要意义

“自卑”是我们认为自己不够好，感觉不到充分的自我价值。而“自尊”意味着我们把自己看做是很棒的（I'm good）、有能力的（I'm capable）人，对自己的价值充满信心。

每个家长都希望孩子能够自尊自爱，成为自信而快乐的人。家长们会担心孩子自卑，与此同时，也有很多时候他们被孩子自尊心“太强”而困扰。这些家长所担忧的是，他们的孩子对自己的能力有过度膨胀的看法，例如优越感、自恋，或以自我为中心。

自卑有时会表现为自轻，但更多的时候却表现为自大，这是因太过在意别人对自己的评价、担心自己表现不够好而做出一种自我保护反应，所以才会需要不断地通过与他人比较以及压倒他人来衡量确信自己的价值。事实上，真正自尊的人不需要和别人比较或自我夸大，他们对自我价值有足够的确信。真正自尊的人内心也比较强大，情绪比较稳定。

强烈的自尊感可以激发孩子去学习、去爱、去创造的能力。自尊与欢乐、成功密切相关。但它出自何处呢？许多人认为，它与慈爱的父母精心照料有关。有关个性理论和儿童发展研究的专家发现，某些方法在抚养孩子的过程中将促成孩子的强自尊。

“自尊就是孩子为自己感到骄傲，”巴巴拉·伯杰博士，一位纽约的心理学家和儿童、青少年治疗专家说，“要想具有较强的自尊心，孩子必须感到自己既能讨人喜欢又有足够的能力。他必须深信自己的价值，能够应付自己和周围的问题。”这种认为自己可爱和有能力的感觉将不同程度地影响孩子现在和将来生活的各个方面。

对策建议

如何帮助孩子建立真正的自尊？

一、自尊的基础和核心是“内心稳定的幸福感”

1. 让孩子知道他是值得被赞赏和喜爱的——只因他就是他。让孩子知道，要获得你的爱，只需要做他自己，而不需要刻意向你证明些什么。无论他是赢是输、成功或失败，都不会影响你对他的爱。

2. 积极正面地回应孩子的需求和情感——即使在孩子惹你生气的时候。每位家长都曾遇到很多实在控制不住发怒的情况，虽然朝孩子发火或给孩子冷遇，会让他觉得你的爱是有条件的——只有当他的表现符合你的期待时，你才会爱他，然而事实是，孩子们看上去最不可爱的时刻，往往是他们最需要你的爱的时刻。

3．用同理心指导和规范孩子的行为，不要总是用惩罚来震慑。惩罚并不能帮助孩子学会管理自己的情绪和行为，它只会恶化愤怒情绪到无法自控的地步，久而久之会使他们内心产生一种自厌的情绪，觉得自己控制不住，怎么做也不对。

4．给予孩子正确的表扬。表扬、鼓励和认可是必不可少的帮助孩子发展健康自尊的方法，因为这样做可以让孩子充分感受到自己是被关注、尊重、欣赏和重视的，帮助孩子发展出内在的自我激励能力，去应对各种挑战。但是，表扬的方式必须是符合现实的，否则将适得其反。

二、让孩子通过亲身体验来发展自尊

等孩子长大一些，父母需要鼓励孩子去尝试一些困难的事物，让孩子在应对挑战和挫折、不断追求目标的过程中，确信自己是有能力的。

1．支持和鼓励孩子去探索和接受挑战。比如研究一个新玩具、寻找一个新的朋友或学骑自行车。

2．帮助孩子从错误和失败中获得成长。在挑战的过程中，孩子不可避免地会犯错误，或面临失败挫折。这时，与其责骂他，不如鼓励他去思考“问题出在哪里、下一次应该怎么做”。这样孩子的自尊心不会受到打击，他也会明白偶尔犯错是很正常的，并且更容易接受自己的缺点。

三、有技巧的日常谈话，帮助孩子强化自尊

在成长的一段时间里，孩子依赖于父母的解释来认识自己和世界，他们在一定程度上相信父母所说的一切。家长可以利用这一点，通过有技巧的谈话，由小及大、有意识地引导和培养，帮助孩子强化健康的自尊。

1．肯定孩子的每一个进步。当你在孩子身上看到一些积极的现象，请一定要告诉他：“这次你很努力啊……这本书你全部读完了，真棒！”对于向着正确方向的任何进展，都要给予孩子及时的肯定，鼓励他继续努力迈进。

2．引导孩子自己解决问题而不是给孩子贴标签。“今天你又忘记……你自己想想有什么办法能保证你明天可以记得这件事？”让孩子成为问题的解决者，而不是把孩子看做问题（比如说“你怎么老记不住，我再说一遍”）。

3．善于利用有关“失败”的谈话。孩子通过自身的每一个经验来建立在这个世界上的信念。当事情的进展不如预期，他们往往会得出笼统的结论，比如“这些词我都拼错了……我不擅长拼写……我不是个好学生。”这时，需帮助你的孩子重构他的想法，让他知道任何挫折都是暂时的，通过努力下一次一定会有所进步：“你不知道这些词，真的很失望，对吗？我们一起来想想在下周测试之前可以做些什么，好吗？”鼓励孩子自己去克服困难。

4. 避免将孩子与他人进行比较。“为什么你就不能做得像 ×× 一样好？”这样的评论，只会让你的孩子更加自卑。即使是正向的比较，“和 ×× 相比，你是最好的球员”，也具有潜在的破坏性，因为孩子可能会觉得这是父母的期望，但是他很难真的做到。

5. 让他无意中听到你在别人面前正面地评价他。有时候孩子对无意中听到的会更加相信，比如装作无意地说“他今天帮了我很多忙……不用我提醒，他也会把自己的房间收拾得很整齐”等。

四、要自尊，不要自大

真正的自尊并不意味着完美或第一名，是指用一种积极和真实的态度看待自己。真正自尊自信的孩子不会强求世界围绕他们而转，即使明知自己只是浩瀚银河中的一颗小星星，他们仍然会感觉自己很有价值。

1. 父母要做出积极的榜样。以身作则，让孩子看到自尊应该是：爱自己，愿意尝试新事物，从容应对挫折和挑战，拥有追求梦想的勇气和毅力。

2. 识别和纠正不正确的自我认识。及时发现和纠正孩子对自己持有的不正确的认识非常重要，帮助孩子建立正确的和现实的评估标准，从而帮助他们树立健康的自我概念。

3. 适度表扬。过度的、夸张的、空洞的表扬，不仅无益于发展自尊，还会让孩子陷入不切实际的盲目自大之中。

4. 让孩子品尝失败。应让孩子在错误和失败中获得成长的意义。正如美国临床心理学家 Aaron Cooper 所说：“当我们以守护自尊之名将孩子严密保护，其实孩子是在受害。要让孩子明白人生应当如是：我们不可能总是赢，也没必要事事都做得最好。”

67 男孩没有绅士风度怎么办？

情景展示

翔宇经常和女生打架，大多都是因为一些鸡毛蒜皮的小事。他妈妈说也发现了这一点，在家里和其他小朋友一起玩的时候，他也这样。不让着小弟弟妹妹，有时候甚至在弟弟手里把东西抢回来，然后跑回自己屋里把门关上，就是为了不让他玩。他妈妈也不知道怎么办。

问题分析

认识绅士风度

绅士（a gentleman，the gentry）一词，最早出现在英国，当时的英国绅士通常会手拿文明棍，头戴大礼帽，身着笔挺的西装，足蹬亮皮鞋。后来，绅士是指男人的一种行为，更是一种思想境界。

一、基本理解

1．对外界事物始终保持冷静客观的公正态度，有是非分明的界限和分寸，行为上极力地避免一切类型的粗鲁和暴力。

2．注重自我价值和尊严，但不做过分的事情，善于尊重他人，从不冒犯别人，即使有必要做出对抗性的竞争时，也一定能坚持公平条件，决不占他人便宜，更不会无条件地接受任何好处。

3．温和、亲切、热情、自尊自重而不轻浮；大方、得体、沉稳、谦逊、宽容而不斤斤计较；既善解人意，又富有见地，勇于承担责任而不咄咄逼人或强加于人。

把以上的内涵概括起来，还可以理解为：彬彬有礼，待人谦和；知识渊博，谈吐文雅；衣冠得体，举止文明；修养高雅，健康向上；博爱他人，尊重他人；远离不良嗜好；建立良好的人际关系。

二、绅士应具备的最基本的品质

1．良好的口才。要成为绅士，必须同时拥有很多品格，其中，优雅的谈吐与优雅的个人形象一样，都是最重要的方面。

2．举止得体，是成为绅士的关键。

3．遵守规则。

4．道德的维度。

要保持绅士风度又要有个性，是很难做到的。要让这两者完美结合，就要有相当高的涵养。

三、绅士风度的具体表现

1．绅士风度突出表现在注重仪表和讲究卫生上。从头到脚都应注重整洁。

2.绅士风度还体现在说话、语气、手势、坐姿上。如果是与人谈话时动作很多、很大、高声喧哗，特别是前仰后合，以及谈话中粗话不断，会被看成是没有受过教育的粗野表现。

3．尊重女生是绅士风度的集中体现。在公共场合，特别是与女生打闹是非常不文明的举动。无论在商场、地铁、公共汽车上，还是在教室，当遇到女生进门的时候，要请她先走。

4．体贴别人。例如，当和姐姐、妈妈或者其他女性朋友散步时，放慢脚步；确保在谈话或活动中，群体中每个人都有参与；在一个群体中，包容其他人；进门时，降低嗓音；控制好正在欣赏的音乐的音量，以便不打扰他身边的人；让别人先走出电梯。

5.保护和帮助弱者。例如，主动提出为别人拿重物；善意对待动物；在下雨时，帮别人找一把伞；为别人开门、关门，等等。

对策建议

如何培养孩子的绅士风度？

培养孩子的绅士风度，需家长利用好各个场合，教育孩子注意各种生活细节。

1．公共场所基本要求。例如，听演讲时，先关手机，摘帽，对讲台上演讲的小伙伴，或者陌生的演讲嘉宾适时给予掌声。作为男孩子鼓掌不要太过于用力，这样显得很夸张很狂躁的样子，鼓掌要听到演讲人把一个段落表达清楚话语结束后，不能打断别人的讲话，也不能独树一帜，故意起哄。参加晚会或看电影时，不要乱发出声音，如乱鼓掌、跺脚，或喝彩，等等。

2．生活中多使用敬语。生活中要有礼貌，多使用敬语。这些词一旦说出口，别人就会觉得这个小男生是很有家教的，比如，劳驾、借过、对不起、麻烦您、是否可以请，等等。

3．学会礼让。独生子家庭的男孩子往往受祖辈和爸爸妈妈几个大人的团团照顾，以自我为中心。父母应该让孩子从小学会礼让，例如，女士、长辈优先。

4．注意言谈举止。说话要吐字清楚，不能紧张，说话辩论自己的观点时不能带有犀利的词语和脏话，不能使用攻击性侮辱人的语言，说话要谦让，不能故意挑衅。

5. 注意生理细节。在公共场合打喷嚏或者咳嗽，要用全手掌捂住自己的口鼻，不能随意乱喷，也没必要像女生一样侧倾身体虚掩，男生就要有男生的阳刚气，即安全防范又不失礼仪。

6．走路时，抬头挺胸，款款而行，不要跑行，更不要追逐。如果人多或者上下楼梯，要靠右单行，不要并排行走，不要拥挤，不要抢道。

7．受到表扬时，保持平静，不要眉飞色舞。受到批评时，保持冷静，不要表现出无所谓的样子，更不能横鼻子竖眼睛听不进去。

如果批评不当，可以在事后平静地讲述原因，不可以当面顶撞。

以上是一些基本要求，其实，真正的绅士品质并不取决于表面的时尚或礼貌，而取决于道德价值；并不取决于个人的财富，而取决于个人的品行。

68 男孩做事缺乏恒心，不能坚持怎么办？

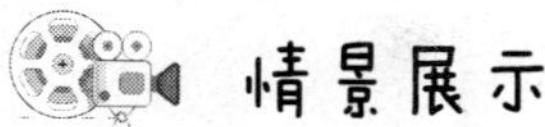

日常生活中，很多孩子做事虎头蛇尾，半途而废，不能善始善终。对此，家长们都很苦恼，往往不知道怎么去改善。

问题分析

从生活实践来看，孩子爱放弃，通常包括以下原因：家长在做一些事情的时候，也常有不善始善终的情况，这会影响到孩子。因为父母是孩子的榜样，其言行及作风习惯，都可能成为孩子模仿的对象。孩子的意志力比较差，不愿动脑筋，做事一遇到困难就打退堂鼓。父母要求不严，甚至包办代替。父母或老师对孩子的要求太高，孩子的实际能力无法达到，等等。

成功需要坚持。心理学家做过这样一个实验：他将一只跳蚤放进没有盖子的杯子内，结果跳蚤轻而易举地跳出了杯子。随后，他又用一块玻璃盖住杯子，于是，跳蚤每次往上跳时，都因撞到玻璃而跳不出去。过了一会儿，他把玻璃拿掉，结果跳蚤再也不愿意跳了，自然也就不能离开杯子了。这个“跳蚤实验”给人很大的启示。其实，在许多情况下，孩子和跳蚤一样也有类似的地方。

有的孩子经过一段时间的努力而没有达到预定的目标时，便会灰心丧气，认为自己比不上别人，不是学习的料，永远也达不到预定的学习目标，于是就开始忽视自身潜能的激发和外界条件的改变，并放弃实现预定学习目标的努力，久而久之，将自己困在失败的阴影中走不出来，真的就学不好。

所以，要让孩子认识到坚持的价值，认识到自身的潜能，不要放弃。只要注意方式方法，一定能达到目标。

对策建议

怎样让孩子学会坚持?

一、激发情感和斗志

良好的情感是引起行动愿望，重新激起已经动摇的斗志，克服困难继续努力的强有力的保证。

孩子学习意志薄弱大多是由于缺乏责任感造成的。不过，对意志和毅力影响最大的还是兴趣。对学习感兴趣的孩子，能在学习过程中集中精力，刻苦钻研，积极完成学习目标。

二、关注孩子的性格、体质和心理发展

心神不定的孩子精力易分散；神经质的孩子对一点小事耿耿于怀，不能集中注意力学习；娇生惯养的孩子对较难和麻烦的问题容易放弃或回避。而性格刚强的孩子，学习越难就越不服输，即使对没兴趣的内容，也能耐心地集中注意力去学习。体格孱弱的人，身心动辄就感到疲惫，也就不能长时间坚持学习。对于他们来说，必须恢复身体健康，增强体力，这是克服困难和障碍的基础条件之一。

我们可以发现孩子对学习可能具有短期突击的能力，但稍一持久，就会感到厌烦和疲惫。越小的孩子，坚持学习的时间越短。对孩子由于生理发展而表现出对学习不能长时间集中注意力的现象，应予以理解，而不能用成人的标准来对待他们。根据国外心理学家的研究，小学低年级上课二三十分钟，初中生半小时，高年级一小时左右，就会开始疲倦，而且都是男孩比女孩先疲倦。孩子一人在家学习时，疲倦会比在教室里集体学习产生得更早。许多教师和家长不明白这个道理，常因此而责骂学生，这更激怒了孩子，对培养学习毅力反而不利。

三、要确定具体的目标

有了目标，就有了意志行为的具体指向，在努力的过程中人们就会产生“不达目的决不罢休”的意志。可以把大目标分解成若干具体小目标，小目标完成了，不断积累自信，自然也就完成了大目标。

四、记录和提醒

在锻炼过程中，记录下每次坚持学习的时间或学习量，让孩子从记录或进展图中了解自己的成绩和进步，增强完成的信心。

五、实践和行动

组织孩子去实践、去行动。只有在许多小事上让孩子长期地锻炼坚持，他们才能在大的事件中表现出坚持的品格。

六、要发挥环境的熏陶作用

家长要在日常生活中培养孩子做事坚持到底的精神。对孩子的学习应严要求，多勉励，少训斥，创设和谐的家庭气氛。

七、教会孩子正确面对挫折

无论是谁，要想干成大事，都要坚持下去，坚持下去才能取得成功。其实，生活中克服一点儿困难并不难，难的是能够迎着困难持之以恒地做下去，直到最后成功。

教育孩子懂得坚持，也不要忘了对孩子的承受能力的培养。所以，在孩子成长过程中，当孩子遭受批评、打击和挫折的时候，如果没有得到及时的疏导、排解与鼓励，有可能使得奋发向上的热情、欲望被“自我设限”压制封杀。导致既对失败惶恐不安，又对失败习以为常，丧失了信心和勇气，性格狭隘、自卑、孤僻，生活和学习中害怕承担责任、不思进取、不敢拼搏，从而迷失了自己的梦想。这样的性格，在生活中最明显的表现就是随波逐流，没有人生的目标。与生俱来的成功火种过早地熄灭了。

所以，当孩子遭遇挫折的时候，父母一定要告诉孩子曾经的失败并不意味着永远的失败。过去可以决定现在，但不能决定未来。过去失败了，也不代表未来就要失败。只要心中有目标，就可以实现梦想。

八、利用榜样来教育

教会孩子水滴石穿的道理，只要脚踏实地，一步一个脚印，孩子就没有完不成的事情。为了让孩子明白这个道理，不妨给孩子讲一些成功人士的成长历程，利用各行业的榜样，让孩子明白任何大事都是从坚持一点一滴的小事起步的。

九、利用各种方式方法

家长要认清孩子意志品质方面的薄弱因素和环节，然后有针对性地采取教育措施。

1．如果孩子做事情并不害怕，但是做起来总是虎头蛇尾，这样的孩子优点在于能够很快确定目标、进入状态，而弱点在坚持性和自制力上。对于这样的孩子，父母教育的重点是在孩子确定目标之后，提醒孩子一旦干起来，就要克服困难坚持下去。在事情进行过程中，注重在难点阶段、事情尾声阶段帮助孩子，不断激励孩子。经过几次，孩子的薄弱环节就会得到扭转。

2．如果有的孩子是有足够的能力，但是没有耐性把一件事情做完。这时父母就要陪伴在孩子身边，监督孩子把事情做完，经历过多次成功的喜悦之后，孩子就能够自觉坚持。

3．如果孩子总是觉得自己的能力不行，计划做一件事情的时候，难以下决心，而干起来之后能够较好地坚持，这种孩子的劣势在于决定行动方面薄弱，内、外因素干扰使他难以果断做出决定。家长应在孩子决定做一件事情的起始阶段，帮助他分析这件事情的可行性以及将要面对的困难和成功后的获得，以利于孩子快速做出决断，增强孩子做事的果断性。

每个孩子都有一定的意志力，都有坚持的愿望，家长要帮孩子不断获得成就感，不断建立自信，从而养成坚持的好习惯。

69 男孩不爱帮家里干家务，懒惰惯了怎么办？

情景展示

热爱劳动是中华民族的传统美德。但现在一些家长总是宠着、惯着孩子，什么活儿也不让做，越来越多的独生子女成了名副其实的“公子哥”“娇小姐”。

在学校门前，经常会看到一群家长在门外等候，看到孩子走出来，有些家长首先接过的是孩子肩上的书包，然后背到自己身上。在生活中，我们也经常看到孩子都很大了，家长还要一勺一勺喂孩子吃饭，帮孩子穿衣，替孩子系鞋带，洗脸水倒好，等等。在家衣来伸手、饭来张口，根本不干家务，十分懒惰。

问题分析

一、孩子不干家务活的原因分析

1．家庭劳动启蒙教育的不足，使孩子错过了劳动教育的最好时机。在生活中我们经常会看到，两三岁的幼儿看到家长做什么，也跃跃欲试想动手去做，可是家长或是给孩子玩具玩，或是让孩子到一边去，不让孩子插手做，认为孩子做家务、劳动是长大以后的事。

2．家长的错误思想：怕孩子累坏，影响发育，不长个。

3．家长对家务劳动的不同看法，影响了孩子的劳动兴趣。在一些家庭中有这样一种现象，母亲终日劳碌，大事小事全包，父亲却当起“甩手掌柜”，对于母亲的过分挑剔和过于干净，父亲表现出不解，甚至有些反感——“婆婆妈妈”“没有任何成就感的小事”就成了对母亲的评价。这也会影响孩子对劳动的兴趣。

4．家长过分挑剔，追求完美。孩子对劳动产生兴趣，先是从观察家长的家务劳动开始。但由于孩子的感觉统合能力不足，手脑不能协调一致，行动也比较笨拙，这时，孩子的参与往往会把事情弄得更糟。例如：擦地会弄一地水，越擦越脏；择菜会把食用的部分扔掉；叠被子、叠衣服、洗碗都会弄得一团糟。有些家长就会责怪孩子，还会当着孩子的面再做一遍。

5．家长受封建主义思想侵扰，认为男尊女卑，家务活不是男孩子做的事情。

6．家长过多的爱，扼杀了孩子劳动意识。例如，孩子想擦玻璃时，父母总是会说“别擦了，小心摔着”；孩子想拖地时，父母又说“只要你读好书，其他什么都不要做”……就这样，在善意的拒绝中，孩子习惯成自然，最后不做家务。

7．家长本身就懒惰，孩子没有榜样。例如，越来越依赖钟点工阿姨了，钟点工星期天休息，家就一团糟，衣服没人洗，脏碗在水池里越积越多，一天两顿速冻水饺。爸爸妈妈常为谁擦了地板谁没擦，谁整理了房间谁没整理而互相抱怨，都觉得家务是负担。小孩更提不起兴趣。

8．隔代教育的溺爱，孩子得不到动手锻炼的机会。对孩子的爱，尤其在双方老人身上表现得更严重。含在嘴里怕化了，拿在手里怕摔了，更不会忍心让孩子做一点儿家务。

9．孩子作业多，成了不做家务的代名词。从小学一年级开始，有些孩子作业要写到很晚，家长为了让孩子休息好，就不让孩子做家务。

10．上各种补习班占用了孩子很多课余时间。不少家长表示孩子没有做家务是因为可以利用的时间太少。一位母亲就说：“我的孩子平常上课，早上6点就要起床，晚上11点才写完作业。周末要上补习班，补习英语和数学。回到家有时间还要练琴，要为考级做准备。有时候周末看到他睡得那么香，都不忍心叫醒他，怎么可能还让他做家务呢。现在的孩子相当一部分都是这样，学特长、上补习班，如果不让他上好像会比同龄的孩子落后一步。”

二、孩子做家务的意义

1．有利于培养孩子的责任感。

2．有利于培养孩子热爱劳动、珍惜劳动成果的好品德。

3．有利于锻炼孩子的意志和毅力。

4．有利于孩子养成勤劳的品质。

5．有利于孩子掌握劳动的技能。

6．有利于增强孩子的智力。

7．有利于增强孩子的体质。

8．有利于培养孩子的交往能力。

9．有利于培养孩子的审美情操。

10．有利于调节家庭气氛，和谐家庭关系。

11．可以让大脑得到充分的休息。

12．可以锻炼孩子的动手能力和解决问题的能力。

13．有利于培养孩子的独立生活能力。

对策建议

怎样让孩子开始干家务?

1. 及早开始培养孩子干家务。小孩子几乎从一学会走路，就会产生“帮助妈妈”的强烈欲望，一个2岁的孩子能够替大人去拿和传送东西，甚至能够整理已洗好的衣服。所以孩子从5岁开始，就应该有意识地培养他参与家务劳动，因为孩子在四五岁时最喜欢帮家长干活，如果9岁以后再培养就容易产生懒惰情绪了。

2. 引导和调动孩子做家务的兴趣。如果家长从小就注意引导孩子参与到做家务的行列中，孩子会把力所能及的事情当成自己的事情来做，并且在这种动手能力的不断提高下，孩子会从中感受到做家务的乐趣，这种教育无疑会在以后的家务劳动教育中是有益有效的。不要对孩子要求得太多太细。我们的主要目的是让孩子认识到努力劳动的价值，并且我们是希望他们能获得成就感。

3．与孩子一起制定家务劳动分工计划。对于年龄略小的孩子，家长可以依据孩子主动参与劳动的兴趣而适时鼓励，加以引导；对于小学阶段的孩子，家长也可以根据孩子的主动性加以引导和鼓励；但对于一些懒惰不爱劳动的孩子，家长可以和孩子事先做一次关于做家务方面的交流，共同制定一份家务计划，和孩子共同按计划实施。

和孩子一起做家务，适时夸奖他，让枯燥的劳动变成愉快的亲子时光，并要经常在亲友面前表扬孩子的进步，夸奖得越具体越好。

4．态度要端正。父母本身对做家务的态度要端正，勿让孩子从父母的言行、举止察觉出做家务是件令人讨厌的事情。此外，夫妻俩对家务的分工要妥善安排，免得使孩子产生“做家务是女孩的事情”的错误观念，应让孩子有正确认识，“家”是属于每个人的，所以屋里的每一件事，大家都有义务去做。

5．要让孩子做力所能及的家务。给孩子的家务一定不能超出其能力范围，应该是孩子能做到的，而且是安全的。

6．循序渐进。根据不同年龄阶段，安排不同的劳动任务，让孩子形成热爱劳动、自己的事情自己处理的好习惯。从4岁开始，家长可训练幼儿做以下家务：收拾碗筷、清扫地面、整理衣物、开关电视电灯等、清洗浴盆。

小学低年级（一至三年级）的孩子可以引导他们做以下的家务：清晨整理自己的床，给宠物的食盘盛上食物，喂金鱼，擦拭踢脚板和饭桌，擦拭窗台和窗沿，整理书包，保持卧室整洁。

小学高年级（四至五年级）的孩子可以引导他们做以下的家务：擦拭家具，饭前摆设饭桌，饭后收拾饭桌，叠好洗干净的衣物，把衣物分类收好，扫地，拖地，把垃圾带到户外。

7．家长要有耐心。在开始训练孩子做家务时，家长必须有耐心，甚至手把手教，多容忍、少责备，不要催促孩子，要给孩子足够的时间。虽然大多数事情大人都比儿童做得好。你要抑制住你自己来做或“把它再做一次”的行动。

8．家长的鼓励、赞美不可少。无论孩子做得如何，别忘了给予他赞美和鼓励，让孩子知道，他做的每件“小事”你都看到了，因为年纪小，能力、耐力都有限，自然不如大人做得纯熟，但是没有关系，熟能生巧，妈妈知道你很努力了。除此之外，可以给予一定的物质奖励。

9. 张驰有度。孩子做太多的家务，也会妨碍他学习、身体生长发育和其他社交活动。学习做家务，主要是从小培养良好的工作习惯和尊重劳动、自强自立的世界观。所以，一定要适度。

10. 孩子做家务离不开家长的正确引导。孩子在做家务的时候，父母应该加以适当的指导。尤其是孩子比较小的时候，父母应和孩子一起动手做家务，通过实践，教孩子方法和其中蕴藏的一些知识和道理。例如孩子参与洗米、煮饭，从打开米缸舀米，并告诉孩子舀量多少。洗米时，也可以告诉孩子，这水除洗米外，还可以留着做其他用途，如洗菜，让孩子除了参与家务外，还能教育孩子养成节约的习惯。

11. 让孩子干活，口气很重要。尽量用商量或求助的口气，不可生硬地指派孩子干活，否则可能让孩子心生抵触。

12. 夫妻要同心。母亲教孩子干家务的时候，父亲不能帮孩子代劳，反之亦然。

13. 因势利导。例如，有位孩子妈妈，在假期让孩子和自己一起动手做简单的饭菜，等孩子有了成就感之后，再告诉她："厨房是你自己用过的，要负责收拾干净。吃完饭后，妈妈会把碗筷也洗干净，你也应该这样做。"久而久之，孩子眼里有活了，地脏了会扫扫，吃完饭会把碗筷收拾干净再回到自己的房间。

14. 不要让老人溺爱孩子。父母想培养孩子的劳动观念，如果有老人"庇护"，孩子是教不好的。孩子父母要和老人达成一致的意见。

教育家苏霍姆林斯基曾语重心长地告诫父母们："不要把孩子保护起来而不让他们劳动，也不要怕孩子的双手会磨出硬茧。要让孩子知道，面包来之不易。这种劳动对孩子来说是真正的欢乐。通过劳动，不仅可以认识世界，而且可以更好地了解自己。劳动是最关心、最忠诚的保姆，同时也是最细心、最严格的保姆。"

70 男孩自卑怎么办?

情景展示

9 岁的小刚性格文静，似乎很害羞。妈妈带他到朋友家去玩，看到朋友家的孩子画的飞机很漂亮，妈妈要他也去画一幅他最喜欢的坦克。可小刚扭捏地拒绝：我不行，我不会画！又有一次，妈妈带小刚旅游回来，要小刚把旅游途中的趣事口述下来，由妈妈笔录成日记。可小刚又拒绝：我不，我说不好！任妈妈怎么鼓励都不行。妈妈奇怪，小刚是怎么啦？

问题分析

自卑是一种不健康的心理，一种人格缺陷。表现为过多地否定和贬低自己，抬高别人，影响了对自己正确、客观的判断，不能客观地、正确地看待自己和周围的人和事。自卑会影响健康人格的形成。

一、自卑儿童的特征

（一）胆怯怕羞

儿童略有怕羞纯属正常，但是过度胆怯、怕羞，如不愿抛头露面、不敢接触生人，则可能内心深处隐藏强烈的自卑情结。

（二）独来独往

一般来说，正常儿童都喜欢与同龄人交往，并十分看重友谊。但具有自卑心理的孩子对交结朋友兴趣索然，往往喜欢独来独往。

（三）猜疑心重

自卑儿童对家长、教师、小伙伴对自己的评论十分敏感，特别是对小朋友的批评，更是感到难以接受，有时甚至无中生有地怀疑别人讨厌自己，且表现出愤愤不平。

（四）有自虐倾向

占相当比例的自卑儿童往往会表现为自暴自弃，更有甚者，还可能表现出自虐行为，似乎刻意让自己处在险境或困境之中。

（五）缺乏自信

虽然有的自卑儿童十分渴望在诸如考试、体育比赛或文娱竞赛中出人头地，但又无一例外地对自己的能力缺乏必要的自信心，因此，他们大都尽量回避参与任何竞赛。

（六）表述困难

据统计，八成以上自卑儿童的语言表达能力较差。或表现为口吃，或表述不连贯，或表达时缺乏情感，或词汇贫乏等。专家们认为，这是因为强烈的自卑感阻碍了大脑中负责语言学习系统的正常工作。

（七）承受能力差

自卑儿童大多不能像正常儿童那样承受挫折、疾病等消极因素带来的压力，即使遇到小小失败或小小疾病，便“痛不欲生”，有的甚至对诸如搬迁、父母患病等意外都感到难以适应。

二、自卑的成因

（一）经常数落孩子是形成孩子自卑的温床

孩子越大，父母越挑剔，早就忘记了孩子学走路时的赏识心态。由于心智发育不成熟，还没有自我评价意识和自我认知能力，对自己的认识和判断，往往来源于成人的判断。我们经常看到父母喜欢使用如下的字句：“你看你，连碗都端不好！”“真是笨死了！这么简单的画都画不好！”说多了，在孩子的心里刻下了“我不行，我没有能力”的印痕。自卑感又导致孩子形成胆小畏缩、懦弱谨慎、优柔寡断的性格。

（二）家长过高的期望导致孩子追求完美

一般在高水平、高学历的家庭中，家长由于自己的事业有成或本身性格要强等原因，对孩子的期望也比一般家庭高。这样的家庭，孩子的压力相当大，潜移默化的影响让孩子学会在无意中追求完美，苛求自己，给自己定高标准。一旦达不到父母或自己的要求，则把失败归咎于自己，认为自己努力不够，能力不行，产生了处处不如人的自卑感。

还有不少家庭，如果孩子不能达到父母的期望，则打骂者有之，逼迫者有之。在这样的高压下，最容易让孩子产生自卑心理。

（三）把孩子放入横向或纵向比较中

有些家长最爱拿自己的孩子与他人进行横向比较。有一个调查资料表明，孩子在回答“最烦父母做什么事”时，排在前三名的是：叨唠、批评、拿自己与别人比较。家长的思维是，以为比较了才能给孩子树立榜样，刺激孩子上进，开动他学习的马达。实际上，拿孩子与他人比，只能产生自卑和抵触情绪。

另一种是纵向比较，这一次比前几次考得差了，这学期不如上学期了，家长又叨唠开了：“你看，以前你都不错的，现在怎么退步了，真是让人生气！”家长往往只看成绩，不管原因。

（四）从小家长包办代替过多

家长的过度保护和事必躬亲，让孩子对大人产生依赖心理，有些孩子从小缺乏自信，觉得大人是强大的、能干的，自己是渺小的、无能的。自卑就这样在不知不觉中像电脑病毒一样渐渐占领了孩子的心灵领土，挤占了原本自信的空间。

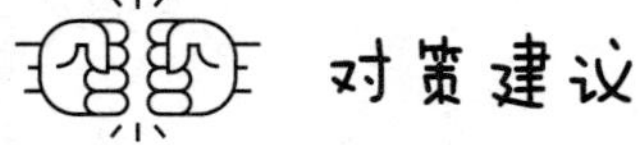

怎样让孩子甩掉自卑？

一、多赏识赞扬，少批评指责

孩子其实是很脆弱的，都有一颗玻璃心。如果这颗脆弱的心承载太多的来自父母的负面语言，将会碎裂成无数的自卑因素，刺伤自己。谁也不喜欢总是受父母的数落、指责。孩子是越表扬越上进，越批评越下滑。说你行，你不行也行，说你不行，行也不行。多发现孩子的闪光点，少抓住无关大局的小缺点大做文章。

二、放低标准，给孩子减压

家长不要总盯住分数不放，要重过程不重结果。家长对孩子的要求应该与孩子实际的能力和水平相适应。孩子取得成绩，家长应及时表扬、鼓励，使孩子对自己充满信心。对于平时学习成绩差、考试总不及格的孩子，家长应以关心和安慰的态度帮助孩子分析错误原因，总结经验教训，给孩子以耐心的指导，一步步地提高孩子的成绩，让孩子看到自己的进步，逐渐树立自信心。

三、丰富孩子的知识，开阔孩子的眼界

生活中，经常会发现，一些孩子在一起交谈时，有的孩子讲得津津有味、绘声绘色，有的孩子却只在一旁听着，一言不发。孩子之间为什么有这么大的差别呢？这主要是孩子的知识面不同，有的孩子见多识广，有的孩子见识短浅，相比之下，那些知道得很少的孩子就容易产生自卑。因此，父母应有意识地帮助孩子丰富知识，开阔孩子的眼界。

四、建议孩子使用小目标积累法

很多孩子产生自卑，往往是由于对自己要求过高，把自己已经取得的小成绩淹没在大目标无法实现的焦虑中，心理上就常常笼罩在悲观、失望的阴影中。孩子可以自己制定一个个能在短期实现的小目标，引导自己向前看，从已经实现的小目标中得到鼓舞，增强自信。随着一个个已实现的小目标的积累，孩子逐渐就能克服自卑。

五、教孩子扬长避短，学会心理补偿

“尺有所短，寸有所长”。每一个人都有自己的长处和优势，同时，也有自己的短处和劣势。如果用其所短而舍其所长，就连天才也会丧失信心，自暴自弃；相反，一个人若能扬长避短，强化自己的长处，就能充满信心，享受成功的快乐。因此，消除孩子的自卑心理，要善于发现他们的长处和优势，并为他们提供发挥长处的机会和条件，让孩子学会理智地对待自己的短处，寻找合适的补偿目标，从中吸取前进的动力，把自卑转化为一种奋发图强的动力。这也是帮助孩子克服自卑心理的关键。

六、驱逐孩子心中失败的阴影

孩子在生活中难免遇到失败和挫折，父母应及时了解孩子的心理变化，给孩子以指导，帮助孩子及时驱逐失败的阴影，这是克服自卑、保持自信的重要手段。对此，一是父母要帮助孩子将失败当做学习的机遇，认真分析失败的原因，从失败中学习和吸取教训，总结经验；二是彻底遗忘，父母要帮助孩子有意将那些不愉快的、痛苦的事彻底地忘记，或是引导孩子用成功的经历去抵消失败的阴影。

七、引导孩子建立积极的人际关系

自卑者大多孤僻、不合群，喜欢把自己孤立起来。而积极的人际关系会为他们提供必要的社会支持系统，有利于自身压力的减缓和排解，性格也会变得开朗起来，并且在与人交往中也会更加客观地评价自己和他人。家长要鼓励自卑的孩子多与别人交往，并教给他们一些社交技能。

八、尊重孩子的自尊心

帮助孩子建立自信，树立孩子的自尊心非常重要。有的孩子自尊心很强，如果做错事，自己就很内疚。如果家长再对他冷嘲热讽，甚至拳脚相加，就会严重挫伤孩子的自尊心，孩子会“破罐破摔”，越来越差。这时家长应关心、体谅孩子，对他说人人都会犯错，只要知错就改，下次不犯就行了。这样，孩子会排解消极情绪，越来越自信。

九、放手孩子，让孩子锻炼

孩子的自卑与动手能力、交际能力差很有关系。家长不要从小事事包办，一切替孩子做好。尤其是隔代抚养中，孩子容易被祖辈溺爱。不要嫌孩子手脚不灵活，动作慢。因为孩子的动作协调能力还不够好，从不熟练到熟练，是必经的过程。该让孩子做的要放手让他做，让他独立完成一些力所能及的事，从而体验到成功的感觉，也增长才干。

尤其是独生子女没有兄弟姐妹，要从小多带孩子走出家庭小圈子，参加集体活动，在社会交往中培养乐观自信、大方活泼的好品格，这样才能让孩子走出自卑。

71 男孩骄傲自负怎么办？

情景展示

紫阳是个非常优秀的学生，有一双会说话的大眼睛，多才多艺，会弹吉他，会敲架子鼓，素质发展比较全面。在学校里，他是个受欢迎的学生，老师看着都喜欢；回到家里，爸爸妈妈又把他视为掌上明珠，宠爱有加。

可渐渐地发现他越来越自命不凡，和同学之间的矛盾也越来越大了。这学期开学初重新成立班委会时，他说这个“太笨”，那个“不会说话”，好像全班除了他没人能当班干部了！也许正是他的这种态度，引起了同学们的不满，班干部竞选时，他以11票之差落选了。当时，他就急得要哭了，中午拒绝吃饭，以表示对竞选的不满。

问题分析

孩子自负的原因

一、过分娇宠的家庭教育

家庭教育是一个人自负心理产生的重要原因。对于孩子来说，他们的自我评价首先取决于周围的人对他们的看法，家庭则是他们自我评价的第一参考系。父母宠爱、夸赞、表扬，会使他们觉得自己“相当了不起”。

二、生活中的一帆风顺

人的认识来源于经验，生活中遭受过许多挫折和打击的人，很少有自负的心理，而生活中的一帆风顺，则很容易养成自负的性格。现在的孩子大多是独生子女，是父母的掌上明珠，如果他们在学校又出类拔萃，老师又宠爱他们，极易养成自信、自傲和自负的个性。

三、片面的自我认识

自负者常缩小自己的短处，夸大自己的长处，缺乏自知之明。他们往往把自己的长处看得十分突出，对自己的能力评价过高，对别人的能力评价过低。当一个人只看到自己的优点，看不到自己的缺点时，往往会产生自负的个性。这种人往往好大喜功，取得一点小小的成绩就认为自己了不起，成功时完全归因于自己的主观努力，失败时则完全归咎于客观条件的不合作，过分的自恋和自我中心，把自己的举手投足都看得与众不同。

四、情感上的“自尊”心理

一些孩子的自尊心特别强烈，为了保护自尊心，在挫折面前，常常会产生两种既相反又相通的自我保护心理。一种是自卑心理，通过自我隔绝，避免自尊心的进一步受损；另一种就是自负心理，通过自我放大，获得自卑不足的补偿。例如，一些家庭经济条件不很好的学生，深怕被经济条件优越的同学看不起，装清高，在表面上摆出看不起这些同学的样子。这种自负心理是自尊心过分敏感的表现。

其实，自负的男孩有很强的自尊心，特别接受不了别人在自己之上，对别人的成绩、成功非常嫉妒，对别人的失败幸灾乐祸。在别人成功时，这种男孩常用“酸葡萄心理”来维持自己的心理平衡。同时，为自己所取得的一点成绩而沾沾自喜，傲视他人。

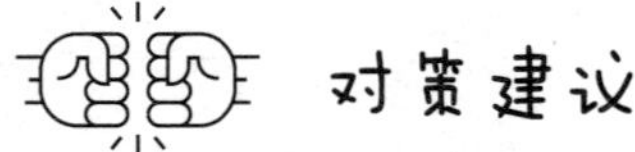

对策建议

改掉孩子骄傲自负的建议

一、认识骄傲的危害，引导谦虚的品质

父母应该让孩子认识到骄傲是健康成长的绊脚石，任何成绩的取得都只是暂时的，只能作为一个新的起点。父母应告诉孩子“满招损，谦受益”，有意识地给孩子介绍一些成功者的经验，告诉他们古今中外凡是有所作为的人，都是在取得成绩后仍能保持谦虚奋进的人。但忌讳使用生硬的说教，最好是能将道理融会于故事或者日常生活场景中，或采用寓意故事和教育动画等。

二、引导孩子克服自身的“蛋壳”心理

骄傲自负是很多优秀学生的通病，这样的学生长期生活在顺境中，在顺境中应对自如，但一旦遭到挫折，便一蹶不振，对生活失去信心。以紫阳为例，平时在生活和学习中出类拔萃，非常优秀，但仅仅是一次班干部评选的落选，他就急得掉眼泪，不能接受挫折，就好像蛋壳一样，外表上光亮坚硬，实则不堪一击。家长要引导孩子面对更丰富的生活，培养广泛的兴趣爱好，树立多样化的目标，避免钻牛角尖。只有内心丰富起来，才能克服“蛋壳”心理。

三、学会正确的表扬方式

教育心理中有一个“确认放大原理”，认为目光盯在哪点上，被盯的那点就会放大。也就是说当家长持续地把注意力盯在孩子的缺点上，就会把孩子的缺点给放大了；相反，如果将目光盯在孩子的优点上，就会把孩子的优点放大了。夸奖孩子，不能是无原则性的。正确的表扬方式如下。

1．陈述事实。具体地明确地告诉孩子某个行为值得肯定和欣赏。

2．确认事实的可贵性。家长阐述孩子被表扬的真实理由，让孩子有一个正确的评估。

3．表达感受。家长表达“为孩子高兴的感情”而不是“我真高兴”，家长作为一个旁观者不会给孩子造成心理压力。

4．表达期望。家长表达宏观的期望，如“我相信你以后会做得更好！”而不能提出具体要求。这暗含着学无止境，同时也表达了对孩子学习潜力的信任。

5．身体接触。在表扬孩子的时候，如果能够拥抱孩子或拍打肩膀或抚摩孩子的头发，那效果会倍增。

四、让孩子看到自己的不足

父母应耐心地教导孩子学会正确地评价自己，既认识到自己的优点，又看到自己的不足。骄傲自负、看不起别人的人往往既看不到自己的缺点，也看不到别人的优点，比来比去，自己总比别人强。家长可引导孩子多接触那些有较高成就但很谦虚、内敛的人，让孩子看到自己的不足，同时激发孩子更努力进取。在孩子认识到自己错误以后，启发他明白“寸有所长，尺有所短”的道理。

五、适度进行挫折教育

指导孩子学会正视挫折。在现实生活中，不遭受挫折是不可能的，关键是对待挫折的态度。挫折使孩子又多学到了一些在通常情况下无法学到的知识，使孩子心智更加成熟。在遇到问题的时候，家长要就事论事，从方法上给孩子以点到为止的启发和指导，尽可能让孩子自己来解决问题，克服困难。当他们失败时，要教他们学会调节自己不愉快的情绪，能经受失败的考验。

一些学生因个人以及家庭、经历等诸多因素的影响，在生活中遭到挫折的机会可能很少，家长可以人为地设置障碍制造挫折，以训练其对逆境的忍受能力。

六、不给孩子特殊待遇

在家庭中，要把孩子当作普通一员，不要经常让他成为“中心人物”。家里来了客人，除了正常的礼节外，不要让他过多地表现自己。集体活动或游戏时，不能老让他当组织者和领导者，有时还应有意地让他们扮演配角，要让他们经常感到自己和别人一样。

七、对孩子提出更高要求

对骄傲、虚荣心较强的孩子，可提出更高的要求。骄傲的孩子大多能力较强。如果交给他们一些任务，他们总是比一般的孩子做得快，下次交给他的任务就应有一定难度，让他们付出较大努力才能获得成功，使他们经常感到自己能力不足，需要取得别人的指导和帮助。家长还要经常向他们提出新的要求，使他们看到努力的方向。

72 男孩爱吹牛怎么办？

情景展示

“我们家有三辆小轿车，我爸爸的是奔驰轿车，我妈妈的是宝马轿车，我舅舅的是奥迪轿车，他们经常在校门口同时来接我。”贺贺回乡下老家时，眉飞色舞地对邻居小孩绘声绘色地描述着。

“真的，太棒了！你经常坐谁的轿车？”邻居孩子不由得神往。

“当然是爸爸的，他的轿车又长又宽又豪华，开起来很威风。”贺贺更起劲了。

“那你这次回来坐谁的轿车？”邻居孩子追问。

“这次回来没有坐轿车，因为乡下没有公路，不好开车，都停在我们家的车库里了。”邻居的小孩听了显得有些遗憾。

当贺贺妈妈意外听到儿子与邻居小孩的对话，她不由惊讶。其实，家里只有一辆普通的小轿车。

问题分析

孩子为什么会有“吹牛”行为？

一、听话“断章取义”

孩子的专注时间有限，“听话”也有所侧重。其注意力全在自己关注的事情上面，忽略了妈妈提的条件。同时，要求孩子听一遍，就能把妈妈说过的话全部、清楚地记下来，的确比较困难。由于这个记忆上的“失误”，孩子在回忆妈妈说过的话时，便会用自己希望的样子代替记忆中不确切的部分，说出来的话自然就难免有“吹牛”的成分了。随着年龄的增长，他们“听话”丢三落四的状况会有所改变，理解力也会提高。

二、谁都不如我

如果孩子听到的都是表扬和赞美的声音，久而久之他就确信自己是最优秀的。为了表示自己的“强大”，往往以炫耀和吹嘘使自己表面占上风，以获得心理平衡。也有的孩子，自尊心强，好胜心切，把话说得大大的，以压倒对方来维护自尊。另外，当孩子想引起他人注意，让别人了解他的“壮举”时，也会夸大其词。

三、想象惹的“祸”

孩子富于幻想，天马行空。但由于年龄小、生活经验少，认知能力不强，经常将现实、想象和愿望混淆起来，说出一些“大话”，比如想象着自己在海洋馆里穿上潜水员的衣服，和大鲨鱼比赛游泳。这与孩子的年龄、心理特点有一定的关系。在心理学上小孩的心理结构，往往是主观与客观融为一体，这种现象被称为“主客观未分化心理”，是儿童心理的一个特征。

当说大话变成一种习惯，孩子的夸夸其谈、盲目自大就会成为不自觉的行为，而孩子的虚荣心也会越来越强。

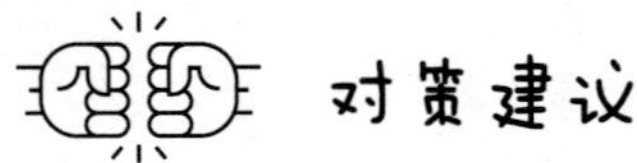

对策建议

听到“吹牛”怎么办?

一、还孩子一个真相

一旦孩子的话与妈妈的“原版”相比走了样儿，妈妈一定要还事情一个本来面目。否则，孩子很容易将自己曲解的内容和想当然的成分联系在一起，信以为真。

二、强化自己的说法

妈妈讲话时母子一定要对视，语速要慢，确认孩子听明白了。另外，不妨多说两遍，指望这么小的孩子听一遍就能记住是不可能的。

三、争强好胜与实事求是

好孩子是夸出来的。孩子通常认为，必须表现完美才会被别人接纳和喜欢，而被他人认可才有价值。父母要引导孩子接受真实的自己，不要太在意别人的评价，这样孩子也就不会为了博得他人的认可而吹牛。父母不妨对孩子的争强好胜给予肯定，但也要告诉他们：实事求是不丢面子，言过其实才不受欢迎。

四、引导孩子换位思考

当听到孩子夸耀自己、贬低同伴时，父母应悄悄提醒："如果小朋友这么对待你，你心里怎么想，是不是很不舒服？"启发他将心比心、设想一下他人在遇到类似情况时的感受。父母还要引导孩子学会欣赏同伴的优点。父母可以这样对孩子说："你画得确实不错，可是你要看到，他画的色彩也很丰富。"孩子还不会自觉地欣赏他人的优点，更不会对他人说赞美的话，但是他可以从父母那里学习尊重他人。

五、利用"大话"激励孩子

孩子的"大话"，有助于父母了解他们的所思所想，趁机引导他们分清哪些是真实的、哪些是自己想象和期望的。告诉孩子，有愿望是好事，我们要从零开始，好好学本领，朝着这个目标努力。比如，要想在海洋馆潜水，就得先学会游泳，且要坚持不懈，学潜水是第二步。

六、多带孩子去"开眼"

经常带孩子实地学习，了解事物的本质特点。有了这个基础，即便孩子的思维信马由缰，其想象也能远离不切实际的"吹牛"。

七、当发现孩子吹牛时，父母不要过度紧张

如果父母因此而大发雷霆，甚至打骂孩子的话，只会使事情更加糟糕。总之，对待爱吹牛的孩子要有良好的心态，正确处理孩子"爱吹牛"的坏毛病时，父母要注重"培养习惯、发展特长"的原则，多鼓励，多表扬，以身示范。

73 男孩性格特别倔强怎么办?

情景展示

有个家长给我打电话说，孩子怎么说都不听，认死理。一旦认准了一个道理就是不改。家长表示，她以前自认为自己是一个讲原则、负责任、有奉献精神的母亲，现在也很无奈，孩子性格太倔强。

问题分析

孩子倔强的原因

一、严格要求让孩子脾气变坏

例如，孩子小的时候容易生病，所以对孩子过分地关注，不让他这样，不让他那样，限制太多，孩子不能按照自己的意愿去做，没办法，只能倔强，因为只有这样才能满足自己的心愿。因为经常被拒绝，所以自然会发脾气、哭闹。相反，如果给孩子较多自由，家人也好商量，孩子通过和家人商量就可以满足自己的要求，就没有必要倔强、哭闹了。

这的确是很多家长的习惯性思维，总怕溺爱孩子，总怕惯坏了孩子，结果走向反面，去压抑孩子，严格地按照原则、规矩办事，结果孩子脾气很差。

二、无条件的溺爱

什么事都依着孩子，没原则地溺爱，以后长大了脾气更了不得。

另外，通常老人都太溺爱小孩，小孩合理的、不合理的要求他们往往都会答应，这样就会导致小孩很自我，比如要吃零食老人不给，小孩就会大哭，老人也只有妥协，形成习惯后，偶尔不满足，便会发脾气，倔强、固执。

三、没有搞懂小孩的想法

小孩脾气倔强，很重要的是没有迎合他的想法。例如，没搞懂他的意图，没彻底搞明白他想要什么；对他感兴趣的东西或事物不知情，等等。

对策建议

怎样矫正孩子的倔强?

一、读懂小孩的心

一个双休日，我领着儿子逛商店。兴致正高时，儿子却心烦意乱发脾气。我一边哄，一边劝，怎么也不管用。我急了，准备抱起孩子往外走。就在我蹲下身来的瞬间，才恍然大悟：原来蹲下身来从孩子的角度看去，看不见色彩斑斓的商品，而是晃来晃去的人腿！怪不得孩子任性发脾气，原来和我心情不一样。我突然领悟到，有时候孩子任性发脾气，有他的道理，我们需要理解孩子，读懂孩子的心，站在孩子的角度看问题。

孩子任性不听话，不接受大人讲的道理，往往因为大人不懂“小人”心。如果从孩子的立场，用孩子的眼光看世界，用孩子的心感受生活，孩子的心才能和我们相通。我们一旦读懂了孩子的心，在管教孩子的时候就会多一些顺利，少一些失误。

二、不给宝宝把任性当作要挟父母的机会

我看过苏联英雄舒拉小时候的故事。一次他非要在饭前吃饭后才吃的粉羹，爸爸妈妈不仅没有同意，而且没有哄他，屋里只剩下舒拉自己。他哭喊了一阵后，不见回音，自觉没趣就用木块码东西玩了。以后每次舒拉任性哭闹时，爸爸妈妈不迁就他，也不给他当“观众”，事后再给他讲道理。就这样，很快治好了舒拉任性哭闹的毛病。我们这样对孩子，也没有孩子任性的烦恼。所以，我的切身体会是：最好开初时狠狠心，不迁就孩子，像舒拉的父母那样防患于未然。

这位家长的感悟是有道理的，作为一种性格特征，倔强任性有很大的后天因素。你是不是孩子刚一哭闹，就心软了，就百依百顺？等到孩子掌握了任性哭闹这个要挟大人的“法宝”，而无休止地恶性发展下去时，再想解决就很难办了。孩子会很敏锐地抓住时机，学会影响父母，甚至要挟父母。所以，必须从很早就注意对待孩子的态度和方式，不给孩子学会用任性要挟父母的机会。

三、以合理的方式满足小孩的合理需求

适时满足孩子的合理要求，也是预防孩子倔强的一个方法。

孩子的倔强常常是为了争取某种需要的满足。聪明的做法是以合理的方式满足孩子合理的需要；等孩子任性发脾气了再来答应孩子的要求，是最愚蠢的做法。当然，满足孩子的需要一定要讲究条件，对于不能或不该满足的需要一定要坚守原则，毫不妥协。

四、给小孩创造集体生活的机会

倔强任性是自我中心的产物，集体活动是破除自我中心的最好途径。因为集体活动有其规范，遵从集体规范是参与集体活动的前提。而孩子的天性就是不喜欢孤独，所以，让孩子到伙伴中去，到集体中去，的确是富于远见的对策。

五、小孩倔强时不予理睬

例如，孩子两岁的时候，常常任性胡闹，我呵斥他就跟夸奖他一样，越是呵斥他越是来劲。有天他又任性胡闹，恰好我手上正忙着一件事情，根本没顾上他。几分钟后，等我忙过了，孩子已经在旁边安静地玩起来了。这偶然的发现，让我找到了一个对付孩子倔强的秘诀，那就是有时候孩子发脾气胡闹，我全当没看见，一会儿就风平浪静了。

不予理睬是可取的对策。等孩子终止任性行为的时候再给予关注，这样，就把孩子引起成人关注的需要和良好的行为表现建立了联系，从而也就抑制了任性的行为。

六、及时转移小孩的注意

小孩的注意力很容易被吸引到其他方面去，我们可抓住时机，用转移注意来避免孩子的倔强。比如，孩子任性哭闹，我突然拿出个新奇的东西自言自语：

“唉呀！这东西真奇怪。”或者故作惊讶地说：“瞧！街上那大汽车装的是什么？”要不就说：“走，到外面去。”

人的心态是由注意决定的，注意转移了，心态也就变化了。因此，转移注意是矫正孩子倔强的可行办法。想方设法转移孩子的注意，用不着哄劝，不知不觉间就会淡化孩子的拧劲，消除倔强的毛病。

七、有原则地对待孩子的要求

对小孩的合理需求，我们给予支持，对于不合理的要求，我们表示理解但不支持。要给小孩树立明确的原则，设立合理的限制，不能做的坚决不做，不能给的坚决不给，用事实告知小孩大哭是没用的，时间长了小孩就不会以大哭来要挟父母，小孩一样会有一种家庭安全感，并且父母的这种做法一样会给小孩树立一个好的表率。

74 男孩不反思自己的错误怎么办?

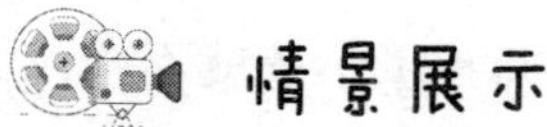

情景展示

家里，孩子绊着凳子摔跤了，哭了，大人尤其是祖辈心疼了，不是打凳子就是蹬地板，还冲着地板发泄——就是你，就是你，让我们宝宝摔疼了！下次，小孩非要家长骂地板才止哭……

学校里，孩子打架了，或者有纠纷了，也总是各说各有理，屡屡强调对方的错，极少找自身的原因。总之，很多男孩都养成了不肯认错、不能反思自己错误的毛病，总是从别人或环境上找原因。

问题分析

为什么孩子不愿反省?

孩子之所以没有反省之心，主要是缺乏羞愧感与内疚感。

孟子说："行有不得，反求诸己。"意思是说，凡是自己的行为没有达到预期效果的，或自己犯了错误，或别人对自己有误解等一切不如愿、不如意的情形出现，自己都应该反过来检查一下自身，反省自己哪里出了问题。而人只有拥有了羞愧感与内疚感，才肯去检讨自己。

当孩子犯错时，我们要及时提醒他，并让孩子自己来决定惩罚措施，这将会使他记住以后不再犯这样的错误。

不过，使用激发羞愧和内疚情绪的方法，我们也要因人而异，如果孩子性格开朗，我们可以用这种方法。但假如孩子原本就性格内向，我们就要避免总让他产生这种负面情绪，否则他的性格可能会变得更加内向。

反省并不是让孩子简单地说“我错了”就完了，正确的反省应该包括承认错误、反思错误、总结经验教训与改正错误。当孩子犯了错误之后，我们可以给孩子一定的时间让他思考，就是让他将自己做整件事的过程还原出来，以找到自己错误的原因。我们可以给孩子准备一个小本子，让他可以记录自己的错误，然后再让他想想自己今后如何做就不会再犯这样的错误。同时，我们也要鼓励他积极改正错误，告诉他“过而能改，善莫大焉”的道理。

另外，反省也不仅仅限于犯错之后才去做。所谓“吾日三省吾身”，我们也要提醒孩子，平时也要多多检查自身，及时纠正毛病、弥补缺点，从而减少犯错误的几率。

对策建议

怎样培养孩子的自我反思习惯?

一、家长首先得有自我反省的意识和表率

生活中，家长也难免有做错事的时候，在孩子面前，要勇于承认错误，即使孩子对具体事物并无真正的判断能力，但他能够知道大人做错了，也会承认错误的，这给孩子起到一个带头作用。

例如，有一次，侄儿在他外婆那边的巷子里玩，被人打了。他外婆很生气，说要找人家长理论。但我知道这孩子平时说话特冲，肯定是自己惹了事。我说，别打了，要他找找自己的原因。又转身向侄儿：“你是惹不得，人家不小心碰你一下，你都会怒目而视出口伤人，尤其你看到有亲戚在，你就更加仗势，是不?不然人家认都不认得你就揍你一顿啊！好好想想，你自己错在哪?”侄儿低了头，沉默了半天才说是自己先开口骂人，还冲到了他跟前，不知道他们有好几个人。看他挨了打的那可怜样，我换了一种口气，小声地说：“在自己家的地盘上有父母有朋友帮你撑腰，世界这么大，父母能保你多远？在外面还是要学会规矩，学会尊重别人，才会受到别人的尊重。”

二、注重良好的沟通氛围和方式

孩子做错事了，大人不要一味给予指责甚至打骂，以关心、冷静的态度对待，可以先倾听孩子的解释，再给孩子指出这样做是错的，并相应教导如何才是对的，在对与错之间对比，让孩子懂得该事件的对与错，进而自我反省并认识错误。惩罚执行之前或之后，大人必须对其讲解对与错的地方，帮助孩子总结经验教训，使之不断进步。

三、营造公平对话的关系

大人和孩子的关系角色，其实可以是平等的，不要在态度上凌驾于孩子之上，这样孩子有话不敢说，对大人的评批还会产生抵触心理。这也是第一条讲到的大人应该自我反省，学会接受孩子的批评，以及第二条讲到的良好的沟通氛围，其实是建立在关系角色公平的基础上的，大人和孩子得一起努力，有错都得承认都得改。

四、让孩子在承认错误时自己选择惩罚方式

孩子做错了，大人别只有打或骂等极端方式。孩子已经意识到错了，大人可以告诉他做错事就得接受惩罚，以告诫下次减少或避免类似错误出现。惩罚不是目的，大人可以选择合适的几种惩罚方式供孩子自己选择，自己执行，孩子更能接受。当然，所有的惩罚方式，大人都得暗中跟踪，以保证有效和安全。

在人生道路上，挫折与失败不可怕，重要的是要在挫折与失败中反思自己，不为失败找理由，只为成功找方法。

75 男孩不愿承担责任怎么办?

情景展示

家长朋友在教育孩子的过程中，都会因为下面这些烦心事而苦恼。

场景一：假期马上结束了，孩子的作业还没动手做，妈妈多次提醒，孩子一点也不着急，看完电视剧又泡在网上，就是没有做作业的意思。

场景二：太阳老高了，孩子还赖在被窝里。妈妈喊孩子起床，孩子睡眼蒙胧吼道："烦不烦人，你就不能让人多睡会儿！"

场景三：孩子洗完手不关水管，用完厕所不冲水；人出来了，房间的灯开着；屋里没人，空调还在运转；用过的东西随处放、顺手扔，父母跟着也收拾不过来。

场景四：走进孩子的房间，脏袜子、脏鞋、脏衣服堆满墙角，各种食品袋遍地都是。变质方便面放在鞋柜上，发霉小食品躺在窗台上，长毛的饮料放在桌子上，干瘪的苹果丢在台灯旁。臭气熏天，一片狼藉。

以上场景都是孩子缺乏责任心的表现。孩子要承担什么责任？不少家长会回答，孩子的责任就是好好读书、乖乖听父母的话。那么孩子有为自己作简单的规划吗？孩子不懂事，我们帮他规划好就可以了。相信这也是部分家长的心声。

很多家长以为这样做是爱孩子，是为孩子好。殊不知，这样做是在坑害孩子。承担责任是完美人格的重要部分，是一个人激发内在力量的黄金宝藏。但是，不少家长随意把孩子弥足珍贵的东西丢弃了，亲手把孩子赖以立身的美好品质毁坏了。

问题分析

家长替孩子承担责任的负面影响

1．父母事无巨细替孩子承担责任，等于鼓励孩子滋长惰性，纵容孩子增长依赖思想。这样做，等于告诉孩子："有爸妈在，什么事你都不用操心。"久而久之，孩子的责任心消失殆尽，他再也不愿对任何人、任何事负责任了。

2．父母事无巨细替孩子承担责任，孩子会形成寄生虫的思维逻辑。孩子认为，爸妈应该伺候我，我的一切别人应该给我安排好，我的困难应该由他们解决。这类孩子不会替别人着想，心中只有自己。他认为周围的人都应该围着自己转，都应该适应自己。别人一旦对他照顾不周，他会感到心理不平衡，甚至会认为别人冒犯了他，侵犯了他的利益。

3．一个缺乏责任心的孩子，做什么事都消极被动，等待、拖延是他的行事作风。没有父母、老师的监督和督促，他无法完成任何事情。一个缺乏责任心的人，进入社会后，不仅事情做不好，还会对别人的催促产生反感，觉得自己受到限制，受到压制，认为别人专门找自己茬，有意和自己过不去。这样的人，学习、工作没有效率，还对别人耿耿于怀，所以很难取得尊重。

4．自由和责任是对等的。不负责任的人，为了逃避负责任带来的约束，心甘情愿把自己的自由拱手交给了别人，把自己的命运交给了别人。逃避责任就是逃避自由，不负责任的人，也没有自由而言。不是吗？一个处处依附别人、靠别人来管理的人，哪来的自由？一个失去了自由的人，还有什么幸福和快乐可言？

对策建议

怎样才能培养孩子的责任心？

一、让孩子学会自主选择

给孩子选择的权利和自由，就意味着让孩子承担责任和后果。

比如孩子要买一件品牌服饰，妈妈认为超过了自家的消费水平，可以给孩子一个选择："我知道你喜欢这件衣服，但它价格也不便宜。妈妈认为隔壁店里那件衣服很不错，价格却实惠得多。如果你选择这件，必须等一段时间，一来要等爸爸发了工资，二来要减少你的零花钱，大家节省点才能买。如果你选择隔壁店里那件，现在就可以买。"

如果孩子为此事闹情绪，父母可以心平气和告诉孩子："我知道你很生气，妈妈理解你现在的心情，但闹情绪解决不了任何问题，妈妈绝不会花钱来鼓励你这种行为。你现在有两种选择，要么有话好好说，咱们商量着办；要么继续闹下去，什么衣服也买不成。"

二、让孩子勇于承担后果

从小培养孩子责任心，是每位家长的责任。从孩子懂事起，就应该让他明白，所有人都应为自己的选择负起责任，对自己的行为承担后果。

比如解决孩子早上赖床问题。爸妈可以给孩子弄个闹钟，让他自己起床。没有闹钟，爸妈只叫他一次。孩子起晚了，让他承受所有的不便，没有洗漱，头发凌乱，衣冠不整，自惭形秽；没吃早饭，饿肚子，上课心发慌；进教室晚了，老师罚站等，这些行为后果都应该让孩子承担。经过这样的经历后，孩子会这样想：多睡一会儿，给自己带来这么多不便；晚起一会儿，竟然要付出如此大的代价。经过这么一次深刻体验，大多数孩子都会准时起床，再也不会赖床了。

人都有惰性和依赖性，如果事事有人替自己负责任，凡事有人替自己承担后果，还有哪个人愿意承担后果，何况一个孩子。

三、不随意从困境中帮孩子解脱

父母要给孩子有益的帮助，但不要代办孩子的生活。在日常生活、学习中，孩子身处困境、感到痛苦的时候，正是磨练自己的极好机会。家长心疼孩子，替孩子做了，孩子很快得到解救、得到开脱，孩子当时会感激家长，但损失最大的还是孩子，因为孩子失去了提高自制力、培养责任心、历练意志、自我成长的宝贵机会。

家长朋友要明白这样一个道理，生活是位伟大的老师，任何人都要经过生活的历练，你的孩子也不例外。要约束好自己，克服"心疼"孩子、替孩子解脱的冲动，这样才是真正爱孩子，对孩子负责任。

四、不要被孩子情绪支配

让孩子承担责任，意味着让孩子承受痛苦。家长朋友要有充分的思想准备，帮助孩子渡过这个阵痛期。

在学会承担责任的过程中，孩子难免表现出一些负面情绪。比如，沮丧，烦恼，痛苦，愤怒等。聪明的父母不但会引导孩子勇于承担责任，也允许孩子宣泄负面情绪。这样做，孩子才能尽快从负面情绪中走出来，继续面对生活和学习的挑战。

最忌讳的是，有些家长既想让孩子承担责任，还不能接受孩子的负面情绪，受不了孩子负面情绪的宣泄，恨不得马上让孩子破涕为笑。这类家长容易受孩子情绪支配，孩子难过，他比孩子更难过；孩子烦躁，他比孩子更烦躁；孩子愤怒，他比孩子更愤怒。父母首先乱了方寸，因而失去了局面控制权，其结果往往是一团糟，甚至不可收拾。

培养孩子责任心的第一课堂，非家庭莫属；培养孩子责任心的第一老师，也非父母莫属。如果你想让孩子成长为一个有责任、有担当、能自律的人，就务必从一点一滴的小事开始培养孩子的责任意识，态度要明，方法要科学。一旦孩子的责任心形成了，孩子的诸多教育难题就会迎刃而解，孩子的成长将会步入一条良性发展的轨道。

五、给孩子做好榜样

孩子是父母的一面镜子，如果自己做错事不愿承担后果，逃避责任，那孩子只能会学到父母的这种模式。所以，先给孩子做好榜样，遇事勇于承担。如果是对孩子做错了事，一定要承认错误，真诚地向孩子道歉。

76 男孩性格有女孩气怎么办？

情景展示

有一次和一个家长聊天，这个家长说：我儿子6岁半了，在此前都是跟他奶奶生活在乡下，比较胆小，有人说他不该做什么，或者不能做什么他就哭。这两个月我带回来以后，每天带着上下班。上班的时候他就跟对面理发店里老板的5岁女儿玩，晚上下班回家就跟我们一个楼层的孩子玩，但都是些女孩，身边几乎没有男孩子。儿子看见裙子就要穿，还喜欢过家家的那一套东西。按理一个男孩子应该喜欢枪、刀之类的啊。他也不像别的孩子一样爱闹，我都觉得太文静了，对面的女孩，很调皮，活像个男孩子，两人正好相反。她打他，他不还手，只是静静地抱着胳膊在一边蹲着，过后还是跟她玩。他碰到一个喜欢的孩子，总是喜欢用舌头亲那小孩。但我不知道怎么纠正他的这个不好的倾向。还有就是我想知道怎么培养他的男孩个性呢？我怕他在学校被欺负都不知道怎么保护自己，害怕他因为内向而不敢表现自己。

研究发现，大约6%的男孩在其上中小学，甚至进幼儿园时，即出现程度不等的“娘娘腔”，而且其中有一半在其成年后仍表现得“奶油味”十足。

问题分析

男孩子有女孩气的原因

早在孩子2岁的时候，知道“我是谁”后，就有了性别的意识。等到了3岁左右，就能准确说出自己的性别。女孩子知道要玩洋娃娃，男孩子知道要玩玩具汽车。这些都是大人告诉他们的，其实这时孩子并没有更多的性别认识。所以，如果大人在这个时期，把男孩子像女孩一样打扮，那么这个小男孩就会向女孩倾向发展。

很多时候，孩子讨厌自己的性别是家长影响的。有的家长比较喜欢男孩子或者女孩子，而自己的孩子却不是自己喜欢的“性别”。于是，就把孩子当做另外一种性别的孩子来抚养，比如，给小男孩买女孩子的衣服，时间一长，孩子对性别的认识就混乱了，并且讨厌自己本身的性别。

到了五岁，孩子已经真正开始了解两性的差别了。性意识正常发展的小孩子知道，男生不能穿裙子，不能使用发卡，甚至知道男孩子长大后要做那些男人的事业。但是那些性别意识混乱的小孩子却不会明白，本身“性别”应该具有的品质和特点却得不到发展。

更为严重的是，性别意识混乱还会影响孩子以后的人生。因为对自己本身性别的讨厌，和对另外一种性别的追求，这些小孩子往往希望自己变成另外一种性别。据统计，大约有2／3的男性同性恋者其幼年就有女性化行为，一些人会陷入性别错位的痛苦之中。

有的孩子可能因为自身原因会有女性化的倾向。父母发现他们出现类似状况时要及时地阻止。比如，看到儿子总是和女孩子在一起玩，那么就要建议他多和男孩子一起玩耍，这样就可以有效地纠正孩子的性别意识了。

一般来说，男生性格像女生还有以下几种情况：

1．从小家中父母离异，男孩跟随母亲，或者长期跟随女性生活，缺乏父亲作为男性的榜样作用，男生容易产生偏女性的性格特点。

2．家庭中的男性没有女性强势，男性心理发展不完善，容易造成性格软弱，文静、乖巧，就像女孩子了。

3．与家长的期望和教育有关，没有接受到相关于男女生性别的差异的教育，容易使男生认识不到男女生之间的差别，从而性格像女孩子。

4．个人本身的性格，生来就是比较文弱型的。

对策建议

男孩“娘娘腔”如何改造?

所谓“娘娘腔”，指的是男孩行为上某种程度的女孩化，表现也因人而异，不尽相同，其中较典型的有：说话爱发嗲，走路踩“碎步”，举手投足动作忸怩，爱跟女孩子玩等等。一般来说，“娘娘腔”并不一定会像有些人想当然地认为可能导致同性恋，但却可能给男孩心理上的健康成长带来某种程度的负面影响。

如果发现你的孩子出现了“娘娘腔”，专家们建议：切勿大惊小怪。要知道，家长表现出的大惊小怪，只会加深孩子对自己的异常感，并进而发展为自卑感、内疚感，时间久了更难纠正。可以采取下列方式进行纠正。

一、请爸爸做好男孩阳刚的榜样

教育男孩更像个男孩，多在于潜移默化的培养，在于对自己性别的体认。所以要让爸爸加入孩子的教育行列，例如，让爸爸陪儿子做一些刺激性、运动量大的游戏和活动。男孩有问题了，也可以去咨询爸爸。妈妈注意让父亲参与进来，才能让父亲将阳刚气质传递给男孩。

二、鼓励男孩多参与户外活动

孩子正处于长身体的阶段，多参与一些户外活动，能够开阔自己的心胸和视野，还能强身健体。父母陪同孩子一起参与户外活动，不仅能增强亲子间的交流，还可以给孩子树立一个喜爱运动、追求健康的榜样。户外活动还有助于孩子保持活泼开朗的个性。孩子多参与户外或社会实践活动，还能增进孩子的人际交往技能，使孩子更活泼自信。

三、对男孩进行性别强化训练

妈妈应该从吃、穿、住、行等各种生活细节上，提醒男孩。男孩刚开始并不明确男孩子应该怎样做，妈妈的性别强化教育，能让男孩知道自己应有的行为模式，从而得到及时和有效的引导。例如，男孩应该怎样走路，怎样说话，怎样穿衣服，怎样表达情绪。这些细节要在生活中时常提醒，让男孩能明确男性的行为模式。如果男孩的言行像女生，妈妈应该提出来，防止他将女性化的举动变成习惯。

四、打造男孩的强健体魄

要想让男孩变得阳刚，就先要让孩子练就一幅强健的体魄。一个强健的体魄是男孩阳刚的外在标准。在孩子的青春期，妈妈要注意加强孩子的营养，让孩子的身体能够得到更好的发育和生长，而不能长成一根豆芽菜，风一吹就倒。还要鼓励孩子多参加体育锻炼和社会活动，注意孩子发育期的饮食营养，让男孩拥有一个强健的体魄。

五、从小就要让男孩知道，他是个了不起的男子汉

男孩在四五岁的时候，就已经有了性别意识，他已经知道自己是个小男子汉。这个时候，父母就要有意识地培养其男子汉的作风：男孩跌倒了，告诉他：自己爬起来；男孩胆怯了，告诉他：你可以做得更好；男孩犯错误了，告诉他：好汉做事好汉当；男孩不听话了，告诉他：不给父母添麻烦，是男子汉的一种荣耀！如此，男孩才会逐渐养成男孩该有的气质。

77 男孩特别小气怎么办?

情景展示

场景一：妈妈下班后，给佳佳买了一个她最爱吃的肉松面包，佳佳高兴极了，赶紧一个人跑到房间里，准备独享。爸爸走过去，请求咬一口，佳佳不答应，用身体挡着，生怕别人抢去。

场景二：邻居小朋友过来玩，毛毛很高兴，主动地领他到自己的房间里。过了一会儿，小朋友走到了客厅，坐在那里看电视，可毛毛没出来，毛毛妈妈纳闷了：“怎么不一起玩了？”小朋友扫兴地说道：“毛毛什么也不给我玩，光让我看，没意思。”

这两则事例，最显著的特点就是小孩的“小气”，我的东西别人不能动，自己的东西就自己一个人玩。当今社会，人们需要协调配合，甚至多方面共享。如果一个孩子从小就不懂得分享，独断专行，父母再不加以引导，那么长大后就很难形成一种良好的人际关系，更谈不上立足于社会。所以说，我们应该帮助孩子改变“小气”的毛病，培养孩子谦让、大度的品质。

问题分析

孩子小气的原因

一、自我意识的觉醒

自我意识是孩子发展过程中的自然现象，是一种本能体现。如“我的小床”、

"我的玩具"，有了"我"和"你"的概念。他非常注重"什么是你的"和"什么是我的"，并以此来确认自我的边界。在这种情况下，"分享"常让孩子感觉到"失去"或者"被侵犯"。出于这种不安全感，孩子们常常极力捍卫自己的所有权，如果这种愿望不被理解，他们会更加的不安，更加激烈地拒绝分享。自我意识如果不加以引导，便变成了小气。

二、父母行为的影响

如邻居来借物品，父母怕东西被弄坏而表现出故意搪塞，无意中成了孩子的反面教材。

三、与父母教养方式有关

如有的父母经常教育孩子："不要把好吃的分给别的孩子吃！"长期如此，孩子就会变得小气。

四、与以往的不快经历有关

如以前自己的玩具被抢过，让孩子产生了不安全感，所以拒绝分享。

五、父母的助长

例如，同伴交往时，孩子看中了同伴的玩具却遭对方拒绝后，当别的小伙伴向自己借玩具时也表现出小气行为，父母见后，却给予赞赏，这样，孩子的小气行为便愈发严重。还有家长的无谓"牺牲"，如好吃的菜让孩子先吃，好的水果让孩子先挑，这在很大程度上滋长了孩子的自私心理，且认为"家里只有一个孩子，要是有两三个孩子便知道分享了，长大就好了"。

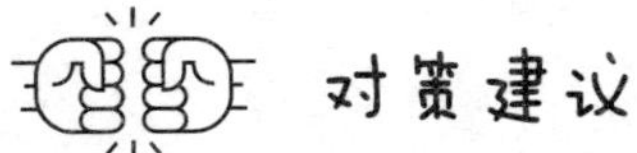

怎样改掉男孩"小气"的毛病?

一、尊重孩子的所有权

尊重孩子的"物权"，无论是玩具、食物还是书籍，只要是许诺给他的，就由他来支配，让他相信自己真正拥有自己的东西，而拥有的表现是"自由支配"，可以决定是否分享。分享是以"拥有"为前提的，没有人可以分享自己还没有拥有的东西，没有这种“拥有感”的分享不是真正的分享。强制的“大方”会使孩子难过、生气，产生危机感。这种方式会剥夺孩子的需求，让他感觉自己的需求不重要，间接地影响孩子自我价值感的建立。妈妈不要在孩子不肯分享玩具给小朋友的时候斥责他，“自私”、“小气”这些字眼会伤害孩子的自尊心，同时也反向强化了这种行为模式，使他的行为变得更加小气。

二、做出示范

从家庭成员开始，学会分享：让孩子改变小气的第一步，就是教会孩子分享，孩子对于陌生的人不舍得分享，那就从和孩子最亲近的家人开始，让孩子将自己喜欢的东西分给家人，家长一定要注意鼓励。

家长的榜样作用：父母的言行直接影响孩子的思想。自私、小气、狭隘、算计的家长，显然对孩子是有感染的，所以，家长要注意生活细节。引导孩子学会分享，家长首先要是真心乐于分享的人，在日常的小事中，潜移默化地将分享的理念传达给孩子。这样的经历多了，孩子就会认识到：东西固然是属于我的，但也是可以分享的。

三、让孩子体会赠予的快乐

把孩子最要好的小伙伴约到家里，让孩子试着将自己喜欢的玩具或者食物赠予自己的好伙伴，这样，孩子之间的关系会更加亲密，孩子在这个过程中，也会体会到赠予的快乐。

四、讲讲相关方面的美德故事

榜样的力量是巨大的，家长可以给孩子讲一些这方面的故事，让孩子受教育，学会分享。

五、避免围着孩子转

溺爱是祸根，有的家长买回好吃的东西，看到孩子兴奋异常，父母往往感动万分：你自己吃吧！我们不舍得吃。就是这种不舍得，久而久之，便没有别人的份了，你家长不吃，那只有我吃了。为什么我们当父母的，不多花一点钱，买回同等数量的东西，让孩子主导分配呢？

六、加强感恩教育

孩子理解别人，富有同情心，需要一个过程。首先要从孝敬父母开始。

其次，多引导孩子参加情感体验，比如主动打扫卫生等。感恩才能知道生活的不易，从而知道分享。

七、分阶段进行分享训练

第一阶段，通过在家中和孩子玩游戏，让孩子相信玩具分享后能够重新回到自己手里。如：向他借走一样玩具答应他 5 分钟后还给他。慢慢孩子就会知道东西是暂时离开自己，过一会儿就会回来的。

第二阶段，引导他尝试和小朋友们进行交换玩具的游戏。如大家交换玩具 3 分钟后归还，让他感受自己既能享用别人的玩具，也不会因此失去自己的玩具。进一步增强孩子的安全感，并使他体会到分享的价值和快乐。

最后，组织孩子开展集体活动，如一起搭积木。在游戏过程中，鼓励并引导孩子自行协商出分享的规则，从中体会出互利合作、分享的好处。

八、抓住生活中的细节进行教育

对于孩子的小气行为，家长必须抓住各种时机和细节进行教育。可以从家庭做起，使孩子懂得好东西应该大家分享。当家里来客人时，可有意识地让孩子帮助“招待”客人，如拿糖果给大家吃或拿玩具请小客人玩等。其次，家长应多给孩子与同伴相处的机会，让他带着玩具和同伴交换着玩，增加其与同伴分享的经验。再次，可鼓励孩子把不用的物品（玩具、衣物等）赠予邻家的弟弟、妹妹或捐给孤儿院的孩子们，也可在节日里，让孩子向同伴赠送礼物，从中体会愉悦的感受。

另外，家长应正确给孩子以适当的鼓励，如孩子有好玩具、好东西懂得分享时，家长应给予及时的肯定和赞许，孩子就会逐渐改掉小气的毛病。

78 男孩没有公正意识怎么办?

情景展示

两个孩子在教室打架，把窗台上的花瓶打碎了。当时班里有五六个同学在场。上课以后，老师发现花瓶被打碎了，很生气，说："是谁打碎了花瓶，站起来？"等了好半天，没有人承认，就又问："花瓶打碎的时候，都有谁在场？请站起来！"等了半天，还是没有人承认。老师气愤至极地说："是谁做的，要是不说我就额外的奖励作业了！"如果你是班里的一个同学，你在听到老师的决定后会怎么想？如果你既没打碎玻花瓶，又没看见打花瓶的是谁，你敢不敢站起来向老师提出不同意见？

公正是一种基本的道德要求。其涵义就是，处理人与人之间的关系时，不从私心、私利出发，做到公平合理，在同一种情况下，不同的人应该具有平等的地位。

心理学研究表明，儿童的公正观念是从七岁左右开始发展起来的。他们起先并不理解公正的真正涵义，只是从成人那里听到一些诸如"公平"、"公道"之类的字眼，以及一些具体的作法，例如兄弟姐妹分配东西要平等。但他们还不能说出这样做的道理。随着与同伴越来越多的交往，他们逐渐体会到平等的实际意义，并形成一种实用主义的公正观。

问题分析

培养孩子公正意识的重要性

一、培养孩子德、智、体、美全面发展的客观要求

公正原则是道德的核心，也是东西方社会历来所倡导的道德的重要内容。在古希腊和古罗马，公正是“智慧、勇敢、公平、节制”四大品德之一。柏拉图、康德等西方哲学家认为公正是道德的基础。在古代中国，儒家提倡的行为准则“三纲五常”影响深远，其中五常——“仁、义、礼、智、信’中的“义”，据考证，就是指“公正”、“义行”，即“公正行为”。由此可见，作为道德核心的“公正”，始终是人们心中不朽的道德律令和追求。因此，为了培养德、智、体、美全面发展的一代新人，必须培养孩子的公正思想。

二、让孩子认识到权利和义务是统一的

现在大多数孩子都是独生子女，父母长辈宠爱有加，助长了他们中的一些人只享受权利而不履行义务的坏习惯。孩子要取得权利和义务的统一，应恰当地处理好与自我、他人、社会的关系，按公正原则处事待人。人们要做到相互信任、相互尊重，必须秉持公正原则行事。因此孩子坚持公正或公平的规则，友谊和相互信任的联系就会在他们中间发展，有利于建立和谐的人际关系，也有利于社会的和谐发展。

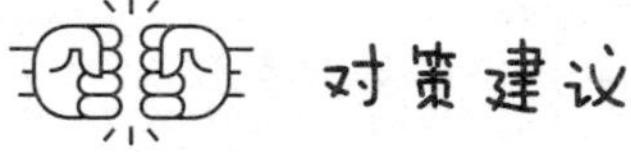

对策建议

培养孩子公正意识的注意事项

一、不能以自我牺牲寻求公正

孩子普遍具有自私的本能。每个人维护自己应得的利益不是一种罪恶，也不应为此感到有什么不道德的地方，不能将自我牺牲作为寻求公正的目标。

也就是说，在教人作出自我牺牲时，人们会对让自己作出牺牲的人产生一种说不清的怨恨感，并可能在心底里要求以感激作为回报。不能让孩子感到只有自我牺牲才能达到公正。

二、不能离开具体环境

年龄相近的孩子中才存在利益相似的冲突，才有实施公平教育的真实情境，所以任何一个孩子都不应该长期独居，而应多与同伴一起学习和生活。

三、不能以道德说教来处理公正问题

以道德说教来处理公正要求，是没有效果的。不要超越公正原则给孩子更多的东西，也不能指望孩子公正地接受较少的东西。

四、利用日常生活进行教育

1．营造公正的家庭氛围。

2．鼓励孩子敢于表达自己不同的意见

3．父母以身作则。例如，爸爸妈妈在家里，对于家务活的分工要做到公平公正。

79 男孩不愿分享怎么办?

情景展示

有次朋友带孩子来家玩，走时带走了我刚给儿子买的玩具。从那以后，不管谁到我家，儿子对他的玩具、零食，怎么都不愿意拿出来给别的小朋友分享。

许多家长有这样的困惑，有时为了培养孩子“分享”行为，往往有意识地引导孩子把手里的玩具给周围小朋友玩，想让这种行为慢慢固定下来，可是却往往起到了反作用。孩子非但没有喜欢上分享，反而越来越害怕与别人分享了。这是怎么回事呢?

问题分析

一、认识“分享”

分享是亲社会行为的一种表现，它的对立面是“独占”、“独享”、“多占”。分享行为的发展是孩子社会行为发展的一个重要方面。孩子分享行为的发展，是建立良好的伙伴关系、形成健康个性的基础。与人分享不是孩子自发的，而是由家长或者孩子周围的人教给孩子怎样去做，久而久之才形成的。

分享中包含着宝贵的平等与博爱思想。让孩子学会分享，对于培养孩子的合作能力也至关重要。而合作能力恰恰是孩子社会化过程的重要一步。如果孩子的社会化过程慢、发展不足，那么就算他发育健全，但身体、智能的优势也不能得到充分发挥，最终会导致感情不成熟，不适应社会生活。

分享，不只是一种行为方式，更是一种美德。让孩子学会分享，关键在于体验。体验分享的乐趣和意义，才能做出行动。

二、不愿分享的原因

（一）没有分享的愉快体验

与别人分享玩具的时候，孩子会产生一种不安全感：属于“我”的东西被别人拿走了。特别是当自己的玩具被别的同伴“分享掉”的时候，孩子心中的沮丧是可想而知的。如果孩子没有对分享产生愉快的心理体验，强迫孩子分享有时会起到反作用。

（二）独占习惯成自然

一些孩子是家中独苗，被人捧着护着，属于他的东西从不需要分给别人，不属于他的东西也会有父母长辈千方百计为他弄来。尽管开始只是一个苹果一个梨，但生活点滴的力量可以“穿石”。成长在这样环境中的孩子，渐渐凡事都以自我为中心、自私自利、斤斤计较，独占成习惯了。

（三）温柔的强迫

一提到分享，父母最常说的是“和弟弟一块玩”、“分给小朋友一起吃”，孩子听到这类言语，第一个感觉往往是威胁和强迫。自己的东西必须要分给别人，这怎么可以！因此，父母好说好商量的行为，常常引起孩子的逆反心理，甚至，觉得父母不在意自己，当然就没办法达成分享了。

（四）大让小的误区

要让着年龄小的孩子，是一种常见的惯性思维。但在分享过程中，大让小势必造成不平等的出现，让心智和思维都不成熟的孩子很难理解和接受。

（五）分享物品的比较

双方所持物品的“优劣”也会影响分享的达成。大家相互分享玩具时，由于对方的玩具不够吸引人，所以拒绝交换分享；或者是孩子太喜欢珍惜自己的玩具，怕别人不够爱惜，也会拒绝跟其他人分享。

对策建议

一、在培养孩子分享精神时需掌握几个原则

第一个原则是公平。有时候我们会看到家长对孩子争东西，或者调解纠纷的时候不公平，自己孩子的东西该自己孩子玩的时候，被别人的小孩抢去了，家长觉得面子上过不去，但不说，也不去把这个东西要回来给自己的孩子玩；或者是相反，应该别的小朋友玩的时候，看家长不在，就护着自己的孩子。这都是不公平的做法，特别容易培养孩子投机的心理，孩子大了以后，一看对方气焰很嚣张，该维护自己权益的时候，不去维护，或者是看对方有些弱势，不该去抢夺别人的东西也去抢。

第二个原则是平衡。这一点特别重要。孩子小时候，让他先搞清楚“我”是谁，“我”需要什么东西，只有把自己的需要搞清楚了，才有力量帮助别人。如果总是在分享，在帮助别人，自己的东西太少了，很难有力量有动力去帮助别人。

第三个原则是不望回报。有时候家长会说，你把这个东西给这个小朋友玩，他就会把他的东西给你玩，你给他这个，他会给你那个，这样的孩子会把这种分享当成一种游戏玩，长大了会觉得，我给你分享东西是为了要求回报，不会真诚地发展成为一种关心别人的情怀。

其实，这是我们培养孩子的目标，不仅是一个会分享的孩子——分享是一种表面的行为，这种行为被很多不同的目的支撑着，我们想要孩子有合理的需求，能平衡自己和别人的需要，能公平对待自己和别人，有关爱的情怀。

二、如何让孩子学会分享？

（一）营造亲密、信赖、和谐的氛围

首先应该让孩子信任对方，关爱对方，在孩子之间建立信赖和亲密的感情，这是基础。“孔融让梨”就是一个非常典型的事例。通过学习故事，让他们懂得分享和谦让是一种优良的品质，并同时鼓励他们用自己的实际行动向孔融学习，从而体会到学会谦让也是一种快乐。例如，当孩子们在活动时，以“伙伴”的身份加入到他们的活动中去，和他们一起游戏，一起“出谋划策”，让他们充分体验到分享带来的乐趣，从而自觉地产生分享的动机。孩子们的心灵是纯净的，在引导之下，他们相互亲近，相互友爱，彼此信赖，开始逐渐形成关心他人、同情他人和帮助他人的意识。

（二）为孩子树立榜样

家长是孩子模仿的重要对象。家长的日常行为、言谈举止和情感态度随时都对孩子的发展产生潜移默化的影响。爸爸妈妈两人之间的亲密、信任，以及与孩子爷爷奶奶的分享，在无形中都为孩子提供了积极的行为榜样。

（三）以正面教育为主，激励分享行为

孩子总喜欢家长或者老师的表扬，当他们有了分享行为时，就应及时用鼓励、奖励、激励的方法来促进孩子的分享行为，他们就会感到愉快和满足，从而加强和维持自己的行为，逐步内化为自己的意识。当发现孩子有分享行为时，可采取向孩子点头、微笑、竖起大拇指或用手轻轻抚拍其肩、头等方式予以鼓励。这样不仅能使孩子得到正确、适当、长效、深刻的行为教育，同时还有助于孩子学会注意、体会别人的情绪情感，有助于孩子社会情感认知的培养。

（四）帮助孩子了解分享的意义

在活动中，让孩子明白分享不是失去而是互利。有些孩子之所以不愿分享，是因为他觉得如果分享就没有了，这时要让孩子明白、理解分享其实不是没有了，分享是一种互利。自己与别人分享了，别人也会以同样的方式回报自己。如：把玩具分享给同伴玩，同伴也会把玩具给自己玩，这样就可以玩两个玩具。

（五）及时纠正不良行为

孩子因为喜欢别人的玩具，经常会出现不打招呼，直接夺取的行为。这时，我们的父母不能因为孩子间暂时没有发生冲突而听之任之。而是要及时提醒和说服孩子去征求玩具主人的意见。用这样的方式来告诉孩子，要分享其他人的东西，必须通过正确的途径达成，这样才不会造成孩子间的矛盾。

家庭沟通

80 男孩与父母很隔膜怎么办？

情景展示

倾听是人类的本能，通过倾听来接受外界的信息，通过倾听来了解这个世界。倾听是一种艺术，是一种心灵碰撞、灵魂交融的过程。很多男生在成长过程中，由于各种原因，变得越来越封闭，与父母很隔膜，不愿与父母敞开心扉。因此，作为智慧的父母，应该倾听孩子的心声，走进孩子的心灵，感悟孩子的生活，与孩子共同成长。

问题分析

一、学会倾听孩子的重要意义

1．可以了解孩子的心理变化。多倾听孩子的需求，才能多了解孩子的情况和想法，不会在自己没了解实际情况前去做错误的决定，去发表不恰当的言论。在生活中我们的误会可随着倾听而变少，在教育孩子时，也因倾听而变得更有效率，气氛变得更加融洽，也可以了解孩子的真正想法，察觉到孩子的心理变化。

2．提高孩子的独立性。父母善于倾听，孩子会觉得父母是关注和尊重自己的，会让亲子关系更加融洽。父母要鼓励孩子多说说自己的事情，然后认真倾听，你会发现，在这个过程中，你会听到孩子前所未有的想法和一些有建设性的建议。久而久之，会让孩子觉得自己有提出意见的权利，这样，遇到事情孩子就会独立思考，甚至提出解决问题的方法。

3．听可以帮助孩子克服惧怕的心理。父母借倾听流露出的对孩子的接纳与包容，会使孩子从父母的反应中，感受到父母的友善态度，从而能够勇敢地说出内心的恐惧。

4．倾听能增进父母与孩子间的亲密关系。孩子也渴望有人了解他、包容他、接纳他。父母懂得积极倾听，就会更进一步地认识孩子、尊重孩子、更加关爱孩子，而孩子必然和父母产生更加亲密的互动。

5．积极倾听能协助孩子自己解决问题。大家都知道，把问题说出来，比闷在心里好多了，比较能够看清问题的真相，也能促使孩子找出解决问题的办法。

6．倾听能够促使孩子愿意听父母的看法和意见。大家都曾有过这样的经验，如果对方愿意听听你的想法，你也会乐意听听他的意见。因此，如果有父母埋怨孩子不听话，那就表示，父母根本没有积极去倾听孩子的心声。

7．倾听让孩子愿意和父母说话。许多父母用倾听和孩子讨论问题和烦恼时，发现孩子很会分析自己的问题并寻求解决之道，倾听表示父母信任孩子有解决困难的能力。反之，父母若是一味地给孩子提供建议、忠告、劝解，不但不能真正帮助孩子，反而很难培养孩子成为独立自主及有责任感的人。

二、积极倾听应具备的基本态度

1．必须有“想听”孩子说话的心意，如果你很忙，如果你很烦，先冷静下来！

2．要允许并真诚接纳孩子可以和自己有不同的想法。

3．必须相信孩子有解决自己问题的能力。父母的信赖将是激发孩子潜能的催化剂。

4．知道情绪的感觉只是一时的，而非长久不变的。人的感觉时时都会改变，恨能转为爱，失望也能被希望所取代。父母无须害怕孩子说些情绪性的语言。例如，我恨老师，我诅咒她快死掉。父母要庆幸的是当孩子倒出这些聚积在内心的垃圾之后，孩子的情绪才能获得排遣。

5．必须尊重孩子是个完全独立的个体。有位知名作家说过这样一句话：“孩子是上帝借给我们的一把琴弦。”试问，作为父母，如何能永远霸占着这把琴弦？当父母体会到孩子是个独立的个体，就会允许孩子有自己的想法和感受。

对策建议

父母应该这样来倾听

一、“放下身段”倾听

人都有郁闷伤感难以自抑的时候。孩子的心理承受能力比成人差，遇到问题时更容易表现出悲观失望的情绪，甚至会委屈地哭泣，这种情况下，父母应当放下身段耐心地倾听孩子诉说，安慰孩子，而不是居高临下地斥责孩子。家长的冷漠会让孩子感到无助和伤心，所以一定要放下身段和孩子交流。

二、带着爱去倾听

父母倾听孩子的心声不是单向的沟通，而是一种双向的互动，也就是说在倾听的过程中，父母应当饱含爱意。当然，父母关心孩子不是领导关心下属，所以父母不应像领导倾听下属诉苦一样，除了安慰和劝导之外便是就事论事，而是应该带着深深的爱走近孩子的内心。倾听是为了帮孩子化解烦恼，消除困惑，如果这种沟通缺乏爱，那么就难以深入内心。唯有温热的爱，才能把孩子的心灵捂暖，而孩子心中的“冰”自然会融化。

爱使人如沐浴在春风里。孩子在困惑失意之时，父母的爱可以给孩子注入强大的精神动力。带着爱去倾听，爱会播撒在点滴细节中，沁人到孩子心里。父母一系列爱的行为、动作足以把孩子的心门打开。有了这种爱的氛围，孩子自然更容易听进妈妈的劝导，弄明白其中的道理。

三、倾听需要抓住时机

父母对孩子的倾听，除了要有真诚和耐心，还要抓住有利的时机。倾听是为了弄懂孩子的心思，帮助孩子解开心结。如果时机选的不恰当，非但帮不上忙，还有可能会适得其反。

小鑫从小由奶奶带大，后来小鑫跟着爸爸妈妈到外地上学，寄宿在学校，这期间奶奶突然去世了。他没能见奶奶最后一面，沉痛和悲伤压在心底很长一段时间，后来变得越来越少言寡语了。后来，妈妈还注意到，自从小鑫的奶奶死后，相册里小鑫和奶奶的合影全都不见了，她猜想是小鑫偷偷藏起来了。对此事，妈妈一直没有提及。

直到半年以后，小鑫开始变得爱和人说话、爱开玩笑了，妈妈的心才真正放下了。这天，妈妈找了个恰当的机会，准备让孩子倾吐一下压抑在心底半年之久的悲伤心情。小鑫向妈妈描述这半年来每一个被泪水淹没的夜晚，以及清明节偷偷到河边给奶奶烧纸的情景。妈妈听了，拉着儿子的手，不断地安慰着他。小鑫却对妈妈说："妈妈，我知道奶奶是去享福啦。现在我已经从失去奶奶的阴影里走了出来，您放心，我现在已经把痛苦的包袱丢下了。"妈妈听了小鑫的话，心里的一块石头总算落了地。

小鑫的妈妈做得很对，如果在儿子还没有走出悲伤时听孩子倾诉心声，难免会让他更加难以自拔，而现在的倾听更容易让孩子释怀。

四、倾听孩子的"感觉"，作必要的核对

父母不仅要倾听子女说了些什么，还要猜度他内心真实的感觉是什么，并且作必要的核对。家长核对性的反馈，还具有"镜子"的作用，有助于孩子觉察自己的感觉。

例如，孩子说："……可是我从来不把别人往坏处想！"你想，他内心的意思感觉可能会是什么：我上当了(后悔)；你们把我教得太纯洁了(抱怨)；我以后不能过于相信别人(自责)。对孩子的意图，不妨用"你的意思是……"句式核对一下："你的意思是上当了，你很后悔？"这样，孩子通过父母的核对性反馈，会觉察到自己有或没有"上当"、"后悔"的感觉。而你的猜度也得到了核实。

但要注意，核对的时候，一定要用关心、猜测的语气，口气柔和。如果是反问口气，听起来就不是"核对"，而是指责了，必引发不愉快。亲子之间有了更多的互相关注，更多的彼此了解，误解减少了，口角吵架减少了，大家都感受到家人之间更多的温馨亲情和融洽。

五、等一等

孩子毕竟是孩子，有的时候他说出口的话并不真是他所想的，而只是一种情绪的发泄。不妨等一等，听孩子把话说完，听孩子说出全部事实。你可以用下面一些办法。

1. 什么也不做，停下来不说话，关切地注视着孩子，等着他说下去。

2. 语言上的回应。

（1）重述孩子刚才说过的话。如：“你刚才说要把你们班主任杀了，这个人为什么该死呢？”

（2）揣测孩子的情感。如：“看起来你很生气。”“你有点控制不了自己了，是吗？是不是感到火往脑袋上冒？”

（3）用声音或语言认同孩子的情感。如：“听起来你很失望，你其实完全理解了课文，但因为粗心丢了分，真是让人生气。”“你看起来很累，这次考试前你不巧生病，影响了复习，真是不走运。”“哦”、“嗯”、“我明白了。”

（4）用点幽默。如：“你刚才说要把你们班主任杀了，预备什么时候动手呢？”

（5）表示对孩子说话的兴趣。如：“这真是很有意思，后来又发生了什么呢？”“唉，要是我当时也在就好了。”

（6）启发孩子说下去。如：“你就是因为这个生那么大的气，那么你冲他们发火，他们有什么反应？”“你说班上有一半的人都反对你，那一定还有一半的人支持你了。”

3．行动上的回应。

（1）做一些抚慰孩子的举动，比如为他擦汗，给他倒杯水。

（2）部分身体接触，比如轻拍孩子的手。

（3）始终保持投入地听孩子说话，不要停下来做别的事。

4．心理上的应对。

（1）提醒自己：“他这样说，一定有他自己的原因。”

（2）提醒自己：“这孩子的语气令人生气，但我一定要保持冷静。”

（3）提醒自己：“我应该多知道一点事实再下判断。”

（4）提醒自己：“孩子现在最需要的是把心里的话说出来，而不是听我说话。”

六、自己来

有些时候，我们听孩子诉说了事情经过和他的想法，事情也就完了，但有时，为了解决问题，或者为了让孩子“总结经验教训”，我们不妨采用“自己来”的方法，就是引导孩子自己来进行分析和判断，父母亲仅仅是倾听者。你可以试试下面的办法。

1．直接询问孩子。父母应该在接纳和认同孩子的情感的基础上心平气和地询问。如："×× 老师那样对待你，的确很不公平。不过，你想过没有，他这样做的目的是什么？"

2．让孩子站在别人的立场上思考。如："某老师没了解全部事实就训你，这的确是他不对。但老师也会有错误的。而且，某老师很看重你（举出一些事实），我想他可能是对你期望很高，看到你的毛病就急了。你说呢？"

3．直接评价孩子的行为。如："我认为你这样做是对的，对于这种事不应该袖手旁观，你应该把你这样做的理由告诉你的老师和同学。"

4．把孩子面对的问题清楚地说出来。如："那么，你现在的处境是这样，同学以为是你向老师告状，所以都不和你说话，是吗？"

七、给予充分理解

还有一种情况就是，你发现孩子遇到了麻烦，但他就是不愿意开口，怎么办？这时绝对不要逼迫孩子说话，也不要轻易向孩子提出建议。我们每个人都有短暂的甚至永远都不想告诉任何人的经历，有些人则更愿意独自悄悄地抚平伤口，忘却耻辱。孩子们也一样。当他们想独自疗伤时，他们会明确向我们发送信号。当他们走向自己的房间，当他们一言不发，当他们明确地说"你别再问了"的时候，父母所能做的最好的事就是让他去；同时让他们知道，如果他们改变了主意，父母随时都愿意帮助他。

81 男孩情绪低落怎么办?

情景展示

男孩在成长过程中难免会碰到各种问题，时有情绪低落。对此，一个重要的办法就是善用表扬。

父母对孩子进行表扬和鼓励，是帮助孩子建立自信、提高自我认知和肯定的方式之一，也是父母在表达对孩子的爱。孩子接受到表扬和爱的信息后，往往很快从低落的情绪中走出来。对此，关键是父母要学会正确地表扬孩子。

问题分析

一、表扬的重要作用

家长对孩子“不完美的勇气”要给予不断的鼓励和培养。实践已经证明，一个人在愉快心境中学习，无论是感觉、知觉，还是记忆和思维，都会处于活动的最佳状态。

鼓励还能增强儿童的自信心，只有当儿童看到自己的力量时，才会产生积极活动的欲望和情绪，才能主动地去求知。对于12岁以前的孩子来说，就表现得更为明显。因此，家长对儿童应坚持正面教育和诱导，以表扬和鼓励为主。

二、表扬的误区

表扬有窍门，应避免以下误区。

（一）好话坏说，明褒暗贬

这类口头禅是：“你今天终于没有做错，了不起！”“全部做好了，很好。从明天开始不要再做错了！”对于交给孩子的任务或是孩子做的事情，他们表现得很好，父母虽然心里满意，嘴里却说：“你这几天终于记住了自己该做的事，真是太阳从西边出来了！明天可别再忘了！”

这样的表扬很勉强，而且隐含着批评，无形中打击了孩子的积极性，让他觉得好事做了也白做，爸爸妈妈的眼睛总是盯在自己的薄弱环节上，不得翻身。

（二）无的放矢，盲目比较

这类口头禅是：“你做得真棒，比 ×× 强多了。”孩子兴高采烈地拿着他画的画给父母看，他的眼神很期待，父母煞有介事地说道：“画得真棒，你一定是你们班上画得最好的！”

这样大而空的夸奖并不能给孩子面目清晰的感觉，反而可能造成他空中楼阁般的自信——也就是自负。他盲目地认为自己好，而不清楚好在哪里，进而难以形成对事物恰当的判断和分辨能力。

（三）沉溺历史，苛刻要求

这类口头禅是：“你居然得奖了，真是妈妈的骄傲！你以后一定还能得到更多的奖！”父母对孩子以往取得的成绩整日挂在嘴上，并常对孩子唠叨。

父母这样做无非就两个目的：一是满足自己的虚荣心，二是用一次好成绩为孩子确立一个“高标准”，要求孩子每次都必须达到，否则就是“骄傲、退步”。此时的表扬实际上已经成为了孩子身上的“包袱”，成为了孩子的“紧箍咒”，给孩子造成了极大的心理压力。

（四）以偏概全，“浮夸”无度

这类口头禅是：“这件事你也能做好，真是个好孩子。”“你居然考了第一，真是个聪明的孩子。”孩子考了第一或是做了件好事，父母就对其大加夸赞。

这种“以偏概全”式的奖励，会使孩子错误地把一件事情成败的评价，当成了对自己整体的评价。而且过度的表扬，会造成孩子错误地认为自己“十分完美”，在日常生活中经不起外界的批评，在竞争中经不起挫折与失败，容易对孩子造成所谓的“捧杀”。

（五）夸奖言不由衷

这类口头禅是："你真棒！""你真是个好孩子！"孩子在向父母分享成功和喜悦时，父母表情淡漠，语气敷衍地表扬和鼓励孩子几句，对孩子来说是模糊和夸张的。

延迟、淡漠、敷衍的表扬不会带来激励的效果，会让孩子的喜悦减掉大半。父母表扬和鼓励孩子时的语气与方式很重要。

对策建议

一、表扬应注意的基本原则

（一）孩子靠自己把事情做好时应给予表扬

很多情况下，人们会说孩子长得漂亮可爱，只对孩子的外表、长相进行表扬。真正有价值的表扬应该是，在孩子整理好玩具，或者照看弟弟妹妹等自己做好一件事时进行表扬。

（二）用具体的语言、表情对孩子进行表扬

表扬孩子时，真实生动的话语最能使孩子感到自豪、骄傲。因此，不能只把表扬当做一个形式，马马虎虎地称赞一两句，应具体地说出孩子哪些地方做得很好。例如，只对孩子说"做得很好"，就不如说"今天把玩具摆放得很整齐，值得表扬"。有时，父母的一个表情、一个动作也会给孩子很大的鼓励。例如，注视着孩子，握住孩子的手，通过肌肤之亲，让孩子体会到自己的行动是多么令爸爸妈妈高兴。用真实的话语、真诚的态度鼓励孩子，让孩子和父母的心贴得更近。

二、表扬孩子的方法

（一）表扬应针对事，而不应针对人

表扬的目的是让孩子明白哪些行为是好的，以强化孩子的好行为，所以表扬最重要的原则就是：要针对孩子对某一件事付出的努力，取得的效果，而不要针对孩子的性格和本人。如在孩子把玩过的玩具整理好后，我们若说，"你真是个好孩子"，这样孩子就可能弄不清父母是表扬他玩具收拾得好，还是赞扬他不再玩玩具了。而父母若说，“你把玩具收拾得这么好，我真高兴”，这样孩子就会明白这种行为是好的，以后还要这样做，逐渐形成良好的生活习惯。

（二）表扬要及时

及时的表扬犹如生病及时服药一样，对年幼的孩子会产生很大的作用，一旦发现孩子有好的行为，就应及时表扬，这样会收到良好的教育效果。

（三）表扬孩子的点滴进步

在生活中，肯定孩子的点滴进步是巩固孩子的好行为、形成良好习惯的重要手段，如孩子的东西往往用过后乱扔，你可以要求他把自己的东西整理好，孩子只要能整理好一件东西，也应及时表扬，“你这样做真好，若能把其他东西收拾好就更好了”。这样孩子就会逐渐巩固自己的好行为，形成好习惯。

（四）尽量避免当众表扬孩子

许多父母都喜欢当众表扬孩子,对孩子的某些特长,甚至让孩子当众“表演”，认为这样做可以增强孩子的自信心，其实这样夸奖很容易造成孩子爱虚荣、骄傲自满的倾向。一些被当众夸惯了的孩子，有一点好的表现，没被注意到，就会感到委屈。

（五）表扬的方式要恰当

小孩子喜欢父母的搂抱和爱抚，而对稍大的孩子，一个特定的手势、一个微笑、一个眼神都是表扬的方式，表扬方式应因人而异。表扬的方式长期重复也会失去效用，所以表扬也应注意要有新意。

（六）不要吝啬你的表扬

父母常用成人的眼光去看待孩子的行为，认为没有几件事是值得表扬的。其实，对于年龄小的孩子，做好一些“简单”的事已经很不容易了。而良好的习惯和惊天动地的成绩就是由这些“简单”的行为累积成的。因此只要有助于培养孩子良好的习惯，增强自信心，父母就要慷慨地给予表扬，年龄愈小应表扬愈多，可随年龄的增长逐渐提高表扬的标准。

（七）表扬要具体

表扬越具体，孩子越容易明白哪些是好的行为，越容易找准努力的方向。例如，孩子看完书后，自己把书放回原处，摆放整齐。你不妨说：“你自己把书收拾这么整齐，我真高兴！”

（八）表扬不仅要看结果，还要看见过程

孩子常“好心”办“坏事”。例如，孩子想“自己的事自己干”，吃完饭后，自己去刷碗，不小心把碗打破了。这时家长不分青红皂白一顿批评，孩子也许就不敢尝试自己做事了。因此只要孩子是“好心”就要表扬，再帮他分析造成“坏事”的原因，告诉他如何改进。

（九）表扬时不附加否定的内容

孩子取得成功时，家长总希望他们要做得更好，往往会在表扬里添加那么一点否定。父母本意是让孩子做得更好，但孩子的感觉却是父母在批评他。所以，当孩子成功进步时，最好给他诚心的不加否定的赞扬。

（十）表扬要实际、客观

鼓励孩子是要提倡的，但是不能脱离实际，把明明不好的说成好的，把明明很糟糕的说成好的。这样的表扬多了，会让孩子慢慢迷失自我，看不到真正的自己。例如，每个父母都认为自己的孩子是最漂亮的，这本无可厚非，但是如果孩子确实长相有弱点，而父母又时常不切实际地赞美孩子：宝贝，你真漂亮。这从短期来看，也许是好的，但是长期下去，当孩子面对残酷的现实的时候，意识到自己并非父母所说的“白雪公主”，而是灰姑娘的时候，会不会摧毁孩子的自信心与自己的骄傲？

（十一）优先社会性奖励

当家长使用奖励时，最好优先考虑社会性奖励（区别于物质奖励、特权或活动奖励，如微笑、表扬、拥抱等）。使用社会性奖励时应注意以下细节。

1．看着孩子的眼睛。直接的注视表示你在郑重其事地夸奖孩子，使孩子感到自己和自己的行为意义很重大。

2．距离孩子近一些。近距离的表扬影响力更大。

3．微笑。有时候微笑本身就是奖励。当你用语言表扬孩子时面带微笑，可以让他感受到你内心的喜悦。

家长的肢体语言、语气声调能够加强表扬的作用，使孩子感到被珍爱。但注意根据孩子的年龄、性格调节表达爱的方式。

82 男孩抵触批评怎么办?

情景展示

现在的男孩大多自尊心较强，尤其有些男孩非常抵触家长的批评。孩子犯错了，父母有责任批评和管教，但怎样的批评才能既有作用，又不伤害孩子呢?心理专家告诉我们，在批评和尊重之间，了解孩子的承受能力，并选择适合的批评方式，会帮助父母找到平衡，并非赞赏和鼓励就可以解决。在孩子犯错误的时候，给予适当的批评也是塑造儿童良好性格的手段之一。但如果父母不会批评，反而加重孩子的抵触心理。

问题分析

对孩子不应苛求完美

苛求完美的养育方式的最大弊端在于，妈妈总是让孩子感觉自己“不够好”、“不完美”。在孩子忽略了或者没有维持良好的表现时，这类妈妈会异常挑剔、言辞刻薄。这种类型的妈妈在理念上没有为孩子提供空间，没有让孩子发现自己内心的梦想和个人的愿望。对于没有遵从妈妈理念的孩子来说，内心的冲突让孩子感到焦虑，严重时甚至会心慌意乱。

苛求完美的养育方式就像“无形的杀手”，扼制了孩子的能力、自我认同和自爱。如果孩子认为自己是个有缺陷的“次品”，就根本不可能带着信心和勇气走进人生，也不可能自信地应对工作、结婚、为人父母、与人交往。当孩子最苛刻的批评是源于生命中第一个爱的人——妈妈时，需要非常强大的力量才能克服这种障碍。

批评一定要讲究艺术，才能避免对孩子的心灵造成伤害，达到所期望的效果。

对策建议

一、批评孩子的技巧

（一）唱“白脸”

批评时首先不要太直接猛烈，是谓“白脸”。要把握好以下三点：

一是要避免经常化；二是要婉转而间接；三是要有理加有据。

（二）扮“黑脸”

当第一步——唱“白脸”力所不及时，爸爸妈妈就得在批评孩子时扮扮“黑脸”喽！但需注意以下准则。

1．只对事不对人。不管是语言批评还是行动惩戒，批评的是孩子做错的事，应该避免牵扯到孩子的个性和人格问题。“连这点小事都做不好，你笨死了”，这些带有贬低意味的话语很容易导致孩子的逆反情绪，使批评的教育效果大打折扣。

2．语言批评。在批评孩子时，语言批评是第一步，其作用相当于警告。例如，“吃饭时要安安静静的，否则我就把饭收走了，今天你就没有晚饭吃了”。在语言批评时要注意表情和语言相一致，笑眯眯的警告不会起作用。

3．行动惩戒。语言警告不见效后，爸爸妈妈就要果断采取行动。例如，把晚饭收走，孩子饿了一顿之后就知道下次应该乖乖吃饭了。这时妈妈不能因为孩子的哭闹而心软，“光打雷不下雨”的话，“惩戒”就不起作用了。

（三）少“变脸”

孩子良好行为习惯的养成不是一天两天的事，爸爸妈妈在对孩子进行批评教育的时候应该尽量避免“两天打鱼，三天晒网”。

（四）批评应一致

1．前后不变。以妈妈为例，在孩子所犯的同样错误的批评态度和原则应该一致，不应有强烈反差，甚至矛盾。比如，妈妈原本与牛牛约定好了每天的固定玩耍时间，可妈妈的脾气很火爆，碰上心情不好，看到牛牛把玩具弄得乱七八糟的，她就会气不打一处来，把牛牛好好“批评”一顿；要是碰上心情好的话，又跟儿子亲得不得了，即便看到牛牛做错了，也会轻松放过。

2．人人不变。批评时，家庭成员的态度应一致。如果各持己见，夸张起来，就会造成妈妈说东，爸爸说西，爷爷奶奶说北，外婆外公说南的混乱场面，那孩子一定是晕头转向，没了方向。长辈可以事先协调好，该批评的时候就贯彻批评，该教育的时候就正确教育，这样孩子才能明是非。

二、批评的注意事项

（一）批评孩子要注意时间和场合

尽量不要在清晨、吃饭时、睡觉前批评孩子。在清晨批评孩子，可能会破坏孩子一天的好心情；吃饭时批评孩子，会影响孩子的食欲，长此以往会对孩子的身体健康不利；睡觉前批评孩子，会影响孩子的睡眠，不利于孩子的身体发育。最关键的是，父母批评孩子最好单独进行，最不应该在公开场合。

洛克说过：“父母不宣扬子女的过错，则子女对自己的名誉就愈看重，他们觉得自己是有名誉的人，因而更会小心地去维持别人对自己的好评；若是你当众宣布他们的过失，使其无地自容，他们便会失望，而制裁他们的工具也就没有了，他们愈觉得自己的名誉已经受了打击，则他们设法维持别人的好评的心思也就愈加淡薄。”

（二）批评孩子之前要让自己冷静下来

孩子犯了错，特别是犯了比较大的错或者屡错屡犯时，家长难免心烦意乱，情绪波动会比较大，很可能会在一时冲动之下对孩子说出不该说的话。

在批评孩子之前，家长一定要强迫自己冷静下来。只有冷静，才能对孩子所犯错误有一个客观公正的评判，才能有利于问题的解决，才能帮助孩子找出犯错的原因和改正错误的方法。

（三）批评孩子要给孩子申诉的机会

导致孩子犯错的原因是多种多样的，有孩子主观方面的失误，但也有可能是不以孩子的意志为转移的客观原因造成的。从主观方面来说，有可能是有意为之，也有可能是无心所致；有可能是态度问题，也可能是能力不足等等。

让孩子申辩，一方面可以帮助把事情搞清楚讲明白；另一方面，可以了解您的批评在多大程度上让孩子接受。成功的批评应达到让孩子明辨是非，内化为自我批评和激励的目的。

（四）批评孩子之前可先进行自我批评

父母是孩子的第一任老师，孩子所犯错误，父母或多或少都会有一定的责任。在批评孩子之前，如果父母能先来一番自我批评，如：这事也不全怪你，妈妈也有责任；只怪爸爸平时工作太忙，对你不够关心等等，会让家长和孩子的心理距离一下子拉得很近，会让孩子更乐意接受父母的批评，还可以培养孩子勇于承担责任、勇于自我批评的良好品质，一举多得。

（五）父母在批评孩子方面要形成“统一战线”

“严父慈母”，很多家庭至今还沿袭着这一传统，父亲和母亲在教育孩子方面，一个唱红脸，一个唱白脸，往往被孩子所利用，他们所想的不是如何去认识和改正错误，而是积极去寻求一种庇护，寻求精神的“避难所”。所以，当孩子犯错后，父母一定要旗帜鲜明，保持高度一致，形成“统一战线”，共同发声，让孩子能正视自己所犯的错误并努力去改正自己的错误。

（六）批评要合理

批评合理才能使孩子从心理上接受，才有可能抑制孩子的不良品德、不良行为、不良习惯与不良学习态度等。

首先要把孩子的不良行为事实搞清楚，事实不清，夸大其词会使孩子产生拒绝心理。因此，在批评孩子时，要做到有一说一。

（七）批评要与教育结合起来

批评的目的是为了抑制孩子不良行为、不良品德、不良习惯与不良学习态度等。为了使批评能够达到目的，父母在对孩子进行批评时一定要向孩子讲清楚不良品德、不良行为、不良习惯与不良学习态度的危害性，使孩子感到非常有必要克服这些缺点与改正错误，使孩子感到父母批评自己的目的确实是为了自己好、是为了自己能够更快地进步。

（八）批评要批评在点子上

“打人莫打脸，骂人莫揭短”，父母的批评要有针对性，就事论事。然而，有些父母批评孩子却不是就事论事，而是东拉西扯算旧账，把上星期，甚至一年前、两年前孩子的过失都放在一块儿算。这样就冲淡了要批评过失的主题，孩子不知道挨批评的重点是什么，也不清楚父母让他改正什么。

（九）批评孩子之后要给孩子心理上一定的安慰

孩子犯错后，情绪往往会比较低落，心情往往也会受到影响，父母在批评孩子后，应及时给孩子一些心理上的安慰。可以从语言上来安慰孩子，比如“没关系，知道错了改正就行”、“我知道你是个聪明的孩子，自己会知道怎么做”、“爸爸妈妈也有犯错的时候，重新再来”之类的话；也可以从行动上安慰孩子，比如，握握他们的手，拍拍他们的肩，或给他们一个微笑，一个拥抱等。

批评孩子是一门艺术，最好能如春风化雨般滋润孩子的心田。

（十）批评孩子时要让孩子明白道理

美国教育家老卡尔·威特认为，对孩子的批评，最重要的是要让孩子心服口服。这听起来简单，做起来并不是那么容易。老卡尔·威特认为，首先你要用孩子能够理解的道理和事例去教育他们。不能用某种高深莫测的东西强行向他们灌输。书本上的道理应该给他们讲，但不能搬弄出那些晦涩的文字，那种学究式的大道理孩子是很难接受的。

（十一）不能批评的情形

1. 当孩子同你讨论某种个人问题的时候。
2. 当孩子看上去非常激动而又没有说到底是怎么回事的时候。
3. 当孩子为某件事而兴高采烈的时候。
4. 当孩子需要人帮助他作出决定的时候。
5. 当父母想让孩子解释或同自己讨论某件事的时候。

83 男孩很烦家长的沟通怎么办?

情景展示

每天与孩子在一起生活，但也许你并不知道与孩子说话的方式和正确的亲子沟通方法。如果走入了误区，久而久之，男孩可能很烦家长的话语，说好的不听，说坏的更是反应激烈。总之，家长与孩子不能进行平和、温馨、有效的沟通。

问题分析

在亲子沟通中易出现的障碍

一、家长把学习成绩看成孩子的唯一

家长关注孩子的学习这没有错，但要求孩子的每次考试成绩都名列前茅，只要学习好，其他的一切都是次要的，则很过分。

二、对孩子缺乏正面的评价

许多父母在说话时一开口就已经否定了孩子，当然会引起孩子的反感，所以，不论父母怎么说，也无论正确与否，都难以得到孩子的接纳与认可。每个人都希望获得他人的认可和肯定，孩子也是如此，当他感到从父母那里得到的只是负面评价时，就会关闭沟通的大门。

三、父母喜欢揭孩子的短

孩子在成长过程中经常会出现一些问题，有时孩子对自己的毛病也有愿意改正的想法，但有的家长当孩子在改正的过程中出现反复时就把孩子的承诺当话柄，来刺激孩子，挫伤了孩子的自尊心。孩子对此不仅懒得听，而且逆反心理加重，“反正你们把我看死了，我就破罐子破摔”。

四、家长与孩子缺乏平等尊重的意识

有的父母在孩子面前总是处于居高临下的地位，总是以一副威严的面孔对孩子，以严厉的语气与孩子讲话，无形中会使孩子产生畏惧的心理，从而不敢和父母交流，有的孩子甚至还会产生反抗的心理。这样不仅达不到教育孩子的目的，而且还会阻断亲子间的沟通，也就人为地形成了代沟。

五、家长过多地唠叨，引起孩子的反感

教育专家在亲子研究中发现，有些父母与孩子从早到晚只会说三句话。孩子早上起床时“快点起来，到点了，快点快点”，孩子出家门时“上课要注意听讲，不要做小动作，放学早点回家”，孩子放学回来时一见面就问“考了多少分，被老师批评了没有”。父母的这些“正确的废话”和“无效的命令”，使孩子十分反感，耳朵起茧了，根本就不想听。

六、父母不能以身作则

父母自己身上存在许多不良的嗜好，打麻将、赌博、酗酒。工作中不敬业爱岗等，使一些不良的毛病感染了孩子。

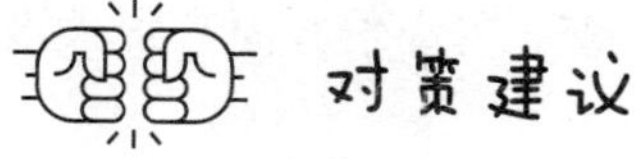

如何与孩子有效沟通？

一、注意孩子的反应与态度

由于工作忙碌，父母在和孩子说话时，常常会急着表达自己的意见和指示，期望孩子乖乖照自己的话做，最好不要有意见。所以，往往没有仔细地把孩子的话听完，而孩子感觉与父母难以沟通，代沟必然越来越深。所以家长与孩子说话时的耐心很重要，不但要听完孩子的讲述，还要理解孩子所表达的意愿。

二、注意体会孩子的感受

如果孩子在外面受了委屈，或当孩子的玩具坏了时，或当孩子和小伙伴闹别扭时，孩子会难过上好半天。有的家长认为：小孩嘛，很快就会忘记的。或者就只会一味和孩子说：“没关系的，要坚强点。类似这样硬邦邦的安慰，孩子会觉得你根本体会不到他的难过，久而久之，他遇到困难时就不会和你说，而是一个人憋在心里了。如果改成：“我也很难过，我们一起来想想有什么好办法可以解决这件事情好嘛？”相信孩子听到这样的话一定会有不同的表现。

三、和孩子密切相处，了解孩子的想法和喜好

沟通最主要的一个方式就是聊天，爸爸妈妈们要腾出时间和孩子相处，密切观察孩子对哪些事物感兴趣，了解他最近是否有遇到苦恼的问题，然后就孩子的想法和喜好进行交流，这样会激发孩子和父母交谈的兴趣，促进亲子关系。

四、及时了解孩子的发展程度

父母应该知道多大的孩子理解怎样的话，如果父母尽说些孩子无法理解的话，或提出一些孩子达不到的要求，这不仅让孩子觉得辛苦、压力大，亲子间对话也势必难以搭得上线，形成交流不畅，从而使双方之间产生代沟。

五、对孩子的要求要适当合理

每个孩子都拥有独特的资质和潜能，如果想让你的孩子有良好的发展，那么就不能只按你的喜好来为孩子选择学习的内容，不能逼迫孩子参加一些活动。例如：孩子对音乐声特别敏感，听到音乐声就特别兴奋，平时能模仿不同的声音，对音阶的掌握很准确，喜欢各种乐器，那么表明你的孩子在音乐方面有很大潜能，可以和孩子进行商量，让他参加音乐类的学习。

六、回答时要注意方式

孩子提出问题时，应先了解其真正含意，并针对孩子的需要做回答。例如孩子问：“妈妈，你要不要去买菜？”这个问题的真正意义其实是：“妈妈，我想跟你一起去买菜。”假如你知道孩子的真正目的，就可以说：“是啊！你要不要一起去？”孩子听了必定会很高兴，因为这正是孩子当时的心愿。

孩子都是具有好奇心的，他们提出的每一个问题都可能是他们思想火花的一次闪现，如果家长随意对待，敷衍了事或者信口雌黄，那么你可能扼杀了孩子一次具有创造性的想法。家长要珍惜孩子的好奇心，对孩子提出的问题，要有耐心，认真回答，不可运用生搬硬套理论解说或成人化口语，尽量采用拟人化或孩子能理解的方式给孩子讲解。

七、避免用负面意义的语气

家长不要用“我命令你”、“我警告你”、“你最好赶快”、“你马上给我”、“你怎么那么笨”、“我不允许”、“限你在五秒钟内”、“我数到一、二、三，否则”、“你应该”、“你真笨”、“你太让我失望了”、“不可以”等带有指挥、命令、警告、威胁、责备、谩骂、拒绝等负面意义的说话语气。也许你一时控制不住，但这些话，会对孩子幼小的心灵产生重大的影响，而且说得多了，孩子对此更是无所谓的态度，所以家长再说类似的话就没有任何意义，还让孩子感到厌恶。因此，当你很生气时，一定要让自己的情绪稳定下来后再去和孩子进行交谈。

八、经常变换新鲜的话题

常变换新鲜的话题会引起孩子的兴趣，例如，“你猜猜看今天我发生了什么事？”、“如果有一天，太空人真的不到地球”等，相信会比“今天过得好不好”、“快乐不快乐”等，更能吸引孩子。

九、充实孩子的生活经验

父母与孩子对谈的题材，大部分是来自生活之中，因此培养孩子一颗敏锐、好奇的心是很重要的。父母可以带领孩子观察身边的各种事物，如一花一草一木，路上车子的颜色、造型、品牌，街上行人的穿着打扮、说话内容、百货橱窗等，都可以成为谈话的素材。

十、平等相处

“把杯子拿来”和“帮妈妈把杯子拿来”两句话，在成人听起来差不多，但孩子的感受却会有很大的不同。孩子虽小，但同样不喜欢命令式口吻，喜欢受人委托。所以，每当父母要求孩子做一件事情时，作为孩子的养育者，如果总是难以忘记自己“教育者”的角色，就会在和孩子沟通时难以保持平等的地位，“你要”、“你应该”、“你不能”等词语会常常挂在嘴边，其结果是家长谈得越多，就越可能说一些不该说的话，这样，孩子就渐渐失去了与家长交流的愿望。

84 男孩不理解父母的管教怎么办？

情景展示

美国教育家塞勒·赛维若说过这样一句话：“每个人观察、认识问题，都会有自己的视角和立足点。身份、地位不同，所得出的结论就不同。父母与子女间的年龄悬殊、身份各异是影响相互沟通的重要原因。若父母能站在孩子的立场上思考，一切将迎刃而解。”

6 岁的小男孩晨晨正在专心致志地用积木盖房子。一层，又一层，他花了好长时间，终于搭好了一座漂亮的房子。可是，这座房子建在了客厅的地板上，等一下妈妈的客人就要来了。妈妈一边说：“哎，儿子，你怎么把积木搭在这里啊？等下客人要来呀！”一边就顺手把晨晨的积木房子弄塌了，让他把玩具搬到自己的房间去玩。晨晨很生气，大声喊起来。

从此以后，晨晨变得非常逆反，不再听妈妈的话，也不服爸妈的管教。

问题分析

站在孩子的角度考虑问题

“你给我”、“你听着”、“我希望”等，这是很多家长与孩子交流时常用的语句。很多父母只是一味地要求孩子，要他们达到某种高度，不然就表现不够好，不够聪明，殊不知，这样的教育方式给孩子带来的是沉重的负担和伤害。

其实，作为父母，我们有必要思考这样一些问题：我们有没有想过孩子需要的是什么？我们有没有与孩子站在同一角度上，来倾听一下孩子的需求？我们有没有站在孩子的角度思考问题？如果这些都没有做到的话，我们又凭什么来教育孩子呢？

父母应该站在孩子的角度思考问题。很多时候我们只是在命令、要求、责备孩子，说他们做得如何如何不好，只是一味地以成年人的想法来要求孩子按家长的意愿行事。当我们以恨铁不成钢的心情对待孩子的时候，往往看到的只是孩子的缺点和弱项，总觉得孩子这儿也不行，那儿也不行，而且越看越不顺眼，就越反感，就越想强行去矫正孩子的行为。其实，如果父母能适当地换位思考，学会站在孩子的角度替孩子想想的话，事情可能就会大不一样。

对策建议

站在孩子的角度出发进行教育

一、与男孩沟通时，不要提前下结论

一天，10 岁的浩然放学回到家，难过地对妈妈说："妈妈，这次数学考试，我考得不太好，只考了 82 分。"

妈妈说："82 分，怎么这么少呢？最近是怎么回事啊？是不是又贪玩了？以后不许再随便出去玩了，现在马上回屋学习去！"

看到妈妈这样的态度，浩然什么也没有说。其实，浩然还没来得及告诉妈妈，真实的情况是这次老师出的考卷普遍偏难，班上只有 5 名同学考了 80 分以上。

类似的场景也许经常发生在我们身边，当我们与男孩沟通的时候，我们经常是凭他的只言片语就提前下结论。结果，有时候，自己最初的结论与最后的事实是截然不同的。我们难免会冤枉了男孩，就像浩然的妈妈一样。

只有不以成人的眼光武断地下结论，才能减少与男孩之间的冲突，才能赢得他的信任和尊重。因此，当我们与男孩沟通的时候，一定要站在他的角度考虑问题，一定要听他把话说完，不要凭借只言片语就妄下结论。

二、多考虑男孩的感受

一天，9 岁的志伟放学回到家，把书包一丢，气呼呼地说：“今天真是气死我了，李浩把我的玩具弄坏了。”

妈妈说：“哦，他把你的玩具弄坏了，我想你一定很难过。”

志伟说：“是啊，那个玩具是爸爸送给我的生日礼物。”

妈妈平静地说：“妈妈能够理解你的心情，不过，你也不要太难过，我想李浩也不是故意的。玩具坏了可以再修理一下，或者是买个新的，但是如果因为这个而破坏了与同学之间的友谊，就不值得了。”

志伟想了一会儿，说：“嗯，妈妈，我知道了。”

从心理学角度讲，当男孩受到了委屈，或者是情绪上产生了波动，他最需要得到妈妈的认同和理解。志伟妈妈的做法值得我们学习，面对志伟的问题，她首先考虑了志伟的感受，然后在认同和理解志伟感受的基础上，给予了引导。这样一来，志伟才能听进她的话，才能达到良好的教育效果。

如果我们从不考虑男孩的感受，不仅得不到他的信任和尊重，而且还容易引起他的反感。因此，要想站在男孩的角度考虑问题，首先要考虑他的感受，认同并理解他的感受，然后再给予引导和帮助。

三、抛弃成人的主观偏见

男孩有自己的世界，他们的想法、思维方式等，一切都是那么简单而纯洁。但是，我们作为成年人，已经不再简单纯洁，充满了很多世俗的观念，会将很多简单的事情复杂化。如果我们硬要用成人的眼光和观念去对待男孩，势必会影响亲子关系的和谐发展。

只要多站在男孩的角度考虑一下，那么，父母与男孩的沟通、交流就会容易多了。父母体谅男孩，男孩就会很相信父母，亲子之间就不会出现抵触和逆反。作为合格的父母，必须要学会站到男孩的角度看问题，尽最大的努力去获得男孩的信任。

心理学上有一种归因偏差反应。所谓归因偏差，指的是人们对事件或别人的行为进行分析和推论时会出现一定的偏差。因为有些行为与事件的原因不明或存在多种原因，这时人们就会自觉不自觉地按自己的理解分析其原因，由于太主观，不免造成归因的偏向和差别。如上文事例中的妈妈，就是主观地对男孩的行为进行了归因，冤枉了男孩。

因此，我们要抛弃成人的主观偏见，把自己的心态摆在与孩子一样的水平线上，试着用“孩子”的眼光和观念来了解他。这样才能真实领会到他的内心世界，才能理解他的很多想法和行为。

孩子的世界有一套自成体系的规范，作为父母，如果想与孩子建立亲密的亲子关系，就必须遵守这一套规范，站在孩子的角度看问题，这样才能与孩子达成共识。上文中晨晨的妈妈没有意识到孩子特殊的心理，只是一味地依照成年的思维方式去要求孩子，最终只能失去孩子的信任，甚至伤害孩子的心理。

85 男孩对父母不领情怎么办?

情景展示

有一则新闻说：一个妈妈含辛茹苦把儿子养大，儿子大学毕业后很快就有了工作。可是，他每每干不到一个月就辞职，总是抱怨工作任务繁重，早上要早起，晚上要加班，太苦，太累，受不了。两年了，儿子心安理得地赋闲在家，要么上网打打游戏，要么用妈妈不多的工资去社会上消遣时日。对于妈妈的指责，他振振有词地说：“如果你不能养活我一辈子，为什么从小对我那么娇惯？”

所以，男孩不能太娇惯。孩子在小时候，吃一点苦、遭遇一些困难，是好事，如果我们怕孩子吃苦，就错失了培养孩子良好品格和发展自我能力的机会。

我们总在说现在的孩子不懂事，可是却不知道是因为我们保护得太好了，不让他们懂事。父母为了让孩子舒适快乐地成长，对孩子的要求一一满足，造成孩子好吃懒做、坐享其成的习惯。孩子娇惯以后，不但不领情，反而觉得一切都是理所当然的，不懂得珍惜。

问题分析

家长过分娇惯孩子的危害

一、形成任性妄为的心理

如果家长事事由着孩子的性情，当现实不可能满足他的时候，就会觉得事事都不顺心，好像人人都有意跟他们过不去，表现出不称心就发脾气或畏缩逃避，忧郁、偏执、狂躁，且听不得批评。

二、独立性差

家长的“过度爱护”，造成孩子事事依赖家长，独立生活的能力较差。

三、养成坐享其成的习惯

“衣来伸手、饭来张口”的生活，使孩子养成不劳而获、坐享其成的心理，不明白每一份成功背后所付出的艰辛和努力。

四、耐受挫折性差

耐受挫折性，就是对挫折的忍受能力。当家长事无巨细地为孩子解决了生活中的各种难题，孩子心理上会产生“事事顺心”的错觉，对挫折没有准备，缺乏坚强的意志。一旦遇到一点挫折，就想法逃避；或者做事往往有始无终；面对应付不了的比较大的事件，可能还会产生过激行为。

五、以自我为中心

在爷爷奶奶、外公外婆和爸爸妈妈“众星捧月”呵护的环境里成长起来的孩子，眼里只有自己没有他人，“自我优越”感极强，事事以自我为中心、自私的心理，事事只考虑自己不考虑他人。

父母要真正爱孩子的话，就要讲求科学的教育方法，对孩子不能太溺爱，不要养成他们任性的毛病；让孩子从小学会自食其力，培养经济和人格的自立，磨炼孩子自己的生存能力；要重视孩子的吃苦教育，可以让他们多吃一点苦。

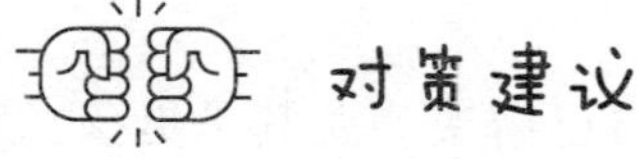

对策建议

让孩子吃点苦

一、父母要有让孩子吃苦的意识

例如，孩子学走路时，不要总是扶着她，有心的父母可以发现，那些总是由父母扶着练习走路的孩子，学会走路所花的时间比那些自己去练习走的孩子所花的时间要长。孩子到了五六岁，就要让他扫地擦桌子，并告诉他如何节省用电，还可以教他们整理自己的房间。孩子上学，告诉他们一些简单的安全知识，要他们自己走路上学，放学自己回来。节日里让孩子洗洗马桶，让他知道臭和脏是生活的一部分，等等。父母要舍得让孩子去吃点这些苦。

二、孩子要自立

自己的事情自己负责。在家里，自己独立完成生活起居，打扫自己的房间，清理自己的物品等，学习上，自己独立思考，独立完成，心理上要独立。家长不能代替孩子去考虑问题，要孩子自己去思考，尊重孩子的意见，这样孩子能独立思考问题，能有主见。日本的孩子，从小家长就灌输“自己的事情自己完成”，所以日本孩子出外自己背包，再重也要自己背，如要别人来帮忙，那是会被别人看不起的。

三、父母主动与孩子一起吃苦

只知道享受的父母，是不可能培养出能“吃苦”的孩子的。所以父母可以与孩子参加晨跑，参加体育运动，如一起打球，一起游泳，一起旅游等，这样可以增加与孩子沟通的机会，同样让孩子得到了锻炼。越是爱护孩子，就越要加强他的“吃苦”教育。让孩子吃点苦受点罪，才是真正的爱护与负责。

四、不放过细节

让孩子吃苦应该融入日常生活中，父母应抓住一点一滴，不在小事上让步。比如，当孩子在寒冷的冬天不愿起床的时候；当孩子难以完成一件手工制作的时候；当孩子跳绳跳到最后筋疲力尽的时刻；当孩子正在完成分内的家务活，小伙伴来找他出去玩的时候；当孩子感冒发烧的时候。这些都是锻炼吃苦的好时机。

五、需持之以恒而不可一曝十寒

人生漫长的路要靠他自己走，困难也得靠他自己解决。尤其是男孩，对一个未来的男人来说，吃苦耐劳是他的立世之本，没有吃苦耐劳的精神，他注定难以面对日益竞争的社会。

让孩子吃点苦，受点折腾，应贯穿于男孩的整个成长过程中，不应放松要求。

86 男孩提出不合理要求怎么办？

情景展示

孩子的不合理要求是每个家庭都必然经历的问题，不同父母，其认识和应对是不同的，不同的认识和应对所产生的教育影响也大不相同。

那么，孩子的什么要求是不合理的呢？孩子为什么会提出不合理的要求呢？

问题分析

一、孩子提出不合理要求的原因

（一）出于好奇心

孩子都具有强烈的好奇心，年龄越小，其好奇心越强烈、越广泛。比如孩子喜欢什么东西都看看、摸摸、尝尝、试试。但是孩子考虑不到这些尝试会不会给大人的生活带来不便，会不会对自己产生危险，会不会对东西造成损害，但是上述三种任何一种情况，通常就会产生“不合理”的要求和行为，其实，孩子是无辜的，无所谓合理不合理，属于不知者不怪。

（二）好逸恶劳、趋乐避苦

贪图享乐、安逸，回避痛苦、劳累是人的本性，大人和孩子都是这样。比如，孩子累了，就要大人抱着；比如孩子吃水果，要大人剥皮，吃饭要大人喂，起床要大人催等。这些过分了就不合理了。

（三）贪心、占有欲

有一种孩子，凡事喜欢独享、独占，无限制地寻求更多地占有。这显然是不合理的要求，不懂得分享、赠予的乐趣和必要性，会大大妨碍孩子对社会的适应。

（四）控制欲

很多时候，孩子提出一个要求，并非是仅仅满足这个要求这么简单，他是想通过这个要求来确认他对成人的控制，占领心理上的优势。可能，他也知道自己的要求是不合理的，但是他想证明的是“自己是否有求必应”及“大人是否听我的”，他非常享受和依赖能控制大人的感觉。

二、为什么要拒绝孩子的不合理要求

拒绝孩子的不合理要求不是为了拒绝孩子，而是为了以拒绝的方式帮助孩子更好地成长。

1．有利于孩子形成正确的价值观。

2．有利于孩子提高分析判断能力。

3．有利于帮助孩子学会自我控制。

4．有利于孩子建立良好的心理疆界。

让孩子懂得什么情况下接纳他人，什么情况下拒绝他人。不会把自己的情绪和他人的情绪混为一谈，不会因附和他人而委曲求全，也不会因拒绝他人而担心失去对方的理解。这样才能够保持完整的、独立的人格，与他人平等相处。

对策建议

怎样拒绝孩子的不合理要求

当孩子在提出一个要求的时候，首先需要判断这个要求是否合理，然后才能做出决定。

一、合理判断

合理判断必须做到以下几点。

（一）倾听理由

很多时候，家长不听孩子陈述理由就武断地拒绝了孩子，导致错误的结果。

所以我们首先应当允许孩子陈述理由，耐心地倾听有助于我们做出正确的判断。

（二）换位思考

判断孩子的要求是否合理，不应只站在自己的角度，以成年人的眼光来判断，而要尝试站在孩子的角度去理解孩子的所思所想。

（三）保持理性

在拒绝孩子的时候，家长必须保持理性，不能情绪化地处理问题。有些家长在高兴时事事顺应孩子的要求，不高兴时则不分青红皂白一律拒绝。这样的拒绝毫无理性可言，不仅令孩子摸不着头脑，也无法令孩子信服，还会降低家长在孩子心目中的威信。

（四）把握分寸

家长要掌握好拒绝的分寸，千万不能矫枉过正，千万不能为拒绝而拒绝，要明白拒绝孩子是为了帮助孩子健康成长，而不是为了家长的面子。

（五）以身作则

对孩子不能说一套做一套，不能只给孩子制定规则，而自己却逍遥于规则之外。

二、掌握几种拒绝方式

（一）直接拒绝式

由于0~2岁的孩子，语言表达能力、理解能力都有限，因而不适宜做过多的解释，可以采取直接拒绝的方式，然后简单说明理由，注意态度不可粗暴，最好是温和中透着坚定。

正确的做法是：平静而坚定地制止，简单而清楚地说明，温和而耐心地接纳。

（二）委婉迂回式

对于2~3岁处于执拗敏感期的孩子较为适宜，因为处于这一阶段的孩子对于“不”字非常敏感，直接拒绝极易引起叛逆心理，或使孩子有挫败感，不利于孩子的心理成长。所以对于这一年龄段的孩子不建议直接拒绝，婉拒的方式比较适合。

（三）共同约定式

适合于3岁以上理解能力较强的孩子，可采取共同约定式。

1. 制定家规。这是最常见的方式，经过家长与家长之间、家长与孩子之间的共同协商之后制定。

2. 事前约定。在事情发生之前，进行口头约定。比如进超市之前告诉孩子“今天我们只能买三样东西”，然后孩子可根据自己需要进行选择，如若孩子选择的物品超过约定的数量，则提醒孩子遵守约定。

3. 临时商议式。由于很多事不可能提前预见，所以有时家长对于孩子临时提出的要求持反对意见，这时尽可能心平气和地和孩子商议。尊重孩子，告诉孩子理由，取得孩子理解，在拒绝孩子的同时，可以给孩子提出更好的合理化的建议。这样孩子有安全感，且可帮助他建立比较明确的规则观念。

（四）气氛调节式

每个人都有追求快乐规避痛苦的本能。如果我们能够首先制造愉悦的氛围令孩子心情放松，然后再提出拒绝的事项，这样孩子往往因为心情不错，而更容易接受家长的建议。

（五）激励鼓舞式

在限制某些需要的同时，为孩子展现更美好的前景，令孩子心神向往，从而为达到更高的目标而学会忍耐。这样做有利于孩子提高自我控制能力，且有利于孩子为自己制定奋斗目标，提高孩子的精神追求。

三、把握拒绝的注意事项

（一）坚持原则

在确定孩子的要求为不合理要求时，必须予以拒绝，不论孩子如何哭闹都要坚持原则，不能因心疼孩子哭闹而妥协。否则孩子一旦有通过哭闹的方式达到目的的经验就会养成习惯，拿哭闹当作要挟家长的手段。最好在孩子第一次这样做时就坚持不妥协，使孩子明白哭闹也无济于事。

（二）控制情绪

当孩子发泄被拒绝的不满情绪时，孩子的哭闹很容易使家长失去理性，情绪失控。这样的情形下家长往往会对孩子进行语言和行为上的攻击。事实上这样做除了令孩子感觉恐惧之外，不会有任何的积极意义。

（三）态度一致

很多家长在教育孩子时喜欢一人唱红脸，一人唱白脸，其实这样的做法对孩子的成长是极为不利的，容易导致孩子形成双面人格。为了保持对孩子的教育一致性，家庭成员之间要达成一致的态度，这样做才能帮助孩子建立明确的是非观，才有助于孩子学会遵守规则。

（四）理解尊重

尽可能地站在孩子的角度去理解孩子，多沟通，多了解，让孩子敢于表达自己的真实想法，家长不理解孩子的想法时，不要急于表态，而要耐心地询问，尝试着理解孩子，若经过沟通之后，确定孩子的要求是不合理的，那么要尽可能地对孩子坦诚相告，说明理由，做到尊重孩子。

（五）接纳情绪

拒绝不等于排斥、更不等于惩罚。当孩子的要求被拒绝时，难免会感到受挫，引发一些负面情绪，比如哭泣，发火等等。这时我们做家长的要努力接纳孩子的负面情绪。等孩子情绪平静后，明确地告诉孩子，“虽然我拒绝了你的要求，但我依然非常爱你”，并把拒绝的理由告诉孩子，让孩子明白并接受。

（六）合理建议

拒绝了孩子的要求之后，家长可以根据实际情况，再给孩子提出些合理化建议。不能只单纯拒绝后，便不管不问。拒绝孩子，也是孩子的一次成长机会，使孩子学会判断哪些事适合自己做，哪些事不能去做。家长可以根据孩子的情况，引导孩子向好的方向发展，告诉孩子还有更好的行为规则与方式。

（七）提高素养

要想做到合理地拒绝孩子的要求，需要我们做家长的具备一定的家庭教育知识，做学习型家长，懂得运用一定的拒绝技巧，才不会因拒绝而伤害孩子的心灵。

生理与心理

87 男孩爱摸自己的“小鸡鸡”怎么办?

情景展示

泽阳2岁半了，妈妈有一天忽然发现他生出一个新习惯，那就喜欢捏自己的“小鸡鸡”，有时候，自己玩得还挺高兴。妈妈一看挺着急，干脆给泽阳穿上了封裆裤。可是，闲下来没事的时候，泽阳隔着裤子仍然总摸自己的“小鸡鸡”。泽阳妈感到很困惑，既担心儿子养成坏习惯，又担心儿子把“小鸡鸡”捏坏了，造成发炎，很想让儿子改掉这个坏习惯，但却不知道应该怎么帮他改正。

问题分析

一、原因分析

其实，这是一种正常的现象，孩子的这种表现在医学上被称为“习惯性阴部摩擦”。从半岁开始，孩子便懂得探索性器官和身体各部位，这是一个持续的过程。孩子不会自动停止抚摸自己，再大一些，他们还会感到抚摸性器官带来的快感。这些行为都是出于探索和了解身体的欲望。孩子很容易对自己的各个器官发生兴趣，如“小鸡鸡”、肚脐眼、耳朵、鼻子。

此外，还有下列一些原因：

1．生殖器痒。孩子想通过挠抓来缓解痒的感觉。

2．无聊。闲着没事，摸“小鸡鸡”好像变成了一种习惯。

3．缺乏关爱。当孩子缺乏关爱时，也会出现这样的情况。妈妈不要觉得跟孩子在一起就是给孩子关爱了，要给孩子他想要的关爱。比如多和孩子做亲子游戏，每天哄睡觉时摸着宝宝的手，带着宝宝读书时拿着孩子的手指着书画上的内容，慢慢手的触感多了也就不会总想着摸小鸡鸡了。

二、性心理特点分析

心理学上 2 ～ 4 岁的宝贝，是处于一个性心理发展的特殊阶段，这个阶段心理学上称为性蕾期。在这个时期有下列心理特点。

1．性别认同。随着对性的好奇，孩子这时候对自己的性别角色开始有了意识。父母应明确告诉男孩，长大后会像爸爸一样是男人。

2．性骄傲。当男孩发现自己有一个“小鸡鸡”而女孩没有时，有些男孩会有意在大人面前“炫耀”，如在亲友面前把小便射得高高的，以骄傲地显示自己有个“小鸡鸡”。

3．性好奇。当孩子开始意识到有男女性别的不同之后，可能会产生好奇心，很想看看异性的生殖器到底是怎样的。

4．幼儿手淫。孩子往往开始对自己的生殖器产生很大的兴趣，并可从玩弄生殖器中获得快感，造成手淫习惯。

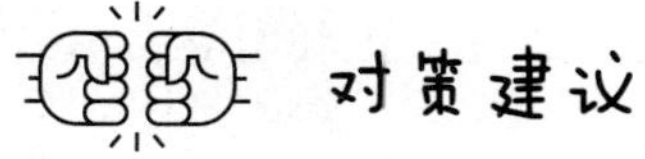

给父母的贴心建议

一、丰富孩子的活动

孩子的性好奇是无意识的、不稳定的，甚至是盲目的，父母应丰富孩子的活动，使之多样化、趣味化，注意培养孩子的多样爱好，使孩子把心思和精力都用在他所感兴趣的活动上，如绘画、玩智力游戏等。尽量想办法把孩子的手占住。比如让他玩积木、开动惯性汽车、穿木珠、扔球入盆、敲打锅铲出声、玩八音盒等。

二、避免同床睡眠

父母应和孩子分床睡，避免同床睡眠时，夜间不小心刺激到孩子的敏感部位，产生性快感，形成孩子喜欢摸弄性器官的习惯。

三、适当进行性教育

对于年龄较大的孩子，父母可以适当地讲一些孕产生育的常识，在平时谈话中多加引导，可运用故事、比喻等方式来说明生育、恋爱等方面的现象。

四、轻描淡写地回答问题

当宝贝提出性问题时，应轻描淡写地回答，不要欺骗，不要不好意思，不要有神秘感。因为，孩子的性提问往往是漫不经心的，并没有经过深思熟虑，更没有什么恶意想法，父母应当了解这点，自然坦诚地回答问题。父母的窘迫与羞怯，只能加重孩子的好奇心，使之对于所提的问题牢记在心。

五、回答要通俗易懂

应用科学名词解释男女的生殖器，并告诉孩子如何保护它，不能随便玩弄。每次回答孩子的这些问题时，不要超过孩子的好奇范围和理解能力，就具体问题回答，不要过深过细，应当通俗易懂，充满自信。

六、减少环境中诱发性活动的刺激

尽量减少环境中诱发性活动的刺激，父母自己的行为注意检点，小孩的内衣内裤应宽松些，不要让小孩进行有可能刺激性感区的活动，如爬树、抱枕头等。

七、用正确方式引导

当父母发现孩子和孩子之间有互相观看、相互触摸等性游戏时，应及时加以阻止，但要注意方法，不要训斥、打骂，而要说明道理，正确引导。

88 男孩爱摸妈妈的“咪咪”怎么办?

情景展示

“孩子自从断奶以后就有爱摸妈妈乳房的习惯，这让我很无奈。为了让孩子不再摸妈妈的乳房，尝试过很多办法可都失败了，跟他讲道理他也不懂。

无奈之下，我甚至打也打过了，骂也骂过了，结果他还生闷气，觉得妈妈不爱他了。有时他甚至去摸他奶奶的乳房，奶奶也不反对就让他摸。我也跟婆婆说过好多次了，可婆婆却说：‘没关系，孩子还小，让他摸吧！’”

上面是一个妈妈的遭遇，很多妈妈也都有类似的困惑，担心对孩子的成长不利。

问题分析

孩子喜欢抚摸妈妈乳房的隐情

一、对母乳的依恋

孩子喜欢摸妈妈的乳房很多时候是出于对母亲哺乳的留恋，过几年，孩子长大了，就不会这样了。一般小孩在12岁以前都会恋母，到了13~14岁，就会慢慢地不爱靠近母亲。

二、与生俱来的本能反应

很多孩子呱呱落地时便开始接触到妈妈的乳房，他们自出生以来就一直喝着妈妈的母乳，可想而知孩子会多依赖妈妈的乳房了。对于幼儿来说，依恋妈妈的身体是本能，一旦妈妈不让孩子接触她们的身体，孩子就会不习惯，本能欲望也会变得很强烈，一定要抚摸妈妈的乳房才感觉舒服。

三、缺乏安全感

孩子从生下来后就对妈妈的乳房感兴趣，那是因为这是他生存吃饭的唯一来源，让他感到安全，并因此对妈妈格外依恋。就算是已经断了奶，也不能阻止他对妈妈的好感，妈妈一旦不让孩子抚摸，孩子就会感到失落和没有安全感。

四、有恋母倾向

孩子恋母是天然的，但这只是一种潜意识，最终是否真的恋母，则完全取决于后天的生活中母亲是如何做的。比如从小就不分床睡，过度溺爱孩子娇宠孩子，不忍心断奶，孩子到很大还在吃奶或抱着摸着妈妈睡，狠不下心来，孩子一哭闹就让步妥协了，让孩子无论是生理上还是心理上都无法真正断奶。

孩子小时候喜欢抚摸妈妈的乳房其实是正常现象，但要留意采取正常的措施，转移孩子的注意力，让孩子自然地改掉这个行为。

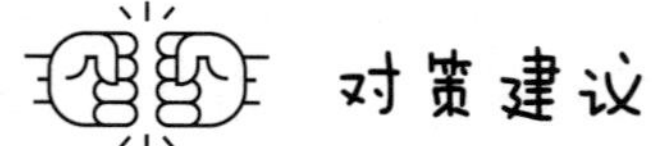

对策建议

如何应对爱抚摸妈妈乳房的孩子？

一、迎合宝宝的心理要求，适时转移孩子注意力

孩子爱摸乳房可能是其情感依赖或内心紧张的一种表现，时间长了就会形成一种不良的神经性习惯，严重影响孩子的身心健康。所以父母首先不要紧张着急，也不要采取任何强制措施，要注意留意孩子的心理需求，是否有内心的焦虑和不安等，父母应根据情况给予及时的回应。父母要使用各种办法转移其注意力，逐渐戒掉这种习惯，如经常带孩子到大自然中去，以丰富孩子的各种体验，陶冶其情操，慢慢来转移孩子的这种习惯。

二、心理换位法，让孩子感受妈妈的困扰

抚摸妈妈的乳房反映了孩子对母亲的依恋心理，并且有些孩子缺乏安全感，必须要摸着亲人的身体才能安然入睡。2 ~ 3 岁的孩子已经可以明白大人的语言了，你只要让他感觉到这样妈妈不舒服，试着把你的感觉让他也感受到，如你去摸着他，问问他这样是不是令他感觉不舒服，这样他就会明白的。

三、让孩子找到“代替品”

孩子对乳房的依恋还没有被新的情感依恋所取代，对于断奶后的孩子，有一段时间会很依恋乳房，随着孩子通过活动范围的增加获得探索的内心满足，孩子的情感会逐渐脱离从乳房获得精神的满足。对于这样的孩子，妈妈要检视一下家庭里为孩子是否准备了丰富的、符合孩子年龄的、满足孩子兴趣的玩具、读物等，并能够引领孩子从中获得愉悦。还有，是否对孩子的活动限制太多等。

四、切勿提供孩子恋母环境

有些孩子喜欢抚摸妈妈的乳房可能是出于依恋母亲，妈妈必须注意孩子是否有这个心理发展趋向，如是，则必须想办法让孩子改掉这个习惯，切勿提供孩子恋母环境。

例如，分床睡；夫妻睡觉时不妨反锁上门；作为孩子妈妈，在夏天尽量不要穿着太暴露，至少是孩子在家时；换衣服、洗澡或上洗手间时，都要注意避开孩子。

五、发挥爸爸的作用

父亲的介入最关键。如果不是单亲家庭，不管孩子父亲有多忙，都必须得多抽时间多陪孩子，不能让孩子感觉母亲才是唯一的依靠，似乎父亲可有可无。要让父亲多带孩子进行一些具有冒险和男性色彩相对较浓的游戏活动，培养男孩子的阳刚之气，身体力行去影响孩子，这是预防和纠正男孩过度恋母的最有效措施。

六、有原则地接纳孩子，切忌粗暴对待孩子

妈妈会遇到这种情况最好不要急，慢慢来。如果只是两个人时，妈妈可以让他摸，愉快地接纳小孩，让他感到温暖，然后要约定时间，时间到了就安排有趣的亲子游戏，同时让爸爸也多参与。这种亲子活动，切勿粗暴对待孩子，因为他只是在寻找安全感，妈妈的过激行为会影响孩子的身心发育，不利于孩子的健康成长。

89 男孩幼升小不适应怎么办?

情景展示

周末，邻居聊到他家刚上小一的轩轩，很是头痛。他们自认在幼升小前也算是做了一些准备工作的，例如信息的收集、自理能力方面的培养。但轩轩这才上两个多月的学，问题却一波接一波：首先是不愿上学，现在是不爱学习，老与同学打架，不爱卫生，不想上学，等等。在学校老发生各种状况，有一段时间，特别怕接到老师的电话！真是忧虑。

问题分析

幼升小做好准备的重要性

据了解，有超半数的刚入学的孩子会出现上述这些情况。

上述的种种表现，关键就在于：对幼儿来说，最难适应的是突然有许多新的规定和较少弹性的常规得遵守。“幼小衔接”是学前教育阶段看似简单实则重要的一环。因此，家长必须在入学前要通过科学的办法，了解一些幼小衔接的相关知识，提前做好一些学习和生活习惯上的培养，以帮助孩子尽早适应小学生生活的节奏！

幼升小是每个孩子一生中至关重要的一步。由幼儿园往小学过渡，学习环境完全陌生，学习内容由游戏活动到知识技能，学习方式由观察操作到记忆读写，教师不再全天候呵护，必须在家吃完早饭再走，中午没有了午睡……这些变化，孩子如何面对，需要家长的帮助和精心的准备。

对策建议

幼升小，家长需要帮孩子做到的准备

一、了解学校生活

了解学校生活是入学前家长所需要做的重要工作之一。

1. 向孩子介绍学校历史及现状，言语之中充满怀念、向往、自豪和期望之情，激发热爱学校的情感。

2. 到学校参观，熟悉并欣赏校园环境，认识教学区、生活区、活动区。

3. 请大孩子讲讲学校生活，畅谈学校好玩的地方、学习的乐趣等。

二、入学心理准备

1. 首先，告诉孩子上学可以学到很多很多有趣的知识，让自己变得更聪明，懂得更多的事情。要引导孩子懂得学校的学习与幼儿园的游戏不同，不能视课堂学习为儿戏，应该集中精力听讲，认真细心地完成作业，学习结果要达到标准要求，才算完成学习任务。

2. 教育孩子要关心集体，关心他人。同学之间要团结友爱，告诉孩子怎样正确对待集体生活中可能遇到的各种问题，鼓励孩子争取在班集体内成为一个受欢迎的人，引导孩子对集体生活、对老师、同学和学校产生向往和期待。

3. 父母可以带孩子去熟悉一下校园的环境，激发孩子的兴趣和好奇心。另外，在家里也要帮孩子布置出一个安静整洁的学习角，让孩子在家中先体会一下成为小学生的新鲜感受。

4. 切忌吓唬孩子和批评老师。常见到一些家长拿学校和老师来吓唬即将入学的孩子：“再闹，等你到了学校，让老师管你！”也有一些家长，尤其是文化层次相对较高的家长，常常很轻率地当着孩子的面非议学校和老师，说学校教学质量不行，或说老师水平不够等。这种负面评价使得孩子还未入学就与学

校和老师有了抵触情绪，怎么能很好地适应学校生活呢？

孩子从一开始能否很快地适应学校生活，很大程度上取决于父母对孩子的引导和教育。

三、安全教育准备

安全是孩子上学最须注意的事项，及早对孩子进行学校安全教育是入学前准备的重要内容之一。

1．游戏安全。小学活动器械高而大，场地硬、学生多，老师也不可能随时呵护在学生左右，所以一定要及早吩咐孩子课间活动时守秩序，不推挤，不疯跑，不要扔石子、玩木棍。

2．接送安全。一般小学都规定家长在距校门 50 米处接送孩子，所以家长要事先同孩子约好接送地点，嘱咐孩子家长没来时原地等待，不乱跑，不跟别人走，去同学家一定要先同家长商量。

3．上学、放学路上安全。家长提前带孩子往学校步行几次，每次重复讲关键地点路标及安全注意事项；教育孩子注意车辆、陌生人、同伴游戏等问题；牢记“放学就回家，不和陌生人讲话”的原则。

4．饮食卫生安全。教育孩子不买小摊上的食品；饭前便后一定要洗手；只用自己的杯子喝水；做眼保健操时手脏就别乱揉等。

5．要特别关照孩子一些注意事项。例如，裤衩覆盖的地方任何人不得冒犯；尽量不和淘气的同学玩；少用外面的抽水马桶。

以防万一，最好给孩子准备一个电话手表，便于非常时期与父母取得联系；在孩子书包某个隐蔽角落装点零钱，藏在只有孩子自己知道的地方，经常检查是否还在，用于防止坏人劫持或遇到高年级校园暴力时的“救命钱”。

四、家庭学习环境的准备

孩子上学后，家庭也是孩子学习的重要场所之一，家庭学习环境的准备是一项重要内容。

1．家长应率先热爱学习，形成家风，以自己的言行熏陶子女。

2．为孩子腾出一个用来读书做功课的专门地点，给孩子准备独立的学习小空间：可以是房间的一个角落或单独一个房间，重在安静、整洁。

3．为孩子准备高度适宜的桌椅。椅子的高度一般以孩子的双脚能平放地面为宜；桌子的高度应正好在孩子坐下后的心窝高度；桌面别太小，因为现在书的开本都比较大；桌面忌用易使注意力降低的浅颜色或亮丽色，最好选择深色桌面，或给桌面铺上墨绿的台布；桌子的位置最好面对着墙摆放，墙上不要有任何容易引起孩子分心的贴画；桌子左侧是窗户，以保证自然左侧采光，等等。

4．为孩子选择好台灯。光质一般用光线柔和的磨砂白炽灯；照度为 15 或 25 瓦（太亮了会产生眩光，使得瞳孔收缩，眼睛疲劳度增加、学习效率降低）；采光方向必须是正左侧取光（前面会产生反射光，眩目）；灯罩必须完全不透光；灯罩还必须将灯泡全部遮蔽；光源的高度应该与脸等高；灯臂应可调整；开关要安全、方便。

5. 为孩子买个书柜，供他把不用的书籍等有条理地存放进去，便于查找使用，免得堆在一起。

为孩子做各种准备时，最好让孩子也参与进来，出出主意，发表意见，让他感受“要上学了”的喜悦。

五、孩子良好习惯的准备

孩子在小学低年级是养成良好习惯的关键时期，家长可千万别掉以轻心。

1．生活习惯。如规律生活、早睡早起、遵守作息常规、文明礼貌、物品放置顺序化等。

2．学习习惯。例如，专心与认真；爱护书籍与文具；正确阅读与书写习惯；及时复习与巩固；独立完成老师或家长布置的任务；学会自己收拾书包、码放书本、整理文具盒、准备用具；正确的握笔姿势和看书、写字姿势，等等。

3．锻炼身体的习惯。

六、良好生活方式的准备

上小学之后便没有了午休，孩子必须由二次睡眠变为一次睡眠，大脑从早晨必须开始持续工作十多个小时，所以孩子必须学会休息并且休息得好，才能恢复体力、智力，消除疲劳。入学前 2 周，家长就应开始每天坚持让孩子早睡早起，养成良好的作息习惯。

开学的 1~2 周内，孩子由于适应新环境、适应紧张的学校生活，极容易上火，饮食方面家长要注意调整好；10月底11月初秋冬之交气候变化，孩子入学压力释放，生病进入高峰期，家长也要积极预防。

七、孩子入学档案的准备

帮助孩子了解自己、学会介绍自己，会写自己的名字；记得家庭地址、电话号码、父母单位等。家长可以和孩子一起准备入学个人档案，包括身体基本信息、家庭联络方式、有无特殊疾病史、有无过敏体质或有无过敏食物、艺术能力、孩子的肢体运动能力情况等。有了这个档案，可以帮助老师尽快了解孩子，让老师看到家长对孩子的重视和家校共育的希望，使家、校沟通有良好的开端。

八、生活用品的准备

孩子上学除了学习用品外，还需要准备一些生活用品，如秋冬季节要喝热水，要给孩子准备一个保温的水壶或带盖的水杯；室内室外温差大的地方还应该给孩子准备个马甲；春夏天孩子每天可以带矿泉水瓶；衣兜里要装包手纸；如果孩子中午在学校吃营养配餐，最好为孩子准备个饭兜，里面装小桌布、饭盆、汤盆、勺子等。

在孩子入学这件事情上，父母要做到外松内紧，尽可能不要把紧张的情绪带给自己也带给孩子。在思想上重视，落实到行为上需细致，但千万不可焦虑，毕竟孩子入学只是漫漫人生的一小步。

90 男孩幼升小很焦虑怎么办?

情景展示

很多男孩上小学后，一段时间都比较焦虑。例如，刚上一年级的小峰，回家和妈妈说上学后感到老师不再关注自己了，妈妈发现孩子情绪开始变得不稳定，也很焦虑。在幼儿园时，老师会亲切地问他“吃饱了吗”，帮他掸衣服上的灰，陪他等妈妈，而小学的老师们，因为要同时看管班里的几十个孩子，难免会照顾得不周全，这一变化经常会让他感到很无助、备受冷落，甚至不愿再向老师问好、不愿举手发言。

问题分析

幼升小的心理问题原因分析

一、孩子的心理问题源于家长自身的焦虑和不安

孩子心理上的问题往往出自家长。有些家长不经意间的话语，可能给小学贴上“恐怖”的标签，比如“玩吧玩吧，再玩两个月，等上了小学你就有苦吃了”“好，你不听我的话，小学老师自有办法治你”。家长因为自身的焦虑和不安而给孩子描述了一个妖魔化的小学，让孩子产生不好的预期。

二、幼儿园与小学的差别造成孩子内心的落差

在学习环境上，幼儿园富有童趣、更加开放，但小学相对严肃，对孩子吸引力降低；在学习方式上，幼儿园教育以娱乐为主，孩子更愿参与和投入，而小学有指定教学大纲和考试评比，对孩子约束和局限更大；在角色期望上，幼儿园老师较主动、对自己生活上照顾得较多，而小学老师“一板一眼”地按课程表进行系统授课，与学生间的互动也往往只体现在课堂提问和批改作业上，因此孩子内心的落差会让他们丧失对校园生活的兴趣和对汲取知识的渴望。

三、没有培养起孩子的自律性

幼儿园里的孩子相对自由、散漫一些，课堂游戏和课外活动也并不需要高度集中精神，只要老师布置任务，孩子会马上给予反馈；而小学的作业和用具往往需要回家完成和准备，第二天上交、使用。因此，自律性差的孩子会在步入小学后患上“拖延症”的毛病，没能及时做好调整，难以跟上老师的节奏，作业也会出现漏写、无法按时完成的情况。

四、入学水平参差不齐易造成心理问题

有些孩子因为提前学习了部分小学知识，在初期很容易因为成绩好而获得老师表扬，觉得学习是件简单的事而骄傲自满，等到知识点加深便开始逃避、厌学。而对于那些未提前学习过的孩子来说，入学后“掉队”、知识能力赶不上别人的水平也会让他们自信心缺乏、倍感压力。

每年的“幼升小”对于家长们来说都是一场“战争”，择校、准备报名材料、排队报名直到拿到录取通知书，这还不能算是战争的胜利。在孩子告别幼儿园进入小学这一阶段，家长们还需要做好“幼升小”的幼小衔接工作，帮孩子更好地从幼儿园生活向小学生活过渡。

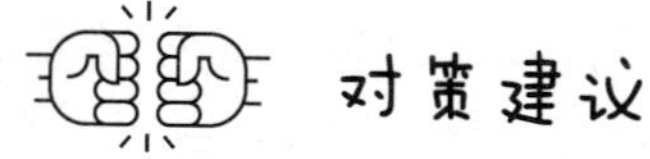

解决孩子幼升小心理问题的方法

一、调适生活习惯

小一新生最初不需要花太多精力在学习知识上，最重要的是两个习惯的养成——早睡早起。每天准时睡觉，早晨不要赖床。

二、提高自理能力

家长要有意识地锻炼孩子学会自己穿、脱衣服，系鞋带，洗手和上厕所等，培养他们自己管理自己的文具、书包以及如何使用这些文具的功能等。

在“幼升小”过渡时期，家长需要帮助孩子尽早认识到两个阶段间的区别，提前培养孩子的任务意识。在思想上，要多向孩子传递积极情绪，讲明学校制定规矩的必要和设置考试的意义；在生活中，家长也要对孩子的日常表现和自理能力有所规范和要求，起到监督、纠正的作用。比如让孩子提前懂得如何做好规划、保持注意力。在整理内务、准备文具、包书皮等孩子力所能及的事情上要充分锻炼他们的独立性和自主性等。

三、激发学习动机

6 ~ 7 岁的孩子，对为什么要学习并不明确，父母要通过各种方法，激发孩子的学习兴趣与积极性。家长要结合孩子的理想、愿望，给孩子讲学习的重要性，而不要空洞地只讲大道理。如可先问他：“你长大后要做什么呀？”答：“我长大后要当科学家。”这时可进一步给他讲科学家是做什么的，科学家必须要读书、有知识等道理。让他知道，要想实现自己的愿望和理想，就必须好好学习。

四、培养学习方法

家长应教会孩子上课注意听讲及识字、阅读的方法，书写和做作业的技巧，培养孩子按时准备功课、完成作业的习惯。只有让孩子能自觉地适应这种学习方法，入学后才能顺利地开始正规的学习生活，并取得好成绩。

五、演练角色转变

家长要在孩子入学前进行角色转变的预演，如对他的称谓上应有意识地称呼“××同学”，来启发他的角色意识：“上了学就是一名学生了，就要遵守学校纪律，和同学搞好团结，尊敬老师，爱护公物，这些都是学生要做到的。”

总之，在孩子上学前，家长就应做好各项准备，这样才能将孩子上学后的麻烦减少到最低程度，让孩子高高兴兴上学、快快乐乐学习，尽快适应小学的学习生活，顺利度过幼升小的阶段。

91 男孩特别沉迷游戏怎么办？

情景展示

很多男孩沉迷于各种游戏。例如，孩子从小无师自通地学会了“连连看”、“砍水果”等游戏，沉迷其中，一玩就是几个钟头。上小学后，天天惦记着网络游戏，一回家就迫不及待地开始玩。家长十分忧心，可架不住孩子的软磨硬泡。久而久之，不仅耽误学习，还会引发一系列其他问题。

孩子玩游戏的时间比家长限定的要多得多，有些学生是放学回家后趁家长还没回家时玩，有些则趁家长外出时偷偷地玩，有些则每天玩游戏时都要家长强行拉走。

问题分析

一、沉迷游戏的心理成因

（一）好奇心强，但自制力不强

按照弗洛伊德的精神分析理论，小学生对网络游戏的偏爱应该归因于一种本能的冲动。网络游戏新鲜、刺激，由于好奇心强，孩子对探索一些未知的东西，总是有强烈的愿望。他们自控能力差，冲动性强，一旦陷入游戏世界，明知会影响学习，却不能自拔。

（二）在游戏中找到归属感

在社会化的过程中，小学生逐渐由童年时期对家庭的依赖，转向了对同辈群体的依赖。现在的小学生大多数为独生子女，在家庭中没有玩伴，网络游戏行为满足了小学生人际交往与团队归属的需求。有玩伴就没有现实生活中的孤独感，很容易就体验到了一种团队合作的愉快，增进了友谊，获得了归属感。特别是性格孤僻的学生，由于在现实生活中不善于向别人倾诉自己遇到的问题，得不到家人或朋友的关照和帮助，而在网络游戏中能找到知己和倾诉对象，寻得帮助和安慰，更容易成瘾。

（三）对尊重感和自我实现的需求

马斯洛的需要层次理论认为，人到了青少年初期，尊重的需要日渐强烈。根据霍曼斯的交换原理，当一个人某种行动得到的报酬越多，这个人就越愿意从事这种行动。

在现实世界中，尤其是学习比较差的学生，因为在学习上不占优势，得不到他人的尊重，尊重的需要得不到满足，而网络游戏则提供了一个给他当英雄的机会（因为许多网络游戏都是以英雄为主题的），于是，他们便乐此不疲，以找回在现实中得不到的成就感和受尊重感。看来不是“玩游戏——学习差”这样一个模式，而是“学习差——玩游戏——学习更差”。

（四）盲目跟随，认为不玩游戏显得落伍

小学生选择网络游戏的行为在一定程度上就是受同辈群体选择行为的影响而产生的盲目学习的结果。

A学生开始接触网络游戏就是受同班同学的影响，他说：“当同学们下课时都在谈论游戏的内容和技巧时，如果你不懂，就无法融入群体，而且听他们谈得津津有味，我想网络游戏一定很有趣，果不其然。”

二、沉迷游戏对孩子心理发展的影响

在美国心理学会107届年会上，金伯利·扬将网络游戏成瘾（Net Gaming）介绍为：此类成瘾者将大量时间、精力和金钱花费在网上赌博、游戏、购物和拍卖等活动之中。而网络游戏大多以“攻击、战斗、竞争”为主要成分，青少年长期玩飙车、砍杀、爆破、枪战等游戏，火爆刺激的内容容易使他们模糊了道德认知，淡化了游戏虚拟与现实生活的差异，误认为这种通过伤害他人而达成目的的方式是合理的。一旦形成了这种错误观点，他们便会不择手段，欺诈、偷盗甚至发生对他人施暴的事。目前，因为上网玩游戏而引发的道德失范、行为越轨甚至违法犯罪的问题正逐渐增多。

沉迷网络游戏给孩子带来的危害性比对成人大得多，是因为孩子身心发展特点体现的。孩子正处于心理和生理发育初期，养成良好的生活、学习习惯极其重要。迷恋网络游戏，长此以往，不仅影响学习，他们会逐渐形成对网络游戏的依赖心理，逐渐丧失社会交往的技能，甚至有意识地逃避社会现实，情感更趋于冷漠，容易形成孤僻、内向、不合群等心理障碍，严重影响心理健康发展。

对策建议

怎样引导孩子从沉迷游戏中走出来?

一、和孩子在一起的时候，放下手机等电子产品

一个小学生正在做作业，妈妈在沙发上拿着手机刷微信，爸爸在电脑上上网，奶奶在看电视，爷爷拿着 iPad 在玩游戏，孩子时不时地问一些问题，妈妈头也不抬有一句没一句地回应着。在现实生活中很少有人陪他玩，与他交流，如果孩子长期在这样的环境中成长，他可能会转向网络去满足自己的一些心理需求。这种生活场景很常见。

言传不如身教，如果家长成天拿着手机或 iPad 度过自己的闲暇时光，久而久之孩子也学会了只对电子产品感兴趣，通过游戏来满足自己娱乐的需要，而对其他事情不感兴趣。

二、高质量地陪伴

与孩子在一起时，人在心也在，对孩子全然地关注，不能玩手机或电脑，全心陪伴。当家长一边玩手机一边和孩子在一起时，这不是陪伴，因为此时心并不在孩子那里。此外，家长也要学会放下电子产品，和孩子一起去接触世界、探索世界，多出去旅游，开展户外活动，培养孩子的兴趣、爱好和对世界的好奇心。

三、引导孩子合理使用网络

适当通过网络满足孩子娱乐、交往、获取知识和信息等需要。可以引导孩子上网获取信息，学习新知识，更多利用网络的积极功能。家长不能一味地禁止，如果完全禁止和压抑反而会让孩子更加迷恋，一旦孩子离开父母获得自由，可能会一发不可收拾。尽量少用电子产品去强化孩子，比如你表现好就给你买，也不能当孩子哭闹不听话的时候，图省事就让孩子玩游戏。特别是小学阶段，小学生的自控力还未建立起来，家长可以多培养孩子对大自然、音乐、美术等的兴趣爱好。

四、建立规则

小学阶段是建立规则的重要阶段，一定要和孩子约法三章，比如玩游戏的时机、场合、时间长短、种类等，尽量界定清楚，遵守则奖励，违反即惩罚，让孩子有规则意识。

92 男孩小升初不习惯怎么办？

情景展示

从小学到中学，是一个重要的转折点。由于中学和小学在教学管理、教学内容等方面存在诸多差异，再加上学生正好进入青春期，无论生理还是心理上，小孩都有一个调整期。

俗语说，好的开头是成功的一半，初一是整个中学生活的起点，是人生成长过程中相当关键的十字路口，初一学习情况如何，往往对整个中学阶段产生决定性的影响。

刚上初一，很多父母说，孩子不喜欢现在的老师，不喜欢现在的学校，不喜欢现在的同学，孩子的心里感觉到很失落，孩子的成绩不如小学了，孩子不喜欢学习了，孩子和同学关系不好处了等。在这些不习惯里，最突出的是成绩不理想，王坦就是这样。他小学时的学习成绩不错，小升初时考了360多分，上初中后，爸妈对他也挺放心，想着升入初中后应该继续一帆风顺。然而，孩子的学习情况出乎父母的意料。开学不久，孩子就说初中没意思，没过多久，他们就接到老师的电话，说他整天没精打采，上课思想不集中、作业质量不高，月考成绩出来后比升学考试时成绩退步很大，数学成绩只有50多分。这下，家长着急了，不知问题出在哪儿？

所以，家长和孩子应重视小升初的衔接，做好充分的准备工作。

问题分析

小学与初中的主要区别

从小学教育过渡到初中教育，将会有四个方面发生变化：学生身体和意识的变化、学习环境的变化、学习内容和方法的变化、生活节奏的变化。其中最主要的是学习方面的变化。

1．小学到初中首先是学习内容增加了，学习难度也提高了，学习时间也更长了。

2．小学教师是保姆式教学，教学节奏慢，初中教师讲得粗，侧重点强，教学节奏快。小学的课堂往往是独立思考的时间比较少，而初中的课堂上学生要有一边听讲、一边看书、一边思考的本事，学生的多种感官都要同时参与活动，因此听课难度也增加许多。孩子在课堂能做到眼到、耳到、口到、手到、心到，才能学好。

3．小学课程相对较少，只要完成老师布置的任务，很多聪明的孩子都能轻松得“优”。而中学学习科目增多，学习难度加大，课堂容量大，老师不再紧盯紧跟，如果不改变学习方法，可能会很快就掉队。

4．从亲切到严厉，教学风格发生了变化。小学老师课堂语言亲切有加，鼓励性的话语较多，而中学老师的话语少了呵护，有时甚至比较严厉。小学老师更多的是理解、包容、期待，中学老师更要求规则、自律、严格。

5．小学阶段的学习内容大多简单、有趣，学起来较易有成就感，所以孩子学习兴趣较浓、积极性较高。而中学科目多，要获得满足感，较小学艰难得多，学生的受挫感、无助感、无趣感一旦产生，学习积极性必然下降。

对策建议

应帮助孩子做好过渡准备

一、培养良好的学习习惯

这一阶段，最让孩子受益的是培养良好的学习习惯。小升初后学习习惯掌握得好，今后的中学学习就能很适应，未来的学习上就能一路领先。好的习惯，不仅有利于中学学习的有条不紊，而且还能挖掘孩子的潜力，激活学习的内驱力。家长切不可只为了一味地追求成绩，落了哪科补哪科，这样孩子会很累，家长也累。甚至时间久了，有的孩子会产生厌学情绪。

二、帮助心理适应

大部分初一新生都会产生紧张、焦虑情绪，不适应。家长可以一方面在假期中收集初中学校的一些信息，如新学校有哪些要求，新初一的老师会有哪些；另一方面，要引导孩子相信新的老师，喜欢新环境，友善对待新同学，教会孩子与新同学的沟通技巧。提前让孩子对中学学习压力会增大、学习要求会提高有一定的心理准备，克服畏惧心理。在小升初过渡衔接时间段里，家长要想办法帮孩子先学一步，确立领先优势。

三、培养学习兴趣

在学习方面，学习兴趣是关键。这里分享一个哈佛女孩的故事。

姜砺砺收到了美国哈佛大学的录取通知书。而早在头年 12 月，美国耶鲁大学也已将录取通知书寄到了她手上。此外，美国斯坦福大学、普林斯顿大学、麻省理工也同时向她抛出了“橄榄枝”。姜砺砺说，自己只是胜在全面发展，有科研精神，从小作文竞赛、数学建模、英语演讲等，都获奖无数，但从小到大，并不是靠补习班，更多是靠自学。

有的家长肯定会说，这样的孩子是天生的，咱哪能比？其实不然，她父母介绍教育心得时说，“培养学习兴趣、学习习惯”是他们一直在努力做的事情，他们从来不关注孩子的成绩，甚至认为“那天女儿考了最后一名，回来依然能微笑面对，不被打倒，那才是更值得骄傲的”。姜爸爸用 6 个字对女儿作了以下概括：心态好，人格好。他说：“从小到大，我们从来不关心她考了第几名，分数如何，经常告诉她的是‘分数、名次并不重要’。学习是场马拉松，开始学得好，未必能保持到最后，重要的是从小培养孩子的学习兴趣和学习习惯。”在姜砺砺上小学三四年级的时候，姜爸爸就会拿自己的论文回家让女儿修改、提意见。让姜砺砺开心的是，自己的想法虽然幼稚，但爸爸从来都是认真倾听，一起探讨。姜砺砺兴趣和习惯就这样一点点被培养起来。

据说陶行知先生在为他的学生讲课时曾演示了这样生动的一幕：先生手抓一只鸡走进教室，在讲台上撒下米粒，向下按着鸡头强迫鸡吃米，鸡拧着脖子，坚决不从；陶行知先生又扒开鸡嘴，往里面硬灌米粒，鸡还是昂着头，挣扎着不吃；先生松开了手，只见鸡在讲台上甩甩头，抖抖毛，自由活动了一会儿，便悠闲自得地吃起米来。学习就像喂鸡吃米一样，只有在宽松的氛围中，当学习成为孩子自己的需要时，当孩子从内心深处发出我要学的呼喊时，学习才会发生效果。所以家长要做的第一要紧的事就是：激发学习兴趣，端正学习态度。

四、指导学习方法

这里介绍“四重五步”学习法。“四重”是指重基础、重精髓、重方法、重自学。“五步”是指学习过程中的五个重要环节，包括：预习、听课、作业、复习、考试。家长可引导孩子学习成线的知识点，做成类的类型题，把知识进行分门别类的储存，就像一个大型超市一样。用的时候提取快，学的时候也更轻松。引导孩子做好课堂笔记、错题档案本、计划本，而且不定时总结。周而复始，循环往复。学习时“先把课本变厚，再把课本变薄的”。孩子掌握了科学合理的学习方法，成绩自然会上来。

我们要想让我们的孩子更优秀，就必须做一个有智慧的引领者，科学准备，给孩子有效的帮助。

93 男孩早恋怎么办?

情景展示

我接触过一位焦虑的妈妈，她14岁的儿子“早恋”了！她检查了儿子的QQ聊天记录，发现他连续几天和一个女孩聊到很晚，就对孩子进行了严厉的批评。第二天晚上孩子没回家，原来孩子离家出走了。面对这样的情况，大多数的家长都很焦虑、着急。

问题分析

正确认识早恋

早恋是指未成年男女过早建立恋爱关系的行为。年龄在18岁以下的青少年谈恋爱，属于早恋行为，是不可取的。

一、青少年早恋行为的特点

（一）朦胧

早恋的青少年对于早恋关系的发展结局并不明确。他们主要是渴望与异性单独接触，但是对如何处理恋爱关系和学业关系、如何区别友谊和爱情都缺乏明确的认识。

（二）矛盾

有早恋关系的青少年内心也充满了矛盾，既想接触又怕被人发现，早恋的过程中愉快和痛苦并存。

（三）变异

早恋关系是一种充满变化、极不稳定的感情关系。青少年之间一对一的早恋关系缺乏持久性，一般不会持续很长时间。

（四）差异

青少年的早恋行为具有明显的差异性。在行为方式上，有的青少年的早恋行为十分隐蔽，通过书信、电话等方式来传递感情，但也有的青少年很公开，在许多场合出双入对，俨然一对情侣。在关系程度上，大多数有早恋关系的青少年的主要活动是在一起聊天，交流隐秘的感情，从人际关系来看，还没有超出正常的关系。有的则关系发展得很深，除了谈论感情以外，甚至发生性关系。

二、早恋的类型

（一）爱慕型

爱慕型即青少年之间由于爱慕对方而产生的早恋现象。根据爱慕对象的不同，又可分为：仪表型，由于爱慕对方外在的仪表而产生的早恋；专长型，因为爱慕对方的能力专长而产生的早恋；品性型，由于爱慕对方的优秀品性而产生的早恋。

（二）好奇型

好奇型即由于对异性的好奇心而产生的早恋现象。对异性产生强烈的好奇心，是青春期的青少年随着性意识的发展而自然产生的一种心理现象。青少年由于生理发育和性成熟，很容易产生性冲动，对异性变得很敏感，渴望了解异性的心理和生理，了解异性对自己的态度。为了满足这种好奇心，就想结交异性朋友，建立“恋爱”关系。

（三）模仿型

模仿型即因为模仿别人的行为而产生的早恋现象。模仿的对象主要来自社会生活、影视作品和报刊书籍。

（四）从众型

从众型即迫于周围人的压力产生的早恋现象。周围人是指所处的同年龄群体。

（五）愉悦型

愉悦型即为了获得愉悦的情感体验而产生的早恋现象。青春期男女之间的

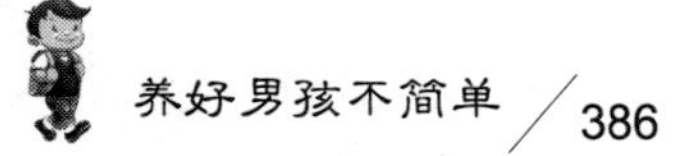

密切交往，往往会给双方带来愉快的体验，这种愉快的体验会进一步促进青少年之间的密切交往，逐渐转变为早恋。

（六）补偿型

补偿型即为了获得感情补偿和排解受挫的情绪而产生的早恋现象。感情补偿是指青少年在学业上或感情方面受到挫折时，出于争强好胜的心理，或者为了摆脱感情创伤，一些青少年就想用早恋的方式排遣受挫的情绪，从异性那里获得感情补偿。

（七）逆反型

逆反型即由于青少年在两性交往中受到别人不恰当的干预所产生的早恋现象。最典型的心理就是“你们不许我这样做，我偏要这样做”。在逆反心理的作用下，正常的异性交往会迅速向早恋关系发展。

（八）病理型

病理型即由于病理原因而产生的早恋现象。例如，由于营养过剩、一些食品中含有性激素的作用，或者生理上的疾病、家庭遗传等原因，造成一些青少年身体早熟，身体外观像成年人，或者心理早熟，或者性变态心理。这些都会诱发青少年的早恋现象。

对策建议

如何正确处理男孩早恋？

正确处理好早恋问题，可以从如下几个方面着手。

1. 首先，要明确一点，13 岁时孩子就开始进入青春期，这个阶段开始对异性有好感是正常的，如果没有那才是有问题。曾有位当军官的父亲，在孩子青春期时严厉禁止儿子和异性交往，结果儿子 32 岁的时候还不会谈恋爱，见到女孩子就面红耳赤。

2. 其次，确认一下，孩子究竟真的恋爱了还是仅仅对异性有好感。多数情况下孩子只是对对方有朦胧的好感而已，要教会孩子如何和异性相处。孩子之间的爱情比较幼稚，如果真的“恋”上了，反而往往会迅速发现对方的缺点，这时他们自己都会主动要求“分手”。

3．然后委婉地表明你的期望：无论如何不要落下学习，并表明你对孩子的信任，相信他会处理好恋爱和学习的关系。这种信任会让孩子对你感激而不是怨恨，并往往会促使他开始像一个“大人”一样思考。

4．给孩子一段时间，如果时间到了，他仍然沉溺于恋爱之中并影响了成绩，就要采取一定措施：和他认真沟通一次，让他明白什么是真正的、成熟的爱——那是要对对方负责的，是以结婚为目的的，而且是需要一定的能力、一定的基础。

5．要自然而严肃地和孩子达成协议：无论感情多深，绝不能发生性行为。也可以借机进行一次性教育，让他明白冲动是要付出代价的。

6．家长本身要放松，在教育孩子的时候保持清醒冷静。

7．家长要和孩子沟通，让孩子清楚地认识到早恋的危害，从而用理智来战胜不成熟的感情。早恋最直接的危害是严重干扰学习，由于注意力转移了，便没心思去学习，也觉得学习没多大意思，上课注意力就难以集中。由于没有认真听讲，因此，学习成绩就会越来越差。要教育孩子，那些在中学时代就耳鬓厮磨、如胶似漆地恋着的，大都学业荒废，爱情失败，甚至有的由“爱得深”变为“恨得深”。相反，那些把爱深深埋在心底一心向学的人，多数不仅事业有成，而且能够赢得爱神的青睐。因此，应把眼光放得远一点。

8．要注意孩子的心理卫生。教育孩子不看不适宜的报刊杂志、影视节目，把精力投入到学习中去，多看一些伟人的传记，培养自己的意志力，树立远大的奋斗目标。有些青少年早恋或者单恋，喜欢夸大自己在对方心目中的地位，认为对方的一言一行都与自己有关，甚至是受自己影响的。对方成绩下降，挨了老师批评，以为这是因为自己的缘故，因此，替对方难过；对方近日精神不振或者瘦了，认为这是因为对方想念自己的缘故，因此，自己很感动。青少年的这种心理，其实是一种“自作多情”。家长要善于引导。

9．要正确处理早恋和男女生正常交往的关系。每一个步入青春期的少男少女，随着生理的逐步成熟，会开始关注异性同学，并希望了解、交往，这是一种正常的心理现象。青少年对异性的依恋并不是有些家长和老师所认为的那样，是一件丢人和见不得人的事。这与道德品质无多大关系。绝大多数青少年都“早恋” 或“单恋”过一个自己很喜欢的异性。关键是青少年要注意早恋和男女生正常交往的界线，家长不要过分地敏感。

10. 鼓励多参加集体活动，分散独自喜欢一个异性的注意力，不要与异性单独交往。

11. 给孩子提供一些摆脱早恋的方法。当有人表示爱意或求爱时，或当对异性萌生爱意时，可采取如下方法。

（1）转移法：把精力转移到学习上去，用探求知识的乐趣来取代不成熟的感情。

（2）冷处理法：逐步疏远彼此的关系，以冷却灼热的感情。

（3）搁置法：中止恋情，使双方的心扉不向对方开启，而保持着纯洁的、珍贵的友谊。

94 男孩青春期心理波动比较大怎么办?

情景展示

看到孩子逐渐长大，很多家长在欣喜之余，又隐隐地感到了些许无奈、些许紧张。男孩青春期，很多做家长的有一天突然发现，自己的权威性在孩子面前下降了。孩子开始变得不那么顺从，不那么易于管教了。心理学家发现：孩子在10岁之前是对父母的崇拜期，20岁之前是对父母的轻视期，30岁之前是对父母的理解期，40岁之前是对父母的深爱期，直到50岁才真正了解自己的父母。10岁到20岁之间是代际冲突最为激烈的时期。有人说：“12~17岁这个年龄段可以让父母衰老20岁！”也就是说，这一时期的孩子是最让父母操心、担心和伤脑筋的。

有些家长说:在孩子小的时候听别的家长说孩子如何不听话，家长如何生气，如何被气哭，都觉得不可思议，心里想带孩子还不简单吗?顶多是累一点罢了，现在才真正尝到了家长难当的滋味，别说哭了，有时真是快被气死了。还有些家长说：长这么大也没有受过这样的委屈、这样的难为，面对青春期的孩子，真的不知如何是好！打不得，骂不得，哭不得，笑不得。进入青春发育期的孩子，除了生理上的变化以外，更主要的表现在心理上的突然变化。

问题分析

一、青春期孩子的变化

1．自我意识在这一时期出现质的变化。青春期的孩子对于“自我”的体验和感受前所未有地清醒。如果说，儿童对自己的认识和评价基本是服从成人意见的，那么，青春期的孩子则完全不同了。他们对自己产生了强烈的兴趣，热衷于思考自己的优点、缺点、特点等，显得十分“自恋”，同时又经常夸大自己的缺陷，自以为不够“完美”而沮丧。

2．独立性增强。进入青春期的孩子总是希望得到他人的承认和尊重，希望摆脱成人的约束，渴望独立。

3．感情的变化非常显著。他们既“多愁善感”又“喜怒无常”，这常常令家长们手足无措。感情的多变是与感情的深化共同发生的，在这一时期孩子们已经开始产生和感受到许多细腻复杂的感情。

4．开始关注同龄人之间的交往。同龄人之间的关系是这一时期生活中十分重要的内容。任何一个青春期的孩子都不可能脱离同龄人的影响，总是将彼此之间的交往与认可看得极为重要。

5．与成人世界的关系开始变化。青春期的孩子不愿意再像“小孩子”一样服从家长和老师，他们希望获得像“大人”一样的权利，因此经常固执地与父母顶撞。

6．性意识的萌动与性别角色的深化。无论男孩还是女孩，都非常关心自己性别角色的完美程度、被他人接受和欣赏的程度：够不够帅、是不是漂亮、能不能引人注意等。都渴望了解异性，希望得到来自异性的友谊，开始憧憬爱情，等等。

当然，远不止这些。所有这些变化和发展都是在进行的过程中，而不是已经完成了的。他们在各方面仍然是不完善、不成熟的：还不可能真正独立，还没有形成相对稳定的个性，还没有成熟的感情世界，还不善于把握真正的友谊，还不能真正与成人平起平坐，还缺乏严谨的思维技能，还不具备真正尝试爱情的条件。

二、青春期孩子的心理需求

（一）合理的物质需求

孩子进入青春期以后，表面上还是在服装、零食、玩具及文具等方面有所需求，实质的需求却在悄然变化。刚刚进入青春期，追求个性化的孩子较少，更多是要求自己从众。从众让自己有安全感，融入同学的圈子里，不显山显水。随着年龄的增长，熟悉了周围的环境，了解了同学、朋友的个性，孩子们开始彰显个性，暗暗地在群体里比高低。这种比较有积极的意义，孩子获得了经验，也给自己在群体中有了定位。

例如，男孩今天要一双名牌鞋，明天回来对家长说某某同学有了新的手机，还要求生日请大家去吃饭等，甚至很多男孩会在群体里学会抽烟、喝酒。其实他们是想通过这些仪式，向成年人看齐，在小群体里标榜自己，显示自己，而成年人却感觉他们是逞强。

（二）朋友的交往需求

进入青春期前后，又是初中生活的开始，孩子们像进入一个全新的世界，接触新的面孔、新的习惯、新的学习方式。这是我们看得到的变化，还有一个看不见的变化，就是进入青春期的孩子，思想和情感的转移。

青春期之前，孩子心里依赖的是家长；进入青春期后，转移到朋友身上；到青春期后期，转移到异性朋友身上；最后，固定在异性身上，成家立业，生儿育女，进入一个新的循环。这是人类成长的必经之路，是我们没有办法抗拒的。

孩子开始交朋友，为了朋友，他们可以在学校门口等，可以和同学一起去逛街、去网吧。为朋友可以留在学校打篮球，甚至是去打架，不在乎回家晚了家长的脸色，即使招来家长的打骂也依然如此。是什么力量让孩子铤而走险呢？这就是孩子的心理需求的问题。

走出家庭，孩子的视野宽了，接触社会的面广了，再不是家、学校两点连成一线的行为方式，他们会出现在自己从来没有去过的地方，会遇到从来没有遇到的问题。这时，朋友是最直接的帮助者，很大程度上可以取代家长的支持和帮助。

孩子们思想不再单纯，这连他们自己都感觉得到。有时浮想联翩，有时忧心忡忡，有时大喜大悲。这些感情，不适合和家长分享，因为有些家长马上会紧张和忧虑，批评教育必不可少，跟踪监视接踵而至。所以，家长不是孩子吐露心声的选择，而最好、最安全的是身边的朋友。

那么，孩子们心里需要家长吗？从心底里孩子们需要！而让他们望而却步的是家长的担忧和不信任。

（三）对异性关注的需求

孩子进入青春期，与异性接触时有了微妙的变化。他们开始悄悄地关注异性。关注往往只是停留在外表上。男孩子开始注意女孩子，偶尔也会在一起用调侃的方式谈论某些女生，即使有一种淡淡的喜欢，他们也知道自己在想入非非。男孩和女孩，都会很拘谨，这只是孩子们走出家庭的圈子、步入社会认识异性的最初的学习阶段。而随着时间的推移，孩子们越来越明白自己喜欢什么样的异性，希望去接近。最开始的形式可能是打打闹闹，很多孩子可以通过这样的交流，达到对异性的了解。

确实也有孩子谈恋爱，这些“爱情”往往以误会开始，以压力开始，以亲情的失落开始。

青春期，是恋爱的前奏，是步入爱情的序曲，孩子们恋爱是必然，而我们家长希望孩子们晚一些，再晚一些。

（四）获得帮助的需求

孩子进入青春期时，性格也变得外向起来，很容易受到事物的感染，很容易冒失。他们独立处理问题的时候越来越多，遇到的事情越来越复杂。初出茅庐，面对未知的世界，充满好奇、疑问和恐惧，他们真的希望自己身边有保镖，有“百事通”，有“机器猫”，当然，兜里再有很多钱就好了。而这一切都没有，遇到问题的时候怎么办？孩子们需要帮助。

在与同学的交往中，很多事情让他们觉得难办，例如，孩子不知道如何与新同学、新老师打交道；不知道如何控制自己的情绪，与老师、同学时常发生冲突。孩子们活动范围越来越大，很多时候会遇到不顺心、被冤枉、被欺负的事情。这时候，孩子们也需要帮助。

对策建议

家长的支持与引导方法

1. 家长要防范孩子物质需求膨胀造成的恶果，但又不能不给予物质的满足，应该怎么办呢？

关键是家长要学会判断孩子的需求是否正常。孩子正常需求的标准主要从两个方面看：一个是取同班同学物质需求的平均数或平均数的中下等。另一个标准是看家里的经济状况。如果您家里的经济状况中等或比较好，应该让孩子的生活水平低一些比较好。如果您的经济状况不太好，那么，您千万不要因为怕孩子受委屈而硬要让孩子去享受高消费，这种死要面子活受罪的做法，不但不会让孩子自信起来，而且容易使孩子不考虑家长的经济能力而变得变本加厉。

2. 不要因为担心而不停地教育孩子，甚至用打骂的方式。

有的家长片面听从老师和他人的意见，阻止孩子的正常交友，怕孩子学坏，影响学习，浪费时间。有的家长给孩子制订允许交的朋友、不能交的朋友。孩子们绝对不接受，自然对家长敬而远之，更不与家长交流。家长怎么办呢？

首先要让孩子信任你，愿意和你说出他遇到的所有问题。这就要求家长学会倾听，不要急于批评和指正。听孩子诉说，也是给孩子宣泄的机会，减轻了心理的负担。家长听后，找机会给孩子提出建议，久而久之，家长和孩子成为最值得相互信赖的朋友。

家长支持孩子交友，同时提出具体而简单的底线要求。比如，带你做坏事的人不能做朋友；很自私的人不能做朋友；自以为是的人不能做朋友……另外，孩子们往往认为朋友是永恒的，要告诉孩子不一定是这样，朋友之间的关系时常会发生变化，要有心理准备。总之，你要成为孩子需要的朋友。

3. 家长不要促成孩子将错就错地从误会、误解发展为“爱情”。

家长捕风捉影的批评、不信任的盘查、偷偷地窥探孩子的隐私、忧心忡忡地唠叨提醒，让孩子烦躁，会加重其逆反心理。有异性朋友接触的孩子一般很小心，为了避免暴露自己的感情，避免因为自己的一个小纸条、一次不期而遇的单独接触被家长发现而使对方受到伤害，会加紧通风报信和联络，结果，两个人越走越近，越来越相互支持和信任，终于弄假成真。家长在这里起的是推波助澜的作用，而自己并没有意识到。

其次，学习上的压力、生活上的压力，孩子需要有人分担。不会减压，孩子就会对家长逆反。对孩子的不理解、不宽容、无休止的批评唠叨，使得孩子去寻求理解和同情，也是孩子谈恋爱的缘由。再者，亲情是孩子的避风港，如果家庭不能给予孩子亲情，孩子很容易到异性身上寻找温暖。例如，夫妻常年不和，打架、闹离婚，孩子最不容易接受，心里缺乏安全感。家长常年奔波在外，无力管孩子，孩子看着别人，再看自己，倍感孤独，也会容易去找安慰。

青春期的孩子，关注异性之初，会在家长面前提到某个异性。家长千万不要大惊小怪，责备孩子心思不放在学习上，同时也不能掉以轻心，而是要耐心地听孩子把话说完，然后询问一下情况，再想办法引导孩子，等想好了，有了办法再说不迟。这样做的好处是：一是孩子知道此类事是可以和家长讲的，家长不会批评，以后遇到这方面的困惑，他就会向家长寻求帮助，这样家长就对孩子有了了解和帮助的机会。二是孩子明白，从家长那里讨来的主意，总比向同学或者自己琢磨出来的办法要好一些，只要家长不把孩子吓跑，孩子还会来求助。在孩子成长过程中，家长可以使上劲，是对孩子的健康成长有利的好事情。

4．家长往往以自己的意志为中心，认为关心照顾孩子就是帮助，而不知道过度地关心、照顾，使得孩子动手能力差，在同学面前显得很笨拙。很多家长认为批评就是帮助，结果激起孩子的逆反心理，加速了孩子逆反心理的成长。

家长很愿意帮助孩子，孩子却不是什么人的帮助都接受。孩子获得帮助有前提条件，必须是他信任的人。在学习上，孩子们需要懂得自己学科知识的、值得信任的人的帮助。在人生观上，他们需要有才华、信服的人的帮助。在需要鼓励支持的时候，他们也要是自己喜欢、需要的人。

获得家长的帮助，对于孩子来说应该是最方便、最直接、最安全的。但是，孩子的年龄越大，拒绝家长的帮助可能越多。所以家长要注意，孩子在长大，他们需要的是平等（不是居高临下、命令式的）、有效（可操作、解决问题的）、具体（不是空话）的帮助。

此外，当家长不能给孩子帮助的时候，可请教老师，或者求助于专家，这样孩子更容易接受。

95 男孩有很多小毛病怎么办？

情景展示

孩子的一举一动，家长都格外关心。男孩刚懂事时，表达能力有限，可能都开始表现出一些坏的行为和习惯，如执拗、发脾气、撒娇、哭、嫉妒。怎样才能读懂孩子的心？孩子的每一种不听话行为的背后，都反映了他们怎样的心理？家长们又该如何应对呢？

问题分析

对小孩的心理进行分析，才能采取有效的办法。

一、执拗

在现实生活中，家长们大都会面临这样的问题：可爱顺从的孩子逐渐变得执拗起来，不太听话了；有时你让他向东，他偏向西，故意对着干。

心理分析：我们知道意识是由物质决定的，人的意识就是人脑对特定物质生活环境的反映。孩子从婴儿到幼儿，大脑开始有一个大的转变，孩子开始用自己思维的独立性和创造性，去看待世界，这就是人们常说的童心、童趣。成人认为孩子执拗，相反，在孩子眼中家长倒有可能是执拗的，关键在于理解、沟通、引导。家长和孩子需以平等的地位相处，用孩子能接受的方式，循序渐进地使其明是非、知曲直。

二、发脾气

在商店玩具柜台前我们常可见到这样的情景：孩子要父母买某一玩具，父母不肯，孩子就大发脾气，吵闹不止、甚至躺在地上打滚。怕丢面子的父母赶紧以满足孩子的愿望来使孩子停止吵闹折腾。

心理分析：孩子由此感到，只要我发脾气，在人前大闹，父母就会满足我的愿望。于是，每当孩子有新的愿望，父母不答应，孩子就大发脾气，最后家长不得不屈从。久而久之，孩子越来越得寸进尺，脾气也越来越大，人也变得越来越任性、粗暴。

三、撒娇

孩子特别爱撒娇，家中的老人说：孩子哪有不撒娇的？大了就好了；但其他人又不时地告诫我：撒娇过度就是任性，一定要纠正。我该听谁的？

心理分析：两种说法都有道理，具体情况应区别对待。做父母的首先是要学会区分孩子的撒娇哪些是合乎情理的。例如，孩子生病、身体不舒服时，容易撒娇；孩子每天午饭后和晚上要睡觉时会撒娇；外界扰乱了孩子的生活习惯可能导致孩子吵闹、撒娇；孩子到了一个陌生的环境，因为不熟悉环境而产生心理不愉快，也会撒娇。

四、哭

妈妈拼命想办法不让孩子哭，可是孩子却越哭越起劲。妈妈认为，首先应该使孩子停止哭，一切问题要等停止了哭以后再说。可越这样孩子越委屈，哭哭啼啼就是停止不了。

心理分析：哭的行为是一种结果，既然有哭的行为表现出来，内心里一定有某种“感情”在活动。把着眼点放在这一方面，才是解决问题的关键。比如，有时是因为悲伤，有时是因为寂寞的心情，或者感觉到痛或热而哭泣。孩子哭，基本上是想让父母安慰自己、同情自己等依赖心理所致。

五、嫉妒

心理分析：孩子的嫉妒，通常是对小伙伴中比自己优越的孩子怀有的一种不安、痛苦或怨恨的情感。

孩子嫉妒的表现形式多种多样，主要有以下几种。

1．不许爸爸妈妈亲近或爱别的孩子。

2．别的孩子学习上有了进步，或受到教师的表扬时，认为自己不比他差。

3．别的孩子比自己穿得好，或玩具多，或小伙伴多等。

4．别的孩子没有满足自己的要求等。

一般来说，对孩子的嫉妒只要很好地教育引导，便可以变压力为动力，激发孩子发奋上进。

对策建议

家长应有耐心，冷静科学地管教孩子的小毛病。

一、对付执拗

举例来说，让一个6岁的孩子写字一定要非常漂亮，他一定担心写不好，因为他不具备这种能力，因此可能会拒绝，并以他的执拗来表示反抗。通过这个例子应该了解，孩子的执拗、违抗，只是一种表面现象，在它的后面藏着担心、害羞、缺乏自信、害怕挫折等。因此，当孩子执拗不听话时，你应认清原因，注意沟通和正确引导。要克制自己的情绪，不能随便发火、惩罚孩子，更不要打骂孩子，因为这种没耐心的专制的做法只会令孩子更加反感，成人的束缚、压制，会使孩子觉得难为情，受到威胁，他们就会更执拗。

社会心理学的研究表明，当成人与子女间以民主方式进行交往，可以互提意见时，孩子的独立性更易于培养，在管束压抑的气氛中，则很难培养出孩子的创造性。

二、对付发脾气

妈妈要了解，1岁左右的孩子就是这个样子，在孩子想自己做的时候就让他试着做一做。并且，当孩子因达不到自己的想象而又吵又闹时，大人要若无其事地应付过去。

当孩子发脾气时，父母应不声不响地把他抱起来，或者是平静地注视着他，等待孩子自己安静下来。除此之外没有别的办法。这种脾气暴躁期是孩子成长过程中的必经阶段，妈妈爸爸们需要了解这一点。不要觉得孩子这是“变坏了”，去责怪、训斥他，不要一味去阻止，而要极励帮助他。

三、对付撒娇

孩子也有生理节律的周期性变化，当孩子情绪低落、心情不舒畅时也容易撒娇。这些撒娇是难免的，也是正常的，是亲子情感交流的一种形式，父母都应予以理解，并给予安抚。

但是对那些因不顺心、不讲道理而故意发脾气撒娇的孩子不能纵容。

四、对付哭

当孩子哭的时候，不要只说“别哭了”，而首先应该关心的是哭的原因。

然后，对孩子的悲伤心情或气愤心情，表示同情、理解，并把这个信息传达给孩子，也就是说，把孩子的感情反馈过去。

切记莫用大道理去批评，不要无视孩子的感情。你接受了孩子的感情，孩子的心情感到舒畅了，其结果，不仅停止了哭泣，而且爱哭的毛病也会逐渐得到克服。

五、对付嫉妒

对于好嫉妒的孩子，家长应多进行心理疏通，并辅之以思想教育来消除。

1. 对孩子严格要求。鼓励孩子勤奋踏实、积极进取、乐于助人；对于浮躁、损人利己的不足的行为要予以处罚、教育，以培养其良好的道德品质。

2. 对孩子的赞许、表扬要恰当。既要实事求是，又要使孩子承认自己的成功之中，有周围伙伴的贡献和帮助，而不可趾高气扬，好图虚荣；同时，要孩子看到自己的不足，以防止孩子骄傲自满，过高估计自己，藐视别的孩子。

3. 激发孩子把嫉妒转化为竞争意识。使孩子在赶、超先进中调整自己的行为，增强适应社会环境的能力，从而使压力转变为动力，超越嫉妒。

4. 教育孩子诚实待人。要教育孩子心胸豁达，不斤斤计较；学会设身处地，将心比心，理解小伙伴，交流和沟通感情，增强与小伙伴团结共进的气氛。

96 男孩青春期非常逆反怎么办？

情景展示

一个初二年级的孩子上自习课的时候玩手机，班主任让他交出来，他不愿意，并且很坚定地说自己没有手机。然后老师也很生气，刚要伸手从他手里去拿，这个学生一下站起来，冲老师大吼大叫，接着老师往前走了两步，这个学生以为老师要打他，立马伸出拳头向老师打去。老师没有站稳，后退撞到了门框上……

青春期的孩子，反抗心理会表现得更为突出，而男孩一般表现得更明显一些。

一般而言，叛逆是孩子生命周期发展的必经阶段。对反抗的孩子，不主张使用强压的做法。这种做法，虽然能显示教育者的威风，却会对孩子的心理造成更大的阴影，从而激起孩子更强的反抗心理。

问题分析

一、逆反的表象

逆反行为发生在教育者和被教育者之间。教育者可以是老师、父母，也可以是其他管理人员，被教育者主要是指处在被教育地位的青少年，逆反行为往往是由教育方式不当引起的。

由于逆反心理的轻重不同，逆反心理的表现形式也会不同。轻度逆反行为表现为不满意的言语；中度逆反行为表现为不服从；严重的逆反行为则表现为反抗，即发生与教育者的主观愿望相对立的行为。

具体表象是：父母不让他碰某件东西，孩子一定要碰；有时候爸爸妈妈喊他，孩子故意装作听不见，不答应；与父母过度争吵或少言寡语；明目张胆或消极对抗老师的教导；自己犯错或行为不当，却责怪、迁怒他人；对父母和家人的态度冷淡，回家后爱把自己关在房里不出来，自我封闭，但同学之间却有说有笑，好结成同龄群体，寻找“知音”和“朋友”。

二、逆反的原因

逆反心理不是一种异常现象。一般来说孩子在发育的过程中会有两个逆反期。第一反抗期是在三四岁的时候，这个时候由于儿童的自我意识的发展，说话、运动、认识事物能力的增强，他开始想自己去做一些事，和父母有了最初的冲突。第二反抗期是在青春期前后（十二三岁至十五六岁）。通常原因如下。

1．渴望独立与现实中对家长依赖的心理矛盾。此时，出现的“成人感”意识到“我已经不是小孩子了”，希望父母像对待成人一样地对待自己。这时，他们最讨厌父母仍然像对待孩子一样，对他们的活动事无巨细一一过问，对他们千叮咛万嘱咐地唠叨，但同时他们又不具备独立自主的经济基础和物质条件。他们想摆脱对父母的依赖，可自己又不具备充分的生活自理能力。

2．心理闭锁与渴望获得理解的心理矛盾。孩子开始有了自己心中的小秘密，不再愿意什么都跟家长说，尽管内心世界变得更加丰富多彩了，但心理活动的外在表露却开始失去了儿童的直爽、天真、单纯。

3．性生理发育迅速成熟与性心理相对幼稚的心理矛盾。随着性器官和性机能的发育成熟，少年期的孩子在生理上开始出现了一些前所未有的急剧和显著变化，甚至产生恐惧和不知所措的心理。

孩子的逆反期在初中时特别明显。在这个年龄段，孩子的自我独立意识开始觉醒，不仅会反对父母，也会反对老师，以及其他长辈。

三、正面认识青少年的“反抗期”

孩子出现成长的逆反期是正常的，作为家长应感到高兴——孩子开始有自己的思想了，但是他们还没有辨别是非的能力，家长这时更应是孩子的朋友。

青少年的“反抗期”非常必要，是“成才关键期”，青少年通过对父辈管制的反抗，获得自信、自立等重要心理依据，培养其独立思考、勇于负责的宝贵品质。如果家长在此期间对有“反抗”倾向的青少年施行强力打压，很可能会破坏他们正常心理发育的进程，导致他们独立性、创造性等宝贵品质的缺失。

对于男孩来说，只有顺利度过青春期的逆反阶段，才能变成真正的男子汉。青春期如果由于父母的压制，反抗不明显，这使他成人后仍然像个父母的乖孩子，除了听话，却没有自己的主见。那这个男孩永远长不大，也难以成为有勇有谋的成熟男人，难以面对复杂的社会。

对策建议

一般原则：对于青春期的孩子，父母应该相信孩子，给孩子独立的空间。只要不是原则上的错误，不如让孩子自己去碰碰钉子，也比说教强。青春期的孩子，最讨厌的就是父母的唠叨。他们会觉得父母很啰嗦，不愿意沟通。不要凡事都与学习成绩挂上钩，却不关心内心感受。家长要暗中观察孩子的变化，关注他们真正需要什么。

此外，教育并理解孩子，从照顾孩子的生理到关怀他们的内心，可从以下细节做起。

1. 男孩逆反期时家长应学会给他做选择题。尊重孩子，让孩子有所选择。处于“反抗期”的孩子不喜欢别人吩咐他做某件事或被迫接受某种意见——哪怕这意见和行为是正确的。这时，你可以把自己所期盼孩子接受的做法与其他几种可能摆在一起让他选择，既让孩子表现了他的独立性，又往往能心甘情愿地顺从你的建议，双方皆大欢喜。

2. 家长要相信孩子有独立处理事情的能力，尽可能支持他们，在其遇到困难、失败时，应鼓励安慰，成功了要立即表扬。这个时期，适当的鼓励，用鼓励去引导孩子，比说教强。但对于一些原则上的问题，父母一定要严厉。

3. 巧搭梯子，让孩子自然下台阶。如果孩子因故考试成绩明显下降，你不能对他嘲笑讽刺，因为嘲笑讽刺会适得其反，迫使孩子走上反抗的“不归路”。

应尽量安慰、鼓励孩子：平日努力了，考试尽力了，不管分数如何，于心无愧。

4. 因势利导，疏而不堵。孩子玩得高兴的时候，父母打断而要求他做他不愿意的事，这正是引起孩子对抗的导火线。因此要尽量避免这种情况，以免发展到亲子对抗，甚至发生极端之举。

5. 对一些“问题”，可先只关注，不急于批评。即使没有优点，也不要老批评，而只是保持关注。这时，耐心很重要。例如，当孩子感到学习痛苦时，不要讲大道理，可表示关心、同情。

6. 给孩子一点决定权。孩子作为一个独立的个体，他有自己的内心世界，家长应该积极关注孩子的优点，把一些做决定的权利交给孩子，让孩子学会对自己负责。孩子在执行自己的决定时，家长一定要沉住气，坚持观望的态度，在孩子做错时要引导他，而不是代替他。

7. 改善与孩子的交流和沟通方式。要与孩子平等地谈心，尽可能地找出孩子身上的优点，主动告诉孩子应该坚持什么，不该坚持什么，并采用尊重、商量的语气而不是教训、命令的语气。与孩子沟通是必要的，但建议父母在这个时期和孩子沟通时，不要过多地以学习为中心来说教。

8. 青春期的男孩特别难教育，在孩子的狂飙期，再谈学规矩或许会适得其反，家长应该做的是肩并肩教育，和孩子做朋友。当可能全社会和家长都觉得孩子应该往东走，但狂飙期的男孩一定要往西走时，我们可以做的就是陪着他一起往西走。在这个过程中，要让他体会到父母是真心爱他的。

这不是纵容，而是一种策略，家长应该不断学习新东西，和孩子进行适当的沟通。等过了狂飙期，孩子会感悟到父母的真爱，慢慢成熟起来。

9. 有时孩子会有一些不切实际的设想，父母应该鼓励孩子好好学习，通过努力去实现，而不是给孩子泼冷水。这个时期的孩子，虽然已经形成一定的自主思想，但心灵是很脆弱的。一定要信任孩子，给孩子自信。信任本身就包含着强大的教育力量，能给予被信任者正面积极的暗示。放手并不意味着放任，给孩子空间，尊重孩子的感受，让孩子有充足的机会学习独立和自我管理，同时坚持一定的规则，在孩子遇到困难时给予他支持和帮助，这些做法有利于帮助孩子学会主动、负责。最成功的教育，不是紧握着孩子的手，替他们步步为营，而是适量地放手。

10. 批评孩子时切莫伤害孩子自尊心。分清场合和措辞，切莫当着孩子的朋友、老师面前言辞激烈地批评孩子，切忌说出“你简直不可救药”“你怎么不如 ×× 学习好？”等伤害孩子自尊心的话语。

对事不对人，批评孩子时不要用“你怎么从来”、“你怎么总是”等言语，要针对这件事，就事论事，不要翻旧账。当孩子情绪反应强烈、言语激烈冲动的时候，家长干脆采取不理睬的态度，等孩子冷静思考，平息冲动后再讲道理。这么小的孩子注意力是很短暂的，很容易被转移。经过几次之后孩子就不会再用这样的方式来达到他的目的了。

11. 妈妈要接纳，爸爸应认同。不少家庭会出现这样的状况，孩子与妈妈的“矛盾”一触即发，与爸爸关系则相对缓和。其实，父母在家庭中所扮演的角色不同，遇到“不听话”的孩子，也应该发挥不同的作用。

父亲应尽量减少干预孩子逆反的次数。如果孩子逆反并无道德观念上的“出格”，父亲应表示认同，例如，很多男孩觉得妈妈啰嗦，认为不用妈妈多说事情也会做好。这时，父亲不应劝孩子听妈妈的话，而要表示认同，“君子一言，驷马难追，你说到了，就一定要做到”。

12. 家校合作。从某种程度上说，家庭是学生产生逆反心理的主要诱因。加强和老师的沟通和交流，促成家校合作。

13. 反省自己在教育方式上存在的一些问题。例如，是否对孩子有过多的否定和干涉，让孩子在家庭中无法释放自己内心的想法？跟孩子沟通，分享孩子内心的孤独及其他情绪，从而多一些对孩子的理解。多鼓励、赞扬孩子，多用正面的语言，这样能够改善亲子关系，并增加孩子的自信心。家长还应主动学习一些心理学和生理学知识，了解孩子在生长发育期的心理变化和反应特征，帮助孩子认识自己并顺利度过这一时期。

14. 青春期的教育更多的是人格的教育，父母自身做好榜样是必要的，同时应拿出时间关注各种不同的教育理念和方式，以便更好地实施亲子教育。做经理、做导师，不如做好孩子的朋友。

财 商

97 男孩乱花钱怎么办?

情景展示

现在大多数家庭条件好了，过年封给孩子的压岁钱“红包”也越来越大。据调查，有 80% 的孩子压岁钱超过 1000 元，有 5% 的孩子压岁钱超过 5000 元，对于这部分收入，很多孩子并不知道应该如何科学、合理，妥善地支配，只有少数孩子头脑中有存钱的概念。即使是平时，孩子也常从父母及其他长辈那获得不少零用钱，很多孩子也是随意乱花。

学会理财，是从小要培养的能力之一。通过理财，可以培养孩子正确的金钱观念以及自我管理的能力，这不仅能使孩子独立，还能培养他们的成就感，为孩子以后的人生奠定良好的基础。

问题分析

从小培养孩子储蓄习惯的重要性

爱自己的孩子，对自己的孩子好，并不是说给孩子无穷无尽的东西，而是给孩子他最需要的东西。让孩子在进入社会后有独立的经济意识和一定的经济实力，这才是最重要的。因此，要想让孩子将来生活得更好，在孩子小的时候就要让他养成良好的储蓄习惯。

很多父母认为，孩子还小，有钱就花，不用这么早就学会储蓄，等他长大后，自然就知道储蓄了。其实，这种认识是错误的。很多好习惯都是从孩子小的时候开始一点一滴培养起来的，如果不抓住小时候的关键期，长大后，孩子可能就会养成浪费的恶习，这对孩子以后的生活会造成很大的影响。

父母如果不在孩子小的时候就给他灌输储蓄的重要性，那么孩子在早期接触钱的过程中，可能就会形成一些错误的意识，如看不到钱的来之不易，看不到生活的艰辛，更不懂得如何支配和使用钱。这些孩子不知道金钱是需要辛苦去赚的，大多不珍惜父母的劳动成果而任意挥霍。

为了不让孩子从小就铺张浪费，乱花钱，父母要教会孩子自己在学会管理金钱前，养成储蓄的习惯，这样，等孩子长大后，自然就会把这种习惯延续下去。这样，不但可以培养孩子的勤俭意识，还可以培养孩子的独立性。

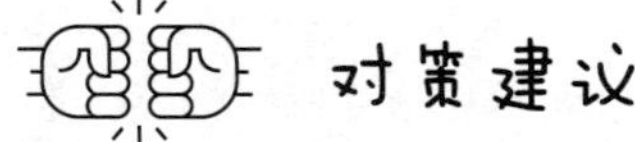

对策建议

怎样培养孩子的存钱意识？

一、让孩子从小就逐步树立正确的储蓄投资观念

定期给孩子零用钱。例如约定每个月的第一天，或是每周一发一次零用钱，并且告诉孩子在下次发零用钱之前，不可以再要。刚开始时，可以约定七天为一周期，习惯之后，再逐渐把时间拉长为两星期等。而随着孩子的年龄越大，间隔也应越大。

二、一起决定应该存多少钱

可以根据孩子平常的花销，计算出他每天可以节省多少钱，将这些钱存起来，也可以根据孩子要买东西的价格，制定出他每天应存多少钱。每隔一段时间（例如三个月或半年），父母再检视孩子的财务状况，若孩子确实做到了，可以颁发一笔“量入为出”奖金，或是增加一点零用钱作为鼓励。

三、给孩子在银行开设理财账户

让孩子早早拥有属于自己的“私房钱”，有利于培养孩子经济上的独立性。孩子上小学以后，父母可以陪孩子到银行办理账户。

独立账户不仅为孩子的合理消费提供了实习工具，而且也可帮助培养孩子合理储蓄的良好习惯，即所谓的“该消费时就消费，该节约时就节约”。当孩子拥有自己的一本存折，知道其中的数字意义时，他会愉快地看着日渐增加的存款，进而养成良好的储蓄习惯，如果存折上的数字很少，而又有想买的东西时，孩子自然得加紧储蓄了。

四、传授给孩子存款方面的知识

当家长到银行办事时，不妨也把孩子一起带去，让孩子了解银行的作业流程、ATM 机功能等。家长可以帮助孩子利用自己的账户理财，认识银行的对账单、投资报表等，让他们亲身感受到“复利”的效果，鼓励孩子多储蓄。

五、培养孩子记账的习惯

刚开始时，父母可以帮助孩子在领到零用钱后，把一个周期的花费记录下来，额外的支出也要随后一一记录，帮助孩子养成记账的习惯。

孩子如果有记账的习惯，大多可以合理计划自己的支出。每隔一段时间帮助孩子分析一下他的账本，告诉孩子他的日常开支哪些项目比较多，哪些项目比较少，哪些是不应该多花的，哪些是需要节约的。之后渐渐地再将账本交给孩子来记，家长只要负责检查就可以了。

六、培养储蓄观念

如果让孩子花钱之前想一想，过完这一周期，钱还够不够用，就可以逐渐养成孩子储蓄的习惯。培养储蓄观念主要是为了避免孩子有过度消费行为，让他知道买东西还得量力而行。

七、建立孩子的理财目标

家长可询问孩子储蓄是否要达成哪种目标，如买脚踏车、玩具等，帮助他从每个月的零用钱规划出时间表，估计大约花多少时间可以达到梦想，建立孩子的理财目标及投资观念。父母应多鼓励孩子节省消费、增加储蓄，从小建立正确使用金钱的好习惯，当然也别忘了以身作则。另外，也不要完全以金钱作为奖赏或惩罚孩子的工具，让孩子自由地应用他的零用钱。久而久之，孩子一定会成为理财高手，无形的“财商”将成为他一辈子的财富。

八、引导孩子学会储蓄

家长都不希望孩子乱花钱，而且最好是能把一部分的零钱或压岁钱存起来。但是，孩子大多数是立即享乐主义者，除非有很好的理由，否则很难让他存下钱来。

为引导孩子学会储蓄，父母可以利用孩子要求买一些价格较贵的东西，如他想买一套音响或一辆自行车，建议父母提供孩子部分的补助比例要相对提高。例如，6 岁大的孩子想买一件价格 200 元的模型汽车，父母可以告诉他："只要你存了 40 元，我出其他的 160 元。"如果父母告诉他各出一半钱，孩子一想要存那么多才得到，就可能放弃了存钱的念头。父母可以告诉孩子存钱是为了将来买到真正需要的东西，有时得忍痛放弃一些眼前想买的东西，在买东西时虽然孩子只出了 1 元钱，他也会比较爱惜。

不论是孩子的储钱罐，还是记账本，都包含着孩子小小的世界里不一样的心思和想法。父母们对于孩子的理财观要善于引导和鼓励，还要多培养孩子对于理财的创新思考。

98 男孩对钱没有概念怎么办?

情景展示

曾经整个社会中大多数家庭都比较穷困，但现在环境发生了变化。据报载，江西省某小学为了使学生口袋里的零花钱不乱花，办了个“儿童储蓄所”。该校在储蓄所“开了户头”的学生竟达90%，全校1000余名学生，存款额达4万多元。小银行成了大银行，教师们始料不及。这个“纪录”后来多次被别的调查报告打破。

这么多钱哪里来？一是来自压岁钱。二是来自“奖金”，考试考得好了，父母、爷爷奶奶层层颁奖。三是来自平时数额不等的零花钱。

孩子手头有了钱，就想着花。除大笔的压岁钱上缴“家库”，其他基本上由孩子自行处理。结局被印度作家泰戈尔言中：“鸟翼系上了黄金，这鸟永远不再在天上翱翔。”

很多小孩觉得自家有钱了，看不到家庭的真实经济情况，也不珍惜手上的钱，没有概念。家长们真的那么有钱吗？其实很多家长都说：“即使我们再苦点，也不能委屈孩子，不能让人家看不起。”原来大多是虚荣心在作怪。

很明显，用金钱刺激孩子的做法，只会使孩子滋生金钱至上、金钱万能的错误观念。来钱“太容易”了，就只知道享受，甚而只想着轻松得到更多的钱。因此，要帮助孩子建立正确的金钱概念，树立节俭意识。

勤俭节约的重要性

如今大多数孩子都会背诵《悯农》这首古诗，但是，对其中隐含的节俭节约的教育价值，很多孩子了解得很浅薄，嘴上说“谁知盘中餐，粒粒皆辛苦”，但在用餐时还是满桌或满地米饭粒。究其缘由，现代的孩子，家长们都十分心疼，对于孩子的请求，家长百依百顺，只需孩子一说，就能获得家长“大方的施舍”。孩子的物质需求这么容易取得，他们哪有时机体验节俭与节省？！

“勤俭节约”是中华民族的优良传统。古今中外，但凡有杰出成就的人，生活上都是节俭节约的。毛泽东曾住在非常粗陋的窑洞里；周恩来穿的袜子补了又补；范仲淹不贪富贵享用，寄宿庙宇求学。这些伟人认识了生活的困难，因此更懂得“节俭节约”的意义。有一句话说得好：“历来英雄出少年，自古纨绔无伟男”。在生活水平日益提高的今天，如何让我们的孩子懂得“节俭节约”这一珍贵的精神财富呢？很有必要将“节俭节约”教育融入日常生活中。

怎样教育孩子勤俭节约？据报道，美国一些百万富翁的儿子，常在校园里拾垃圾，把草坪和人行道上的破纸、冷饮罐收集起来，学校便给他们一些报酬。他们一点儿也不觉得难为情，反而为自己能挣钱而感到自豪。有的家庭经济并不困难，但要让八九岁的孩子去打工送报挣零花钱，目的是培养孩子自力更生、勤俭节约的习惯。

美国著名喜剧演员戴维·布瑞纳中学毕业时，父亲送给他一枚硬币作为礼物，并嘱咐他：“用这枚硬币买一张报纸，一字不漏地读一遍，然后翻到广告栏，自己找一份工作，到世界上闯一闯。”“有钱难买幼时贫”、“穷人的孩子早当家”，后来取得很大成功的戴维在回首往事时，认为那枚硬币是父亲送他的最好礼物，它使戴维懂得了生活的艰辛，衣食的来之不易。

对策建议

怎样让孩子对金钱有概念？

一、父母自身要勤俭节约

宋朝开国皇帝赵匡胤生活俭朴，反对奢侈。一次，他见女儿穿了一件用翠羽装饰的短袄，就命令她脱去，以后不许再穿。在他影响下，一时节俭风气在举国盛行。封建时代尚且如此，更何况现在。

家长是孩子的一面镜子，也是孩子的第一任老师，因此，家长要以身作则。很多孩子在吃、穿、行上攀比，在日常生活中随意浪费粮食等，都是受家长平时大手大脚的影响。

现在的家庭很多都是由祖孙三代人构成，基本是一个家庭只有一个孩子，因此形成了大人围绕孩子转的情况。孩子就是大人尤其是祖父母的心肝宝贝，有求必应，伸手必给，生怕孩子不高兴。

另外，孩子心智还没成熟，很容易受外界因素的影响。奢侈的风气让孩子之间互相攀比，谁花的钱多谁就有威信。家长一定要以身作则，注意引导。

二、指导如何用零花钱

首先家长给孩子零花钱要有计划，要限制数额，不要有求必应。应根据孩子年龄大小、实际用途和支配能力，定时定量给予。读一二年级的孩子，每次可少给些，时间间隔可短些，随着年龄增大，一次可给得稍多些，时间间隔也可长些，如每星期或每十天给一次。其次，家长要过问孩子把钱花在了什么地方，每次给钱时，可让孩子说说上次的零花钱用在哪里。用得不当，应予批评，甚至暂停“援助”。可进行记账，过几天查一次账，这也不失为一种好办法。另外，家长要鼓励孩子该用的地方要大大方方地用，能少用的就不要多用，能不用的尽可能不用。总之，要教育孩子既不乱花钱，也不要养成吝啬的“守财奴”性格。

三、要经常给孩子讲勤俭节约的故事和道理

一粒米、一滴水、一度电来之不易，都是人们用辛勤劳动换来的，必须让孩子懂得珍惜。可以通过历史故事，也可结合现实生活中的事例来进行教育。

例如，四年级小学生郑浩这几天放学回来格外乖巧，不用催促就主动完成了作业，吃饭时碗里也没有剩下一粒米，还帮奶奶把碗筷收拾了。这让爸爸妈妈很高兴。以往郑浩吃饭特别挑食，也不会主动洗碗。汶川地震发生后，大家一致用灾区小朋友的处境教育郑浩，要节约用水用电，不能浪费粮食，不能乱花钱。郑浩看着电视中小朋友们的情况，主动要求省下零花钱给灾区小朋友买书。

四、要让孩子从小养成节约的好习惯

让他们从做一些自己力所能及的事情开始。例如，吃饭时不剩饭，饭菜不随意扔掉；用水时水龙头不要开得太大，用完后要关紧水龙头；不丢弃没写完的作业本和纸张，可以留做草稿纸或他用，养成双面用纸的好习惯；生活中注意节电，光线充足时不开灯，充分利用自然光，随手关灯，人走灯灭，等等。

培养男孩勤俭节约的习惯，可以安排孩子多做些家务事。据调查：经常帮父母干家务的孩子不足10%，干家务的男孩更少。家长可以安排儿子做一些力所能及的家务，让他真正体会到劳动的艰辛和不易。

五、要让孩子学会利用废旧物品

比如可用易拉罐做个花篮，将旧凉鞋剪成拖鞋，这样既可培养孩子的节约习惯，又是一种手工劳动练习。

六、要培养孩子的存钱意识

新加坡的青少年在这方面受到的教育是首屈一指的，“节俭和储蓄是美德”这种传统的价值观在他们生活中始终牢固不变。由于社会、学校合力引导孩子学会花钱、学会节俭，他们都很会存钱。

给孩子一个储存罐。让孩子从小有一个攒钱的意识，每次买东西剩下的钱都可以自己存起来，自己存起来的钱可以自由支配，每次想买什么的话，如果自己有钱可以自行购买。让孩子从小学会积累，这对于孩子来说是很重要的。

七、和孩子一起做一个约定

和孩子约定，一周去超市采购一次，例如每周六给孩子50元钱，让他去选购这一周的零食。孩子在这一个周内只能吃这些零食，吃完了就没得吃了。这样，孩子慢慢地就会自己做一个小规划，每天吃几个糖果，合理有序地安排。

99 男孩太追求享乐怎么办？

情景展示

这是生活中的一个普遍场景：吃晚饭时，孩子看到桌子上没有自己爱吃的红烧鳝段，便把小嘴撅得老高，满脸的不高兴，任家人怎么劝说，他就是以不动筷子提出抗议，急他妈妈束手无策。生活中更是一点苦都不能受，俨然“小皇帝”。其实不管家庭是否富裕，父母都应该让孩子体会到生活的艰辛，从而锻炼、提高孩子的适应能力。男孩子应该穷养，让他体会到生活的艰辛。

孟子曰：“天将降大任于斯人也，必先苦其心志，劳其筋骨，饿其体肤，空乏其身，行拂乱其所为，所以动心忍性，曾益其所不能。”只有经历过坎坷磨砺，性情坚忍的人才能担当大任，只有“穷”过的男孩才明白优裕生活的可贵，才知道如何去创造财富，才懂得珍惜来之不易的幸福生活。

问题分析

男孩为什么要穷养？

穷养更有利于男孩养成好习惯，培养出独立意识、阳刚之气、责任感、美德等。

一、好习惯影响男孩的一生

美国心理学家詹姆斯说：“我们从清晨起床到晚上睡觉，99%的动作，纯粹是下意识的、习惯性的。穿衣、吃饭、跳舞，乃至日常谈话的大部分方式，都是由不断重复的条件反射行为固定下来的千篇一律的东西。”纵观天下，大凡成功的人士，并非扶摇直上，而是从一件件具体小事做起，不断培养自己良好的思想行为习惯，最终方成大器。

二、独立让男孩自强不息

社会赋予男孩的责任就是要有所担当。作为父母，有责任教育男孩独立，男孩只有独立自主，才能够顶起属于自己的天空，才能成为对社会有用的人。所谓独立，就是要在人格上独立，思想上独立，更要在经济上独立。为了达到这个目标，父母需要培养男孩的各种生存技能和对未来规划的能力。

三、培养男孩的阳刚之气

最理想的人格是同时兼具阳刚和阴柔两方面。现在较为普遍的问题是，男孩所受的男性教育严重不足。这样的孩子容易形成“偏阴性格”，即脆弱、胆小、多愁善感、依赖性强、独立性差。所以，家长应该重视培养男孩的“阳刚之气”，让孩子的性格具有刚强和坚强的一面，这样才有利于培养孩子健康人格和自主能力，使孩子更好地适应现实世界和未来社会。

四、富有责任感的男孩才能成大器

意大利哲学家克罗齐说：“真理的发现，或道德责任的完成，都会引起我们的欢欣，使我们整个生命震颤……”富有责任感，从来都是人们信任和仰视一个男人的理由。人们从来不会指望一个游手好闲、没有责任感的男孩能给他们带来福音。只有懂得责任的意义并愿意和能够挑起责任重担的男孩，才能为人们带来美好的希望和期待。

五、注重品德和修养，培养绅士风度

英国著名的教育思想家约翰·洛克提出了应该培养孩子的绅士精神。对于一个男人来说，长相并不是第一位的，但有无良好的品德和修养，却是非常重要的。

对策建议

男孩穷养的方法

一、不要给男孩太多的物质享受

不少家庭对男孩看得都非常珍贵，于是父母都倾尽所能地为自己的孩子付出，宁可自己受委屈，也要给孩子吃好的、穿好的，孩子要什么都尽量满足。现在生活条件好了，更有许多父母不希望自己的孩子再去遭受自己小时候的那种苦，于是他们对孩子的物质需求毫无节制地给予满足。殊不知，过多的物质是男孩成长的毒药。

引导男孩不要在物质上跟别人攀比，“要花钱，自己挣”。美德无关贫富，要培养男孩勤俭节约的品质。

二、对男孩进行挫折教育

“自古英雄多磨难，从来纨绔少伟男。”人生是一个不断奋斗的过程，一个人只有勇于面对生活的挫折和磨难并克服它，继续迎接下一个挑战，他才能成为最后的赢家。所以，父母们也要从小锻炼男孩战胜挫折的勇气和能力，只有经历过挫折洗礼的男孩才能有出息，才可能创造一番自己的事业。因此，失败、挫折是上天送给男孩的礼物。

三、培养男孩的责任感

责任是男人肩头的徽章，因敢于担当，不推卸责任，男人才更显魅力。只有懂得责任的意义并愿意且能够挑起责任重担的男孩，才能为人们带来美好的希望和期待。而未来的社会，是竞争日益激烈的社会，对人才的要求也越来越高，责任意识、责任能力是人的基本素质之一。

四、让孩子拥有一颗感恩的心

每一位父母为家庭的付出都很不容易，但很多父母却总爱给孩子一张笑脸，给孩子营造一个超脱的环境，怕现实生活的艰辛给孩子带来压力。很多家长让孩子从小吃“独食”，殊不知，这样会让孩子觉得他吃好东西、拥有好东西是理所应当的，稍有不如意就发脾气，满脸不高兴。如果孩子习惯了被给予，只知道索取，便很难考虑到别人的感受。一个不懂得关爱别人、体谅父母的人更不会感恩。

五、培养孩子勤俭节约的习惯

“再穷不能穷教育，再苦不能苦孩子。”这句话被很多父母奉为圭臬。随着家庭越来越富裕，家长们想方设法满足孩子物质上的各种要求，可事实上，这句话的本意是要尽力优化教育环境，改善教学条件，而不是要让孩子们挥霍财富。

让孩子从小学会节俭，就要帮助孩子理解节俭的价值，学会有计划地消费，克服孩子的攀比心理。更重要的是让孩子知道好日子来之不易，让孩子理解父母的艰辛。据资料调查显示，70% 的小学生认为父母的付出是天经地义，没什么过意不去的。在这种情况下，父母可以把孩子带到父母的工作现场，让孩子一起参与劳动，让其亲身感受父母工作的艰辛和挣钱的不易。

六、让孩子参与生活，体验艰辛

多为孩子创造体验生活的机会是十分必要的。家长要抱着让孩子参与家庭管理的心态。家长要让孩子知道，孩子是跟父母平等的家庭成员，有权利知晓家里的情况，家庭内部可以定期组织“家庭会议”，让孩子参与进来，尊重他的意见。例如孩子要买电脑，家长在满足孩子要求的同时要跟孩子分析这部分开销的预算，让孩子自己来挑选。

另外，体验生活不能流于形式。要求一个 12 岁以下的孩子完全体谅父母的艰辛，从心理学上说是不恰当的甚至是不可能的。对生活的感悟是随着年龄的增长、生活经验的增加而慢慢体会的，是一点一滴的经验积累起来的，无论是学校还是家庭教育，只要让孩子从小事做起，培养他拥有感恩的心、正确的金钱观念和无私奉献的精神就可以了。不建议家长为了让孩子体验生活的艰辛，就把孩子送到偏远、穷苦、陌生的地方。

100 男孩特别财迷怎么办?

情景展示

儿子壮壮今年上六年级，从小就是个机灵鬼，反应快、成绩好，在学校表现活跃，上台表演也不怯场，谁见了都说是个聪明孩子，连老师也经常在联络本上表扬他。

可万万没想到，春节后新学期刚开始没俩月，我就被老师叫到办公室谈话。老师严肃地跟我说壮壮在班里做起了生意，卖文具、漫画、玩具、游戏光盘给同学。

其实早在春节后没多久我就隐隐发现了一些不对劲儿。壮壮的爸爸经常去国外出差，给壮壮带回了不少国外的玩具和文具，可最近摆在他房间里的东西一件一件地减少了。我问他怎么回事，他淡定地跟我说，学校组织给灾区孩子捐赠文具和玩具，他都拿去捐了。我一听觉得是好事，还好好表扬了他一番。没想到他偷偷把这些国内没有的东西以高价卖给了同学，同学的家长反映给老师，老师才把我叫去谈话。

不仅如此，壮壮还帮同学写作业、做值日赚佣金，扫除 10 块，值日 5 块，写一份卷子 10 块，写作业 5 块，还声称“绝对每份作业答案笔迹都不一样，品质保障，绝对放心”！我说最近他经常晚回家，回家就扎在屋子里做作业，还以为他在为了升初中努力，没想到他是在用这种方式赚钱！

回家后我质问他，没想到他满不在乎地跟我说：“我没错！他们想要玩具，我卖给他们赚零花钱有什么错？作业值日那是我卖服务，都是同学自愿的，又有什么错？”

如何看待小孩的财迷行为？

孩子会迷上钱，但与成人不同，孩子迷上钱像迷上玩具、迷上绘画一样。其实，孩子迷上钱的同时也显露出了某种天赋——超强的计算能力和对数字的敏感，显示了创意思维和财商。美国财富大亨巴菲特就是一个小财迷，英国维珍集团创始人布莱森也是这样的例子。

很多父母支持孩子迷上读书，所以，总是为孩子变成书迷或书虫而高兴，但不喜欢孩子变成球迷、歌迷，怕过分娱乐影响孩子学习，更不喜欢孩子变成财迷，怕孩子过早沾染铜臭气。所以，在中国很少有从小财迷到财富大亨的成功案例，而在欧美国家这样的故事和成功人士却很多。

上面的案例有一定的代表性：一方面壮壮尝试赚钱，做着积极的尝试；另一方面他又在这一过程中欺骗了家长和老师。那么作为家长，该如何保护孩子萌生的经济意识，同时又能引导孩子懂得诚信呢？我们先来分析一下这个案例。

一、孩子做生意的是与非

这个问题看似简单，其实背后有着不同的价值判断。关于孩子能否做生意，中外一直都存在争议，即使在美国文化中也并非得到一致认同，但多数美国父母认为：孩子的做生意能力与理财意识是重要的社会技能，是理财能力、独立性、社交能力、数学能力、灵活性的重要体现。因此，美国有很多专门教授孩子做生意的书，多数美国父母支持孩子做一些“小生意”，甚至还在讨论孩子做生意赚的钱是否纳税的问题。而我们国内的主流文化对孩子做生意却并不认同，认为孩子应当把主要精力放在学习上。但具体到壮壮的这个问题，家长最好不要简单地用是非判断，这样很容易让孩子感觉自己是犯了错误，在老师与同学中抬不起头，直接影响孩子的学习与生活。

二、父母不了解孩子的需求

让我们对壮壮的行为进行具体分析：一是壮壮将父亲从国外带回的文具、光盘等卖给同学，因为这些东西也是闲置的，本身无可厚非，问题在于价格过高。

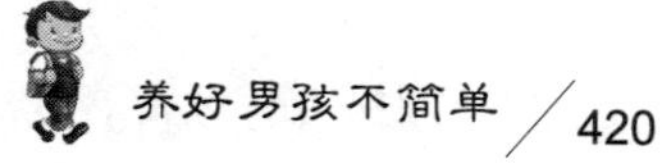

孩子想通过自己的努力赚点零花钱本意也没有过错，家长倒要想一想：我们带给孩子的礼物是否他真的需要？要了解孩子行为背后的动机，是什么原因使孩子想把这些东西卖出去。

三、孩子享受到赚钱的乐趣

壮壮通过卖礼物给同学，享受到赚钱的乐趣。他是一个机灵、聪明的孩子，又想到了替同学做功课、做值日赚钱。其实孩子感受到赚钱的乐趣后会不自觉地沉溺其中，还不能辨别这样做有何不妥，因为他们的金钱观还没有形成。他认为这些都是自己的“劳动所得”，这就需要家长及时引导，把这个作为很好的金钱观教育的契机。

四、孩子害怕受罚而隐瞒真相

壮壮赚钱却不告诉父母真相，这是因为他担心父母会批评、训斥和指责。其实在成长过程中，很多人都有这样的经历，做了一件父母不认可的事情，常常不敢对父母讲真话，这是可以理解但需要教育的。每个孩子的成长都会伴随着不同的生活事件，从中学习到经验才会自我成长，因此，家长要给予孩子充分的理解、尊重和爱护。

对策建议

一、对孩子加强沟通引导

（一）如何开始与孩子的谈话？

每个家长被老师叫到学校都不会感觉很好，此时家长首先要控制好自己的情绪。第一次和孩子谈这件事情要做到不指责、不训斥和不批评。

可以这样与孩子开始谈话：“听说你卖给同学一些东西，你愿意对妈妈讲讲经过吗？”同时也要注意语气和语调，一定要平和、温和，让孩子感觉受到尊重和信任，他才能讲出真话。

可以接着问：“妈妈发现你最近有时回来晚并忙于做功课，能告诉妈妈发生了什么？”这样，家长引导孩子自己讲出事情的原委。应当避免直接对孩子发问："今天我被老师叫到学校，因为你卖东西给同学，并且还替同学做功课和值日！"这样容易让孩子对老师产生抵触情绪，会直接影响到孩子的情绪和沟通的效果。

（二）就事论事，告诉孩子诚实是好孩子的重要品质

相信一旦父母给孩子营造出温暖和信任的氛围，孩子就会讲出赚钱的想法。家长可以因势利导："你真是一个好孩子，这么小就有自立的行动，你再想想，好孩子还有什么特点？"

接着听孩子自己讲好孩子的标准，如果孩子没有谈到诚信，家长可以启发："诚实是不是一个重要品质啊？"孩子一定会点头。这时妈妈可以这样讲："愿意对妈妈讲讲原因吗？"孩子会讲出真实想法，家长一定要用心倾听，不要打断孩子，让孩子把话讲完。

孩子的想法往往很单纯，因为他享受到赚钱的乐趣，并不能够区别卖东西与帮同学值日、做功课之间的差异。这正是培养孩子是非判断能力的重要契机，这时家长就要告诉孩子：完成作业、做值日是学生应当承担的责任，而替别人完成作业不是一种诚实的行为，是需要改正的，而且帮别人做作业和值日会助长同学的惰性。家长这时可以讲一个小故事进一步引导孩子理解"诚实"。

（三）步步深入，告诉孩子诚信金不换

孩子通过这件事情对诚实有了体验后，家长可以这样进入另一个话题：无论做什么，诚实都是第一位的，做生意更要以诚信待人。就此引出孩子高价卖给同学东西一事，先听孩子的想法。可能孩子会讲："就是高价，同学也接受和喜欢啊！"家长要耐心地告诉孩子："同学喜欢并买你的东西，是因为信任你，就像老师和父母信任你一样，这份信任真的很宝贵。"可以让孩子想象一下，"假如你高价买了同学的东西会有什么感觉"，引导出孩子自己的体会。这样既教给孩子换位思考的办法，又使孩子自己找到答案。

（四）教育孩子如何处置

对钱的处置也是孩子学习的好机会，与壮壮一起讨论赚到的钱如何处理。先让孩子列出清单，哪些是卖东西赚的，哪些是提供不当"服务"赚的。对做作业值日赚到的钱一定要求退还，对于卖东西所得的钱则可以讨论哪种方式最

合适，既保护孩子的自尊心又满足同学的需求。

（五）给孩子安排一些有意义的活动

心理学认为：让孩子不做错误事情的重要方式是教会他做正确的事情。家长可以因势利导，结合孩子的兴趣，让孩子参与家庭算账等活动，同时也可以让孩子参加精算、心算学习，激发他在数字方面的才能，将他的兴趣转化为能力。

（六）不要过度满足孩子的需求

家长要关注：爱孩子是给予他所需要的东西。孩子把爸爸送给他的文具卖出去，表明礼物本身都不是他最需要的。以后爸爸买礼物之前最好先征求孩子意见，他到底喜欢什么？需要什么？这样的礼物既能满足他的需要，又不会导致浪费。

二、通过实践影响孩子

1. 与孩子一起开设小小的跳蚤市场。让孩子自己策划，可以利用班级活动的形式，也可以通过几个小朋友家庭间多余物品的流通，开展小型买卖活动。孩子既体会到赚钱的乐趣，又能够明白经济活动的一些规律。

2. 开设家庭经济课堂。一是时间账，你的时间可以用来做什么，哪种效率最高、收益最大？二是经济账，现在少赚几十元，学好本领将来可以做更多更重要的事。三是赚钱做什么？使孩子明白钱只是手段，而不是目的。